국어 의미 교육론

국어 의미 교육론
國語意味教育論
Pedagogical Korean Semantics

초판 1쇄 인쇄 2019년 1월 21일
초판 1쇄 발행 2019년 1월 25일

지은이 | 민현식, 구본관, 민병곤, 김호정, 권순희, 왕 단, 박재현, 조형일, 주세형, 신명선, 김은성, 강남욱, 권은선, 남가영,
　　　 남지애, 이기연, 이해숙, 강보선, 오현아, 이관희, 박혜경, 제민경, 조진수, 최소영, 강효경, 박혜진
펴낸이 | 지현구
펴낸곳 | 태학사
등 록 | 제406-2006-00008호
주 소 | 경기도 파주시 광인사길 223
전 화 | (031)955-7580~1(마케팅부) · 955-7587(편집부)
전 송 | (031)955-0910
전자우편 | thaehak4@chol.com
홈페이지 | www.thaehaksa.com

이 책에 직간접적으로 글과 그림, 사진 게재를 허락해주신 모든 분께 감사드립니다.
저작권자와 연락이 닿지 않아 부득이 허가를 구하지 못한 일부 글과 그림 사진에 대해서는
연락주시는 대로 적법한 절차를 따르겠습니다.

값은 뒤표지에 있습니다.
ISBN 979-11-6395-013-4 93710

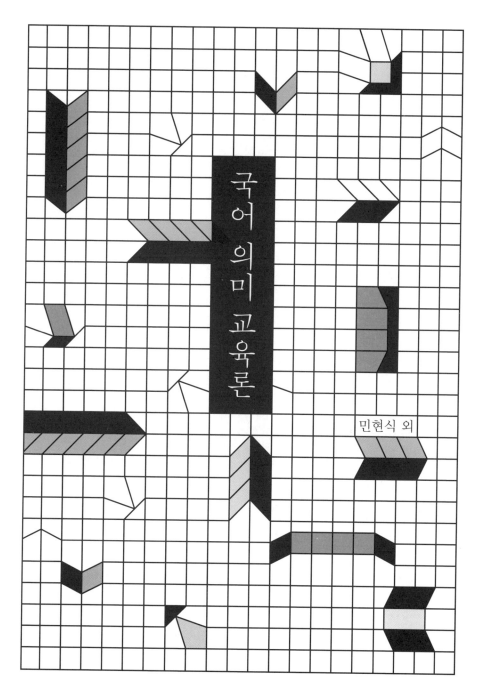

국어 의미 교육론

민현식 외

태학사

말과 글, 곧 언어는 내용과 형식으로 되어 있다. 이때 언어의 내용을 의미(意味)라고도 한다. 내용과 형식을 사람의 속옷과 겉옷으로 비유한다면 언어는 내용이라는 속옷에 형식이라는 겉옷을 갖추어 입는 것으로 볼 수도 있으니 사람도 속옷과 겉옷을 갖추어 입을 때 번듯한 옷맵시가 난다. 또한 내용과 형식을 속사람과 겉 사람에 비유한다면 속사람이 튼실해야 겉 사람도 튼실하게 비치는 것이듯 정확하고 진실된 내용의 의미를 진심으로 담아 정확하고 설득력 있는 말소리로 전달할 때 공감과 감동의 소통이 이루어지는 법이다. 마찬가지로 인생이 지(知)와 덕(德)의 속 사람과 체(體)의 겉 사람 모두를 갈고닦아 살아가는 과정이라고 할 때 언어생활도 내용과 형식을 올바르게 갈고닦아 수행해야 하는 과정이라 할 수 있다.

언어가 형식의 옷을 입는다는 것은 언어가 소리의 옷 곧 소리 언어(음성언어)라는 옷을 입거나 문자의 옷 곧 글자 언어(문자언어)라는 옷을 입는 것을 말한다. 그런데 소리의 옷을 입을 수 없어 소리를 알아들을 수 없으면 청각장애인(농인 聾人)이 된다. 문자의 옷을 볼 수 없으면 시각장애인(맹인 盲人)이 되고 문자의 옷을 입을 줄 모르면 즉 읽을 줄 모르면 문맹자(文盲者)가 된다. 이런 경우라도 청각장애인은 손으로 수어(手語)를 익히면 문명인이 되고 시각장애인은 손으로 점자(點字)를 익히면 문명인이 되며 어린아이들은 어려서 문자를 집이나 학교에서 익혀 사람 구실을 하여 문명 건설에 참여하게 된다. 따라서 청각을 위한 소리와 시각을 위한 문자만 언어 형식의 옷이 아니다. 청각이나 시각이 온전치 못한 사람들을 위해서 발명된 점자(點字)의 옷이나 수어(手語)의 옷도 모두 소리 언어와 글자 언어와 같은 언어 형식의 옷이다.

문명사회에서 소리와 문자가 있고 수어와 점자가 있다는 것은 곧 그것으로 전달할 내용이 있다는 것이고 그 내용은 곧 삼라만상의 현상이며 지식이요 정보이고 궁극적으로는 이들 현상, 지식, 정보가 곧 의미의 세계를 구성한다고 하겠다. 인간은 의미의 세계가 언어를 통해 존재하기에 우주 자연과 인간 존재의 근원적이며 참된 의미를 묻게 되는 것이고 삶의 의미가 무엇인지 고뇌하며 살게 된다. 인간이 평화롭게 공존하면서 소통하며 산다는 것은 서로가 주고받는 말 속에서 전달하려는 의미의 올바른 이해가 전제되어야 한다고 볼 때 현대사회의 불통은 궁극적으로 의미의 불통이므로 소통을 높이려면 의미의 이해와 공감의 정도를 높여야 한다.

이처럼 언어학에서 중요한 의미의 영역이지만 의미에 대한 연구는 언어학의 발달에서 늦게 이루어졌다. 말과 글의 표면 형식을 이루는 소리와 글자에 대한 연구부터 더 중시되다 보니 음운론, 형태론, 통사론과 같은 언어 표면 구조의 연구에 대한 관심이 더 먼저 나타났고 심화되었다. 고대 이래로 의미 연구는 주로 어휘집이나 사전(옥편, 자전, 대역어 사전, 백과사전 등)을 편찬할 때 용어의 개념 문제와 뜻풀이나 동의어 및 반의어 문제와 같은 어휘 의미론 차원에서 이루어졌다. 그러다가 근대에 학문이 발달하고 대규모 어휘 사전이나 백과사전이 발달하여 전문용어의 개념이 중요해지면서 의미론이 학문적으로 나타나게 되었다. 특히 20세기 초에 철학자들이 언어의 본질에 대해 관심을 좁혀 분석철학이 나타나고 경전의 언어에 집중되었던 언어 연구가 일상의 언어로 넓어지고 단어 의미에 머물던 의미 연구도 문장 의미와 맥락 의미로까지 관심이 깊고 넓어져 화용론, 화행론, 형식의미론, 담화분석론, 텍스트언어학, 인지의미론 등이 발달하였다.

국어학에서도 의미 연구는 소리와 문자 연구보다 늦어 1950년대에 대학 강의가 시작되었고 1960년대부터 본격적인 연구가 나타나기 시작하였다. 물론 과거에 한자를 통해 훈독을 하고 새김을 익히던 시대에도 의미 연구가 면면히 이어져 왔으나 한자에 국한된 한계를 벗어나지 못하였고 문자를 넘어 어휘의 넓은 세계로 나아가지는 못하였다. 어느 관점으로든 의미론 연구는 공시적으로나 통시적으로 규명하고 정립해야 할 일이 많다.

다른 분야보다 의미론 연구가 늦게 자리잡다 보니 문법 교육 연구에서도 의미 교육

연구는 아직 해야 할 일이 산적해 있다. 초등학교 시절부터 비슷한말, 반대말을 열심히 익혀 왔는데도 어휘교육이나 문장교육에서 의미론의 역할이 어떻게 이루어져야 하는지에 대한 연구 성과는 아직도 미흡하다.

본서는 화용론, 화행론, 형식의미론, 담화분석론, 텍스트언어학, 인지의미론 등으로 시야가 넓어지면서 뒤늦게 꽃피고 있는 의미론 연구를 통해 학교의 국어교육과 문법교육에서 의미론의 성과들을 교육적으로 어떻게 구성해서 어떻게 가르칠 것인지, 의미론의 역할이 우리의 삶에서 무엇인지 어떻게 언중을 일깨워 언어의식을 드높일 것인지, 대학에서의 의미론 연구와 교육은 어떠해야 하는지를 고민하며 엮은 책이다.

특별히 이 책은 국어학(문법론)에서 분리된 국어학 교육론(문법 교육론)의 학문적 정립의 길을 개척하고 의미 연구를 위해 일생 헌신하다 돌아가신 고(故) 제효(霽曉) 이용주(李庸周) 교수님과 그분의 제자로서 역시 문법 교육론의 학문적 독립을 위해 탐구학습의 도입을 주장하면서 유의어 반의어 사전을 편찬하고 어휘론을 개척하신 고(故) 호석(胡石) 김광해(金光海) 교수님의 가르침을 받은 후학들이 그 의미론의 탐구 정신을 잇고자 뜻을 모은 책이기도 하다. 아직 생각이 성글어 세상에 내놓기가 부끄러우나 여러분의 가르침을 기다리며 분발하고자 한다. 이 책이 나오기까지 애쓴 주세형, 신명선, 김은성, 남가영, 이기연, 권은선, 남지애, 박혜경, 박진희 선생의 헌신에 감사하며, 어려운 출판 여건에서도 반듯한 책으로 엮은 태학사 지현구 사장님, 최형필 이사님, 이윤경 과장님의 노고에도 깊이 감사드린다.

2019년 1월,
제효, 호석 선생의 문법 교육의 정신을 기리며
집필진을 대표하여
민현식

3부 문장·담화와 의미 교육

3부 _ 문장·담화와 의미 교육

| 그림 목차 |

1부 _ 언어, 의미, 교육

2부 _ 어휘와 의미 교육

3부 _ 문장·담화와 의미 교육

1부

언어, 의미, 교육

1장

의미와
의미 교육

1 의미 연구와 의미 교육

1.1. 의미론이란 어떤 학문인가

언어와 의미

사람은 누구나 "나는 누구인가, 어디서 와서 왜 살다 어디로 가는가"라는 질문을 하면서 인생의 의미를 찾으려 한다. "도대체 저 우주의 끝 너머에는 무엇이 있는가?", "신은 있는가, 인간은 신에 의해 창조되었는가, 아니면 수십억 년 진화의 산물인가?" 등의 질문을 던지며 인생의 의미와 우주의 기원을 찾지만 답을 찾기가 쉽지 않다. 인류가 현재까지 밝혀낸 지식이 온 우주 지식의 5%도 안 된다고 하니 무한한 우주 앞에서 인간은 겸손히 질문하며 탐구하며 인생의 의미와 우주의 신비를 탐구해 갈 뿐이다.

인생의 의미와 우주의 신비를 밝히기 어려운 것만큼이나 어려운 질문이 언어학에서 "언어의 기원은 무엇인가", "단어란 무엇인가", "문장이란 무엇인가", "의미란 무엇인가"와 같은 질문이다. 언어의 기원에 대해 '창세기'로 대표되는 창조론에서는 신이 인간에게 언어능력을 부여하였다고 보는 언어신수설(言語神授說)로 설명하지만 진화론에서는 인간의 구강 구조가 오랜 진화 끝에 자음과 모음을 발성하는 발성 구조로 진화하여 언어가 만들어졌다는 언어진화설(言語進化說)로 설명한다. 그러나 이들은 가설

(hypothesis) 상태의 논쟁에 머물러 있기에 언어의 기원에 대해서는 묻지 말라는 것이 언어학의 불문율이다.

언어 단위에 대해서는 '음운(음소), 단어, 문장, 담화(텍스트)'의 정의보다도 '의미'의 정의를 내리기가 더 힘들다. 단어의 표기나 발음은 각각 문자 형식과 음성 형식이라 부르고 통칭하여 언어 형식이라 부르며, 단어가 뜻하는 개념이나 가리키는 사물은 언어 내용 또는 언어 의미라고 부른다. 이러한 언어 형식과 언어 내용의 관계를 연구하는 학문을 언어학이라 한다. 이 중에서 언어의 내용 곧 '의미'가 무엇인지 연구하는 언어학의 분과가 의미론이다.

기호와 의미

언어는 언어 형식과 언어 내용으로 이루어진다고 했는데 언어 형식은 언어 기호로 나타난다. 언어 형식이 음성 형식일 때는 음성 기호가 되고 시각 기호인 문자 형식일 때는 문자 기호가 된다. 의미란 이런 음성 기호나 문자 기호가 가리키는 그 무엇을 뜻한다.

국어에서 의미로서의 {꽃}은 [꼳]이란 한글 음성 기호나 [k'ot]이나 [kkot]이란 로마자 음성 기호로 표시할 수 있고 '꽃'이란 문자 기호로 표시할 수 있다. 영어에서는 국어의 {꽃}에 해당하는 단어를 [flaʊə(r)]로 발음하고 'flower'로 표기한다. 이런 기호와 의미의 관계를 구조주의 언어학의 시조인 소쉬르(Saussure)는 기표(記標, signifiant)와 기의(記意, signifié)라는 용어로 설명하였다.

의미는 음성 기호나 문자 기호와 같은 언어 기호로 나타내는데 농인(聾人)들은 음성이 아닌 수어(手語) 방식을 쓰고, 맹인(盲人)들은 점자(點字)라는 특수 문자 기호를 사용한다. 언어 기호와 달리 음성이나 문자를 사용하지 않는 몸말(신체언어), 자연물, 인공물도 어떤 의미를 표상하므로 비언어 기호라고 한다. 몸말은 손짓(제스처), 얼굴 표정, 걸음걸이, 옷차림(의상) 등으로 다양한 의미를 표상하며 때로는 '침묵'도 무언의 의미를 전달한다. '먹구름'은 비가 올 것을 예고하고 '푸른 하늘(창공)'은 희망을 상징하는 자연물로 자연 기호이다. '태극기'는 대한민국의 국가 상징을 뜻하며, '십자가'는 희생과 구원을 상징하는 인공물로 인공 기호 또는 사물 기호라 하는데 이들은 모두 비언어기호에 속한다.

1.2. 의미론은 무엇을 연구하는가

우리가 서로 같은 말로 소통함은 주고받는 단어들에 대해 공통의 의미 저장소를 공유하고 있기 때문이다. 이러한 추상적 의미 저장소를 어휘부(lexicon)라 부르는데 이는 개인마다 갖고 있는 뇌 속의 모어 사전(母語辭典)이다. 종이사전이나 전자사전으로 만든 국어사전은 이 어휘부를 인공으로 기술한 것이다. 우리는 어떤 단어를 생각할 때 어휘부에서 다양한 의미 현상을 경험한다. 이때 의도하는 의미를 선택하고 단어를 배열하여 언어로 구체화하는 과정이 언어화의 과정이다. 의미론은 이러한 어휘부를 통해 벌어지는 단어, 문장, 담화의 의미 현상을 연구하는 분야로, 단어 의미를 다루면 단어 의미론(어휘 의미론), 문장 의미를 다루면 문장 의미론(통사 의미론), 담화의 의미를 다루면 담화 의미론이라 부른다.

단어의 의미 현상

의미론이 연구하는 어휘부의 의미 관계는 어휘 의미의 동의, 반의, 상하, 다의, 동음이의 관계를 들 수 있다.

1) 의미의 계열 관계: 동의어, 반의어, 상의어, 하의어

단어는 1:1의 대응을 통해 동의, 반의, 상하의 계열 관계를 보인다. '사랑'의 동의어로 '애정, 연애, 애호, 자선' 등을 떠올릴 수 있다.[1] 외국어 동의어로는 'love, amour, 愛' 등을 떠올릴 수 있다. 반의어로는 '미움, 질투, 증오'가 떠오른다. '사랑'의 상의어로는 어느 하나를 특정하기가 어려우나 '마음, 가치' 등을 들 수 있고, 하의어로는 '동포애, 부부애, 형제애, 부모 사랑(효도), 자식 사랑(자애), 우애' 등을 들 수 있다. 이상과 같이 단어의 동의어와 반의어, 상의어와 하의어의 의미 관계를 의미의 계열 관계라고도 한다.

---

1 세상에서 완전 동의어는 없으므로 완전 동의어와 부분 동의어를 포괄해 '동의어'라는 용어를 사용한다. '동의어, 같은 말' 대신 '유의어(類義語), 비슷한 말'이라고도 한다.

2) 의미의 결합 관계: 파생어, 합성어, 관용어(연어, 속담)

단어는 횡적 결합으로 확장될 수 있다. '사랑'과 연상되는 단어들로는 '사랑'의 앞뒤로 형태소가 결합하는 '첫사랑, 내리사랑, 속사랑, 짝사랑, 치사랑; 사랑니, 사랑앓이, 사랑싸움, 사랑스럽다'처럼 확장될 수 있다. 그 밖에도 '사랑'의 결합 관계는 다음과 같이 연어(連語)나 속담과 같은 관용어로 나타나기도 한다.

연어: 사랑이 뜨겁다. 사랑을 베풀다. 사랑에 빠지다. 사랑을 속삭이다.
속담: 사랑은 내리사랑. 사랑하는 자식일수록 매로 다스려라.

3) 의미의 복합 관계: 다의어, 동음어

단어는 한 가지 의미만 갖지 않으며 여러 맥락에서 다양하게 쓰이는 다의 현상을 보인다. '사랑'은 '자비, 용서, 관용…' 등의 의미로 다양하게 쓰일 수 있다. 다의어는 국어사전에서 다음과 같이 번호를 붙여 나열한다.

사랑「명사」
「1」 어떤 사람이나 존재를 몹시 아끼고 귀중히 여기는 마음. 또는 그런 일.
「2」 어떤 사물이나 대상을 아끼고 소중히 여기거나 즐기는 마음. 또는 그런 일.
「3」 남을 이해하고 돕는 마음. 또는 그런 일.
「4」 남녀 간에 그리워하거나 좋아하는 마음. 또는 그런 일.
「5」 성적인 매력에 이끌리는 마음. 또는 그런 일.
「6」 열렬히 좋아하는 대상.

많은 단어가 다의어로 쓰이는 데 반해 동음이의어는 모든 단어에서 나타나지 않는다. '사랑'의 동음이의어로는 '사랑(舍廊)', '사랑'('살강'의 방언, '시렁'의 옛말)이 있다. '다리(橋, 脚), 시내(市內, 川), 묻다(問, 埋), 쓰다(書, 苦, 冠)'는 표기가 같은 동철(同綴) 동음이의어이며, '걸음-거름, 학문(學問)-항문(肛門), 늘이다-느리다, 시키다-식히다'는 표기가 다른 이철(異綴) 동음이의어이다.

문장의 의미 현상

단어의 의미 현상은 문장에서도 나타난다. 우선 문장은 진실과 사실에 부합할 때 그 문장이 참이나 거짓에 해당하는 진리치의 값을 갖는다. 진리치 판단이 끝난 문장에 대해 두 문장의 뜻이 같거나 비슷하면 동의문, 뜻이 반대인 문장이거나 반의적 구성의 문장이면 반의문, 다의로 해석되면 중의문(다의문), 내용이 모순 관계이면 모순문이라 한다. 중의문은 의미가 모호하게 해석되므로 모호문으로 볼 수도 있다. 모순문은 비유문이나 비문(非文)으로 해석되기도 한다.

> 동의문: 나는 철수에게 운동을 시켰다. - 나는 철수에게 운동을 하게 했다.
>
> 반의문: 해가 앞산에 떴다. - 해가 뒷산에 졌다.
>
> (반의적 구성의) 반의문: 부자가 기부하는 것이 아니라 기부하면 부자가 된다.
>
> 중의문: 철수는 동생보다 강아지를 더 아낀다.
>
> 모순문(비유문): 봄은 왔으나 봄은 오지 않았다.
>
> 모순문(비문): 색이 없는 푸른 아이디어가 분노하며 잠들었다(Colourless green ideas sleep furiously).[2]

문장은 군더더기 표현이 들어간 잉여문, 문장 안에서 어떤 내용을 미리 참으로 내포 전제하는 전제문, 문장을 통해 어떤 사실을 결과로 해석할 수 있는 함의문을 생각할 수도 있다.

> 잉여문: 밤에 철야하며 홀로 고군분투하여 미리 예습을 끝내고 나서 바다로 해수욕을 갔다.
>
> 전제문: 그의 아버지는 6.25 때 전사하였다. ← 그의 아버지는 군인이다.(전제)
>
> 함의문: 축구 후반전 40분이 지났다. → 후반전이 5분 남았다.(함의)

---

2 비문에는 문법 구조가 틀리는 문법적 비문도 있지만, 촘스키(Chomsky, 1957)가 그의 저서에서 제시한 이 예문처럼 문법 구조로는 맞지만 의미 구조로는 해석할 수 없는 의미론적 비문도 있다.

담화의 의미 현상

우리가 말이나 글을 오해나 오독하지 않고 바르게 이해하고 전달하려면 담화의 구성 요소인 단어, 문장, 문단의 의미가 간결하고 정확하며 논리적이어야 한다. 하나의 문장도 정반대로 해석될 수 있기에 전제와 함의와 배경지식이 명확해야 한다. 가령, 니체의 '신은 죽었다'라는 말은 흔히 무신론자의 고백처럼 언급된다. 그러나 이 표현은 정반대로 해석될 수도 있다. 성경에서는 신이 인간의 모습으로 온, 성육신(成肉身)한 예수그리스도가 인간의 모든 죄악을 짊어지고 십자가에서 죽고 사흘 만에 부활 승천함으로써 누구든지 저를 믿는 자마다 구원을 얻게 하였다고 한다. 이는 신이 피조물인 인간을 위해 죽었다는 이야기가 되는데 이 맥락에서 '(인간을 용서하고자) 신은 죽었다'라는 표현은 무신론의 이야기가 아니고 성경의 구원관을 압축한 유신론의 고백이 된다. 이처럼 하나의 문장도 맥락에 따라 달리 해석될 수 있다.

글말체의 수필, 논문, 저서, 글말과 입말의 복합체인 뉴스 등 어느 경우든 완벽한 의미를 전달하려면 담화가 완결된 조직 구성을 갖추어야 한다. 대명사나 '이런, 그런' 등의 대용 표현의 명확성, 지시어 '이, 그, 저'의 정확성, 시간 표현에 따른 시간 구성, 접속부사와 연결어미의 인과 구성 등에서 언어 단위요소의 논리적 결속이 통일되고 일관되어야 조리 있는 말이나 글이 완성된다. 또한 연인의 고백이 상대에게 어떤 의미나 행동을 일으키고 판사의 재판 선고가 피고에게 어떤 행동의 결과를 일으키듯이, 언어가 의미를 낳고 행동을 유발하는 것을 화행(話行, speech act)이라 하며 화행을 연구하는 분야를 화행론이라 하는데 이는 의미 기능이 확대된 결과라 할 수 있다.

1.3. 의미론의 역사는 어떠한가

근대 이전의 의미 연구

의미론은 근대에 시작된 학문이지만 의미 현상에 관한 관심은 고대로부터 나타난다. 인류의 고전인 '성경'은 신이 흙으로 지은 인간 아담이 각 생물을 부르는 것이 그 이름이 되었다(창세기 2: 18-20)고 하여 의미와 이름이 관련된 언어의 기원을 보여 준다.[3]

그리스의 학문에서는 자연 사물의 단어와 의미 사이에 자연적 필연성이 있다는 플라톤과 스토아 학파의 자연설(naturalism)이 있었다. 반대로 단어와 의미 사이의 관계는 필연성이 없고 사회적 약속(계약, 관습)의 관계라고 보는 아리스토텔레스의 관습설(conventionalism)도 있었다. 중세에 자연설은 실재론(realism)으로 발전하고, 관습설은 명목론(nominalism)으로 발전한다. 'table'이 'table'인 이유에 대해 실재론은 'table'의 자질이 필연적 실재물로 존재하여 'table'이라는 것이고 명목론은 관습적으로 'table'이라 불리기 때문이라는 것으로 현대 언어학은 언어의 사회적 관습성을 중시한다.

동양과 서양은 언어의 표기나 의미가 변함은 언어의 타락으로 보고 언어의 타락을 막기 위해 문법을 배우고 가르쳐 왔다는 점에서 공통적이다. 특히 종교의 경전을 구전하거나 필사하여 전하면서 경전에 쓰인 표현의 표기와 의미를 정확히 보전하고 가르치고자 문법을 연구하였다. 고대 인도의 파니니(pāṇini) 경전을 전승하면서 4,000여 문법 규칙을 만들었다는 파니니 문법 연구, 인도에서 중국어로 번역된 불경의 음역, 의역의 번역 전통에 나타난 불경의 문법 연구, 중국 사서오경(四書五經)의 자구 해석을 연구하는 전통의 훈고학과 고증학의 문법 연구, 서구의 성경 연구를 위한 히브리어, 헬라어, 라틴어 문법 연구는 경전과 문법 연구의 상관성을 보여 준다.

특히 한자는 '형(形), 음(音), 의(義)'라는 3요소로 구성되므로 고대에 불경이 범어(梵語, 산스크리트어)에서 중국어로 번역되면서 음역, 의역 등의 차자법(借字法)이 확립되고 이는 우리나라의 향찰, 이두, 구결의 차자법 원리에도 영향을 주었다. 중국에서 나온 각종 자전(字典), 운서(韻書)가 우리나라에도 편찬되어 세종 때는『동국정운(東國正韻)』(1447)이 나왔고,『천자문(千字文)』,『훈몽자회(訓蒙字會)』,『유합(類合)』,『물명고(物名攷)』,『자전석요(字典釋要)』와 같은 한자 어휘 학습서를 편찬, 교육하면서 사전학적 의미 연구의 전통이 깊다.

---

3 "여호와 하나님이 이르시되 사람이 혼자 사는 것이 좋지 아니하니 내가 그를 위하여 돕는 배필을 지으리라 하시니라. 여호와 하나님이 흙으로 각종 들짐승과 공중의 각종 새를 지으시고 아담이 무엇이라고 부르나 보시려고 그것들을 그에게로 이끌어 가시니 아담이 각 생물을 부르는 것이 곧 그 이름이 되었더라. 아담이 모든 가축과 공중의 새와 들의 모든 짐승에게 이름을 주니라."(구약 성경, 창세기 2:18-20)

근대, 현대의 의미 연구

서구 언어학이 중세 라틴어 문법, 근대 영문법 연구로 발달해 오면서 문법은 올바른 규범언어를 '바르게 보전하고 바르게 말하고 쓰는 기술'로 인식되었다. 18, 19세기에 역사언어학이 발달하면서 단어의 음운과 의미 변화에 대한 연구가 나타나며, 사전이 편찬되면서는 의미에 대한 관심이 높아져 19세기 중반에 시작한 옥스포드 영어사전, 그림(Grim) 형제가 시작한 독일어 사전 등이 수십 년에 걸쳐 집필 편찬되면서 정확한 의미 기술을 요구하게 되었다.

1825년에 라이지히(Reisig)는 문법학의 분야로 통사론, 어원학, 의미론을 두었고, 브레알(Bréal)은 『의미론 시론』(Essai de Sémantique, 1897)을 쓰는데 쿠스트(Cust)에 의해 『의미론: 의미의 과학』(Semantics: Studies in the Science of Meaning)으로 번역되면서 semantics가 알려지게 되었다. semantics는 그리스어 형용사 semantikos(의미 있는)에서 유래하며 이는 '기호'(sign)를 뜻하는 sēma로부터 왔다.

20세기 초에 소쉬르(Saussure)는 언어 연구에서 공시적, 통시적 관점을 구분할 것을 주장하고 언어 작용을 체스 놀이에 비유하여 자음 체계와 모음 체계 안에서 각 음운이 상호작용을 하는 역동적 구조로 보아 구조주의 언어학의 원조가 된다. 오그던과 리차즈(Ogden & Richards)는 『의미의 의미』(Meaning of meaning, 1923)라는 책에서 의미의 의미를 16개 유형이나 들었다.

1920년대부터 독일에서는 어휘장(낱말밭) 이론과 구조의미론이 발전한다. 헝가리의 울만(Ullmann)은 『의미론의 원리』(The Principles of Semantics, 1957), 『의미론: 의미과학입문』(Semantics: An Introduction to the Sciece of Meaning, 1962)이라는 의미론의 고전을 지었다. 미국에서는 블룸필드(Bloomfield)의 『언어』(Language, 1933)가 자료 해석의 귀납법을 중시하는 로크(Locke)의 경험주의 철학의 영향을 받아 미국 구조주의 언어학을 일으키면서 후천적 언어환경과 반복적 언어학습을 통한 언어습득을 중시하였다.

1950년대부터는 촘스키(Chomsky)가 『통사구조』(Syntactic Structures, 1957), 『통사이론의 제 양상』(Aspects of the Theory of Syntax, 1965) 등의 논저를 통해 구조주의 학자들의 후천적 경험주의, 행동주의 철학을 비판하고 인간에게는 선천적 '언어습득장치(Language Acquisition Device)'가 있다고 보아 선천적 언어능력을 중시하면서 유한한 문장 변형 규칙으로 무한한 문장을 생성하는 언어의 창조성에 주목하여 변형생성언어학을 일으킨다. 문장의 생성은 기저구조의 문장이 조사, 어미, 접사 등의 첨가, 탈락, 대치, 접속, 이동 규칙을 통해 여러 문장으로 변형되는데 문장의 변형에 따라 의미도 변형되는지의 여부도 논란이 되었다.

이때 '생성의미론자'들은 변형규칙이 의미를 변형하지 못하므로 의미는 심층구조에만 있다고 보는 '의미보존가설'을 주장하고, '해석의미론자'들은 변형생성과정에서 의미 변형도 가능하다고 보는 '의미변형가설'을 주장해 논쟁을 벌였다. 그 후에도 촘스키는 변형생성문법을 갱신하여 언어에서 의미 문제에 지속적 관심을 가졌다. 전체적으로 구조주의가 음운, 형태, 단어, 어휘 의미에 치중한 연구를 보이는데 반해 변형생성언어학은 문장과 문장 의미의 해명에 치중하여 통사의미론의 발달에 기여하였다.

현대에는 언어의 사회성, 다양성에 주목하게 되어 일반의미론, 인류언어학, 사회언어학, 심리언어학, 전산언어학, 인지언어학 등이 발달하였다. 심리학자들은 언어 학습과 습득, 언어 심리, 소통 장애, 언어 행동 등에 대해 주목하였다. 철학자들은 전통적 철학에 회의를 느끼고 철학의 도구인 언어의 분석부터 철저히 할 것을 주장하여 언어 자체에 주목하고 일상언어에서 나타나는 대화의 의도와 효과라든가, 언어와 행동의 관계를 해석하는 화행 현상 등에 관심을 가져 비트겐슈타인(Wittgenstein, 1918)의 분석철학, 옥스포드 일상언어학파가 출현하고, 퍼스(Firth, 1957)의 맥락론(contextural theory), 볼린저(Bolinger, 1977), 기봉(Givón, 1979)의 기능론(functional theory), 오스틴(Austin, 1962), 설(Searle, 1969)의 화행론(speech act theory) 등을 포괄하는 화용론(pragmatics), 담화 분석, 텍스트언어학 등으로 발전하였다.

한국의 의미론 연구

우리나라도 삼국시대에 우리말을 적을 때 한자의 음과 훈을 이용해 어휘형태소는 훈차(訓借)를 하고 문법형태소는 음차(音借)를 하여 적는 훈주음종(訓主音從)의 원리가 있었다. 이에 따라 표기한 인명, 지명 표기와 이두나 향찰 자료를 남겼는데 훈차는 의미 현상을 이해한 결과이다.

조선 초에는 훈민정음 언해본 협주에서 '國은 나라히라, 制는 밍ㄱ를실씨라, 復는 다시 ᄒᆞ논 ᄠᅳ디라, 之는 입겨지라'처럼 체언은 '~이라', 용언은 '~ㄹ씨라', 부사류는 '~ᄒᆞ논 ᄠᅳ디라', 조사류는 '입겨지라'의 네 유형을 보여 품사의식과 어휘 의미의 범주의식을 보여 준다. 또한 한자 학습서로 『천자문』, 『훈몽자회』, 『유합』 등의 한자 학습서가 음과 훈을 나열하는 고유 방식을 사용하여 어휘 의미에 대한 인식이 분명하였다. 이런 어휘자료집은 실학파의 여러 책에도 나타나는데 정약용(1819)의 『아언각비(雅言覺非)』는 우리말의 한자 어원 문제를 다루었다.

우리나라에서는 한자 자전을 편찬하면서 한자 의미 문제를 다루었고 조선어학회의 조선어대사전(일명 '큰사전')과 광복 후 민간의 국어사전들과 국립국어원의 『표준국어대사전』 편찬 과정에서 단어의 다의어 의미 배열이라든가 다의어와 동음이의어의 구별 문제 등의 의미 문제가 대두되어 사전 편찬은 국어 문법 문제와 의미론, 사전학 발전에 기여하였다.

국어학에서 의미론은 1950년대 후반부터 대학에서 신흥 학문으로 소개된다. 하야카와(Hayakawa, 1949)의 일반의미론이 『의미론』으로 번역되었고 이을환·이용주(1964)의 『국어의미론: 서설』, 천시권·김종택(1971)의 『국어의미론』, 이용주(1972)의 『의미론개설』, 이을환(1973)의 『일반의미론』이 나온다.

1980년대 이래로 김민수(1982), 심재기·이기용·이정민(1984), 이익환(1985), 최창렬·심재기·성광수(1986)가 나왔고 남성우(1979, 1987)는 울만(Ullmann, 1957, 1962)을 번역 소개하고 남성우(1986)는 국어 한자어와 고유어의 통시적 의미 변천을 규명하여 역사의미론 발전에 기여하였고 개론서 『국어의미론』(1985)도 지었다. 1990년대에는 임지룡(1993), 박영순(1994), 박종갑(1996)의 개론서가 나왔고 특히 임지룡(1997/2017, 2008)은 인지의미론의 소개와 발전에 기여하고 신현숙(1998, 2001)은 의미 분석, 담화 인지언어학 발전에 기여한다.

어휘론 분야는 김종택(1992)의 『국어 어휘론』, 심재기(2000)의 『국어 어휘론』이 선구적이다. 김광해는 『유의어 반의어 사전』(1987), 『비슷한 말 반대말 사전』(2000/2009)을 내고 『고유어와 한자어의 대응 현상』(1989), 『국어 어휘론 개설』(1993), 『어휘 연구의 실제와 응용』(1995), 『등급별 국어교육용 어휘』(2003) 등을 통해 계량언어학적 연구에 의한 어휘 빈도별 등급 평정을 하는 등 어휘론 발전에 크게 기여하였다. 2000년대에는 윤평현(2008, 2013)의 개론서가 최근의 의미론 연구를 개괄하였다. 국어 어원 연구는 최창렬(1986), 강헌규(1988), 조항범(2014)의 개론서와 김민수·최호철·김무림(1997), 강길운(2010), 김무림(2012), 백문식(2014)의 어원사전도 나왔다.

연구 분야도 구조의미론, 낱말밭 이론, 생성의미론, 해석의미론, 형식의미론, 통사의미론, 화용론, 화행론, 심리의미론, 인지의미론 등으로 확대되어 왔다. 1991년에는 담화인지언어학회, 1997년에는 한국어의미학회, 한국텍스트언어학회가 창립되어 각각 학회지 〈담화와 인지〉, 〈한국어의미학〉, 〈텍스트언어학〉을 간행하고 있다.

1.4. 의미론은 왜 가르치고 배워야 하는가

의미론 연구와 교육의 목적

의미론이 발전한 것은 20세기 들어서인데 국어학계에는 1950년대 후반부터 소개되어 1980년대부터 본격적으로 발전하였다. 의미론은 다음의 이유로 연구되고 교육되어야 한다.

첫째, 언어 의미 현상의 본질을 탐구하고 교육하기 위함이다. 우주 삼라만상의 신비를 탐구하면서 학문이 성립하듯 언어학과 의미론은 언어의 신비와 의미 현상의 원리를 탐구하는 학문으로 성립된다.

둘째, 인간의 의사소통을 올바르게 하기 위함이다. 의사소통을 올바르게 하려면 정확한 단어의 의미를 알고 문장의 의미를 구성하며 의도에 맞게 담화를 구성하는 원리와 방법을 익히는 것이 필요하므로 의미론 연구와 교육이 필요하다.

셋째, 국어 능력은 개인의 평생의 삶의 질을 좌우하며 국어 능력의 기초가 어휘력과 문장력이므로 어휘 및 문장 능력 증진을 위해 어휘 및 문장 의미의 연구와 교육이 필요하다. 글이 오해 및 왜곡되지 않도록 어휘와 문장의 의미가 정확해야 하므로 의미론 연구는 문해력(literacy) 증진을 위한 독서론, 화법론, 작문론의 기초 학문으로도 필요하다.

넷째, 국어사전 편찬을 하려면 의미론 연구가 필요하다. 사전 편찬은 표제어의 뜻풀이를 용법순, 빈도순, 문법 정보, 어원 정보 등을 고려해서 기술하고 동의어, 반의어, 관련어, 관용어 등도 기술해야 하므로 이를 위해서는 의미론의 기여가 절대적이다.

다섯째, 표준어 선정 논의에서 동의어 판정을 위해 의미론 연구가 필요하다. 현 표준어 규정(1988)의 복수 표준어 설정에는 완전동의어도 있고(머무르다-머물다, 찌꺼기-찌끼, 가뭄-가물, 고까-꼬까-때때, 멍게-우렁쉥이), 부분동의어도 있다(옥수수-강냉이). 표준어

모음(1990)의 목록에도 완전동의어도 있고(도토리나무-상수리나무[4], 두견새-두견이, 남자답다-사내답다, 모래톱-모래사장), 부분동의어(갈잎나무-떡갈나무[5], 발짓-발질, 덮개-뚜껑, 각시-새색시[6], 산울림-메아리[7]), 혼동 별개어(두견새-소쩍새)도 있다. 이런 사례들의 완전동의와 부분동의를 판별하려면 단어에 대한 정확한 의미 파악이 필수적이다.

여섯째, 문학평론 분야에서 문학의 특성인 비유, 수사법 분석을 위해서, 통번역학에서 의역과 직역 등 올바른 번역을 위해서, 외국어교육의 오류 분석과 대조언어학 분야에서 어휘나 문장의 대조분석을 위해 의미론 연구와 교육은 필요하다.

그 밖에 인간의 소통과 불통, 화해와 갈등의 삶이 반복되는 언어 현장 어디에서나 언어의 의미 문제는 다양하게 연구되고 응용되고 있다.

의미론과 국어교육

의미론이 학문적으로 늦게 발전한 것과 달리 광복 후의 국어교육에서는 초등학교에서부터 비슷한 말, 반대말 학습이 활발하게 이루어져 왔다. 교육과정에서는 문법 영역에서 간단히 동의어, 반의어 활동을 언급하는 정도였고 학교문법에서는 1985년 4차 교육과정에서 중학문법이 사라지고 고교문법이 국정 통일문법 교과서로 통일되었지만 '의미' 단원이 아직 도입되지 못하였다. 1991년에 나온 5차 교육과정의 고교 문법 교과서에 와서야 비로소 '의미' 단원이 독립 설정되어 현재까지는 문법 영역에서 의미를 고정적 영역으로 비중 있게 다루는 편이다.

2009 개정 국어과 교육과정(2011.8.)의 공통교육과정(1-9학년) 문법 영역의 의미 부문을 보면 다음과 같아 음운, 형태 부문과 대등하게 큰 비중을 두고 있음을 보여 준다.

---

4 '도토리나무'는 '상수리나무'의 별칭으로 '떡갈나무'와는 별개임. 표준어모음(1990) 목록 참고.
5 '떡갈나무'는 '갈잎나무'의 일종이다. 표준어모음(1990) 목록 참고.
6 각시: 「1」 '아내01'를 달리 이르는 말. 한자를 빌려 '閣氏'로 적기도 한다. 「2」 =새색시. 「3」 조그맣게 색시 모양으로 만든 여자 인형. '각시'는 '아내'를 뜻하는 고유어 '갓'을 한자어 어원인 양 견강부회한 것이다.
7 산울림(山-): 「1」 땅속의 변화로 산이 울리는 일. 또는 그런 소리. 「2」 =메아리.

[1] 초등학교 1-6학년 문법 영역

1,2학년 (2) 다양한 고유어(토박이말)를 익히고 소중히 여기는 태도를 기른다.

〃 (3) 낱말과 낱말의 의미 관계를 알고 활용한다.

3,4학년 (1) 소리와 표기가 다를 수 있음을 알고 낱말을 바르게 발음하고 쓴다.

〃 (2) 표준어와 방언의 가치를 알고 상황에 따라 효과적으로 사용한다.

〃 (3) 국어의 낱말 확장 방법을 알고 다양한 어휘를 익힌다.

〃 (4) 낱말들을 분류해 보고 국어사전에서 낱말을 찾아본다.

5,6학년 (2) 낱말이 상황에 따라 다양하게 해석됨을 이해하고 효과적으로 표현할 수 있다.

〃 (3) 고유어, 한자어, 외래어의 개념과 특성을 알고 국어 어휘의 특징을 이해
한다.

〃 (6) 관용 표현의 특징을 알고 담화 상황에 맞게 사용한다.

[2] 중학교 1-3학년 문법 영역

(5) 단어의 짜임을 분석하고 새말이 만들어지는 원리를 이해한다.

(6) 품사의 개념과 특성을 이해하고 단어를 적절하게 사용한다.

(7) 문장의 구조를 탐구하고 자신의 생각을 다양한 구조의 문장으로 표현할 수 있다.

(8) 어휘의 유형과 의미 관계를 이해하고 활용한다.

(9) 문법적 기능을 담당하는 요소들의 특징을 이해하고 담화 상황에 맞게 사용할 수 있다.

(10) 담화의 개념과 특성을 이해하고 담화 상황에 적합한 국어 생활을 한다.

이상에서처럼 국어과 교육과정의 문법 영역은 초등학교 1학년부터 어휘 의미 교육을 시작하여 고교에서 담화 의미 교육까지 광범위하게 다룬다. 그 후 개정된 2011 교육과정, 2015 교육과정은 학습 성취기준이 계속 줄어들었지만 의미 요소의 큰 흐름은 유지되고 있다. 그동안의 교육과정 흐름과 미래의 문법교육을 생각할 때 의미 교육은 동의어와 반의어, 고유어와 한자어와 외래어, 국어순화 의식을 중심으로 한 어휘 의미 교육을 기초로 문법 논리에 따른 문장 의미 교육과, 담화의 응결성(cohesion)[8], 응집성(coherence)을 갖춰 표현하는 담화 의미 교육에 중점을 두게 될 것이다. 이러한 의미론의 연구 결과를 작문, 독서, 화법, 문학교육에 응용하고, 쓰기, 말하기, 읽기의 자신감 결여, 불

통, 난독증과 학습부진의 원인을 파악해 치료하고 합리적 언어생활을 하는 데 기여하
여야 할 것이다.

---

8 'cohesion'과 'coherence'는 텍스트성의 중요한 요소로서, 텍스트언어학의 핵심 용어이다. 그 중
요성으로 인하여 국어교육에서도 이 두 가지 개념을 담화 또는 텍스트 관련 교육내용의 주요 교육
내용 요소로 설정하고 있다. 그런데 이 두 가지 개념에 대한 번역어의 문제는 다소 복잡하기에, 이
책의 첫머리에서 이 부분에 대한 입장을 간략히 밝히고자 한다. 'cohesion'과 'coherence'는 텍스트
언어학 이론이 본격적으로 다루어지는 과정에서, 'cohesion'은 '결속 구조', '결속성', '응결성', '응
집성', '구조적 결속성' 등으로, 'coherence'는 '결속성', '응집성', '일관성', '통일성', '내용적 결속
성' 등으로 번역되어 왔다. 두 가지 개념의 구분에 이론(異論)이 존재하여 이렇게 된 것이 아니라,
적격한 번역 용어에 대한 학문적 합의와 공준이 쉽사리 이루어지지 못한 때문이다. 이 상황에서
'교육'이라는 특수 맥락이 더해지는 국어과 교육과정과 교과서에서 이 두 가지 개념들을 다루게 됨
으로써 번역 용어의 문제는 한층 더 복잡해졌다. 국어과 교육이라는 특수 맥락과 장면에서, 'cohe-
sion'과 'coherence'는 각각 '응집성'과 '통일성'으로 번역되었고 이는 국가 수준 교육과정 문서상으
로는 제7차 교육과정에서 처음으로 공식화되었다. 이후 지금까지 수차례의 개정을 거친 교육과정
과 교과서 내용 역시 그대로 유지되고 있다. 그러나 이 용어들이 과연 적격한 번역어들이며 교육과
정 및 교과서의 개념어로서 갖추어야 할 적확성을 만족시키는지에 대한 논의가 이어지고 있는 상
황이다. 교육과정 내의 '통일성'과 '일관성'의 개념 구분을 둘러싼 일련의 논의들이 그 단적인 예이
다. 앞으로의 교육과정 개정 시에 이 문제가 전면적으로 다루어질 것으로 기대한다. 이에, 이 책의
학문 일반적 논의에서는 텍스트언어학 연구에서 현재 주로 사용되는 용어를 택하여 'cohesion'과
'coherence'를 각각 '응결성'과 '응집성'으로 옮긴다. 한편 국어과 교육과정 및 교과서의 내용을 중
심으로 한 논의에서는 이 문서들의 공식성을 고려하여 'cohesion'과 'coherence'를 각각 '응집성'과
'통일성'으로 옮긴다. 따라서 이 책의 곳곳에서 나오는 이 용어들은 인위적으로 하나의 번역 용어
로 통일하지 않았으며, 앞서 설명한 대로 논의의 성격에 따라 구분하여 사용하도록 하였다. 대신에
원어를 괄호 안에 표기하여 해당 용어가 가리키는 바가 무엇인지 파악할 수 있도록 하였다.

🖋 탐구문제

다음은 국립국어원 '가나다' 전화 1599-9979(국어친구)로 들어온 알쏭달쏭한 질문들이다. 각 질문에 대한 의미론적 차원의 해결 방안은 무엇인지 생각해 보자.

① '생선 대가리'인가요, '생선 머리'인가요?

② 전화를 끊을 때, "들어가세요."라고 인사해도 되나요?

③ 웃어른께 "새해 복 많이 받으세요."라고 하면 잘못인가요?

④ '낮 12시'는 오전 12시인가요, 오후 12시인가요?

⑤ 시간을 왜 '이 시 이 분'이라고 안 하고 '두 시 이 분'이라고 하나요?

⑥ '구공탄'은 구멍이 9개라서 '구공탄'인가요?

⑦ 편지 수신자를 가리키는 말은 '받는 사람'인가요, '받을 사람'인가요?

⑧ '반증(反證)'과 '방증(傍證)'의 차이는 무엇인가요?

⑨ 간호원이 "할아버지, 주사 맞으실게요."라고 하는 것은 바른 표현인가요?

⑩ 감탄사 '흐흐, 히히, 호호, 하하, 허허'가 모음의 차이로 어감이 다르므로 모음과 같은 음소에도 어감과 같은 의미가 있다고 할 수 없나요?

2 국어과 의미 교육의 전개

2.1. 교육과정의 변천을 통해 본 의미 교육 실태는 어떠한가

국어교육은 모어 화자를 대상으로 하기에, 언제나 '의미'를 중심에 두고 교육을 해야 한다. 그런데 국어 문법 교육에서는 본질적으로 '형식'을 중심에 두고 교육을 한다. 이렇게 보면, 향후 국어 의미 교육은 국어교육 전체의 목표 및 내용과 부합할 수 있도록 발전적으로 정비되어야 할 것이다. 이를 위해서는 국어 문법 교육 내에서 '의미와 문법의 관계'를 긴밀하고도 다양하게 다룰 수 있도록 중심을 잡아야 할 것이다.

이 장에서는 국어과 교육과정 및 교과서에서의 의미 교육 실태를 종합적으로 파악함으로써 국어 문법 교육에서 의미와 문법의 관계가 어떻게 다루어지고 있는지 재조명한다. 현재 교과서에서 다루고 있는 문법 교육 내용 중, 의미 교육의 강화를 위하여 교과서 기술이 변한 부분을 몇 가지 선택, '의미-문법' 관계가 균형을 유지해 가고 있음을 보여 준다. 이로써 국어 의미 교육이 어떻게 발전해 나아가야 하는지 전망해 보려 한다.

*이 장은 최미숙 외(2016)와 최경봉 외(2017)의 내용을 일부 포함하고 있다.

이에 먼저 교육과정 문서를 대상으로 하여 의미 교육의 실태를 살펴보되, 제4차 교육 과정부터를 대상으로 한다. 초기 교육과정부터 살펴보지 않는 이유는, 국정 문법 교과 서가 편찬되기 시작한 4차 시기에서부터 문법 교육에 대한 통일된 관점을 확인할 수 있 으며, 교육과정이 계획적으로 기획되고 그 내용이 문법 교과서에 본격적으로 반영되었 다고 볼 수 있기 때문이다.

여기에서는 문법 영역에서 의미 교육 내용이 다루어지는 방식에 따라 크게 두 시기로 나누어 고찰해 본다. 제1기는 제4차~7차 교육과정 시기이고, 제2기는 2007 개정 교육 과정에서부터 2015 개정 교육과정까지이다.

제1기부터 살펴보자. 제4차 교육과정에서는 '의미'와 관련된 내용이 지극히 소략하 였다. 교육과정에는 적극적으로 드러나지 않았지만, 제4차 고등학교『문법』교과서에 서는 의미를 하나의 독립된 단원으로 제시하였다. 언어학과 철학에서 다루었던 의미의 여러 가지 측면을 간략하게 설명하고, 단어 간의 의미 관계를 학습하는 내용으로 구성 되었다.

제5차 교육과정에서부터 의미 관련 목표가 적시되기 시작한다. 고등 '국어'(5)에 '의 미상의 구조를 안다'는 목표가 새로이 등장한 것이다. '의미'에 대한 체계적이고 명시적 인 항목은 존재하지 않으나, 단어 형성 규칙을 어휘력 확장의 일환으로 활용할 것을 명 시(고등 '문법'(4))했다든지, 글의 구조를 분석할 때 의사 전달의 한 체계로서 분석해야 한다고 지적했다든지(고등 '문법'(8)), 현대 국어와 그 이전 시기 국어의 음운, 형태, 통 사, 의미상의 차이점을 파악(고등 '문법'(9))할 것을 명시했다는 점이 그것이다. '호응 관 계'를 아는 것도 여전히 포함(고등 '문법'(2))되어 있지만, 4차에서 명시했던 '문맥적 의 미나 숙어의 유형(고등 '국어Ⅱ'(마), (아))'은 삭제되었다.

제6차 교육과정은 현 문법 교육 내용 체계의 근간이 마련된 시기이다. '언어의 본질 과 특질', '국어의 이해', '국어 사용의 실제'라는 일정한 내용 체계를 갖추게 된 것이 다. 제6차 교육과정에 이르러 새롭게 추가된 '담화'는 의미 교육의 위상이 더더욱 강화 되었음을 확인할 수 있게 해 준다. '국어' 과목의 '언어' 영역과, '문법' 과목 모두에서 '담화' 차원의 교육을 처음으로 명시하고 있다(고등 '국어'(6), '문법'(마)). 제5차 교육과 정 문서상에서 본격적으로 명시되지 않은 채 교과서의 대단원으로만 편성되었던 '단 어의 의미'에 대해서, 제6차 교육과정에 이르러서는 교육과정상에서도 명시(고등 '국어'(7), '문법'(라))하였다.

제7차 교육과정에서는 학습자로 하여금 배운 지식을 실제 생활에 전이할 수 있도록, '국어 가꾸기'가 신설(고등 '문법'(3))되었다. '국어 가꾸기'는 '국어 알기'에서 배운 지식을 다양하고 실제적인 언어 자료를 통하여 직접적으로 탐구해 보도록 하는 부문이다. 이는 학습자가 문법 지식을 규칙으로서 아는 것이 아닌, 실제 의사소통에서의 의미를 확인해 보도록 유도한 것인데, 넓은 의미에서 의미 교육 위상 강화의 일환으로 해석할 수 있다. '국어 알기'와 '국어 가꾸기'의 구분은 문법 교과서 체제에도 그대로 적용되었다. 제7차 교육과정에서는 집합체로서의 '어휘'를 학습하는 내용이 추가(초등6 '국어지식'(3)고유어, 한자어, 외래어, 외국어의 개념을 안다. 중학1 '국어지식'(4)은어, 전문어, 속어, 비어, 유행어의 개념을 안다. 중학2 '국어지식'(5)관용어의 개념을 안다. 고등 '문법'(다)-②국어 어휘의 체계를 이해한다)되어 있는데, 이 역시 '의미'가 강화된 것이다. 제6차 교육과정에서는 '국어 사용의 실제' 부문 중, '의미와 직접적으로 관련된 진술'이 전혀 없었던 데 비해, 제7차 교육과정에 이르러서는 전체적으로 의미와 관련된 진술이 늘어난 것이 확인된다. 그리하여 제7차 교과서에서는 다음과 같은 변화가 나타났는데, 이는 비록 '의미' 단원에서 다루어지지는 않지만, 넓은 의미에서 '의미 교육'에 해당한다.

- 전 단원에서 자료를 확장적, 실제적으로 보완(authentic data)
- 담화 차원의 지식 제공('이야기' 단원에서)
- 어휘(상대적으로 학습자가 '실제로' 파악하기 용이한 실체)를 대상으로 하는 교육 내용을 확장적으로 추가

제1기의 변천 양상을 요약하면 다음과 같다. 의미 자체를 교육 내용으로 다루지 않았거나 단어의 의미 정도로만 다루었던 초기에 비해, 제6차 교육과정에서부터는 어휘론 분야를 체계적으로 반영하여 단어를 더 광범위하게 다루고, 담화 단위를 강조하기 시작하였다. 이러한 경향은 제7차 교육과정에 와서 더욱 강화되었다. 제1기는 한마디로, 의미론이나 어휘론, 화용론 등의 연구 성과들이 교육 내용으로 추가되어 온 양상을 보이고 있다.

제2기에 해당하는 2007 개정 교육과정에서부터는 조금 다른 양상을 보인다. 단어,

문장 단원에서 제공되었던 교육 내용들이 좀 더 '의미와 가깝게' 다루어지도록 초점화되어 기술되고 있다. 예를 들어 2007 개정 교육과정에서는 '피동 및 사동 표현'과 관련된 내용이 다음과 같이 기술되었다.

2007 개정 〈국어〉

- 7학년 문법 -

(4) 표현 의도에 따라 사동·피동 표현이 달리 사용됨을 안다.

　　[내용 요소의 예]

　　　• 사동·피동 표현의 개념 이해하기

　　　• 사동·피동 표현에 따라 의미 해석이 어떻게 달라지는지 이해하기

　　　• 사동·피동 표현을 사용하는 심리적·사회적 특성 이해하기

성취기준 해설에서는 '사동·피동 표현을 사용함으로써 의미 해석이 어떻게 달라지는지를 문맥적 의미, 필자의 심리적 태도, 사회 문화적 상황 등을 고려하여 해석해 낼 수 있는 능력을 기르고, 사동·피동 표현을 많이 사용하는 현실을 고려하여 오늘날의 국어 생활 문화와 사동·피동 표현 사용과의 관련성을 생각해 보아 비판적 국어 의식을 기르는 데 중점을 둔다.'라고 기술하고 있다. 그 이전과는 달리, 의미와 문법의 관계를 훨씬 긴밀하게 다루도록 하고 있다. 비록 사동·피동 표현에만 한정된 것이지만, 이와 같은 변화는 '의미 교육 관련 내용을 새로이 추가한 것' 이상으로 큰 변화이다. 2009, 2015 개정 교육과정에서는 '의미와 긴밀하게 관련지은' 위와 같은 상세한 기술은 찾아볼 수가 없다. 그러나 그것이 그 이전으로 회귀하라는 의미가 아니며, 성취기준 수가 점점 줄어들고, 성취기준에 대한 상세한 해설도 줄어들었기 때문이지, 문법 장치를 의미와 관련지어 긴밀하게 다루는 것은 2009, 2015 개정 교육과정에서도 이어받고 있는 큰 흐름이다. 비슷한 교육 내용들이 어떻게 다르게 기술되고 있는지 비교하여 살펴보자.[9]

---

9 성취기준이 지나치게 단순하게 기술되어 오히려 제7차로 회귀한 것처럼 보이지만, 해설을 들여다보면 그 이전의 취지를 모두 포함하고 있다. 그 내용은 다음과 같다. "이 성취기준은 담화의 개념과 특성을 이해함으로써 실제 국어생활에서 담화를 이해하고 생산하는 능력을 기르기 위해 설정하

제7차	2009 개정 교육과정	2015 개정 교육과정
(6) 담화의 구성을 안다.	⑩ 담화의 개념과 특성을 이해하고 담화 상황에 적합한 국어 생활을 한다.	[9국04-07] 담화의 개념과 특성을 이해한다.
(5) 장면에 따른 표현 방식을 안다.	⑩ 올바른 문장 표현과 효과적인 담화 표현의 양상을 탐구한다.	
② 국어 문법 요소의 기능과 그 의미를 이해한다.	⑫ 의미 구성에 기여하는 문법 요소의 개념과 표현 효과를 탐구한다.	[10국04-03] 문법 요소의 특징을 탐구하고 상황에 맞게 사용한다.

〈표 1-1〉 의미 지향적 문법 교육내용의 강화 흐름

문법에서 의미로 더 가깝게 다가가려는, 문법 교육과정에서의 위와 같은 노력은 타 영역의 교육 내용을 구체화하는 데에도 기반이 되어 준다. 2009 개정 시기는 문법 교육의 입장에서는 그 새로운 가능성을 실현할 수 있었던 좋은 기회이기도 했다. 원래 학계에서는 문법이 굳이 타 영역과 통합적으로 구현되어야 한다면, 여러 영역 중에서도 '작문'과 함께 구현되는 것이 가장 적절하다고 생각하는 경우가 많았다. 마지막 퇴고 단계에서 적어도 맞춤법 검사는 반드시 필요하기 때문이라고 보았기 때문일 것이다. 그런데 생각지도 못하게 문법이 독서와 결합하여 〈독서와 문법〉이라는 과목이 신설되면서, 문법은 강제적으로라도 '의미'와 더 가까이 다가가려는 노력을 해야 했다. 급하게 시행되는 바람에 많은 부분에서 융합을 시도하지는 못했지만, 적어도 다음 성취기준은 의미와 문법을 긴밀히 관련지어 구현해야 했다.

2009 개정 고등학교 〈독서와 문법〉

－ 담화 －

(13) 담화의 개념과 특성을 이해하여 적절하고 효과적인 국어 생활을 하도록 한다.

　　담화는 실제 언어생활의 생생한 모습을 보인다는 점에서 교수·학습의 가치가 있다. 담

였다. 이를 위해 화자(필자)와 청자(독자), 전달하고자 하는 내용, 맥락(상황 맥락과 사회·문화적 맥락)과 관련하여 담화의 개념을 이해하도록 한다. 담화의 특성에 대한 이해 과정에서는 학습자가 다양한 담화를 접할 수 있게 한다."

화 해석을 위해서는 화자, 청자, 맥락, 발화가 중요하게 고려되어야 한다. 담화의 의미 해석에는 언어적 맥락을 비롯하여 상황 맥락과 사회·문화적 맥락과 같은 비언어적 맥락이 관여한다. 이러한 맥락에 따라 적절하고 효과적인 표현을 하는 것이 중요함을 실제 국어 자료를 통해 깨닫도록 한다.

(14) 담화에서 지시·대용·접속 표현의 기능과 효과를 이해한다.

지시 표현, 대용 표현, 접속 표현은 담화의 응집성과 통일성을 높이는 데 기여한다. 특히 독서와 관련지어 구체적인 담화 자료를 바탕으로 지시 표현, 대용 표현, 접속 표현을 분석하고 그 효과를 탐구함으로써 이들 표현이 하나의 담화에서 갖는 기능을 이해하고 담화의 특성을 이해할 수 있도록 지도한다.

– 글의 구성 원리 –

(15) 글의 구성 요소를 이해하고, 글의 담화적 특성을 판단하며 읽는 능력을 기른다.

한 편의 글 속에서 단어와 문장, 문단 등 담화의 구성 요소들의 관계와 작용을 이해한다. 이를 통해 글이 사고를 표현하고 전달하기 위해 다양한 개념과 진술들을 통해 점차 필자의 사고를 확장·전개해 나가는 구조로 이루어진다는 점을 이해한다. 특히 글에는 응집성, 통일성 등 다양한 담화적 특성들이 내재되어 있음을 이해하는 데 초점을 둔다.

그러나 2015 개정 교육과정에서는 선택 과목의 체계가 또 바뀌었다. 〈독서〉는 단독 과목이 되고, '문법'은 〈언어와 매체〉라는 과목으로 거듭나게 되었다. 문법이 '매체'와 결합할 수 있는 핵심 논리는 '매체적 속성, 기호적 본질'이기에, 어찌 보면 '의미와 문법의 긴밀한 관계'는 유지하기 어려워졌다고 할 수 있다. 다만, 다양한 사회 문화적 맥락을 제공하여 그에 따라 달라지는 언어를 탐구하도록 만든다면 의미와 긴밀하게 탐구하도록 할 수 있을 것이다.

성취기준의 양은 갈수록 줄어들고, 제7차 교육과정 이후에는 교육과정 해설서가 별도로 출간되지 않는다. 그리고 교육과정이 수시 개정됨에 따라 문법은 선택과목 구성에서도 극적인 변화를 보이기도 한다. 이러한 상황에서는 특정 교육과정 시기의 표면적 기술 내용만 살펴보아서는 문법 교육 및 의미 교육의 본질을 제대로 구현하기가 어렵다. 무엇보다도 교육과정사에서 파악되는 '불가역적인 변화 방향'을 읽어 낼 필요가 있는 것이다. 이를 위해서 문법 교육에서는 적어도, 큰 변화가 있었던 제7차에서부터 그 양상을 정리하여, 또 바뀌게 될 다음 차수의 교육과정을 읽어 낼 필요가 있다.

요컨대, 초기 문법 교육에서는 '의미'를, '의미론'의 존재에 영향을 받아 '부문'으로 다루거나, 문법 현상을 설명하면서 '문법적 의미' 정도로 부차적인 요인으로 다루었었다. 이렇게 다룰 경우에 교수·학습 과정에서 문제가 생기는데, 학습자로 하여금 문법과 의미를 분리하여 생각하게끔 한다는 것이다. 실제 의사소통을 관찰해 보면, 의미와 문법은 동떨어지지 않는다[손버리(Thornbury), 1999: 21]. 문법은 우리가 표현하려는 의미를 잘 나타내게 하는 방법이다. 언어 사용자는 단어 자체로만 그 의미를 나타내기에 충분하지 않을 때 문법에 대한 지식을 활용한다. 더 나아가, '문법 장치를 통하여 나타내는 의미'는 언중이 어휘적 의미보다 더 주목해 왔기 때문에 '문법화된', '기저의 의미'이다. 그런 의미에서 문법 장치가 나타내는 '문법적 의미'는 각 언어 문화에서 중핵을 차지하고 있는 부분이기도 하다. 즉, '문법'은 '의미'와 깊은 관련성을 지니며, '의미 그 자체'이기도 하다. 국어과 교육과정은 이러한 점을 차차 인정하게 되어, 의미와 문법의 관계를 더 가깝게 다루도록 강조하고 있다.

2.2. 의미 구성 방식을 인식하도록 하는 과제들은 무엇인가

전술한 바와 같이, 지금까지 교육과정은 의미 교육 내용의 비중을 늘려 왔으며 문장 이하 문법 교육 내용에서도 문법과 의미의 관계를 가깝게 다루도록 교수·학습의 초점을 바꾸고 있다. 교육 목표가 '문법'에 초점을 둔 것 같더라도, 교과서에 구현할 경우 모어 화자의 의미 구성 방식을 충분히 성찰할 수 있도록 함으로써 '의미'에 초점을 두어 학습하도록 할 수 있다. 여기에서는 2009 개정 교육과정에 따른 중학교 및 고등학교 교과서를 주 자료로 하여, 그 구체적인 모습을 살펴보도록 한다. 특정 교과서를 대상으로 살펴보기는 하나, 해당 교과서의 활동을 '해설'하고자 하는 데에 목적이 있는 것이 아니라, 학습자가 문법 현상을 통하여 어떻게 '의미'를 이해할 수 있도록 각 활동들이 구성되어 있는지 그 '원리'를 보여 주고자 하는 데에 목적이 있다. 여기에 제시된 문법 활동

사례들을 통하여 '의미 구성 방식'을 이해하도록 하는 원리의 전형들을 익혀 둔다면, 이후 아무리 새로운 교과서가 쏟아져 나온다고 하더라도, 교과서에 나타난 문법 활동들이 과연 의미를 긴밀하게 다루고 있는 것인지 여부를 판단할 수 있게 될 것이다.

문장의 확대

절의 개념을 아는 것은 그 자체로 모어 화자가 문장을 의미 있게 구성하고자 할 때 핵심적인 지식이 될 수 있다. 그러나 자칫하면 이를 절의 개념을 알고 식별하는 데에만 그쳐 의미와 긴밀하게 다루지 못할 가능성이 높다. 이전 교육과정에서도 이와 같은 점에 대하여 고려했던 흔적이 보인다. 다음을 살펴보자.

제6차 〈국어〉

– 중3 언어 –

(3) 여러 문장을 하나의 문장으로, 하나의 문장을 여러 문장으로 만들어 보고, 전달하고자 하는 내용을 효과적으로 표현한다.

(5) 글의 각 문장에서 전달하고자 하는 내용을 말하여 보고, 문장과 문장 사이의 연결 관계가 적절하지 못한 부분을 찾아 고쳐 쓴다.

인용된 바와 같이, 6차 언어 영역에서는 겹문장과 안은문장을 만드는 과제를 '전달하고자 하는 바를 효과적으로 표현'하는 과제와 바로 연계되는 것으로 보고 있고, 문장의 연결 관계가 '전달하고자 하는 내용'과 부합해야 함을 강조하고 있다. 2009 개정 교육과정에서는 이와 같은 취지를 더욱 강조하였다. 그 이전에 비해 의미와의 관계를 더욱 긴밀하게 다루도록 강조한 것이다. 밑줄 친 부분이 그러하다.

2009 개정 〈국어〉

– 5-6학년군 문법 –

(4) 절을 연결하는 다양한 방식을 알고 표현 의도에 맞게 문장을 구성한다.

둘 이상의 절이 연결되는 다양한 방식을 이해하면 섬세한 문장 표현을 할 수 있다. 다양한 연결 어미로 앞뒤 절을 연결해 보는 활동이나 주변의 국어 자료에서 연결 어미가 사용된 문장을 찾아 탐구하는 활동을 하게 한다. 이때 <u>연결 어미의 종류에 따라 표현 의도나 의미가 달라진다</u>는 점을 이해하게 함으로써 연결 어미의 쓰임새를 알고 효과적인 문장 구성의 중요성을 인식할 수 있도록 지도한다.

2009 개정 〈국어〉

– 중1–3학년군 문법 –

(7) 문장의 구조를 탐구하고 자신의 생각을 다양한 구조의 문장으로 표현할 수 있다.

문장 구조에 대한 이해는 <u>자신의 생각을 효과적으로 표현하도록</u> 돕는다. 5–6학년군에서 배운 기본 문장 성분의 이해를 부속 성분에까지 확대하고 문장의 확대를 다루도록 한다. 평서문, 의문문, 명령문, 청유문, 감탄문과 같은 종결 방식의 <u>표현 효과를 탐구하고</u>, 국어의 문장은 둘 이상의 문장이 연결되거나 하나의 문장이 다른 문장 안에 안기는 방식으로 확대됨을 이해한다. 다양한 연결 어미와 전성 어미의 기능과 함께 이러한 문장 확대의 방식을 탐구하여 체계적으로 이해하면 <u>자신의 생각과 표현 의도가 제대로 반영된 문장을 구성할 수 있다.</u> 다양한 구조의 문장들을 <u>표현 의도와 연관 지어 분석하고,</u> 중의문처럼 의미가 명확하지 않은 문장을 찾아 그 이유를 탐구하는 활동을 함으로써 <u>정확하고 효과적이며 자연스러운 문장을 구성</u>하는 능력을 기르도록 지도한다.

이처럼 교육과정에서는 절에 대한 지식과 문장 구조에 대한 지식을 자신의 표현 의도를 드러내는 데에 효과적으로 작용할 수 있도록 활용할 수 있어야 한다고 강조한다. 교과서 활동 구성에서도 그 의도가 잘 나타난다. 아래 인용한 〈독서와 문법〉 교과서는 특정 성취기준을 본격적으로 구현한다는 데에도 의의가 있지만, '문장의 확대 현상'을 본격적으로 설명하고자 하는 성격 역시 지니고 있다. 아래 인용 내용의 밑줄 친 부분을 보자. 모어 화자가 왜 겹문장을 쓰고자 하는지 그 표현 의도를 성찰하도록 했다는 것은 그야말로 큰 변화라고 할 수 있다. 학습자가 문법과 의미의 관계를 가깝게 인식할 수 있도록 기술한 것이다.

모든 문장에는 주어도 하나, 서술어도 하나일까? 그렇지 않다. 문장에는 주어와 서술어가 각각 하나씩만 나타나는 홑문장이 있는가 하면, 주어와 서술어가 두 번 이상씩 나타나는 겹문장도 있다. 실제로 우리가 사용하는 문장을 보면 홑문장보다 겹문장의 수가 훨씬 많다. 이는 홑문장보다 겹문장이 사건의 전후 관계나 인과 관계 등의 복합적인 사고를 나타내는 데 더 유용하기 때문이다. 우리가 문장을 쓰거나 해석할 때 느끼는 어려움도 대부분 겹문장의 복잡한 구조에서 비롯된다.

겹문장이 만들어지는 방식에는 크게 두 가지가 있다. 하나는 문장들이 서로 나란히 이어지는 방식이며, 다른 하나는 한 문장이 다른 문장을 안는 방식이다. 전자의 방식으로 만들어진 문장을 이어진문장, 후자의 방식으로 만들어진 문장을 안은문장이라고 한다.

① 그 영화가 국제 대회에서 상을 받았다. 그 영화는 내일 개봉한다.

② 그 영화는 국제 대회에서 상을 받았고 내일 개봉한다.

③ 국제 대회에서 상을 받은 그 영화는 내일 개봉한다.

(a) ①은 홑문장 두 개를 겹문장으로 만들지 않고 나란히 쓴 예이다. ②는 홑문장 두 개가 나란히 연결된 이어진문장이다. ③은 '그 영화는 내일 개봉한다.'라는 문장이 '국제 대회에서 상을 받은'이라는 문장을 안은 문장이다.

－이도영 외(2014: 130), 독서와 문법

그런데 밑줄 친 부분과 같은 기술 내용이 있는 것만으로 학습자가 문장의 확대 현상을 의미와 가깝게 다루도록 기대하기는 어렵다. 위와 같은 지식을 의미를 구성하는 활동과 연계하도록 하려면, 좀 더 적극적으로 교과서를 재구성하는 것이 필요하다. ①, ②, ③ 화자의 표현 의도는 어떤 차이가 있다고 해석할 수 있을까?

①, ②, ③은 내용상으로 같은 명제를 다른 형식으로 나타낸 것이다. 바로 이 점에 대한 정확한 인식이 필요하다. ①, ②, ③ 세 개의 문장을 비교하여 설명한 (a) 부분을 살펴보자.[10] ① 문장에서 식별되는 것은 홑문장 두 개가 맞지만, ②와 ③에서는 홑문장이 관

---

10 이에 대한 통찰은 경희대학교 이선웅 교수님과의 대화에서 도움을 받았음을 밝힌다. 이 교수님은 '안긴문장'이라는 용어 자체가 모순되었음을 지적하고, 향후 교육과정 개정 작업에 용어가 수정되어야 한다고 역설하셨다. 용어 자체에 대한 문제 제기를 하셨지만, 필자는 그렇게 모순된 용어가 나오게 된 배경에 대해 깊이 생각할 수 있는 기회가 되었다. 학습자의 표현 과정을 고려하는 과정에서 '잠재태'와 '실현태'를 명확히 구분하지 못한 것이 근본적인 원인이었다고 본다.

찰되지 않는다. 즉, '관찰되는 바'만 정확히 기술하자면, ①은 홑문장 두 개가 실현되었고, ②는 이어진문장이 실현되었으며 ③은 안은문장이 실현된 것이다.

그럼에도 위 설명 중 '①은 홑문장 두 개를 겹문장으로 만들지 않고'라는 구절은, 마치 ①, ②, ③ 모두에 홑문장이 내재하는 것처럼 착각할 수 있다. 사실은 모어 화자가 발화하기 이전에는 '명제 내용'만이 존재할 뿐, '홑문장'이라는 형식이 존재할 리가 없다. 모두 모어 화자가 발화한 이후, '실현태'에서만 관찰되는 형식인 것이다.[11]

②는 ①과 명제 내용은 모두 같은데, 왜 이어진문장을 썼을까? 두 개의 명제 내용을 별개의 사태로 인식할 필요가 없다고 판단했을 것이다. 그렇다면 ③의 경우는 왜 하나의 명제 내용이 관형절로서 안기게 하였을까? 이는 앞 명제 내용이 독립된 사태를 형성할 수 없으며, 더 나아가 뒤 명제 내용의 화제를 구체화하는 성격으로서만 의미를 가진다는 판단에서 비롯되었을 것이다.

요컨대, 홑문장 두 개를 겹문장으로 만드는 것이 아니라, 모든 문장의 형식은 '표현 이전의 명제 내용'을 모어 화자의 판단에 따라 '어떠한 절 복합체'[12]로 실현할 것인지가 결정되는 것이다. 엄밀히 말해 '문장의 확대'가 아니라 '표현 의도에 부합하도록 절을 조합하는 과제'[13]로 다루어야 한다.

시간 표현

다음 교과서에서는 시간 표현 중 하나인 동작상에 대해 다음과 같은 활동을 제시하고

---

11 잠재태와 실현태의 관계, 선택항에 따라 배열되어야 하는 '체계' 개념에 대해서는 다음 구절 참고. "'체계 기능' 관점에 따라 얻어 내어야 하는 '새로운 문법'이란 무엇인가? 모어 화자가 표현하기 이전에 지니고 있는 가능성 있는 선택항들, 즉 '잠재태'에 대응한다. 그러나 현실적으로 모어 화자의 머릿속을 들여다보기는 어려우므로, 일단 실현태를 통하여 표현 의도를 역추적, 잠재태를 가상적으로 '구성해' 내어야 한다. 즉, 이미 실현된 언어 구성체를 근거로 하여, 실현되기 이전에 머릿속에 어떤 '체계(system)'가 있었는지, 그 체계는 어떤 '선택항들(options)'로 이루어져 있는지를 밝히는 것에 방점을 두는 것이다. 기존 기술문법에서는 산출된 후의 언어 형식의 목록 자체, 실현태 자체를 대상으로 하여 이를 기술하였다. 반면, 체계 기능 관점에 따른다면, 실현태는 단지 본격적으로 구성할 문법의 '매개체'만이 될 뿐이지, 문법 자체를 '배태하고 있다'고 보지 않는다. 이러한 의미에서 실현태 자체가 문법 자체를 배태하고 있다고 간주한 기술 문법을 바탕으로 학습자에게 문법 교육 내용을 제공한다면, 그 자체로서 학습자에게 수행력 있는 교육 내용으로서 작동하기가 어려울 수밖에 없었던 것이다(주세형, 2014: 75-76)."

있다.

3 동작상에 대해 알아보자.

(1) 제시된 의미가 드러나도록 빈칸에 알맞은 말을 넣어 보자.

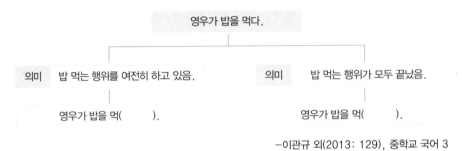

－이관규 외(2013: 129), 중학교 국어 3

이 활동은 이전 교과서에서는 찾아보기 어려웠던 획기적인 구성을 보이고 있다. 이 구성에 따라 교수·학습을 하게 되면 교사와 학습자 모두 문법 개념 그 자체에만 주목하거나 언어 형식에만 관심을 두지 않게 된다. 학습자는 상단에 제시된 '영우가 밥을 먹다'라는 문장을 '실현태로서의 문장'이 아닌, '표현하기 이전의 명제 내용'으로 받아들이도록 되어 있기 때문이다. 그 다음 단계에서는 '밥 먹는 행위를 여전히 하고 있음' 또는 '밥 먹는 행위가 모두 끝났음'이라는 둘 중 어떠한 의미에 주목하느냐에 따라, '-고 있-'이나 '-었-'이라는 두 개 선택항 중 하나를 택하게 된다. 결국 '영우가 밥을 먹다'라

---

12 "'절 복합체'라는 개념은 우리가 문장의 기능적 조직(the functional organization)에 대해 완전히 설명할 수 있도록 해 준다. 하나의 문장은 사실 '하나의 절 복합체'라 할 수 있다. (중략) 변별적 문법 범주로서의 '문장'이라는 용어를 굳이 가져다 쓸 필요가 없을 것이다. 우리는 문장이라는 용어를 마침표를 포함한 정서법상의 단위로만 사용할 것이다. 다음과 같이 구별하면 좀 더 명확할 것이다: 문장은 쓰기의 구성 요소(a constituent of writing)이며, 절 복합체는 문법의 구성요소이다[할리데이(Halliday), 1994: 216]."
즉, 할리데이에 의하면, '문장'이라는 개념은 문법적 인식과는 하등 상관이 없는 불명확한 개념이라는 것이다. 문장에 대한 구조를 기능적으로 인식하도록 유도하기 위해서는 '문장'이라는 불명확한 개념에 근거하여 접근하는 것보다, 문장을 절 복합체로 인식하도록 하는 것이 문장을 기능적으로 인식하는 첩경임을 역설하는 셈이다.
13 이에 대한 구체적인 예로, 학습자 글을 '언어적 지식'으로 첨삭하는 과정을 다룬 주세형(2010 ㄱ) 참고.

는 명제 내용을 바탕으로 문장을 산출하고자 하는 모어 화자를 전제로 한 활동 구성이기 때문에, 교사는 이 활동을 바탕으로 의미와 문법을 가깝게 다룰 수 있다.

담화 의미를 구성하고 조직하는 데 있어 문법 지식의 역할은 절대적이고 특히 사건의 큰 틀이나 방향을 결정하는 데에는 문법 지식의 역할을 무시할 수 없음에도 아직 국어과 교육 전반에서는 문법 지식의 이러한 역할에 크게 주목하지 못하는 듯하다. 2009 개정 교육과정에서의 다음과 같은 큰 변화에 주목해 보자.

2009 개정 고등학교 〈독서와 문법〉
- 문장 -

(12) 의미 구성에 기여하는 문법 요소의 개념과 표현 효과를 탐구한다.

문장의 성분과 짜임에 대한 이해를 바탕으로 주요 문법 요소가 문장이나 글 전체에 미치는 표현의 의미 효과를 탐구해 볼 수 있다. 구체적으로는 종결 표현, 피동·사동 표현, 높임 표현, 시간 표현, 부정 표현, 인용 표현 등 주요 문법 요소들이 사용되는 양상을 이해하고 특히 독서와 관련지어 그것들이 문장과 글 전체에 미치는 표현의 효과를 탐구하도록 한다. 이를 위해서는 기사문, 광고문, 시, 소설 등 실제 국어 자료를 통하여 학습하고 활용하도록 한다.

위 성취기준에서 주목해야 할 점은 크게 두 가지이다.

첫째, '의미 구성과 표현 효과'에 주목해야 한다. 앞서 정리한 표를 통하여 역대 교육과정을 분석해 보면, 교육과정 초기부터 문법 지식은 '실제 상황 맥락에서 사용된 양상을 이해'하도록 강조되어 왔다. 즉, 이미 산출된 '실현태의 표현 효과'에 대해서는 전통적인 문법 교육에서도 강조해 왔다는 것이다. 그러므로 교수·학습 과정에서 중요하게 재구성해야 할 점은 '의미 구성'이다. 문법 요소 역시, 담화 텍스트에서 '어휘'만큼이나 중요한 비중으로 '의미'를 다루고 있는 것으로 활용할 수 있도록 교수·학습해야 한다는 것이다.

그러나 위의 교육과정에 대한 해석은 교과서별로 차이를 보인다. 먼저 '의미 구성'과 '표현 효과'의 차이점은 다음 대단원 목표 설정만 보아도 그러하다. 〈독서와 문법〉 교과서의 해당 부분을 정리하면 다음과 같다. 윤여탁 외(2014)와 이도영 외(2014)에서는 '의미 구성'과 '표현 효과'의 차이를 두지 않은 것으로 보인다.

교과서	윤여탁 외 (2014), 미래엔	이관규 외 (2014), 비상	박영목 외 (2014), 천재	이도영 외 (2014), 창비	이삼형 외 (2014), 지학사
대단원명	3.문장과 표현	3.문장	3.문장	3.문장	3.문장
소단원명	(2) 우리말의 문장표현	(3) 문장의 표현	(2) 문법 요소	(2) 문법 요소의 이해	(3) 문법 요소
학습목표	−문법 요소의 개념과 표현효과를 알고 실제의 국어생활에 활용할 수 있다.	−의미 구성에 기여하는 문법 요소의 개념을 이해한다. −문법 요소가 문장에서 하는 표현 효과를 탐구한다.	−의미 구성에 기여하는 문법 요소의 개념과 표현 효과를 탐구할 수 있다.	−문법 요소의 개념과 사용양상을 이해할 수 있다. −문법 요소의 표현 효과를 탐구할 수 있다.	−의미 구성에 기여하는 문법 요소의 개념과 표현 효과를 탐구할 수 있다.

〈표 1−2〉 〈독서와 문법〉 교과서류의 '의미 구성'과 '표현 효과'의 반영 양상

둘째, '문장과 글 전체'에 주목해야 한다. 윤여탁 외(2014)에서 발견되는 '특정 문장 속의 '-겠-'이 시제 이외의 의미 기능을 갖는다는 사실을 발견하게 하는 탐구활동'은 7차 고등 문법 교과서에서도 제시된 구성이다. 이러한 구성은 학습자가 문법을 의미와 긴밀하게 관련지어 탐구하기 어려운 형태이다. 제시한 텍스트에 포함된 시제 형태소에 '주목'하는 데에서 나아가 그러한 형태소가 해당 맥락 속에서 어떤 의미 기능을 담당하여 어떤 효과를 발휘하고 있는지, 해당 문법 지식을 사용하는 언어 주체의 '의도'나 '목적'과 관련하여 제시되어야 하는 것이다. '글 전체'에 주목하여 '표현 효과'를 탐구하도록 한 활동이 실현된 것을 이삼형 외(2014)에서 선택해 보았다.

7 다음 소설을 대상으로 시제에 대해 탐구해 보자.

다음 날은 좀 늦게 개울가로 나왔다.

이날은 소녀가 징검다리 한가운데 앉아 세수를 하고 있었다. 분홍 스웨터 소매를 걷어 올린 목덜미가 마냥 희었다.

한참 세수를 하고 나더니 이번에는 물속을 빤히 들여다본다. 얼굴이라도 비추어 보는 것이리라. 갑자기 물을 움켜 낸다. 고기 새끼라도 지나가는 듯. 소녀는 소년이

개울에 앉아 있는 걸 아는지 모르는지 그냥 날쌔게 물만 움켜 낸다. 그러나 번번이 허탕이다. 그대로 재미있는 양, 자꾸 물만 움킨다. 어제처럼 개울을 건너는 사람이 있어야 길을 비킬 모양이다. 그러다가 소녀가 물속에서 무엇을 하나 집어낸다. 하얀 조약돌이었다. 그러고는 훌쩍 일어나 팔짝팔짝 징검다리를 뛰어 건너간다. 다 건너가더니 휙 이리로 돌아서며,

"이 바보."

조약돌이 날아왔다. 소년은 저도 모르게 벌떡 일어섰다. 단발머리를 나풀거리며 소녀가 막 달린다. 갈밭 사잇길로 들어섰다. 뒤에는 청량한 가을 햇살 아래 빛나는 갈꽃뿐. 이제 저쯤 갈밭머리로 소녀가 나타나리라. 꽤 오랜 시간이 지났다고 생각됐다. 그런데도 소녀는 나타나지 않는다. 발돋움을 했다. 그러고도 상당한 시간이 지났다고 생각됐다. 저쪽 갈밭머리에 갈꽃이 한 옴큼 움직였다. 소녀가 갈꽃을 안고 있었다. 그리고 이제는 천천한 걸음이었다. 유난히 맑은 가을 햇살이 소녀의 갈꽃 머리에서 반짝거렸다. 소녀 아닌 갈꽃이 들길을 걸어가는 것만 같았다. 소년은 이 갈꽃이 아주 뵈지 않게 되기까지 그대로 서 있었다. 문득 소녀가 던진 조약돌을 내려다보았다. 물기가 걷혀 있었다. 소년은 조약돌을 집어 주머니에 넣었다.

－황순원, '소나기'에서

(1) 각 문장의 시제를 과거와 현재로 구분해 보자.

(2) 글 전체의 시제를 하나로 통일한다면 과거 시제와 현재 시제 가운데 어느 것이 더 좋을지 말해 보자.

(3) 과거 시제와 현재 시제가 번갈아 나옴으로써 생기는 효과가 무엇인지 말해 보자.

－이삼형 외(2014: 227), 독서와 문법

　(1)은 형태에 주목하면서 과거와 현재 시제를 구분하도록 하고 있다. (2)는 과거 시제와 현재 시제의 의미 기능을 파악할 수 있어야만 수행 가능한 활동인데, 단순히 한 문장 이내에서 시제 형태소의 의미 기능을 파악하는 데에 그치지 않고 글 전체에 미치는 효과를 생각하게 한다. 한 문장 이내에서라면 '어떤 선택'이 더 타당할 것인지 판단하기가 어렵지만, 글 전체를 고려한다면 어떤 선택지가 더 타당한지 더 잘 파악할 수 있다. '의

미' 파악이 더 쉽기 때문이다. 이 활동 구성에서 주목할 만한 것은, 과거 시제와 현재 시제를 선택항 체계로 인식하도록 함으로써 문법 지식을 적극적으로 활용하는 동시에 작가(필자)의 의도를 더 깊이 탐색할 수 있도록 하였다는 점이다. 반면, 중학교 교과서 이관규 외(2013)에서는 생텍쥐페리의 '어린 왕자'를 활용했지만, 텍스트를 제재로 취하였을 뿐, 결국 그 속에 포함된 해당 문법 요소를 발견해 내는 데 그치고 있다.

활동 2 시간 표현의 특징을 고려하여 상황에 맞는 시간 표현을 탐구해 보자.

"어린 왕자는 멋있었고, 잘 웃었으며, 양을 갖고 싶어 했어요. 그게 어린 왕자가 이 세상에 존재했다는 증거예요. 누군가가 양을 원한다면, 그것은 누군가가 존재한다는 증거잖아요." 이렇게 말한다면 어른들은 어깨를 으쓱하며 ㉠여러분을 어린아이 취급할 것이다. 하지만 "어린 왕자는 소행성 B612호에서 왔어요."라고 말하면 어른들은 곧 알아듣고 더는 귀찮게 질문 따위를 늘어놓지 않을 것이다.

어른들은 언제나 이런 식이다. 그렇다고 그들을 탓해서는 안 된다. 어린아이들은 어른들을 항상 너그럽게 대해야만 하는 것이다.

하지만 인생을 진정으로 이해하는 ㉡우리들은 숫자 같은 것은 아랑곳하지 않는다! ㉢나는 이 이야기를 동화 같은 식으로 시작하고 싶었다. "옛날에 어린 왕자가 살고 있었어요." 이렇게 말이다.

–생텍쥐페리, '어린 왕자' 중에서

---

1 다음 글을 읽고 시제를 고려하여 아래 표를 채워 보자.

구분	시제가 드러나 있는 부분	특정 시제를 나타내는 문법 요소	문장의 시제
㉠	취급할 것이다	-ㄹ 것	미래 시제
㉡	않는다	-는-	현재 시제
㉢	싶었다	-었-	과거 시제

–이관규 외(2013: 139), 중학교 국어3

위 활동의 경우는 이삼형 외(2014ㄴ)와는 달리 학습자가 글 전체의 효과까지 고려하지 않게 된다. 그런데 한 단계 더 나아가 '글 전체에 미치는 영향'이라는 것이 현재로서는 '수사적 표현 효과' 정도로만 파악하게 하는 데에 그치고 있지만 이는 사실 '서사'라는 '장르성'을 문법으로 연계하는 학습으로까지 나아가야 한다.[14] '서사'는 인물이나 사건을 시간적·공간적 순서에 따라 전개하는 과정인데, 사건을 나열하거나 과거 사건을 회상하는 이와 같은 서사적 글에서는 기본적으로 과거 시제가 사용된다. 그러나 서술자가 이야기에서 무엇을 다루느냐에 따라 시제가 종종 전환될 수도 있다. 만약 진행되고 있는 행동에 대해 논평하고자 할 때에는 현재 시제로 전환되며, 서술자가 독자에게 직접 말을 건네야 할 경우에도 현재 시제가 사용된다. 다시 원래 사건을 기술하고자 할 때에는 과거 시제를 선택한다. 이렇게, 작은 언어 형식이라도 의미 구성에 기여하는 바에 대하여 정치하게 고려하며 선택하도록 하여, 더 나아가 글의 장르성까지 결정짓는 현상을 발견하도록 활동이 강화되어야 할 것이다.

담화 단위를 다루는 방법

역대 국어과 교육과정은 담화, 텍스트언어학, 화용론의 성과물들을 많이 반영해 왔고, 제7차 고등학교 문법 교과서는 최초로 그 성과를 집성하여, '이야기 단원'을 독립적으로 구성하였다.

〈제7차 고등학교 『문법』 교과서의 이야기 단원〉
  1. 이야기의 개념
     1. 발화와 이야기
     2. 발화의 기능
  2. 이야기의 요소
     1. 이야기의 구성 요소
     2. 지시 표현
     3. 높임 표현
     4. 심리적 태도

---

14 '서사'라는 장르성과 연계하는 문법에 대해서는 냅과 왓킨스(Knapp & Watkins, 2005/ 주세형, 김은성, 남가영 역, 2007)을 참고할 수 있다.

위 체제에서 살펴보면 담화 교육 내용은 다음과 같은 내용을 담고 있다.

1) 문장 이하 문법에서 의미기능에 집중하도록 하여 실제 담화 상황에서 활용하기 쉽도록[15]

2) 담화의 구성 요소에 대한 수사적 이해 – 수사학적, 화용론적[16]

3) 상황 맥락 및 사회 문화적 맥락에 대한 이해 – 학제적 성과

4) 담화 텍스트의 응집성(cohesion)에 대한 이해 – 텍스트언어학의 성과

범박하게 말해 위 내용은 1)과 2), 3), 4), 이렇게 둘로 나누어 그 특징을 설명할 수 있다. 1)은 문법 영역에서만 특화되어 있고 2), 3), 4)는 기능 영역에서도 다루고 있다. 이는 교육과정 내용에서 살펴보았다. 또한, 1)은 관점으로서의 담화이고 2), 3), 4)는 부문으로서의 담화로 가르칠 가능성이 높다.

메이(Mey, 1993/이성범 역, 1996: 52-53)에서는 화용론을 언어학의 한 '부문'으로 보는 견해, 하나의 언어학적 '관점'으로 보는 견해, 이렇게 두 견해를 대비하여 설명하고 있다. 화용론을 부문으로 보는 견해에서는 각각의 '모듈'이 고유하게 정해진 영역 안에서 잘 정의된 고유한 대상에 대해 고유하게 설정된 구체적 방법들에 의해 작동한다. 반면

15　이와 관련하여, '체계 기능 중심성'을 제대로 발전시킬 필요가 있다.

16　윤석민(2011 : 9)에 의하면, 텍스트언어학과 화용론은 모두 언어의 기능적 측면에 주목하지만, 텍스트언어학은 문장을 넘어서는 언어 단위를 연구하고, 화용론은 담화 요소를 중심으로 하여 언어 사용자의 해석 행위를 연구한다는 점에서 차이점을 지닌다. 그러나 이 논의에 따르면, 텍스트언어학과 화용론은 또한 형태소나 단어, 문장 등의 언어 단위에 대한 의미 및 통사 구조를 규명하고자 했던 문장론의 연구 태도를 극복하려는 노력의 일환으로 등장하였다는 점에서 상호 보완적 관계를 갖는 학문 분야이다.

관점론자의 견해는 언어학의 제 분야에 대한 화용론적 양상을 강조하여 언어학의 여러 부문들에 대해 '우산'의 역할을 할 수 있을 것이라고 한다.

국어교육학계에서는 기존 구조주의 언어학 연구 성과로는 채워지지 않는 부분을 극복하기 위하여 상황 맥락에 주목하였고, 그러한 의도에서 담화 및 텍스트 단위에 주목한 것이므로, 화용론을 '부문'으로 보는 견해를 취하고 있다. 1)은 그동안 주세형(2005)의 통합적 문법교육을 통해 제안되어 온 것인데, 주세형(2005)에 따르면 모든 언어 단위를 기능적으로 인식함에 따라 '관점으로서의 담화'를 취하게 된다. 이러한 '관점으로서의 담화'가 실현되기 위해서는 담화만을 위한 독립적인 과제 구성보다는, 의미 구성, 글 전체와의 관계를 생각하도록 하면서 교육과정의 기술 초점이 바뀌면 되는 것이고, 이에 따라 교과서에서 이루어지는 재구성의 초점 역시 바뀌면 되는 것이다.

이러한 관점은 2009 개정 교육과정 전반에서도 그 영향력을 확인할 수 있고, 이는 앞에서 시간 표현을 중심으로 그 사례를 살펴보았다. 따라서 어찌 보면 문법 교육에서 이루어진 의미 교육은 그 교육 내용의 조직과 선정에서 타 영역과 관련하여 정체성이 분명한 듯 보인다. 그렇다면 2), 3), 4)는 실제 교과서에서 어떻게 구현되고 있는가?

윤여탁 외(2014)의 『독서와 문법』에서는 아래와 같은 성취기준 (14)의 내용을 'Ⅱ. 국어의 구조와 국어 생활'이라는 대단원의 목표에 반영하고, 담화의 응집성(cohesion)을 높이는 구성 요소로 지시, 대용, 접속 표현을 구체적인 내용으로 다루고 있다.

2009 개정 고등학교 〈독서와 문법〉

– 담화 –

(14) 담화에서 지시, 대용, 접속 표현의 기능과 효과를 이해한다.

　　지시 표현, 대용 표현, 접속 표현은 담화의 응집성과 통일성을 높이는 데 기여한다. 특히 독서와 관련지어 구체적인 담화 자료를 바탕으로 지시 표현, 대용 표현, 접속 표현을 분석하고 그 효과를 탐구함으로써 이들 표현이 하나의 담화에서 갖는 기능을 이해하고 담화의 특성을 이해할 수 있도록 지도한다.

〈학습 목표〉

• 담화에서 지시, 대용, 접속 표현의 기능과 효과를 이해하고 실제 국어 생활에서 적절

하고 효과적으로 사용할 수 있다.

[탐구]

담화를 짜임새 있게 이루는 표현에는 어떤 것들이 있는지 탐구해 보자.

> 아, ○○○요? 영화관 말하시는 거죠? 그 영화관이 어디 있냐면, 이 길로 쭉 가세요,
> 쭉 가시면 사거리가 나와요. 그리고 건널목이 있고요. 건널목을 건넌 다음에 망치를
> 들었다 내렸다 하는 사람 모양의 건축물이 보일 텐데, 엄청 커요. 거기 건물 지하에
> 있어요.

응집성은 담화를 구성하는 구성 요소들이 형식 면에서 결속되어 있는 성질을 말한다. 응집성을 이루기 위해서는 지시 표현, 대용 표현, 접속 표현과 같은 여러 가지 결속 장치들이 사용된다. 위의 담화에서 '이 길'의 '이', '거기 건물'의 '거기', '그리고'와 같은 표현들은 위 담화의 응집성을 높이는 데 도움을 준다. 담화 구성 요소들이 내용적 측면에서 하나의 의미를 지향하여 유기성을 갖는 것이 통일성이고 형식적 측면에서 결속되어 있는 것이 응집성이라고 말할 수 있는데, 담화의 응집성은 담화의 통일성 형성에 기여한다.

> 누구나 어떤 집단에 처음 속하게 되면, (㉠) 집단의 일원이 되기 위해 (㉡)집단의 문화
> 와 규칙 등을 익히고 흡수하려고 노력하게 된다. (㉢)과정에서 기존에 자신이 가지고
> 있던 가치관과 다른 것이 있으면 마음 안에서 크고 작은 충돌이 일어나게 마련이다.
> (㉣)자신과 새로운 집단 사이의 경계가 자연스럽게 형성된다. 평소 자기 주관이 강한
> 사람일수록, 이질적인 집단과 맞닥뜨릴수록 (㉤) 경계선은 선명하고 강력해진다. 소
> 외감이란, 개인과 집단 사이의 경계선 위에서 '나'라는 정체성을 지키기 위한 '내적
> 경험'이자 일종의 '방어 작용'이다. (㉥) (㉦) 소외감은 시간이 흘러 '지킬 것'과 '받아
> 들일 것'을 구분하여 내적인 교통정리를 끝내고 나면 자연스럽게 수그러들게 된다.
>
> ─ 하지현, '내 손으로 짓는 소외의 성(城) ─ 소외감 중독'에서

위 담화의 ㉠, ㉡, ㉢, ㉤에는 '그'가, ㉣에는 '그러면서'가, ㉥에는 '따라서'가, ㉦에는 '이러한'이 들어갈 수 있다. 이러한 표현이 쓰이기 전과 후의 글의 내용을 비교해 보면,

형식적 측면의 응집성이 내용적 측면의 통일성에 기여한다는 점을 이해할 수 있다.

－윤여탁 외(2014: 154), 독서와 문법

또한 같은 책의 'Ⅲ.글의 구조와 독서의 방법'이라는 단원에서도 위의 대단원 Ⅱ와 같은 맥락에서 응집성(cohesion)에 관한 내용을 다루고 있는데, 이는 아래의 성취기준 (15)의 내용을 반영한 것이다.

2009 개정 고등학교 〈독서와 문법〉

－ 글의 구성 원리 －

(15) 글의 구성 요소를 이해하고, 글의 담화적 특성을 판단하며 읽는 능력을 기른다.

한 편의 글 속에서 단어와 문장, 문단 등 담화의 구성 요소들의 관계와 작용을 이해한다. 이를 통해 글이 사고를 표현하고 전달하기 위해 다양한 개념과 진술들을 통해 점차 필자의 사고를 확장·전개해 나가는 구조로 이루어진다는 점을 이해한다. 특히 글에는 응집성, 통일성 등 다양한 담화적 특성들이 내재되어 있음을 이해하는 데 초점을 둔다.

[적용하기] 밑줄 친 부분을 채우면서 다음 글에서 담화적 특성을 통해 글쓴이가 사고를 어떻게 확장·전개하는지 파악하며 읽어 보자.

㉮ 오늘날 전 세계적으로 맨손으로 음식을 먹는 인구가 약 4할, 나이프와 포크로 먹는 인구가 약 3할, 젓가락을 사용하는 인구가 약 3할이라 한다. 그러나 처음에는 어느 민족이나 모두 음식을 손으로 집어 먹었다. 포크가 전 유럽에 보편화된 것은 18세기에 이르러서였다. 16세기 사상가 몽테뉴가 너무 급하게 먹다가 종종 손가락을 깨물었다는 기록으로도 당시 손가락이 사용되었음을 알 수 있다.

▶ ＿＿＿＿＿＿＿＿＿＿＿＿＿＿

연결어 '그러나'를 통해 ㉮와 ㉯문단을 논리적으로 연결하고 있다.

㉯ 그러나 동아시아 지역에서는 손으로 음식을 먹는 일이 서양보다 훨씬 일찍 사라졌다. 손 대신에 숟가락을 쓰기 시작했고, 이어서 젓가락을 만들어 숟가락과 함께 썼던 것이다. 그러다가 우리나라 고려 후기를 즈음해서 중국과 일본

에서는 숟가락을 쓰지 않고, 젓가락만 쓰기 시작했다. 선조 때의 윤국형은 임진왜란 때 조선에 온 중국인들이 상하를 막론하고 숟가락을 쓰지 않는 것을 보고 기이하게 생각하였고, 일본에 다녀온 신숙주도 일본에는 젓가락만 있고 숟가락이 없는 것을 특별히 기록으로 남겨 놓았다.

▶ 동아시아 지역의 숟가락과 젓가락의 사용 역사

ⓒ문단은 지시 표현, 연결어, 어휘의 반복, 대용 표현을 통해 응집성을 높이고 있다.

ⓓ우리는 지금도 숟가락을 밥상 위에 내려놓는 것으로 식사를 마쳤음을 나타낼 정도로 숟가락은 식사 자체를 의미하였다. 유독 우리나라에서만 숟가락이 사라지지 않는 것은 음식에 물기가 많고 또 언제나 밥상에 오르는 국이 있었기 때문인 듯하다. 우리의 국은 국물을 마시는 것도 있으나 대개는 건더기가 많고 밥을 말아 먹는 국이다. 고려 후기에는 고기를 물에 넣어 삶아 그 우러난 국물과 고기를 함께 먹는 지금의 설렁탕, 곰탕이 생겨났다. 특히 국밥은 애초부터 밥을 국에 말아 놓은 것인데 이런 식생활 풍습은 전 세계에 유일한 것이라고 한다. 그래서 우리는 젓가락과 숟가락을 모두 사용하여 식사를 하는 유일한 민족이 되었다.

이 글은 응집성을 높이는 표현을 통해 하나의 일관된 주제를 나타내고 있다.

▶ _____

-윤여탁 외(2014: 169), 독서와 문법

이 책의 다른 부분에서는 아래와 같은 탐구 활동을 통해 담화 관련 내용이 또 다시 다루어지고 있는데, 앞서 살펴본 경우와는 내용 구성 방식에 있어서 차이를 보인다.

1. 다음 글을 읽고, 담화의 구성 요소에 대해 탐구해 보자.

[앞부분 줄거리] 준하와 주희는 서로 좋아했지만, 여러 사건들로 인해 더 이상 관계를 지속할 수 없게 된다. 준하는 마음을 접기 위해 베트남전에 출전했지만 후퇴하는 도중 시력을 잃게 된다. 시간이 흘러 준화와 주희는 서로 만나기로 한다. 준하는 주희를 만나기로 한 카페에서 먼저 기다리고 있다. 이때 한 꼬마가 테이블 위에 있는

피아노를 치는 소녀 인형을 들고 간다.

준하: 할 말이 굉장히 많았는데…… 막상 만나니까…… 생각이 안 나네…….

주희: …….

준하: ⓐ(테이블을 보며) 피아노 치는 소녀네. 저거…… 우리 집에도 있어.

㉠주희, 테이블을 보면 피아노 치는 소녀가 보이지 않는다. 의아해하는 주희.

준하: ⓑ저걸 보면 옛날에 주희가 피아노 칠 때 생각이 나. 그때 주희 모습하고 너무
　　　닮았어. 그치?

㉡주희, 갸우뚱거리며 뒤를 보면 꼬마 하나가 테이블에 있던 피아노를 치는 소녀 인
형을 가지고 놀고 있다. 소녀 인형과 피아노를 떨어뜨리는 꼬마. 이상한 느낌의 주
희. 준하의 눈을 자세히 본다. 계속 말을 하고 있는 준하.

준하: 그때…… 아무리 생각해 봐도 너무 순수했어…… 다시 오지 않을 시절이지
　　　만…… 사실 감정이 너무 앞섰던 것 같아. 별것도 아닌 일에 웃고 울고…….

㉢ 주희, 말을 하고 있는 준하의 눈앞에 손을 가져가 본다. 준하는 그것도 모른 채 말
을 하고 있다. 눈물이 왈칵 쏟아지는 주희, 눈먼 준하를 바라보며 조용히 눈물을 흘
리고 있다.

－영화 '클래식'에서

(1) 이 담화의 구성 요소를 정리해 보자.

화자		청자	
맥락			

(2) ㉠－㉢과 같은 비언어적 표현을 고려했을 때, ⓐ, ⓑ와 같은 발화의 의도가 무엇인지
　　추리해 보자.

(3) ㉠－㉢을 고려하여, 비언어적 표현이 맥락 형성에 미칠 수 있는 영향에 대해 말해 보자.

－윤여탁 외(2014: 149), 독서와 문법

위의 활동 (1)은 (2)와 (3)을 위한 전제로서 작용하도록 되어 있다. (1)은 담화의 구성

요소를 파악하도록 하는 활동으로, 의미 해석을 하기 이전에 담화 전체를 점검하면서 개념을 정리하는 과정이고, (2)에서는 본격적으로 담화의 의미를 해석해야만 하며, (2)의 해석 과정에서 활용한 언어적 표현 이외의 요소들을 재정립하여 (3)에서는 언어와 맥락의 관계를 종합적으로 정리하게끔 유도되고 있다.

2009 개정 〈독서와 문법〉
- 담화 -
(13) 담화의 개념과 특성을 이해하여 적절하고 효과적인 국어 생활을 하도록 한다.
　　　담화는 실제 언어생활의 생생한 모습을 보인다는 점에서 교수·학습의 가치가 있다. 담화 해석을 위해서는 화자, 청자, 맥락, 발화가 중요하게 고려되어야 한다. 담화의 의미 해석에는 언어적 맥락을 비롯하여 상황 맥락과 사회·문화적 맥락과 같은 비언어적 맥락이 관여한다. 이러한 맥락에 따라 적절하고 효과적인 표현을 하는 것이 중요함을 실제 국어 자료를 통해 깨닫도록 한다.

이와 같은 구성 방식은 위의 성취기준 (13)의 내용을 바탕으로 한 것인데, 제7차 고등학교 문법 교과서에서 다음과 같이 '담화' 개념을 다루는 데에 그쳤던 것과 비교해 보면 괄목할 만한 발전이다.

"이야기가 성립되기 위해서는 먼저 말하는 이가 있어야 하고, 이 말을 듣는 이가 있어야 한다. 말하는 이를 발신자 또는 화자, 듣는 이를 수신자 또는 청자라고 하는데, 이야기에서 이 두 요소는 필수 불가결하며 그 관계도 매우 중요하다. (중략) 이 밖에도 말하는 이와 듣는 이 사이에 주고받는 내용이 있어야 한다. 즉 둘 사이에 주고받는 정보가 그것이다. 발화를 통하여 말하는 이는 자신의 느낌, 생각, 믿음 등의 정보를 전달하게 되므로, 발화는 이야기를 구성하는 세 번째 요소로 간주되기도 한다. 끝으로 이야기에는 말하는 이와 듣는 이를 위한 시간적, 공간적 상황이 필요한데, 이를 이야기의 장면이라고 부른다."

－제7차 고등학교 『문법』(2002: 228)

이러한 관점은 기존의 구조주의 언어학의 문장의 개념에 비해 환경을 더 '고려'했다

뿐이지, 환경 요인을 고려하여 화자가 어떤 언어항을 선택해야 하는지에 대한 해답을 주지 못한다. 즉, 언어 형식의 기본적인 구조나 의미가 화용적 상황에 따라 얼마든지 달라질 수 있다는 점을 지나치게 강조함으로써 언어 형식의 역할을 약화시켰다는 단점이 있다. 이러한 구성에서는 '상황'이 언어 형식과 그저 병렬적으로 공존하게만 한다. 그러나 이 교과서는 구성 요소를 인식하는 것에서 그치지 않고 언어 형식과 맥락과 텍스트의 관계를 긴밀하게 인식하도록 도와준다.

아래의 2009 개정 교육과정의 중1-3학년군 성취기준 (10)은 '부문으로서의 견해'인 반면, 성취기준 (9)는 '관점으로서의 견해'가 조금씩 확장되고 있는 것으로 볼 수 있다.

2009 개정 〈국어〉

– 중1-3학년군 문법 –

(9) 문법적 기능을 담당하는 요소들의 특징을 이해하고 담화 상황에 맞게 사용할 수 있다.

문법적 의미를 실현하는 데 사용되는 다양한 문법 요소들을 탐구하는 활동을 통해 국어의 문법적 특징을 이해하고 상황에 맞는 정확한 문장 표현 능력을 기를 수 있다. 높임, 시간, 피동·사동, 부정 표현 등 국어의 주요 문법 요소들의 형태와 의미 기능을 실제 담화 상황 속의 다양한 문장 자료를 통해 탐구한다. 이러한 탐구의 결과가 정확하고 효과적인 문장을 구성하는 능력과 습관을 기르는 쪽으로 이어지도록 지도한다.

(10) 담화의 개념과 특성을 이해하고 담화 상황에 적합한 국어 생활을 한다.

담화 자체에 대한 이해는 자신의 국어 생활을 반성적으로 돌아볼 수 있게 하여 올바르고 효과적인 의사소통 능력을 기르는 데 기여한다. 이를 위해 먼저 담화의 기본 개념을 맥락(상황 맥락과 사회·문화적 맥락)과 관련지어 이해시킨다. 사회·문화적 맥락과 관련하여 지역, 세대, 성별, 다문화 등에 따른 언어 변이 현상을 다룬다. 언어의 구체적인 의미는 실제 의사소통의 상황 속에서 결정된다는 점을 알고 언어 표현을 화자·청자의 의도나 처지, 맥락 등과 관련지어 분석하고 평가하는 활동을 하게 한다. 이와 같은 활동을 통해 차별적 표현을 줄이고 상대를 배려하는 표현을 익히는 등 학생들이 자신의 의사소통 능력을 실질적으로 신장시키고 자신의 국어 생활을 돌아볼 수 있도록 지도한다.

또한 아래의 성취기준 (12)는 문장 문법의 관점을 담화 쪽으로 더 강화한 것이고, 앞서 제시한 성취기준 (13), (14) 중 (13)은 화용론적 관점이 강조되어 있는 것이며, (14) 및 (15)는 전통적인 텍스트언어학의 성과 중 미시구조에 대한 내용이 반영된 것으로 볼 수 있다.

2009 개정 〈독서와 문법〉

– 문장 –

(12) 의미 구성에 기여하는 문법 요소의 개념과 표현 효과를 탐구한다.

　　　문장의 성분과 짜임에 대한 이해를 바탕으로 주요 문법 요소가 문장이나 글 전체에 미치는 표현의 의미 효과를 탐구해 볼 수 있다. 구체적으로는 종결 표현, 피동·사동 표현, 높임 표현, 시간 표현, 부정 표현, 인용 표현 등 주요 문법 요소들이 사용되는 양상을 이해하고 특히 독서와 관련지어 그것들이 문장과 글 전체에 미치는 표현의 효과를 탐구하도록 한다. 이를 위해서는 기사문, 광고문, 시, 소설 등 실제 국어 자료를 통하여 학습하고 활용하도록 한다.

국어교육학의 연구 대상 범위가 지속적으로 확장되어 온 과정 중에서도 '텍스트'를 국어교육학 전 영역에서 가장 중핵적인 연구 대상으로 삼아야 한다는 점에는 이의가 없었고, 앞으로도 그럴 것이다. 2007 개정 국어과 교육과정이 '텍스트 중심'이라는 용어를 사용함으로써 '다시 텍스트에' 주목한 것은 이러한 맥락에서이다.

총체적 언어 교육의 정신을 고려할 때, 어느 분야에서나 관심을 가지고 연구하는 담화 텍스트 연구는, 적어도 그 개념이 통일되어야 할 것으로 생각되기도 한다. 더 근본적으로는, 학계에서 통용되는 개념이 하위 분야별로 다르다는 것이 용인될 수 없는 것처럼 보이기도 한다. 그런데 다른 측면에서 생각해 보면, 국어교육학 전 영역에서 공통적으로 '텍스트 중심'이라는 원리를 내세운다고 하더라도, 그 연구의 성과물이 '언어 구성체라는 텍스트'를 '모어 화자에게' '교육'하는 데에 기반이 되고 활용되어야 한다는 국면이 무척 다양할 것으로 예측되는데, 이 점을 고려한다면 '텍스트 중심'의 의미와 양상이 '영역별로', '연구의 관점, 대상별로' 달라지는 것은 어쩌면 당연할 수밖에 없다.

특정 국면을 설명하기에 적절한 목적을 지닌 방법론은 있으나, 모든 국면을 일관되게 설명할 수 있는 방법론은 없을 수 있다. 그럼에도 언어 교육은 총체성을 띠어야 하기에 어쩔 수 없이 하나의 담화 텍스트를 관통하는 교육 원리도 국어교육학에서 추구해야 한다. 두 방향의 노력이 적절히 조화를 이룰 수 있는 방법은 무엇일까 고민이 필요하다. 무엇을 통일하고 무엇을 다양하게 인정할 것인가를 우선적으로 결정해야 하며, 개별 연구가 궁극적으로 추구하는 '그 교육적 목적성'을 분명히 하고, 그에 따라 방법론도 목적성에 부합해야 한다.[17]

2.3. 국어 의미 교육은 어떤 방향으로 발전해야 하는가

김윤신(2014)에서는 국어과 교육과정 문법 영역에서 단어, 문장, 담화의 각 문법 층위의 의미가 단편적으로 제시되어, 그 연관성이 잘 드러나지 않는 것이 현 의미 교육의 한계라고 지적한다. 아울러, 각 문법 단위들이 다른 단위들과 연결된다는 사실을 충분히 고려하여 의미 도출 과정을 살펴보지 않은 것이 근본적인 원인이라고 진단하고 있다. 이러한 한계를 극복하기 위해서는 의미 체계가 각 문법 단위별 의미와 함께 이를 연결해 주는 의미 추론의 원리로 구성되어 있음을 인식할 필요가 있으며 더욱 발전적인 의미 교육으로 나아가기 위해서는 각 문법 단위별 의미와 의미 추론의 원리를 모두 국어 의미 교육의 교육 내용으로 삼아야 할 것이라고 역설하고 있다. 그는 의미 추론의 원리를 합성성의 원리와 담화상의 원리로 제시하였으나, 여기에서는 전술한바 할리데이 언어학의 관점을 의미 추론의 '관점'으로 제시하고자 한다.

국어교육에 필요한 '언어 이론'은 '의미를 만드는 방법'을 설명하는 이론이다. '사용자가 의미를 만드는 과정을 폭넓게 과학적으로 설명하되, 사용자가 텍스트 산출의 방법으로서 직접 사용하기에 어려움이 없는 전략을 제공할 수 있는 이론'이어야 한다. '언어교육에 필요한 언어 이론관'의 상당 부분을 할리데이에게서 배울 수 있는데, 그의 이

---

17 국어학과 비교해 볼 때 국어 문법 교육은 엄밀성의 잣대가 달라야 한다. 텍스트에 대한 접근이 영역마다 연구자마다 다르다고 해서 무작정 통일시키려고만 한다면, 오히려 학문의 발전에도 실천의 근거를 마련하는 데에도 도움이 되지 않을 것이다. 교육적 목적을 분명히 하고 그에 따른 방법론이 그에 부합하는 것을 설명할 수만 있다면, 다양성을 인정하는 것이 더 생산적이지 않을까 한다. 그러한 연구들이 축적된 이후에야 통일할 개념과 '개념 정의에 꼭 필요한 속성'을 합의할 수 있을 것 같다. 아마 상당히 오랜 시간이 걸리지 않을까 한다.

론은 국어과 교육과정의 중핵이 '언어적 전략'이 되도록 하고, '수행'의 기제를 '언어'에서 밝혀낼 수 있도록 국어 의미 교육 발전의 동력이 되어 줄 수 있다(주세형, 2009: 199).

앞서 설명한 체계 기능 중심성과 선택항의 문법에 따라 작문 및 독서에서 언어적 교수·학습의 패러다임이 어떻게 바뀔 수 있는지 각기 살펴보고자 한다.

작문의 문법

작문에서 문법이 의미와 긴밀하게 결합되려면, 어법 교정 차원에서 이루어져 왔던 기존 작문 첨삭을 벗어나서 문법을 더 광범위하게 작문 행위와 관련지어야 한다. 이는 교수·학습 모형 차원에서 새로이 '언어적 패러다임'으로 제안되어야 변화가 가능하므로, 잠정적으로 '작문의 언어학'으로 명명하고자 한다. 그러나 언어적 지식에 근거한 첨삭 지도 방법론이 '작문의 언어학' 그 자체가 되는 것은 아니다. 전자는 후자에 바탕을 둔 교수·학습 모형으로 이해하는 것이 타당하다. 즉, 작문의 언어학은 필자의 표현 과정 기저에 존재하는 잠재적 선택항의 체계를 밝힘으로써 의미하는 방법을 밝히는 것을 목적으로 하는 언어학이고, 언어적 지식에 근거한 첨삭 지도 방법론은 '작문의 언어학'을 바탕으로 학습자의 표현 이전의 의미 구성 과정을 지도할 수 있는 교수·학습 모형이다. 이처럼 '작문의 언어학'은 표현을 위한 문법관으로, 모든 필자는 글을 쓰는 과정에서 모종의 선택 과정을 거치게 된다는 점을 전제한다. 이때, 텍스트는 선택의 결과로 구성된 결과물로서, 선택된 결과물 이전에 어떠한 '선택항들(options)'로 이루어진 '체계(system)'가 존재했는지를 알 수 있는 단서가 된다. 따라서 작문의 언어학은 표현 이전의 선택항 체계를 밝힘으로써 문법이 '표현의 힘'이 되게 한다.[18]

이와 같은 관점에 따라 주세형(2010ㄴ)에서는 '작문의 언어학'에 근거한 작문 지도가 기존의 교정 중심 작문 지도와 어떻게 다른지를 보여주고 있다. 먼저, 다음과 같은 사례를 교정 중심 첨삭의 전형으로 제시한다.

---

18 '작문의 언어학'에 대해서는 주세형(2010ㄴ)을, '작문의 언어학'의 이론적 기반에 해당하는 할리데이의 언어 이론에 대해서는 주세형(2009)을 참조.

안티 사이트는 사용자, 소비자의 주권을 찾는 중요한 수단이라고 생각합니다. …(중략)…

얼마ˇ전 삼성물산이 삼성아파트 안티사이트 운영자를 대상으로 낸 가처분 신청에서 법원은 사이트가 합법적이라는 판결을 내렸습니다. 이로써 시민의 권리 소비자의 권리를 쟁취하긴 했으나 지금 여러 안티사이트를 보면 단순한 악감정만으로 상대방을 비난하는 모습이 많이 나타나고 있습니다.

예를ˇ들면, 얼굴이 못생겨서 얼굴이 이상해서, 음식이 입에 안ˇ맞아서 라는 등의 이유로 상대방을 비난하는데 이런ˇ것은 네티즌 스스로가 올바른 사이버 윤리를 배워 자제해야(←붙여쓰기) 할ˇ것들 이라고 생각 됩니다.

⇒ 띄어쓰기나 접속어의 사용, 문법 단위의 인식은 양호한 편이다. 하지만 문단 구분이 제대로 되어 있지 않아 글의 구성이 다소 산만한 듯하다.

⇒ '됩니다'라는 피동형을 쓰기보다는 네가 생각하는 것이니 '생각합니다'라고 하는 것이 더 자연스럽지 않을까?

이러한 첨삭은 교사들에게서 흔히 볼 수 있는 유형으로, 다음과 같은 문제점을 지니고 있다.

첫째, 교사는 교정적, 처방적 관점의 문법관을 지니고 있다.
둘째, 텍스트를 결과물로 간주하고 있다.

이러한 문법관·텍스트관을 지닌 교사가 첨삭 지도를 하게 되면, 첫째, 피동에 관한 용법을 익히는 데 지나지 않아 학습자는 '문법 공부만' 하게 될 것이다. 즉 교사가 '작문 첨삭'을 한 것이라 할 수 없다는 것이 큰 문제이다. 둘째, 위와 같은 첨삭은 학습자가 자신이 산출한 텍스트의 결과적 문제점을 알게 될 뿐이며, 자신이 어떠한 의미 구성 과정을 거쳤는지 반성해 볼 기회가 없다. 이 과정에서 학습자는 자신의 생각을 더 구체화할 의욕이 꺾이게 된다.

위 사례에서 교사는 '피동형이 사용된 언어 사용 결과물'을 통해 학습자가 이 문장을 작성했을 당시, 학습자 머릿속에서 어떠한 의미 처리 과정이 진행되고 있었을지 추측해 보는 것이 더 중요하다. 학습자가 특정 언어 형태를 '선택'했다는 것은, '체계' 내에서의 '다른 형태'를 '비선택'했다는 것을 동시에 의미하기 때문이다. 무작정 텍스트의 결과물 자체를 고쳐 주는 데에 그쳐 문법을 '교정 수단'으로 그 가치를 하락시킬 것이 아니라, 학습자에게 "왜 '생각합니다' 대신 '생각됩니다'라는 표현을 사용했는가?"를 자문하도록 함으로써, 체계 속 언어 형식을 선택한 것의 의미에 대해 성찰할 수 있도록 해야 한다. 그 과정에서 학습자는 자신이 의도했던 바가 무엇인지 진정으로 알아낼 수 있을 것이다.

위 문장을 쓴 당시의 학습자는 안티 사이트의 문제점을 인식하고는 있으나, 그것이 전반적인 문제인지, 아니면 올바른 사이버 윤리를 학습하는 것으로 문제가 해결되는 것인지, 그렇게 주장해도 자신의 논리가 설득될 수 있을지 아직 자신이 없는 것으로 판단할 수 있다. 이렇게 본다면, '생각됩니다'를 쓴 학습자에게 무작정 '생각합니다'를 쓰도록 강요하는 것은 자신의 의도를 왜곡하는 글쓰기를 교사가 유도한 셈이 된다. 교사는 '생각합니다'를 자신 있게 선택할 수 있으려면 어떤 내용을 더 부각해야 한다고 생각하는지, 학습자에게 구체화해 보도록 해야 한다. 요컨대, 문법 장치, 언어 형식의 선택과 비선택에 대한 성찰 기회를 주는 것만으로도, 학습자는 자신의 의도를 더욱 심도 있게 성찰할 수 있다. 교사에게도 '체계 내에서 형식의 선택'은, 평가감독관의 역할을 넘어, 학습자의 글을 진정으로 읽어 내려는 독자로서의 역할을 할 수 있도록 도와주는 이론 틀이 된다.

독서의 문법[19]

독서와 문법이 제대로 통합되어 교수·학습 되려면, 교수 학습의 주체인 '국어 교사'와 '학습자' 그리고 이 둘을 매개하는 '언어'라는 세 요인의 입체적이고 역동적인 관계가 재정의되어야 한다. 이 역시 '언어적 교수·학습 모형 차원의 패러다임의 전환'이 필요하다. 여기서 '언어'는 교사의 이해와 학습자의 이해를 매개함으로써 교수·학습의 중

---

19 특정 문법 장치의 의미 기능 분석을 통해, 문법이 텍스트 읽기에 어떠한 방식으로 관여할 수 있는지의 문제가 집중적으로 논의된 연구물들(남가영, 2009; 주세형, 2010ㄱ; 이관희, 2010, 2012ㄴ; 제민경, 2011, 2013)은 독서와 문법의 통합을 실현할 수 있는 구체적 과제들을 확인해 주고 있다.

심 요소가 되며, 또한 심리적인 차원에서 이루어지는 '이해'라는 활동을 조작 가능한 기호의 형태로 표상하는 역할을 한다. 따라서 이와 같은 언어 형식을 바탕으로 한 '문법적 장치'는 학습자의 이해 양상을 읽어 낼 수 있는 지표가 된다. 이렇게 볼 때, 문법은 기술적(記述的) 관점에서 이루어진 국어학적 지식의 결과물이 아니라, 해석적(解釋的) 활동을 가능하게 하는 언어적 근거로 정의된다. 이 역시 '독서의 언어학'이라고 잠정적으로 명명해 보자.

'독서의 언어학'은 언어 주체의 '이해' 측면에 주목한 결과라고 할 수 있다. 다만, '작문의 언어학'에서 교사가 읽는 것은 '읽기' 과정을 전제하지 않은 학습자의 쓰기 텍스트였다면, '독서의 언어학'에서 교사가 읽게 되는 것은 '읽기' 과정을 거친 학습자의 쓰기 텍스트이다. 따라서 '독서의 언어학'에서 교사는 학습자가 산출한 텍스트를 통해 원 텍스트(학습자가 읽기 과정에서 접한 텍스트)에 대한 학습자의 이해 양상을 '언어적 근거'로 읽어 낼 수 있게 된다. 주세형·조진수(2014)에서 제시한 다음과 같은 사례를 보자.

원 텍스트 플라톤 이래로 철학자들은 실재의 본성을 논해왔다. 고전과학은 진짜 외부 세계가 있고 그 세계의 속성들은 관찰자에게 대해서 독립적으로 확정되어 있다는 믿음을 기초로 한다. 고전 과학에 따르면, 대상들은 존재하고 속도와 질량 등의 물리적 속성들을 지니고 있으며, 그 속성들은 잘 정의된 값을 <u>지니고 있다</u>. 이 관점을 채택하면, 우리의 이론들은 그 대상들과 그 속성들을 기술하려는 노력이며, 우리의 측정과 지각은 그 속성들에 부합된다. 관찰자와 관찰 대상은 둘 다 객관적으로 존재하는 세계의 일부이며 둘 사이의 구분은 대수롭지 않다. 바꿔 말해서, 만일 당신이 주차장에서 자리다툼을 하는 얼룩말 떼를 본다면, 그것은 진짜로 주차장에서 자리다툼을 하는 얼룩말 떼가 있기 때문이다. 그 광경을 보는 다른 모든 관찰자들은 똑같은 속성들을 측정할 것이며, 누가 보든 말든, 그 얼룩말 떼는 그 속성들을 가지고 있을 것이다. 철학에서는 이런 믿음을 일컬어 실재론이라고 한다.(스티븐 호킹, '위대한 설계' 중에서)

학습자의 다시 쓰기 결과물 철학자들은 플라톤 이래로 "실재론(實在論)"을 논의해왔다. 실재론을 믿는 철학자들은 진짜 외부 세계가 존재한다고 믿는다. 외부 세계의 대상들은 속도와 질량 등의 물리적 성질을 지니며, 이 성질은 잘 정의되었<u>다고 한다</u>. 그리고 관찰자들이 어떻게 측정을 하든, 이 성질들은 변하지 않<u>는다고 한다</u>. 인간이 세우는 이론은 외부 세계를 기술하려는 노력에 불과하고, 인간들이 측정한 값은 외부 세계의 성질과 대부분 일치한다고 한다. 관찰자와 관찰 대상 사이를 구분하는 것은 의미가 없다고 한다.

예를 들어, 철수가 주차장에서 싸우는 얼룩말 떼를 보았다고 하자. 이는 주차장에서 싸우는 얼룩말 떼가 존재하기 때문이다. 영희나 소연이나 상훈이도 역시 똑같이 얼룩말들을 볼 것이며, 누가 보든 말든, 얼룩말 떼는 고유한 성질을 지니게 된다.

위의 두 텍스트를 비교해 보면 학습자는 다시 쓰기의 결과로 원 텍스트에 없었던 인용 표현인 '-고 한다'를 사용하고 있음을 알 수 있다. '-고 한다'라는 인용 표현은 잠재적 선택항의 체계에서 선택된 실현태이다. 잠재적 의미 체계는 선택 가능한 체계항으로 구성되어 있으므로, 그중 무엇이 왜 선택되고 또 선택되지 않았는지를 해석하는 것은 곧 학습자의 표현 의도를 해석하는 것이 된다. 따라서 이 학습자가 원 텍스트를 어떻게 이해했는지를 파악하기 위해서는 표현 이전의 선택항의 체계를 밝혀 '-고 한다'가 선택된 이유를 그 체계 속에서 밝히는 과정이 필요하다. 할리데이의 '체계' 개념[20]을 활용하면 위 학생의 선택항의 체계는 다음과 같이 도식화할 수 있다.

〈그림 1-1〉 학습자 선택항의 체계(주세형·조진수, 2014: 218)

학습자가 위와 같은 선택항의 체계 속에서 인용 표현을 선택했다는 것은 첫 문단의

20 체계기능언어학에서의 '체계'에 대한 자세한 내용은 할리데이와 매티센(Halliday & Matthiessen, 2004) 참조.

각 문장이 철학자들의 생각일 뿐임을 드러내기 위함이라는 해석이 가능하다. 다시 말해, 이 학습자는 실제 사실 혹은 진실을 진술하는 문장과 특정인 혹은 특정 집단의 생각을 진술하는 문장을 구분해야 한다는 생각을 가졌을 것이 분명하다. 교사는 첫 문단을 읽는 과정에서 인용 표현과 같은 원 텍스트에 나타나지 않은 특정 문법 장치에 주목함으로써, 학습자가 사실과 의견의 구분을 하고 있음을 확인할 수 있다. 또한 이 학습자가 직접 인용이 아닌 간접 인용을 선택하고 있다는 사실을 통해 교사는 피인용자의 목소리를 생생하게 전달하려는 의도가 이 학습자에게는 없었다는 해석을 할 수 있게 되는 것이다.[21]

이상 '작문의 언어학' 및 '독서의 언어학'에서는 텍스트에 구현된 언어 표현(문법 장치)을 통해 언어 주체의 이해 및 표현 양상을 해석하는 활동을 강조한다. 이는 체계 속 잠재태의 형태로 존재하는 '언어 형식'을 언어 주체가 모종의 의도, 혹은 목적, 혹은 주어진 상황 맥락에 따라 '선택한 결과'로 보기 때문이다. 따라서 이러한 관점에서 '문법'은 '의미'와 분리되어 존재하지 않으며, '문법'이 곧 '의미'가 된다.

이삼형 외(2014)『독서와 문법』에서 제시한 아래의 활동은 특정 언어 형식에 주목하여 언어 주체의 의도를 '읽어 내도록' 재구성하고 있다는 점에서 주목할 만하다.

단 한번을 쓰기 위해 50년을 키웠습니까?
-환경관리공단

6 다음 광고를 보고 문장의 종결 표현이 달라지는 데 따라 그 표현 효과가 어떻게 달라지는지 탐구해 보자.

(1) 광고의 목적을 고려하여 의문문을 평서문, 명령문 등으로 바꾸어 보자.

(2) (1)의 결과를 원래의 광고 문구와 비교하여 그 표현 효과의 차이에 대해 모둠별로 이야기해 보자.

-이삼형 외(2014: 226), 독서와 문법

---

21 해당 사례에서 학습자의 실제 이해 그 자체를 분석하는 데 목적이 있는 것이 아니다. 숙련된 모어 화자인 국어 교사가 '독서의 언어학' 관점에서 학습자의 텍스트 이해 양상을 언어적 장치를 근거로 어떻게 읽어 낼 수 있는지를 보여 줌으로써, '독서의 언어학'이라는 개념을 정립하고 향후 확장된 외연의 문법 교육 내용을 정립하는 데에까지도 기여하는 데 목적이 있다.

〈보기〉의 (나), (다), (라) 화자는 모두 똑같이 (가) 상황 맥락에 직면하여 '본
다'라는 서술어를 동일하게 선택하였음에도, 주성분은 달리 선택하여 발화를
구성하였다. 이에 대하여 아래의 내용을 중심으로 탐구해 보자.

> **보기**
>
> (가) 상황: '나'와 '개'가 마주 보고 있다.
>
> (나) 나는 본다.
>
> (다) 나는 개를 본다.
>
> (라) 개가 나를 본다.
>
> ---
> ※ (나), (다), (라) 문장 모두 모어 화자가 (가) 상황에서 발화한 것임.

① 주성분의 개수를 달리 설정한 (나) 화자의 표현 의도는 (다), (라) 화자와 비
  교해 볼 때 어떻게 다르다고 할 수 있을까?

② (다), (라) 화자의 표현 의도는 어떻게 다른가?

③ (가) 상황에 직면하였을 때, 평균적인 모어 화자라면 (나), (다), (라) 중 어
  떤 문장을 선택할 것이라 생각하는가? 그 이유는 무엇인가?

④ 이러한 일련의 문법 탐구 활동이 모어 화자에게 어떠한 유용성을 제공하
  는가?

⑤ 이와 관련하여, 다음 (마)의 교육과정 성취기준 중 밑줄 친 부분이 어떻게
  재구성되어야 할지 (바) 교과서의 내용을 참고하면서 토론해 보자.

(마) 〈2009 개정 – 국어Ⅱ – 문법〉

(10) 올바른 문장 표현과 효과적인 담화 표현의 양상을 탐구한다.

기본적인 문장 유형에 대한 이해를 바탕으로 올바른 문장 표현과 효과적인 담화 표현의 양상을 탐구한다. <u>문장은 완전한 사고 표현의 단위이며 올바른 문장 표현은 문장 성분이 잘 선택된 것이라는 점을 이해하고</u>, 담화의 효과적인 표현은 어떤 것인지 탐구하도록 한다. 담화의 효과와 관련하여서는 지시, 대용, 접속 표현 등의 효과를 알아보고 속담과 같은 관용 표현이 주는 효과를 알아볼 수도 있다. 아울러 교양 있는 국어 생활을 위하여 올바른 문장 표현과 효과적인 담화 표현이 지녀야 하는 요소들을 생각해 볼 수도 있다.

(바) 문장 성분

생각이나 감정을 말과 글로 표현할 때 완결된 내용을 나타내는 최소의 언어 형식을 문장(文章)이라 한다. 문장은 완결된 내용을 담기 위해 일정한 구성 요소를 필요로 한다. 일례로 '찾다'는 단독으로는 완결된 내용을 표현하기 어렵고, '누가', '무엇을', '어디에서' 등이 추가되어야 한다. 문장을 만드는 데 동원되는 이러한 구성 요소들을 가리켜 문장 성분(文章成分)이라고 한다.

문장 성분은 문장 안에서의 역할에 따라 주성분과 부속 성분, 독립 성분으로 나뉜다. 이는 마치 요리의 재료 중에도 주된 맛을 내는 주재료와 취향에 따라 넣을 수 있는 부재료가 따로 있는 것과 같다. 주성분은 문장의 골격을 이루는 성분이고, 부속 성분과 독립 성분은 문장의 맛을 더해 주는 성분이다.

문장을 만드는 데 필요한 문장 성분의 수와 종류는 서술어에 의해 결정된다. 예컨대 '예쁘다'는 '누가'나 '무엇이'에 해당하는 하나의 성분만을 필요로 한다. 그러나 '먹다'는 '누가'와 '무엇을'에 해당하는 두 개의 성분이

필요하다. 이처럼 서술어가 필요로 하는 성분의 수를 서술어의 자릿수라
고 한다. '예쁘다'는 한 자리 서술어, '먹다'는 두 자리 서술어이다.

– 이도영 외(2014: 127), 독서와 문법

2장

의미의
개념과 유형

1 의미의 개념

1.1. 의미란 무엇인가

(예)

ㄱ) 그 '책상'이라는 단어는 여기에 있는 이 책상을 <u>의미</u>한다.

ㄴ) 네가 지금 한 그 말의 <u>의미</u>를 잘 모르겠다.

ㄷ) 네가 왜 지금 그런 말을 하는지 그 <u>의미</u>는 안다.

ㄹ) 사물은 모두 존재의 <u>의미</u>를 갖고 있다.

ㅁ) 그것들은 모두 <u>의미</u> 있는 관계를 맺고 있다.

위의 (예)에서 '의미'는 대략 ㄱ)은 지시(물), ㄴ)은 뜻, ㄷ)은 이유나 의도, ㄹ)은 목적이나 의의, ㅁ)은 의존적, 유기적, 타당한 등의 관련성을 나타낸다. 이와 같은 의미의 다양한 사용 양상을 정리하여 오그던과 리차즈(Ogden & Richards, 1923:186-187)는 'The meaning of meaning'에서 의미의 쓰임새를 철학자, 언어학자, 심리학자의 세 그룹으로 나누어 총 16개의 항목으로 제시한 바 있다.[1]

1) 철학자들의 정의

    a) 고유한 특성(an intrinsic property)

    b) 다른 사물과의 독특한 관계(a unique unanalysable relation to other things)

2) 언어학자들의 정의

    c) 사전의 부가적 단어들(the other words annexed to a word in the dictionary)

    d) 함축(the connotation of a word)

    e) 본질(an essence)

    f) 활동(an activity projected into an object)

    g) (a) 의도된 사건(an event intented)

       (b) 의지(意志) 작용(a volition)

    h) 위상(the place of anything in a system)

    i) 실제적인 결과(the practical consequences of a thing in our future experience)

    j) 이론적 결과(the theoretical consequences involved in or implied by a statement)

    k) 감정(emotion aroused by anything)

3) 심리학자들의 정의

    l) 선택적 관계에 의해 기호와 실제로 관련된 것(that which is actually related to a sign by a chosen relation)

    m) (a) 어떤 자극으로 기억에 남는 결과(the mnemic effects of a stimulus association acquired)

       (b) 어떤 일(some other occurrence to which the mnemic effects of any occurrence are appropriate)

       (c) 어떤 기호가 어떤 것의 존재라고 해석되는 바로 그것(that which a sign is interpreted as being of)

---

1 '의미'는 매우 폭넓게 다양한 학문 분야에서 사용된다. 여기서는 '언어'의 의미, 그 중에서도 주로 단어의 의미에 초점을 두어 논한다. 문장이나 담화 차원의 의미는 필요한 경우에 한해 다룬다.

(d) 어떤 사물이 암시하는 것(what anything suggests)

n) 언어 사용자가 지시하고 있는 것(that to which the user of a symbol ought to be referring)

o) 언어 사용자가 지시하고 있다고 믿는 것(that to which the user of a symbol believes himself to be referring)

p) 기호 해석자가(that to which the interpreter of a symbol)

(a) 지시하는 것(refers)

(b) 지시하고 있다고 믿는 것(believes himself to be referring)

(c) 기호 사용자가 지시하고 있다고 믿는 것(believes the user to be referring)

'의미'라는 단어는 이처럼 폭넓게 사용되어 그 의미를 규정하기가 쉽지 않다. 앞으로 살펴보겠지만, 의미의 본질은 여전히 논의 중이며 명확하지 않다. 현 시점에서 중요한 것은 의미의 본질 규명 시 부각되는 논점은 무엇이며 왜 그것이 탐구되어야 하는지를 이해하는 것이다. 다음에서 그간 논의되어 온 의미에 관한 다양한 이론들을 핵심 논점 중심으로 살펴보도록 한다.

1.2. 단어의 의미는 어떻게 탐구되어 왔는가

〈외재주의 대 내재주의〉 혹은 〈물질주의 대 정신주의〉

아이들이 처음에 말을 배울 때를 생각해 보면, 단어란 구체적인 대상의 이름이므로 그 의미란 대상물 그 자체일 수 있다. 이처럼 언어의 의미를 '언어가 가리키는 대상'이라고 보는 관점은 명명(命名)의 논리에 근거하고 있다. 그러나 명사가 아닌 조사 '은, 가, 에서, 을'이나 형용사와 부사 '좋다, 매우' 등만 떠올려도 이 이론의 한계는 금방 드러난다. 명사 중에서도 '행복, 허무' 등과 같은 추상 명사 역시 그 구체적인 지시물(대상)을 찾기가 쉽지 않다. 그 한계를 극복하는 방법으로 단어의 의미를 인간의 머릿속 개념으로 상정하는 것이 가능하다. 이러한 생각은 의미를 개념화의 결과로 본다. 그러나 이 역시 개념의 다양성과 추상성으로 한계를 가질 수밖에 없다. 그러나 단어의 의미를 구체적인 지시물이나 인간의 마음에서 찾으려고 한 시도는 단어의 의미를 추궁하고자 하는 연구자들에게 끊임없이 시도되었다. 여기서 우리가 포착할 수 있는 중요한 논점은 '단어의 의미', '구체적인 지시물', '인간의 마음'의 세 요소가 갖는 깊은 관련성일 것이다.

단어의 의미를 구체적인 지시물에서 찾으려고 한 시도는 언어와 세계와의 관계에 주목하고 있다는 점에서 외재주의(externalism) 혹은 물질주의(materialism)의 흐름에 서 있다고 볼 수 있다. 반면, 인간의 마음에서 찾으려고 한 시도는 언어 표현과 개념과의 관계에 주목하고 있다는 점에서 내재주의(internalism) 혹은 정신주의(mentalism)의 흐름으로 그 맥을 짚어 볼 수 있다. 의미가 무엇인가를 깊이 고민하는 사람이라면 이 두 이론을 모두 이해한 뒤 외재주의도 내재주의도 아닌 제3의 자리에서 길을 찾아야 할 것이다.

전자와 후자, 두 흐름을 대표하는 논의는 역시 지시설과 개념설이라고 볼 수 있다. 지시설은 의미를 실제 세계에서 찾으려 한다는 점에서 외재주의 혹은 물질주의에 서 있으며, 개념설은 개념, 영상, 관념 등 정신에서 찾으려 한다는 점에서 내재주의 혹은 정신주의에 속한다고 볼 수 있다. 이 둘은 단어의 의미를 탐구하는 가장 기본적인 관점을 제공한다. 이를 개괄하면 다음과 같다.

- **지시설(指示說)**: 한 단어의 의미를 그 표현이 지시하는 지시물 그 자체로 보았다. 고유 명사의 경우 구체적인 사물이나 사람 등 하나의 대상 그 자체가 되지만, 집합 명사의 경우 그것이 지시하는 개체의 집합 혹은 그 집합이 공유하는 추상적인 속성도 될 수 있다. 예컨대 '순이'라는 단어의 의미는 순이라는 인물 그 자체이며, '책상'이라는 단어의 의미는 그 지시 대상으로서의 '책상' 그 자체이거나 그것들이 공유하는 추상적 속성이다.

  한계 ①: 지시설은 지시물이 없거나 지시하기 어려운 단어들의 경우 설명하기 어렵다. 예를 들어 지시물이 없는 '도깨비'나 '용'의 경우, 그리고 지시하기 어려운 단어들 예컨대 '사랑, 행복 // 어렵다, 이해하다 // 매우, 아주, 꽤 // 그리고, 왜냐하면' 등을 설명하기 어렵다.

  한계 ②: 지시설은 동일 지시물을 가리키는 두 개 이상의 언어표현이 있을 경우 그 의미 차이를 설명하기 어렵다. 예를 들어 '금성, 샛별, 개밥바라기'는 모두 동일 지시물을 가리키는데 미묘한 의미 차이가 있다. 지시설은 이러한 의미 차이를 설명하지 못한다.

- **개념설(概念說):** 한 단어의 의미를 그 단어와 관련하여 마음에 떠오르는 개념으로 본다. 대표자로 소쉬르(Saussure), 오그던과 리차즈(Ogden & Richards)를 들 수 있다. 첫째, 소쉬르(Saussure) (1915: 65-70)는 언어 기호가 기표(형식)와 기의(내용)의 결합으로

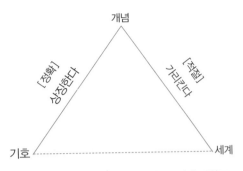

〈그림 1-2〉 의미 기본 삼각형(오그던과 리차즈 (Ogden & Richards), 1923)

이루어져 있다고 보았다. '꽃'이라는 단어는 [꼳]이라는 청각영상(형식)과 '🌼'이라는 의미로 이루어진다. 따라서 소쉬르(Saussure)의 기의는 '개념'에 가깝다. '꽃'이라는 단어를 들을 때 머릿속에 떠오르는 개념 혹은 영상이 곧 '꽃'의 의미가 된다.

둘째, 오그던과 리차즈(Ogden & Richards)(1923)는 의미의 기본 삼각형(basic triangle)을 제시하여 단어의 의미는 '꽃'이라는 기호와 그 지시물인 실제 꽃 사이에서 연상되는 심리적 영상, 즉 개념으로 보았다. 위 그림에서 기호는 개념과 직접적인 관련을 맺고 있으며, 세계와는 간접적이다(점선으로 표시). 개념(사고 또는 지시)은 기호와 세계(지시물)를 연결한다. 이 그림을 보면, 의미란 기호[혹은 상징(symbol)]가 세계[혹은 지시물(referent)]를 지시하는(refer to) 것이 된다.

울만(Ullmann)(1962)은 오그던과 리차즈(Ogden & Richards)의 위 삼각형을 다소 수정하였는데, 기호(혹은 상징)를 명칭(name)으로, 개념(혹은 사고나 지시)을 뜻(sense)으로, 지시물을 사물(thing)로 바꾸었다. 여기서 의미란 명칭과 뜻 사이의 상호 가역적인 관계가 된다.

소쉬르(Saussure)는 언어를 기표와 기의의 결합으로 보았기 때문에 실제 세계를 논의에서 제외하였고 이는 의미의 문제를 순수하게 언어 내의 문제로 귀속시키는 결과를 낳았다. 그는 기표와 기의의 관계, 즉 기호와 개념 사이의 이항 관계에만 주목하였다. 그에 비해 오그던과 리차즈(Ogden & Richards)는 실제 세계를 논의에 적극 반영하면서도 세계가 기호와 간접적인 관계를 맺고 있음을 주장함으로써, 기호와 개념 그리고 세계의 삼항 관계를 의미와 관련하여 논의하는 데 성공하였다. 특히 이들은 기호와 지시물은 직접적인 관계를 맺지 못하지만, 심리적 실체인 개념을 통해 관련됨을 보여 줌으로써 언어 기

호에 관한 논의의 지평을 확장시켰다.

한계 ①: 이 이론은 '도깨비'나 '용' 같은 실제 존재하지 않는 사물도 개념 혹은 심리적 영상에 의해 의미를 가질 수 있음을 보여 준다. 그러나 명확한 영상을 동반하지 않는 '그리고, 그러나, 은, 을, 가' 등과 같은 단어의 의미는 여전히 명확하게 설명하지는 못한다.

한계 ②: 이 이론은 단어의 의미를 개념으로 보기 때문에 객관성을 결여하고 있다는 지적을 받기도 한다. 개념은 사람이나 시공간에 따라 달라질 수 있으므로 단어의 의미를 객관적으로 기술하기 쉽지 않다.[2]

전술한 것처럼, 이 두 이론(지시설과 개념설)은 의미를 탐구하는 두 가지 기본 관점을 보여 준다. 언어의 의미 탐구 시 고려되는 핵심 요소는 기호가 배태하고 있는 개념과 그것이 실제 세계와 맺는 관계이다. 위 논의를 통해 우리는 의미를 탐구할 때 주요하게 고려해야 하는 세 요소가 기호(언어), 개념(의미), 세계임을 정리할 수 있다.

지시설과 개념설 외에도 의미를 설명하기 위해 여러 이론들이 제시되었다. 진리조건설이나 자극-반응이론, 인지의미론의 백과사전식 의미론 등이 그것이다. 이들을 간략하게 개괄하면 다음과 같다.

- **진리조건설(眞理條件說)**: 단어의 의미는 문장의 진리조건을 탐구함으로써 밝혀질 수 있다. 이 이론은 단어보다 문장, 정확히는 명제의 참과 거짓을 분명하게 해 주는 진리 조건을 탐구하였다. 단어의 의미를 형식적인 논리 관계로 설명하려 한 타르스키(Tarski)(1956)와 카르나프(Carnap)(1956)에서 출발하여 몬터규(Montague)(1974)에서 정리되었다. 이들은 문장의 의미를 진리치(眞理値; truth-value)로 보았는데, 이는 그 문장이 어떤 상황에서 참인지 거짓인지를 구별할 수 있는 조건에 다름 아니다. 의미란 해당 문장이 참이나 거짓의 진리치를 갖도록 만드는 조건 즉 진리조건이다. 예를 들어 '책상 위에 꽃병이 있다'는 문장이 참이 되기 위해서는 실제 세계에 책상이 있어야 하며 그 위에 꽃

---

2 그러나 단어의 의미를 객관적으로 기술하는 것이 반드시 필요한가에 대한 고민도 필요하다. 중요한 것은 논의의 편의성을 위한 객관적 기술보다 단어의 의미 그 자체를 명증하고 적확하게 기술하는 것이다. 한편 한 단어의 개념에는 언중의 의사소통적 합의를 통해 확보된 일정 정도의 공통된 의미가 담보되어 있다는 주장도 가능하다.

병이 있어야 한다. 이러한 조건이 만족되면 이 문장은 참이 된다. 따라서 이 논의에서 참과 거짓은 실세계와의 일치 여부에 의해 결정되며, 이 문장의 의미는 이 문장이 참이 되게 만드는 위의 조건들이 된다. 이 이론은 언어 사용의 기본 단위를 문장으로 보고 문장의 의미를 탐구하였기 때문에 단어의 의미는 문장의 참과 거짓을 밝히는 과정에서 단어가 어떤 역할을 하느냐에 의해 결정된다.

한계: 기본적으로 명제를 대상으로 하기 때문에 명제가 아닌 것은 논의하기 어렵다. 또한 이 세상에 있는 언어 표현들 중에는 참과 거짓을 구별하기 어려운 것도 존재하므로 언어 표현의 전모를 논하기 어렵다. 예컨대 '내일은 비가 올 거야'와 같은 추측성 문장이나 '내 마음은 호수요'와 같은 수사적 문장의 진리조건을 따지는 것은 어렵다.

- **자극-반응 이론(刺戟-反應 理論)**: 일명 행동설(行動說). 블룸필드(Bloomfield, 1933)에 의해 주장된 것으로, 이 이론에 따르면 의미는 자극에 따른 반응이다. 이른바 "S-R 가설(자극과 반응 가설)"로 논의되는데, 언어 행위는 화자의 자극 상황(stimulation situation)에 대한 청자의 반응(response)의 과정이다. 예컨대 화자가 언어 외적인 사건을 해결하고자 하는 자극(S)을 느껴 그것을 언어적인 대체 반응(r)으로 표현하면 청자는 그것을 언어적 자극(s)으로 이해하여 실제 반응(R)을 드러낸다. 예컨대 아이가 배가 고파(S) '밥'이라고 하자(r) 엄마가 그 말을 듣고(s) 밥을 주는(R) 자극과 반응의 과정이 언어 행위이다. 의미는 언어 행위 전후의 사건을 분석할 때 드러나는데, 이 예에서 '밥'은 배고플 때 어머니가 준 밥이 된다.

  한계: 자극에 대한 반응은 사람마다 다르다. 아이가 '밥'이라고 했을 때 엄마가 보여 주는 반응이 언제나 같지는 않다. 또한 '행복, 허무' 등처럼 구체적인 반응을 보이기 어려운 단어들도 존재한다. 이럴 경우 단어의 의미가 상황에 따라 달라지게 되어 그 의미를 파악하기 쉽지 않다.

- **백과사전설(百科辭典說)**: 레이코프와 존슨(Lakoff & Johnson, 1980), 랭애커(Langacker, 1987) 등에서 시작된 인지 의미론에서 단어의 의미는 원형 의미와 그와 연결된 백과사전적 지식으로 구성된 개념이다. 원형 의미란 가장 전형적이고 적절한 심상 혹은 관념이라고 볼 수 있는데, 예컨대 '개'라는 단어를 들었을 때 한국인들이 머릿속에 전형적으로 떠올리는 네 발 달린 짐승의 이미지가 원형 의미를 구성한다. 단어의 개념은 관련 배경 지식 구조의 맥락 하에서만 적절히 이해될 수 있다. 이런 배경 지식 구조를 인지

모형이라 한다. 예컨대 '금요일'이라는 단어의 의미는 '월, 화, 수, 목, 금, 토, 일'이라는 일주일의 구조적 틀 내에서만 적절히 이해되며, 한국에서 '금요일'이 주말을 맞이하는 날로서 긍정적 가치를 갖는다면 이는 5일제 근무를 하는 한국적 문화 상황에 대한 이해에 기반한다. 이 이론에서 단어의 의미는 순수한 언어적 구조 내에서 이해되는 것이 아니라 인간의 인지적 구조와 긴밀한 관련을 맺고 있으며 그 안에서만 올바로 이해될 수 있다.

한계: 단어의 의미가 개념이며 백과사전적 지식과 연결되어 있다는 지적은 단어의 의미가 갖는 특징을 적절히 설명할 수 있으나 개념설과 마찬가지로 개념의 주관성과 다양성을 언어학적으로 어떻게 과학적으로 증명하여 타당하게 기술할 것이냐의 과제를 끊임없이 도전받고 있다고 볼 수 있다.

진리조건설은 의미에 관한 철학적 견해이다. 이 이론은 의미를 기호와 세계와의 관계로 설명하고자 한다는 점에서 지시설의 흐름에 서 있다고 볼 수 있다. 그런데 이 이론은 실제 의사소통 상황에서 사용되는 언어보다 탈주관적 명제와 객관적 실제 세계와의 관련성에 주목하였다. 따라서 기존의 지시설과는 다소 다르다.

자극-반응이론, 일명 행동설은 의미를 심리적인 실재로 보지 않는다는 점에서 즉 의미를 자극과 반응의 과정으로 파악한다는 점에서 매우 독특하다. 단순 기계주의(mechanism)라는 비난도 있지만, 의미를 실험하고 증명할 수 있는 구체적 대상으로 보아 이를 구체화, 과학화하였다는 점에서 그 의미가 있다.

인지의미론의 백과사전설은 단어의 의미를 개념으로 보고 있다는 점에서 개념설의 흐름에 서 있다고 볼 수 있다. 이 이론은 개념설을 발전시켜 그 개념의 실체를 원형 의미와 백과사전적 지식, 인지 모형 등으로 구체화하고 있다는 점에서 주목된다.

〈구조주의〉 대 〈기능주의〉

단어의 의미를 탐구하는 또 한 가지 관점은 구조주의와 기능주의에 토대해 있다.[3] 의미에 관한 논의에서 구조주의적 관점을 잘 보여 주는 대표적인 논의는 의의관계설이다. 이 이론은 단어가 다른 단어와의 관계 속에서만 그 의미와 가치를 갖는다고 본다. 기능주의적 관점을 보여 주는 대표적인 논의는 용법설과 언어 행위설이다. 이들을 개괄하면 다음과 같다.

- **의의관계설(意義關係說)**: 단어의 의미는 '의의(sense)'이다. 라이언스(Lyons, 1977)는 언어의 의미를 지시(denotation)와 의의(sense)로 구분하였는데, 지시는 외연으로서 단어가 가리키는 대상이며 의의는 다른 어휘들과의 의의 관계에서 드러나는 의미이다. 예컨대 '아줌마'의 의미는 '주부, 여자, 숙녀' 등과의 의미 비교를 통해 드러나는 '아줌마'만의 독특한 의미 즉 의의(sense)를 통해 드러난다.

  한계: 한 단어의 의의는 그 단어를 타 단어와 구분 짓는 매우 중요한 요소임에 틀림없다. 그러나 다른 단어와 공유하고 있는 의미 성분 역시 해당 단어의 의미를 규정짓는 중요한 요소이다. 예컨대 '아줌마'와 '숙녀'는 모두 '여성'이라는 공통된 의미 성분을 갖는데, 이것 역시 '아줌마'의 의미를 특징 짓는 요소이다. 단어의 의미를 '의미 관계'나 '의의 관계' 등으로만 규정지으려는 시도는 해당 단어의 독특한 의미를 드러내는 데에는 유리하지만 해당 단어의 전모를 드러내기는 어렵다.

- **용법설(用法說)**: 단어의 의미는 해당 단어의 용법이다. 용법설에 따르면 단어는 구체적인 맥락 안에서만 그 의미를 갖는다. 따라서 그 자체로는 의미를 갖기 어렵다. 비트겐슈타인(Wittgenstein, 1953)은 그 이전의 철학적 담론들이 단어의 의미를 고정적이며 불변하는 것으로 상정함으로써 논란에 빠졌다고 보고, 단어의 의미는 가변적인 것으로서 구체적인 사용 환경에서만 정의될 수 있다고 주장하였다. 이 이론에서 단어의 의미는 그 단어가 가지는 용법이다.

  한계: 단어의 용법은 매우 다양한 데다 그러한 용법상의 차이가 늘 쉽게 구별되지 않는다. 또 새로운 용법을 만났을 때 그 의미는 어떻게 찾아질 수 있는지 답하기 쉽지 않다. 단어의 용법을 얼마만큼 알았을 때 해당 단어를 안다고 할 수 있는지도 답하기 어렵다.

- **언어행위설(言語行爲說)**: 이 이론에 따르면 단어의 의미는 화자의 발화 의도와 관련하여 논의되어야 한다. 오스틴(Austin, 1962)에서 시작되어 설(Searle, 1969)에서 확립된 화행론에 따르면 모든 발화(speech)는 하나의 행위이다. 말은 진술, 약속, 명령, 의문,

---

3 앞서 논의한 소쉬르(Saussure)의 언어학이 구조주의 언어학의 발전을 이끈 동인이 되었음은 잘 알려져 있다. 소쉬르(Saussure)는 언어를 크게 사회적으로 확립된 언어학적 규칙의 체계로서의 언어 즉 랑그(langue)와 실질적으로 하는 말 즉 빠롤(parole)로서의 언어로 구분한 뒤 랑그만을 연구의 대상으로 삼았다. 언어 그 자체의 구조적 특징을 탐구의 대상으로 삼는 이러한 구조주의 관점은 이후 언어학의 발전을 이끄는 동인이 되었으나 맥락에 대한 배제가 언어의 진면목을 드러내는 데 한계를 드러냈음은 잘 알려져 있다.

맹세, 청유, 축하, 인사 등 발화자의 의도 즉 화행을 드러내기 위하여 사용된다. '춥지?' 라는 의문문이 문을 열어 달라는 요청의 의도로 사용되었다면 이 발화의 의도는 요청으로서, 이 문장의 의미 역시 '문 좀 열어 줘'가 된다. 이 이론은 발화의 기능을 화자의 의도와 관련하여 분석함으로써 실제 의사소통 상황에서 사용되는 언어의 기능을 적확하게 포착하였다는 장점이 있다.

한계: 발화의 의도가 의사소통 상황에 따라 해석되므로 의사소통 상황에 대한 분석 없이 화자의 의도를 읽어 내기 어렵다. 화자의 의도를 객관적으로 규명하기 어려우며 실제 의사소통에서 화자의 의도가 청자에게 그대로 전달되지 못하기 쉽다.

의의관계설은 의미를 언어적 틀 내에서만 이해하려고 한다는 점에서 구조주의적 관점을 보여 주며 용법설이나 언어행위설은 의미를 의사소통 상황에서의 역할로 이해하려고 한다는 점에서 기능주의적 관점을 보여 준다. 이 두 관점은 의미를 이해하는 또 하나의 논점을 보여 주는데, 언어적 틀 내에서 그 구조와 체계를 정밀하게 파헤칠 때 단어 나아가 언어의 의미가 밝혀질 수 있는지 혹은 의사소통 상황에서의 기능에 좀 더 초점을 둘 때 언어의 의미가 드러나는지가 그것이다. 언어학의 역사를 통해 볼 때 두 관점은 상호보완적이어서 두 관점 모두 필요하다.[4]

1.3. 단어 의미 규정 시 논점은 무엇인가
: 〈객관주의와 주관주의〉 혹은 〈의미의 고정성과 유동성〉

단어 의미에 관한 상기 논의를 통해 부각되는 쟁점은 '단어 의미가 맥락 독립적인 고정된 의미를 갖는가?'하는 점이다. 이분법적 분류가 명백한 한계를 갖는다는 점을 인정하지만 논의의 편의를 위해 앞서 제시한 여러 가지 이론들을 분류하면, 지시설, 개념설, 진리조건설, 자극-반응설, 의의관계설 등은 기본적으로 단어가 고정된 의미를 갖고 있

---

4 중요한 것은 연구 주제에 맞는 연구 관점을 적절히 선택하는 일일 수도 있다. 밝히고자 하는 문제의식이 무엇이냐에 따라 구조주의적 관점이나 기능주의적 관점 중 하나를 선택하거나 둘 다를 선택하거나 해야 할 수 있다.

다고 보고 이를 해명하려고 한 시도로 이해된다. 이들 논의의 시작은 '단어가 어떤 의미를 갖고 있는데 그것은 무엇일까'와 같은 물음으로 구체화될 수 있기 때문이다. 그에 비해 '용법설, 언어행위설, 백과사전설' 등은 의미의 고정성을 상정하지 않고 있다는 공통점이 있다. 용법설과 언어행위설의 경우 구체적인 의사소통 상황에서 단어의 의미가 결정된다는 관점을 보여 준다. 용법설의 경우 단어의 의미를 용법으로 규정하였기 때문에 실제 의사소통 상황을 고려하지 않고는 단어의 의미를 알 수 없다. 언어행위설의 경우에도 언어의 의미를 화자의 의도와 관련하여 해석하려고 하기 때문에 구체적인 의사소통 상황을 고려하지 않고는 그 의미를 알기 어렵다. 의사소통 상황에 따라 언어의 의미는 변화한다. 백과사전설의 경우 단어의 의미가 백과사전적 지식과 연결된다고 보기 때문에 단어 의미의 경계를 규정짓기 어렵다. 백과사전적 지식은 끊임없이 변화한다. 예컨대 286 컴퓨터 시절에 컴퓨터는 진화한 타자기에 불과했지만 오늘날 컴퓨터는 다르다. 컴퓨터에 대한 복잡한 지식 역시 단어의 의미 안에 포섭된다면 단어의 의미는 무한대로 확장될 수 있으며 관련 지식이 변함에 따라 함께 변화할 수 있다.

한편 단어 의미의 고정성과 유동성에 대한 논의는 객관주의 및 주관주의 철학과 맞닿아 있다. 진리의 고정성을 상정하고 진리를 '발견'하고자 한 그간의 학문적 탐구들이 객관주의 철학의 흐름에 귀속된다면, 진리가 시대에 따라 변화할 수 있음을 상정하고 진리의 '구성' 방식과 그 과정을 탐구하고자 하는 논의들은 주관주의 철학과 맥을 같이 하기 때문이다.

구체적인 맥락이 주어지지 않아도 '책상'과 같은 단어의 의미를 얘기할 수 있고 각 단어들의 의미를 명시적으로 기술한 국어사전이 존재한다는 점을 고려한다면 의미의 고정성을 상정하는 것도 가능하다. 그러나 언어 자체가 유동적 실체로서 지금 바로 이 순간에도 끊임없이 변화하고 있다는 점, 그리고 구체적인 의사소통 상황에서는 각 단어의 의미가 사전적 의미로만 사용되지 않는다는 점 등을 고려해 볼 때 단어 의미의 유동성이 인정된다.

한편 단어의 의미는 유동적이나, 일상 의사소통 상황에서는 '의사소통적 합리성'에 근거해 언중이 공유하고 합의하는 일정한 의미가 상정될 수 있음을 가정하는 것도 가능하다. 즉 고정된 의미가 존재하지는 않지만, 실제 의사소통 과정에서는 화자와 청자가 '의사소통적 합리성'에 근거해 서로가 공유하고 합의한 일정한 고정된 의미가 존재하며, 화청자는 그 의미를 바탕으로 의미 협상을 벌인다고 보는 것이다.

'단어 의미가 맥락 독립적인 고정된 의미를 갖는가?'라는 테제는 앞으로도 지속적으로 탐구되어야 할 주제이다. 공시적 관점이나 통시적 관점하에서 그리고 의미와 개념, 의미와 맥락 등의 관련성하에서, 구조주의나 기능주의 관점하에서, 객관주의나 주관주의 관점하에서 궁구되어야 할 것이다.

1.4. 국어과에서는 단어의 의미를 어떻게 가르칠 것인가

국어과에서 '단어의 의미'는 크게 두 가지 차원에서 교육될 수 있다. 하나는 '단어의 의미'가 무엇인가에 대한 메타적 차원의 이론적 접근이며 또 하나는 구체적인 각 단어의 의미에 대한 어휘 학습 차원의 실제적 접근이다.

단어 의미의 본질은 언어학뿐만 아니라 심리학, 철학 등에서도 오랫동안 논의되어 온 주제로서, 쉽게 해결할 수 있는 문제가 아니다. 이는 이 주제가 매우 풀기 어려운 문제임을 함의하지만 동시에 끊임없이 탐구될 수 있는 매우 흥미로운 주제임을 의미하기도 한다. 학생들은 언어 사용의 주체로서 자신의 언어 사용 양상을 돌아보면서 구체적인 언어 경험에 근거해 의미의 본질에 대한 다양한 의견을 피력하고 토의해 볼 수 있다. 정답이 주어져 있지 않다는 점에서 오히려 더 창의적이고 활발한 토의가 이루어질 수 있다.

구체적인 각 단어의 의미에 대한 교육은 실제 언어 사용 경험이나 국어 시간을 통해 이루어질 수 있다. 하나의 단어는 형태, 통사, 의미, 화용 등 다양한 정보를 갖고 있다. 그럼에도 통상적으로 우리가 어떤 단어를 안다고 할 때에 그것은 대개 해당 단어의 의미를 안다는 것을 지칭하는 경우가 많은데 이러한 일상적 경험은 우리가 어떤 단어를 안다고 할 때 그 앎의 시작이 단어의 의미에 대한 앎에서부터 시작됨을 보여 준다. 단어 의미에 대한 교육은 형태, 통사, 화용 등에 대한 복합적 정보를 동시에 고려하면서 점차적이고 반복적으로 이루어질 필요가 있다.

신명선(2007)에서는 단어에 대한 앎이 갖는 성격을 '정도성, 용인성, 객관적 주관성'으로 제시한 바 있다. 단어에 대한 앎은 정도성을 지니므로, 어휘 교육은 지속적으로 반복 심화되는 형태로 이루어져야 한다. 또한 '용인성' 및 '객관적 주관성'에서 드러나듯이 우리가 단어에 대해 안다고 할 때 그 앎의 대상은 객관적인 진리가 아니라 구체적인 삶 속에서 체화(體化)된 지식이므로 단어에 대해 정확하고 풍부한 지식을 갖게 하려면 구체적인 의사소통 과정에 참여하면서 단어의 의미에 대해 적극적이고 능동적인 자세로 탐구할 수 있는 교수 학습 방법을 도입할 필요가 있다.

다음 그림을 참고하여, '하나의 단어를 안다'고 할 때 그 앎이 무엇을 의미하는지 '~을 할 수 있다'의 형식으로 말해 보자.

┈➤ 예: 해당 단어가 가리키는 지시물을 지칭할 수 있다.

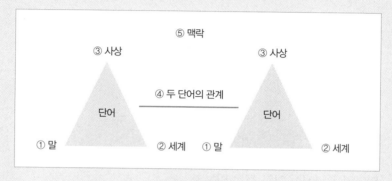

단어에 대한 앎의 양상

2 | 의미의 유형

2.1. 의미의 유형에는 어떤 것이 있는가

    최근 활발하게 논의되고 있는 인지의미론은 단어의 의미를 개념으로 규정함으로써 의미를 보는 관점을 변화시켰다. 하나의 단어가 하나의 의미를 갖는다는 형태와 의미의 1:1 대응 관계를 거부했을 뿐만 아니라 단어 의미의 경계를 확정짓지 않음으로써 단어 의미의 영역 설정 자체를 거부하였다. 이러한 관점하에서 의미들은 서로 명확하게 구분되기 어려워 의미의 유형을 논하는 것도 쉽지 않다. 따라서 인지의미론은 의미의 유형 분류에 관한 기존 논의에 적잖은 파장을 일으켰다고 판단된다.

    여기서는 인지의미론적 관점의 반영 여부를 중심으로 크게 두 개의 그룹으로 나누어 의미의 유형에 관한 논의를 살펴보고자 한다. 먼저 리치(Leech), 크루즈(Cruse), 뢰브너(Löbner) 등의 논의를 살펴보고자 한다. 이들의 의미 유형 분류가 매우 다르기 때문에 의미 유형에 대한 다양한 관점을 읽는 데 유용하다. 이후 인지의미론적 관점에서의 의미 유형을 살펴볼 것인데, 이와 관련된 국내 연구로 이찬규(2008)의 논의에 주목하고자 한다. 리치, 크루즈, 뢰브너 등은 하나의 단어가 고유한 의미를 지니고 있음을 가정한 뒤 의미의 여러 유형을 고찰하였다는 점에서 형태 중심의 구조주의적 연구 관점을 취하고 있다고 판단된다. 반면 이찬규(2008)의 관점은 인지·화용적 관점을 취하고 있으므로 인지의미론의 의미 유형과 묶어서 살펴보도록 한다.

형태·구조적 관점에 의한 의미 분류

① 리치(Leech)의 의미 분류

먼저 리치(Leech, 1981 : 29-23)의 의미 분류를 제시하면 다음과 같다.

1. 개념적 의미 또는 의의 (conceptual meaning or sense)		논리적, 인지적 또는 지시적 내용 (logical, cognitive or denotative content)
연상적 의미 (associative meaning)	2. 내포적 의미 (connotative meaning)	언어가 지시하는 가치에 의해 전달되는 것
	3. 사회적 의미 (social meaning)	언어 사용의 사회적 환경이 전달하는 것
	4. 정서적 의미 (affective meaning)	말하는 이/글쓴이의 감정과 태도가 전달되는 것
	5. 반사적 의미 (reflected meaning)	같은 표현의 다른 의의와의 연상을 통해 전달되는 것
	6. 연어적 의미 (collocative meaning)	다른 낱말의 환경에서 나타나는 경향이 있는 낱말과의 연합에 의해 전달되는 것
7. 주제적 의미 (thematic meaning)		어순이나 강세를 사용하여 메시지를 구성하는 방법으로 전달되는 것

〈표 1-3〉 리치(Leech)의 의미 분류

리치(Leech)는 의미를 크게 개념적 의미, 연상적 의미, 주제적 의미의 세 그룹으로 나눈 뒤 연상적 의미를 다시 5가지로 분류하였다. 여기서 개념적 의미는 하나의 단어가 갖고 있는 사전적 의미로서 핵심 의미에 해당한다. 이를 리치(Leech)는 논리적 의미, 인지적 의미, 지시적 의미 등으로 기술했다. 예컨대 '부인'은 '결혼한 여성'이라는 개념적 의미를 갖게 된다.

개념적 의미와 달리 연상적 의미는 주변적, 가변적, 개방적 특징을 갖는다. 부차적으로 생겨나는 의미들로서 변동 가능하며 고정적이지 않기 때문이다. 연상적 의미 중 내포적 의미는 개념적 의미에 덧붙는 것으로서, 지시함으로써 갖게 되는 전달 가치를 가리킨다. 예컨대 '부인'은 사전적 의미 외에 생리적, 심리 사회적, 전형적 특징을 갖고 있는데 이 때문에 '아이를 잉태할 수 있는(생리적 특징), 사교적인(심리 사회적 특징), 주로 요리를 하는(전형적 특징)' 등과 같은 부차적 의미를 갖게 된다.

사회적 의미는 언어가 사회적 환경을 드러냄으로써 갖게 되는 의미를 가리킨다. 사회적 의미를 결정짓는 요소로 리치(Leech)는 방언(dialect), 시대(time), 분야(province), 신분(status), 양식(modality), 특이성(singularity)을 제시했다. 예컨대 표준어와 달리 전라도나 경상도 방언이 갖는 의미가 이에 해당한다.

정서적 의미는 화자의 개인적 감정이 언어에 담기면서 갖게 되는 의미를 가리킨다. 화자는 청자나 화제에 대해 어떤 감정이나 태도를 드러낼 수 있는데 이는 음조(tone)나 문체 등에 의해 드러날 수 있다.

반사적 의미는 개념적 의미가 고정화되어 사람들의 의식에 순간적으로 혹은 무의식적으로 영향을 미칠 때 갖게 되는 의미이다. 'The Holy Ghost'를 교회에서 들을 때에는 '하나님'의 의미로 받아들여 신실함을 느끼다가 빈 방에 홀로 있으면서 갑자기 이 단어를 떠올리고는 두려움을 느꼈다면 그것은 'Ghost'(귀신)에서 생겨난 반사적 의미 때문이다.

연어적 의미는 타 단어와의 배열 환경 때문에 생겨나는 의미로서 공기 관계를 통해 드러낸다. 예컨대 '예쁜 남자'라는 말이 어색하게 느껴졌다면 이는 '예쁜'과 '남자'의 결합에서 드러난 연어적 의미 때문이다. 또 '예쁜 여자(pretty woman)'와 '예쁜 남자(pretty man)'에서 '예쁜'은 서로 다른 의미를 갖는다고 볼 수 있는데 이때 '예쁜 남자'의 '예쁜'이 사전의 '예쁘다'와는 다소 다른 의미를 갖게 되는 것은 '남자'와 공기 관계를 맺고 있기 때문이며 이러한 의미를 연어적 의미라고 한다.

주제적 의미는 어순, 초점, 강조 등을 통해 화자나 필자가 의도한 의미를 가리킨다. 예컨대 '그들은 학교에서 만났다'와 '학교에서 그들은 만났다'의 경우 어순이 달라지면서 강조되는 의미도 다르다.

② 크루즈(Cruse)의 의미 분류
크루즈(Cruse)(1990: 148-149)의 의미 분류를 정리하면 다음과 같다.

기술적(descriptive) 의미	참과 거짓을 결정하는 의미
표현적(expressive) 의미	화자의 감정과 태도를 드러내는 의미. 예)감탄사
환기적(evocative) 의미	청자에게 어떤 영상과 감정을 불러일으키는 의미

〈표 1-4〉 크루즈(Cruse)의 의미 분류

크루즈(Cruse)는 의미를 위와 같이 크게 세 가지로 나누었다. 기술적 의미는 문장의 참과 거짓을 드러내 주는 의미로서 문장 간의 논리적 관계를 지배한다. 예를 들어 '순이는 주부다'라는 말은 '순이는 여자다'를 함의하는데 이는 '순이는 주부다'는 문장이 갖는 기술적 의미 때문이다.

표현적 의미는 화자의 감정과 태도를 드러내는 의미로서 감탄사에서 전형적으로 드러난다. '나는 기쁨을 느꼈다'는 기술적 의미이지만 '야호!'는 표현적 의미가 된다. 표현적 의미는 특정한 시공간에서만 발현된다는 특징을 갖는다.

환기적 의미는 청자에게 불러일으켜지는 어떤 영상과 감정 때문에 생겨나는 의미이다. 그러한 영상과 감정은 사람마다 다를 수 있지만 공통점이 존재한다. 예컨대 '배고픈 사자가 갑자기 앞에 나타났다'와 같은 문장은 청자에게 두려움을 불러일으킬 수 있는데 이러한 의미가 바로 환기적 의미이다. 크루즈는 광고, 선전 등에서 환기적 의미를 의도적으로 이용함을 지적한 바 있다.

③ 뢰브너(Löbner)의 의미 분류

뢰브너(Löbner, 2002: 4-63)의 의미 분류를 정리하면 다음과 같다.

표현 의미	기술적 의미	명제적 의미
	사회적 의미	예) 인사말
	표현적 의미	예) 감탄사, 욕설
발화 의미		어떤 표현이 구체적인 맥락에서 사용될 때 가지는 의미
의사소통적 의미		주어진 사회적 배경에서 의사소통적 행위로서의 의미

〈표 1-5〉 뢰브너(Löbner)의 의미 분류

표현 의미는 구체적인 맥락과 상관없이 언어가 그 자체로서 갖는 일반적인 의미이다. 즉 특정한 맥락에서 형성된 것이 아니라 낱말, 구, 문장이 그 자체로서 갖는 의미를 지칭한다. 예컨대 '나는 네 컴퓨터가 필요 없어'라는 말은 '나, 네, 컴퓨터, 필요' 등과 같은 내용어와 '는, 가' 등과 같은 기능어에 의해 일정한 의미(화자 '나'는 청자 '너'의 컴퓨터가 필요하지 않다)를 지니는데 그것이 표현 의미이다.

뢰브너(Löbner)는 표현 의미를 다시 기술적 의미, 사회적 의미, 표현적 의미로 나누었다. 기술적 의미는 명제적 의미로서 지시 및 진리와 관계되는 의미이다. 사회적 의미는 사회적 관계를 암시하거나 관습적으로 사회적 상호작용을 드러내는 언어 표현이 갖는 의미이다. 예컨대 '안녕하세요'와 같은 인사나 '감사합니다'와 같은 상투적인 표현이 이에 해당한다. 이런 표현들은 대개 사회적 상호작용에 대한 사회적 규칙의 지배를 받기 쉽다. 표현적 의미는 주관적 감정, 애정, 평가, 태도를 즉각적으로 표현하는 의미로서, 감탄사나 욕설 등이 그 대표적인 예이다.

발화 의미는 표현 의미를 가진 문장을 구체적인 맥락에서 실제로 사용하고 해석할 때 실현된다. 순이가 탈것들이 그려진 그림 카드를 가지고 영희와 놀면서 '나는 네 컴퓨터가 필요 없어'라고 했다면 이때 이 말의 의미는 네가 가지고 있는 컴퓨터가 그려진 그림 카드가 필요 없다는 의미가 된다. 한편 순이가 며칠 전 영희에게 컴퓨터를 빌려달라고 했는데 이제는 필요 없어져서 위와 같이 말했다면 이 말은 순이가 이제 영희의 컴퓨터를 필요로 하지 않는다는 의미가 된다.

이처럼 발화 의미는 표현 의미를 가진 문장을 구체적인 맥락에서 실제로 사용하고 해석할 때 실현된다. 뢰브너(Löbner)에 의하면, 발화 의미는 지시와 진리를 가진다. '나는 네 컴퓨터가 필요 없어'라는 말에서 '나', '너', '컴퓨터' 등은 구체적인 대상을 지시하고 있다. 그리고 위 문장은 특정 상황에서는 참이지만 다른 상황에서는 거짓일 수 있다.

의사소통적 의미는 구체적인 의사소통 상황에서 화자의 발화에 의도한 의미이다. 즉 '화자가 의도한 바는 무엇인가'에 해당하는 의미이다. 예컨대 '나는 네 컴퓨터가 필요 없어'라는 말은 상황에 따라 단순 진술일 수도 있고 거절일 수도 있다. '진술, 거절' 등이 의사소통적 의미에 해당한다.

뢰브너(Löbner, 2002:14)는 발화 의미와 의사소통적 의미를 논하면서 '말해지는 것'과 '추론되는 것'을 구분하는 것이 중요함을 지적하였다. 전자가 발화 의미라면 후자는 의사소통적 의미에 해당하고, 전자는 의미론의 영역에 속하고 후자는 화용론의 영역에 해당한다.

인지·화용적 관점의 의미 분류

① 인지 의미론의 의미 분류

인지의미론에서는 단어의 의미를 '개념'으로 본다. 의미는 '망구조'(network structure)를 지닌 인지적 범주 안에서 조직되는데, 범주의 중심에는 그 범주의 원형적인 요소가 있으며 다른 요소는 원형과의 친소 관계에 따라 중심에서 주변으로 계층적으로 배치된다. 원형(prototype)은 그 범주를 대표할 만한 가장 '전형적'이고, '적절한', '이상적' 보기를 말하는 것으로서 예컨대 과일의 원형적 보기는 한국의 경우 대개 '사과'이다.

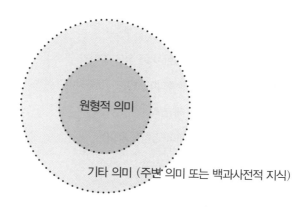

〈그림 1-3〉 단어 의미의 구조

〈그림 1-3〉처럼 단어의 의미 구조를 상정할 때 단어의 의미 유형을 분류하는 것은 쉽지 않다. 특히 인지의미론에서 단어의 의미는 불명확한 가장자리를 갖는다. 단어의 중심에 자리 잡고 있는 원형적 의미와 주변부를 차지하고 있는 기타 의미(결국은 백과사전적 지식으로 수렴됨)의 경계가 모호하여 이들을 명확하게 구분할 수 없다.

따라서 단어의 의미 유형을 분류하고자 하는 시도는 인지의미론의 관점에서 매우 어렵다. 그러나 단어 의미의 구조에 근거해 '원형 의미'와 '주변 의미'의 논리적 구분은 기술적 차원에서 가능하다.

② 이찬규(2008)의 의미 분류

이찬규(2008)는 의미가 언어적 외연에 대한 개념이나 지시로만은 설명할 수 없는 외부적 지식의 총체라고 보고, 의미를 설명하기 위해 스키마를 적극 도입하였다. 그간 이러한 논의가 없었고 의미에 대한 새로운 관점을 제시하고 있다는 점에서 이러한 논의를 살펴보는 것은 유의미하다. 이찬규(2008)에 따르면 인지·화용적 관점에서 의미란 결국 소통 참여자들의 스키마의 교집합이다. 담화 상황에서 의미를 안다는 것은 담화 상황에 대한 스키마를 가지고 있다는 것이며, 담화의 내용을 추론할 수 있고, 담화에 나타난 문장과 단어의 의미 그리고 그들의 관계와 구조에 대한 스키마가 형성되어 있다는 것을 의미한다. 이러한 관점에서 의사소통 참여자들이 자신들의 스키마에 따라 담화에서 나타나는 언어적 표현들을 인식하는 정도에 따라 의미의 유형을 구분하였다.

〈이찬규(2008)의 의미 분류〉

1) 소통자들의 담화 의미에 대한 이해 정도에 따라

　– 온(可解)의미, 반(半可解)의미, 빈(不可解)의미

2) 일반화(langue化) 정도에 따라

　– 일반적 의미, 특칭적 의미(경험적 의미)

3) 의미의 드러냄 정도에 따라

　– 드러난 의미, 드러나지 않은 의미

4) 맥락 의존 정도에 따라

　– 개념적 의미, 맥락적 의미(상황적 의미)

5) 의미 가공 정도에 따라

　– 직설적 의미, 조작적 의미(manipulating the language)

6) 의도의 전달 정도에 따라

　– 의도 의미, 비의도 의미

7) 의미의 적용 방식에 따라(추론의 정도에 따라)

　– 단순 기억 재생 의미, 추론을 통해 추정한 적용 의미, 새롭게 획득한 의미

8) 의미 부여의 정도에 따라

　– 초점 의미, 비초점 의미

2.2. 의미의 유형과 관련된 논점은 무엇인가

의미 유형 분류의 가능성 혹은 명증성

"아따, 그 아줌마 성질 한번 급하네. 좀 비킵시다."

예컨대 바쁘게 길을 걷고 있는데 뒷 사람이 나를 밀치고 앞으로 나오면서 강한 사투리로 '아줌마'를 강조하면서 이렇게 말하였다고 가정해 보자. 위 문장에는 어떤 의미 유형들이 담겨 있는가? 리치(Leech)의 의미 유형에 근거하여 개념적 의미, 내포적 의미, 사회적 의미, 정서적 의미, 반사적 의미, 연어적 의미, 주제적 의미 등을 말해 보라. 만일 당신이 여러 개의 의미를 찾아냈다면 그러한 의미가 담겨 있다고 생각하게 된 근거는 무엇인가?

위의 사례를 통해 알 수 있는 것은 사실상 개념적 의미, 연상적 의미, 주제적 의미 등이 하나의 언어 표현에 동시에 담겨 있어 명확하게 구별하기 어렵다는 점이다. 또 그러한 의미를 담고 있음을 증명하는 근거를 특별히 어떤 부분만을 지목하여 말하기 쉽지 않다는 점이다.

'아줌마'라는 단어 그 자체가 개념적, 연상적 의미 등을 그 자체로 갖는 것인지 이 단어가 위와 같은 구체적인 의사소통 상황에서 사용되었기 때문에 위와 같은 의미를 갖는 것인지도 논점이 될 수 있다. 리치(Leech)의 의미 유형대로라면, 개념적 의미는 단어 그 자체가 맥락 독립적으로 갖는 사전적 의미이다. 내포적 의미는 맥락 독립적으로도 맥락 내에서도 드러날 수 있다. 예컨대 구체적인 맥락이 주어지지 않더라도 '아줌마'는 '억척스러운, 외모에 신경을 쓰지 않는, 다소 통통한' 등의 부정적 가치 개념으로 이해될 수 있다. 물론 이 단어는 구체적인 맥락 내에서 다른 긍정적 혹은 부정적 가치를 가질 수도 있다. 한편 이 단어는 구체적인 맥락이 주어진다면 '전문적인 일을 하지 않는' 등의 방식으로 이해되어 학식이 없는 사람이라는 사회적 의미를 가질 수도 있다. 마찬가지로 구체적인 맥락 안에서 '싫은, 기분 나쁜' 등의 정서적, 반사적 의미 등을 파생시킬 수도 있다.

여러 의미 유형 분류에서 우리는 여러 가지 질문을 던질 수 있다. 의미는 맥락 독립적으로 생성되는 것인가 혹은 맥락에 의해 생성되는 것인가, 만일 맥락에 의해 형성된다면 어떤 요소들이 그러한 의미 생성에 작용하는가, 개별 단어의 의미와 문장에 쓰인 단어의 의미는 어떤 관계를 맺는가, 구체적인 의사소통 상황에서의 발화 의미와 사전적 의미는 어떤 관계를 맺는가 등등.

의미가 명확하게 유형화될 수 있는 것인지는 여전히 논의가 필요하다. 물론 그것이 실제로 불가능하더라도 논리적, 기술적 편의를 위한 분류는 여전히 가능하다. 중요한 것은 분류의 기준이나 관점에 대한 체계적인 논의일 것이다. 의미 유형 분류의 기준과 관점을 명확히 할 때 의미 유형 분류의 가능성도 효율성도 높아질 것이다.

〈문자주의〉와 〈인지주의〉

크루즈(Cruse)의 기술적 의미와 표현적 의미는 뢰브너(Löbner)의 기술적 의미, 표현적 의미와 상당히 유사하다. 이러한 의미들은 구체적인 맥락과 상관없이 언어 그 자체가 갖고 있다고 상정되는 의미이다. 크루즈(Cruse)의 환기적 의미 역시 맥락과 상관없이 언어가 갖는 개념에 의해 생성되는 의미라고 볼 수 있다. 뢰브너(Löbner)는 크루즈(Cruse)와 달리 발화 의미와 의사소통적 의미를 상정하였으나 의사소통적 의미는 의미론의 영역이 아니며 발화된 의미와 추론된 의미는 명확히 구분될 수 있음을 명시하였다.

단어 의미와 문장 의미는 맥락 독립적일 수 있는가? 그렇다고 보는 관점을 에번스(Evans, 2009)는 문자주의로 명명했다. 문자주의에 따르면 단어 의미와 문장 의미는 맥락 독립적이다. 물론 문장의 전체 의미 즉 화자 의미는 맥락에 의존할 수도 있다. 문장 의미와 화자 의미의 구분은 그라이스(Grice, 1989)가 도입한 것으로서, 문장이 의미하는 것이 문장 의미이며 맥락에 의해 문장이 함축하는 것이나 의사소통적 의도는 화자 의미이다. 문자주의의 관점에서 단어나 문장의 의미는 맥락과 상관 없이 맥락 독립적인 의미를 갖는다.

문자주의에 따르면 단어는 맥락과 상관없이 그 자체로 의미를 갖는다. 문장 의미는 맥락과 상관없이 문장을 구성하는 요소들의 문법적 형상과 그 의미 단위들의 합성 결과에 의해 형성된다. 즉 언어의 의미는 언어의 재료인 '단어'와 '규칙'이 합성되어 생성된다. 규칙은 단어로 부호화되는 원자들을 결합한다. 따라서 의미를 명확하게 밝히려면 '의미 요소'와 '결합 규칙'을 타당하게 기술하고 설명해야 한다.

최근 인지의미론자들은 맥락 독립적 의미와 맥락 의존적 의미를 구분하는 것 자체를 문제시한다. 예컨대 에번스(Evans, 2009)는 단어의 의미는 백과사전적 지식에 의존하며 단어로 접근할 수 있는 백과사전적 지식은 단어가 들어 있는 맥락에 의존함을 강조하였다. 예컨대 '창문을 열다'와 '대회를 열다'의 '열다'가 서로 다른 의미로 이해되는 이유는 '창문'과 '대회'에 대한 백과사전적 지식의 차이에 근거하며 이 두 문장의 '열다'를 해석할 때 서로 다른 백과사전적 지식을 떠올리는 이유는 해당 맥락 때문이라는 것이다. 단어와 문장의 의미를 맥락 독립적으로 상정할 수 있는지 여부에 따라 의미의 유형 분류는 달라질 수 있다. 이것은 의미 유형 분류 시 고려해야 하는 요소 중의 하나이다.

2.3. 국어과에서는 의미의 유형을 어떻게 가르쳐야 하는가

단어 의미의 유형에 관한 교육은 크게 분류하면 다음 두 가지 차원에서 교육될 수 있다. 하나는 '의미의 유형'에 대한 메타적 차원의 이론적 접근이며 또 하나는 어휘 표현·이해 교육으로 실제적 접근이다. 전자는 지식에 대한 체험적 이해 차원에서, 후자는 말하기·듣기·읽기·쓰기와 연계한 의사소통 교육 차원에서 이루어질 수 있을 것이다.

미시적 차원에서 몇 가지 어휘교육적 논점이 있다. 그 중 하나는 어휘 사용 태도 문제이다. 앞서 살펴본 것처럼 의미는 다양하다. 특히 리치가 분류한 연상적 의미나 주제적 의미는 어휘 사용의 태도 문제를 수면 위로 부상시킨다. 단어가 개념적 의미 외에, 내포적 의미, 사회적 의미, 정서적 의미, 반사적 의미, 연어적 의미, 주제적 의미를 갖고 있다면 언어 사용 시 이들 의미를 고려하여 소통해야 한다. 예컨대 '아줌마'의 내포적 의미는 부정적 가치를 수반할 수 있으며 마찬가지로 '살인'이나 '강도' 등과 같은 단어는 두려움과 같은 반사적 의미를 연상시킬 수 있다. 이처럼 단어들이 단지 사전적 의미로만 사용되는 것이 아니라 여러 가지 연상적 의미를 갖는다는 점을 고려하여 어휘 선택 시 신중을 기할 필요가 있다.

또 단어가 단지 사전적 의미로만 사용되는 것이 아니라 의사소통 맥락에서 그 의미가 구체적으로 결정된다는 점을 고려할 때 의사소통 상황을 고려하여 단어를 선택하고 표현·이해할 수 있는 능력을 길러줘야 한다. 발화 의미, 의사소통적 의미 등이 본격적으로 논의될 필요가 있다.

단어의 의미가 사전적 의미를 넘어 백과사전적 의미까지 확장된다면 단어 의미 교육이 지식 교육과 등가가 되어 버릴 수도 있다. 어휘 발달은 평생에 걸쳐 이루어지며 정도성과 반복성을 그 특징으로 한다는 점을 고려한다고 해도 단어 의미의 범위가 지나치게 넓을 경우 교육 방향 설정이 쉽지 않을 것이다. 따라서 어휘 교육의 체계적 방법론 구축에 관한 논의가 요구된다.

단어 의미의 가치는 어떻게 교육하는 것이 좋을까? 아래의 질문에 답하면서 '보름달'을 사례로 하여 생각해 보자.

① 다음 〈표〉는 단어 의미가 갖는 가치를 세 가지로 나눈 것이다. '보름달'의 의미 가치는 다음 중 어디에 해당하는가? 왜 그렇게 생각하는가?

구분	설명	예
긍정적 가치	선하고 참되고 진실한 가치를 지닌 것인데 일반적으로 인간이 인간 심성에 긍정적으로 기여하는 것으로 보는 가치	사랑, 희망, 인내, 봉사, 정조
부정적 가치	인간들이 싫어하며 혐오하고 약하며 거짓된 것으로 보는 것	미움, 절망, 방종, 간음
중립적 가치	일차적 가치가 긍정, 부정 가치의 판단 대상으로 보지는 않는 것들	기계, 차, 국가, 커피

단어 의미의 가치 구분(민현식, 2000:141)

② 다음은 '보름달'이 사용된 실제 의사소통 사례이다. (가)와 (나)에서 '보름달'의 의미 가치는 어떠한가? 왜 그러한 가치를 지니고 있다고 생각하는가?

> (가) 할머니 1: 그 처자 얼굴이 보름달 같더라니까요.
>   할머니 2: 나도 요전에 봤는데 얼굴이 하얗고 동그란 게 선녀처럼 예쁘더라고요.
>
> (나) 철수: 영미야, 너 오늘 얼굴이 보름달 같다.
>   영미: 아, 어젯밤에 또 피자 먹고 잤어. 아침에 얼굴이 부어서 눈도 안 떠지더라고.
>   철수: 푸하하.

③ '보름달'이라는 단어가 사용되는 맥락을 고려하면서, 단어 의미의 가치는 어떻게 형성되며, 어떻게 소통되는지 토의해 보자.

④ 단어 의미의 가치가 소통되는 양상을 고려할 때, 단어 의미의 가치는 어떻게 교육하는 것이 좋을까? 교육의 방향을 단어의 의미가 갖는 본질적인 특성과 소통 양상을 고려하며 말해 보자.

3장

의미 분석과
의미 관계

1 성분 분석

1.1. 성분 분석이란 무엇인가

의미의 성분

'의미란 무엇인가'라는 질문에 대한 여러 탐구의 과정에서 성분 분석(componential analysis) 이론은 매우 초기에 이루어진 시도로 단어의 의미를 더 작은 의미 단위(조각)의 총합으로 보는 관점이다. 이는 음성학에서 유럽의 구조주의에 영향을 받아 개별 음소의 자질을 분석하는 방식[1]과 미국의 문화인류학에서 친족 어휘를 기술하기 위한 방법에서 영향을 받았다.[2] 의미론적인 관점에서 성분 분석이 최초로 시도된 것은 카츠와 포더(Katz & Fodor, 1963)에서였는데 초기 생성문법의 틀 안에서 성분 분석에 대한 윤곽을 제시한 형태였다.[3] 그러한 것이 발전하여, 단어의 의미를 개별 자질로 분석하여 제시하

---

1 라이언스(Lyons, 1977 : 317-318)에 따르면, 야콥슨(Jakobson)과 옐름슬레우(Hjelmslev)는 트루베츠코이(Trubetzkoy, 1939)가 음운론에 도입한 음소 분석의 원리가 문법론과 의미론에도 확장되어 적용될 수 있으며 그래야 한다고 믿었다.(강범모 역, 2011 : 500 참조)
2 미국의 문화인류학자들이 미국 원주민 인디언들의 친족 명칭을 분석하는 데서 시작했다. 분석은 성별(gender), 세대(generation), 계통(lineality) 세 가지 의미 성분을 근간으로 하고 있다.

는 지금의 성분 분석이 되었다. 성분 분석의 대표적인 사례로 '소년', '소녀'의 예를 들 수 있다.

소년: [+인간] [+남성] [−성숙]

소녀: [+인간] [−남성] [−성숙]

제시된 예시에 따르면 소년은 '성숙하지 않은(−) 인간 남성'이라는 뜻이며, 소녀는 '성숙하지 않은(−) 인간 여성', 혹은 '성숙하지 않은(−) 남성이 아닌(−) 인간'이라는 의미다. 이때 '성숙', '인간', '남성', '여성' 등이 소년과 소녀를 설명해 주는 의미 성분 (semantic component)이며 이러한 성분의 총합이 해당 단어의 의미라 할 수 있다. 단어의 의미를 구성하고 있는 구성 요소로서의 의미 성분은 의미 자질(semantic feature), 의미 특성(semantic property), 의미 원소(semantic primitive) 등으로 불리기도 한다. 그리고 이렇게 단어를 구성하는 의미 성분을 발견하고 조직하여 어휘의 의미를 규명하는 방법이 성분 분석이다. 의미 성분은 일반적으로 대괄호 [ ] 속에 넣어서 표시하며, 대괄호 속 의미 성분은 추상적인 의미 단위로 간주된다.[4]

성분 분석의 원리

의미의 성분 분석은 하나의 단어(의미)에 이를 구성하는 더 작은 의미 구성소(조각)들이 있다는 것을 전제로 성립한다. 성분 분석의 원리는 앞서 언급했던 바와 같이 음소 분석의 영향을 받은 만큼 음소들의 변별자질(distinctive feature)을 분석하는 방식과 같아 이를 참고하면 보다 분명하게 성분 분석의 원리를 이해할 수 있다.

---

3 카츠와 포더(Katz & Fodor)는 통사적 심층 구조의 구 표지로 문장의 의미를 해석할 수 있도록 문장을 이루는 어휘들의 의미를 기술하여 이를 바탕으로 구와 문장의 의미를 단계적으로 해석하는 투사 규칙(projection rule)을 제안하였다. 이때, 의미를 기술하는 방식으로 문법표지(grammatical marker), 의미표지(semantic marker), 구별표지(distinguisher) 등을 활용하였는데, 의미표지가 현재의 의미 성분과 매우 유사하다 할 수 있다.
4 또한 국어에는 해당되지 않지만 영어의 경우 성분 요소는 [HUMAN], [MALE], [MATURE]과 같이 대문자를 쓰는 것이 일반적이다.

조음 방식 \ 조음 위치	양순 (입술)	치조 (윗잇몸)	경구개 (입천장)	연구개 (여린입천장)	성문 (목구멍)
파열	ㅂ	ㄷ		ㄱ	
파찰			ㅈ		
마찰		ㅅ			ㅎ

〈표 1-6〉 자음의 분류

　제시된 표는 자음 중 일부의 자질에 대한 분류를 보여 준다. 이들은 모두 자음(장애를 받는 음)이라는 공통점을 지니며 조음 위치에 따라 양순음, 치조음, 경구개음, 연구개음, 성문음, 조음 방식에 따라 파열음, 파찰음, 마찰음으로 분류된다. 이때 이를 분류하는 조음 위치로서의 '양순(입술)', '치조(윗잇몸)', 조음 방식인 '파열', '파찰', '마찰' 등의 자질을 설정하면 각각의 음이 어떤 점에서 공통되고 어떤 점에서 차이가 나는지를 쉽게 파악할 수 있다. 이때 각각의 자질이 의미로 따지면 '성분'에 해당한다.

　단어의 의미를 구성하고 있는 의미 성분을 찾는 방식은 위에서 본 것처럼 그 단어가 속해 있는 어휘에서 '공통된 성분(위의 예시에 따르면 자음)'을 추출하는 방식으로 가능하다. 그 후 개별 자음 'ㅂ', 'ㄷ', 'ㄱ'의 공통된 성분으로 '파열'이라는 조음방식을 추출할 수도 있다. 다음과 같은 사례를 살펴보면 좀 더 쉽게 이해할 수 있다.

(1) 소녀, 숙녀, 할머니, 어머니, 고모, 이모, 암탉, 암캐, 암말 → [여성]

(2) 의사, 요리사, 소방관, 변호사, 교사, 기자 → [직업]

(3) 아기, 어린이, 소년, 소녀 → [인간]

(4) 기다, 걷다, 뛰다, 날다, 달리다 → [이동]

(5) 듣다, 맡다, 보다, 짜다, 쓰다, 차갑다, 부드럽다 → [감각]

　(1), (2), (3)은 각각 [여성], [직업], [인간]이라는 공통된 성분을 추출해 낼 수 있다. (2)의 경우는 [직업]뿐 아니라 [인간]이라는 성분 역시 추출 가능하며 (3)의 경우 [어린]과 같은 성분 역시 추출 가능하다. 성분은 '암캐', '암탉'에서 보듯 형태적으로 선명하게 드러나기도 하지만,[5] 모든 성분이 형태적으로 드러나는 것이 아니며 형태적으로 의미

성분이 드러나지 않는 경우가 훨씬 더 많다. 또한 (4), (5) 예시에서 보듯 명사뿐 아니라 동사나 형용사도 공통의 의미 성분으로 표현 가능하다.

개별 단어들은 그 단어에 적용할 수 있는 공통의 의미 성분으로 기술 가능하면서도 이에 속한 단어들 세부적으로는 서로 간의 의미 차이가 있으므로 이러한 개별 의미 차이를 변별하기 위한 의미 성분을 추출할 수 있으며 이러한 의미 성분들로 각 단어들은 구분될 수 있다.

앞서 추가로 추출된 공통 성분 외에도 (3)의 명사에는 성별, 즉 [남성] 또는 [여성]이라는 성분, (4)의 동사에는 [이동]이라는 성분 외에 속도와 관련된 성분, (5)의 단어들에는 [감각]이라는 공통 성분 외에도 방법, 온도 등의 성분이 추가로 추출될 수 있다.

이처럼 여러 단어들의 갖고 있는 의미 성분을 분석해 낼 수 있는데, 단어들의 공통 의미 성분과 변별적인 의미 성분을 분석하는 데는 해당 단어에 대한 사전 지식이 필요하다. 또한 의미 성분은 의미장, 특히 계층적 구조를 지닌 의미장을 이용하면 보다 수월하게 분석할 수 있다.[6]

성분은 일반적으로 이원적으로 분석된다. 어떤 성분이 있는지 여부를 +와 −로 표현하는데 +는 해당 성분이 있음을, −는 없음을 나타낸다. 이원적 분류 방법은 음운론뿐만 아니라 통사론과 의미론 등 언어학 전반에서 널리 사용되는 방식으로 성분 분석의 결과를 경제적으로 보여 준다는 장점이 있으며 단어 사이의 공통점과 차이점을 명시적으로 보여 주기 때문에 반의 관계에 있는 단어들의 특성을 드러내기에 매우 유용하다. 다음은 이를 가장 전형적으로 보여 주는 예시라 할 수 있다.

(6) 아저씨　　[+동물] [+인간] [+성숙] [+남성]

　　아주머니　[+동물] [+인간] [+성숙] [−남성]

　　소년　　　[+동물] [+인간] [−성숙] [+남성]

---

5 '암−'이라는 접두사를 사용하여 단어가 여성의 성분을 가지고 있음을 드러내고 있다. 이탈리아어에서 여성은 '−a'로 끝나고 남성은 '−o'로 표시하며, 프랑스어의 경우 여성은 단어에 '−e'를 붙이는 것, 영어에서도 여성을 나타낼 때 '−ess' 등을 붙이는 것도 이러한 사례다.

6 역으로 성분 분석은 단어들 간의 계층을 선명하게 드러내 보여 주는 데도 매우 유용하게 사용될 수 있다.

소녀   [+동물] [+인간] [−성숙] [−남성]

이러한 의미 성분을 어디까지 기술할 것인가? 단어를 어떤 의미 성분으로 기술할 것인가 하는 문제는 경제성의 원리에 따라 결정할 필요가 있다. 의미 성분들 사이의 관계를 통해 예측이 가능한 성분들은 잉여성분(redundant component)이라고 한다. 앞서 제시된 단어들에서는 [인간]이라는 성분으로 인해 [동물]이라는 성분은 자연스럽게 예측이 되는 성분으로 굳이 기술할 필요가 없는 잉여 성분이다. 그러므로 본디 단어의 의미 성분을 분석할 때에는 잉여성분을 제외하고 의미를 분석, 기술하는 것이 일반적이다.

1.2. 성분 분석은 어떻게 기능하는가

의미 성분의 종류

의미의 성분 분석은 기본적으로 단어의 의미를 기술하고 의미상 관련된 단어들 사이의 의미 차이를 선명하게 구분하는 데 효과적이다. 그렇기 때문이 의미 성분은 기본적으로 두 가지로 구분된다. 의미상 관련된 단어들이 공통적으로 공유하고 있는 '공통적 성분(common component)'과 그에 속한 각각의 단어들을 서로 구별해 주는 '변별적 성분(distinctive component)'이 그것이다.[7] 이 두 가지 의미 성분은 어떤 의미장(semantic field)에 속해 있는 단어들을 공통점과 차이점으로 구분한 것으로, 의미를 서로 변별하고 구분하는 데 반드시 필요한 필수적 의미 성분이라 할 수 있다. 나이다(Nida, 1975)에서는 여기에 보조적 성분(supplementary component)을 한 가지 더 제시하고 있다. 보조적 성분은 해당 의미장에 속한 일부의 단어는 가지고 있지만, 의미를 변별하는 데 직접적인 영향을 미치지 않는 부차적 성분을 의미한다.[8]

의미 성분은 대상 자체의 특성을 드러내는 분류적 성분(classified component)과 다른 대상과의 관계를 통해 드러나는 관계적 성분(relative component)으로도 나눌 수 있다. 분류적 성분은 앞서 '아주머니', '아저씨', '소년', '소녀'의 성분을 이원적으로 제시해 각

---

7 변별적 성분은 진단적 성분(diagnostic component) 혹은 시차적 성분이라고도 한다.

각을 분류하는 특성들을 말한다면 관계적 성분은 '아버지', '어머니', '할머니', '할아버지', '누나', '동생', '선배', '후배' 등 [~의 어버이]와 같이 특정 대상과의 관계를 통해 성격이 드러나는 성분을 말한다. 가령, [여성], [성숙]과 같은 성분은 대상을 분류할 때 폭넓게 적용되는 데 비해 [~의 어버이]는 자식을 낳아야만 성립 가능한, 즉 자식이 있어야만 가능한 성분이다. 그렇기 때문에 관계적 성분은 +, −의 이원적 방식으로 기술하지 않고 다음과 같이 [~의 자식], [~의 어버이], [~보다 손위], [~보다 손아래] 등으로 지시, 피지시 대상을 이용하여 기술한다.

(7) 할아버지   [남성] [[~의 어버이]의 어버이]

    할머니   [여성] [[~의 어버이]의 어버이]

    아버지   [남성] [~의 어버이]

    어머니   [여성] [~의 어버이]

    아들   [남성] [~의 자식]

성분 분석의 적용 분야

1) 의미장

의미의 성분 분석은 다양한 의미장에 속한 단어들의 의미를 기술하는 데 매우 유용하게 사용될 수 있다. 가장 대표적인 것이 친족어의 어휘장에 속한 어휘들의 분석인데, 다양한 친척 관계를 나타내는 단어들뿐 아니라, '아버지', '어머니' 등에도 세분화된 의미로 다양한 부름말이 발달해 있다.

---

8 립카(Lipka, 1992: 111-115)는 성분 대신 자질(feature)이라는 용어를 사용하여 의미 성분을 외연적 자질(denotative features), 내포적 자질(connotative features), 관계적 자질(relational features), 전이 자질(transfer features), 지시적 자질(deictic features), 유추적 자질(inferential features), 변별적 자질(distinctive features)의 7가지 종류로 나눈 바 있다. 이는 자질의 성격에 따라 나눈 것으로 유추적 자질, 내포적 자질을 제외하고는 대부분 필수적 성분으로 작동될 수 있다. 또한 내포적 자질이나 유추적 자질은 보조적 성분의 성격이 강하다.

성분 \ 단어	모친	선비	자당	선대부인	대부인
남성	−	−	−	−	−
자신	+	+	−	−	−
높임	+		+	+	+
살아있음	+	−	+	−	+

〈표1-7〉'어머니'의 의미 성분

이 외에도 섭취 동사, 이동 동사, 온도 형용사 등의 용언군이나 상징 부사, 요리 명사, 감정을 나타내는 감탄사 등 다양한 의미장에 속한 낱말들의 의미를 분석할 수 있다.

2) 단어의 의미 관계

성분 분석은 단어 자체의 의미 분석뿐 아니라, 다양한 의미 관계를 기술하는 데 매우 유용하게 활용될 수 있다.

첫째, 유의 관계에 있는 단어들의 성분을 분석할 수 있다. '틈/겨를', '꼬리/꽁지', '손수/친히', '껍질/껍데기' 등과 같은 유의어의 성분들을 공통적 성분과 변별적 성분으로 나누다 보면 유의어를 분명하게 구분해 줄 수 있다.

(8) 껍질: 물체의 겉을 싸고 있는 단단하지 않은 물질.

껍데기: 달걀이나 조개 따위의 겉을 싸고 있는 단단한 물질.

이처럼 껍질과 껍데기는 [겉을 싸고 있다]는 공통적 성분을 가지고 있지만 [단단함]이라는 차이가 있어 두 단어를 변별해 낼 수 있다.

둘째, 상하 관계에 있는 단어들의 성분을 분석할 수 있다. 상하 관계에 있는 단어들 중 의미 범위가 넓고 일반적인 쪽은 상의어라 하고, 의미 범위가 좁고 특수한 쪽을 하의어라고 한다. 아래의 예시에서 보면 생물은 동물과 식물의 상의어고, 동물은 사람의 상의어다.

(9) 생물: [+생명]

　　동물: [+생명] [+동작성]

　　식물: [+생명] [−동작성]

　　사람: [+생명] [+동작성] [+인간]

　예시를 통해서도 확인할 수 있는 것처럼 상의어의 모든 성분은 하의어에 포함되므로 상의어는 하의어보다 의미 성분이 적다. 상하 관계는 상대적인 개념이라 항상 하의어는 상의어를 함의하게 되며, 상하 관계의 성분 분석은 어휘장에서 단어들 사이의 의미 관계를 기술하는 데 매우 요긴하게 사용될 수 있다.

　셋째, 반의 관계에 있는 단어들의 성분을 분석할 수 있다. 반의 관계는 단어가 가지고 있는 여러 의미 성분 중 어느 한 성분이 다른 경우에 성립한다. 유의 관계와의 차이라면 하나의 성분이 강력하게 의미적으로 대립되는 특질을 지닌다는 점이다. 반의어는 상보 반의어, 등급 반의어, 관계 반의어로 세분화될 수 있는데 상보 반의어는 대립쌍 사이에 중간항이 없는 반의어로 의미의 성분 분석으로 표시하기가 쉽지만, '부모', '자식'과 같은 관계 반의어나 '높다', '낮다'와 같은 등급 반의어의 경우에는 의미 성분으로 표시하기 쉽지 않다.

　넷째, 다의 관계에 있는 단어들의 성분을 분석할 수 있다. 단어들은 하나의 의미만을 가지기보다는 기본 의미를 중심으로 용법이 확장되고 전이되어 다양한 파생 의미를 띄게 된다. 다음의 사례는 '오르다'의 다의성을 도식화한 것이다.

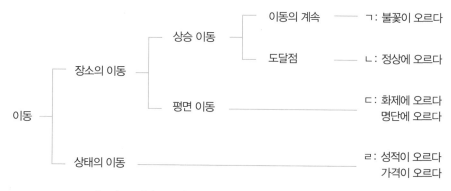

〈그림 1-4〉 '오르다'의 다의성 구조(임지룡, 1992: 71)

'오르다'는 [위쪽], [이동]이라는 공통적 성분을 지니면서도 장소 차원의 이동인지, 상태 자원의 이동인지에 따라 다르고(ㄹ), 장소 차원에서도 의미가 확장되어 상승의 의미가 약화된 것을 드러낼 수 있다(ㄷ). ㄱ, ㄴ은 모두 기본적 의미라 할 수 있다. 이처럼 다의 관계에 있는 단어의 의미들을 세분화하여 성분을 분석할 수도 있다.

3) 문장의 의미 관계

성분 분석은 문장의 항진 관계, 모순 관계, 함의 관계, 변칙 관계, 잉여성 등 문장의 의미 관계를 설명하는 데에도 매우 유용하다.

첫째, 문장의 항진 관계를 드러낼 수 있다. 항진성이란 언제나 참인 문장이라 할 수 있으므로 의미 성분을 분석함으로써 문장이 참인지 아닌지를 분명하게 밝혀낼 수 있다. '우리 어머니는 여성이다' 같은 문장에서 어머니는 [여성], [성인], [~의 어버이]라는 성분을 지니고 있으므로 '우리 어머니는 여성이다.' 같은 문장은 항상 참이 성립된다.

둘째, 문장의 모순 관계를 드러낼 수 있다. 가령 '우리 할머니는 신사이다'나, '선대인께서는 건강하신지요?'같은 문장을 보자. '할머니'에는 기본적으로 [여성]이라는 성분을 내재하고 있으므로 할머니가 [남성]이라는 성분을 내재하고 있는 '신사이다'라는 단언은 모순이다. 또한 '선대인'은 돌아가신 남의 아버지를 높여 이르는 말로 [죽음] 혹은 [-생명]이라는 성분을 내재하고 있어 현재의 건강 상태를 확인하는 질문은 모순된다고 할 수 있다.

셋째, 문장의 함의 관계를 드러낼 수 있다.

ㄱ. 나는 비행기를 타고 제주도에 간다.

ㄴ. 나는 교통수단을 타고 제주도에 간다.

ㄱ이 참이면, ㄴ도 반드시 참이 된다. '교통수단'과 '비행기'는 상하 관계에 있기 때문에 하의어는 상의어를 함의한다는 점에서 문장의 함의 관계를 설명해 줄 수 있다.

이외에도 동일한 의미 성분이 외형적으로 중복되는 잉여성이나 문장 성분 간의 선택 제약을 어김으로써 발생하는 변칙 관계 등도 의미 성분을 통해 드러낼 수 있다.

1.3. 성분 분석의 한계는 어떤 것인가

성분 분석은 단어의 의미 분석, 의미장 및 의미 관계의 기술, 선택 제약에 따른 문장의 모순 관계나 변칙 관계를 파악하는 데 효율적이다. 그럼에도 불구하고 몇 가지 한계를 지니고 있는데 이러한 부분을 고려하면 교육적으로 적용하는 과정에서 겪을 수 있는 혼란을 보완할 수 있을 것이다.

기본적으로 성분 분석은 언어의 창조성을 위배하는 것이라 할 수 있다. 성분 분석은 단어에 대한 사전 지식을 활용해야만 가능하기 때문에 단어의 의미 이해를 성분 분석에만 의존하게 되면 이전에 존재하지 않았던 새로운 개념을 습득할 수 없다는 문제점을 지니게 되며 언어의 창조성을 설명할 수도 없다.

둘째, 성분 분석은 의미 성분이 보편적이라는 전제를 둔다. 다시 말해서 대상의 속성을 설명하는 요소로서의 의미 성분들이 모든 언어에 공통적으로 존재한다고 전제할 때 성립되는 측면이 있다는 것이다. 이는 서로 다른 언어들의 의미론적 구조들은 근본적으로 상이하여 보편적 척도로 비교될 수 없다는 언어 상대성 이론과 정면으로 배치되는 것으로 과연 메타언어로서의 의미 성분이 어떤 언어에서나 일정한 범위를 가리키거나 범언어적으로 동일한 가치를 지니는가 하는 의문을 남기게 된다. 단어의 성분 분석에 필요한 메타언어로서 의미 성분이 어느 정도까지 설정되어야 하는지, 또 성분들의 목록화가 가능한지에 대해서는 분명한 답을 얻을 수 없다. 성분 분석은 언어를 분석하는 몇 가지의 성분들을 틀로 하여 의미를 기술하고자 하는 방법이다. 그러나 언어의 수많은 어휘들 속에 담겨져 있는 의미를 의미 성분으로 분석할 때 어느 정도의 의미 성분이 필요한지 밝히고 그것들을 체계적으로 전체 어휘의 의미 성분으로 목록화하는 일은 실제로 불가능하다.[9]

셋째, 성분 분석에 사용되는 성분이 불명확하다는 문제이다. 가령 앞서 여러 번 제시되었던 [성숙]과 같은 성분은 과연 성숙의 기준이 무엇인지, 그 경계가 매우 모호하다는 측면이 있다. 즉 의미를 기술하는 메타언어의 의미 역시 명확하지 않다는 점이

---

9 실제로 성분 이론은 범언어적 보편성을 전제로 언어를 분석하는 의미 성분의 목록을 구축할 수 있다는 것을 전제로 시작되었다. 그러나 개별 언어 내에서의 목록을 구축하는 일은 물론이고 범언어적으로 보편적인 성분을 설정하는 일은 현실적으로 가능한 일이 아니다.

다. [-단단함]이라는 성분 역시 단단하지 않고 무른 정도에 대해 분명한 기준을 드러내줄 수 없다. 메타언어로서의 성분 역시 의미 경계의 모호함의 특성을 적용받게 되는 것이다. 분명해 보이는 [남성] 역시 하위 성분으로 세분화할 수 있으며, 이때 과연 [남성]을 구성할 수 있는 성분이란 무엇인지, 각 성분은 필수적인지 등을 고민해야 할 것이다.

넷째, 성분 분석이 실제로는 매우 제한적인 범위 안에서만 이루어지고 있다. 성분 분석은 앞서 몇 가지 의미장을 제시한 바와 같이 친족 어휘, 색채 어휘나 착탈 어휘, 미추 표현, 이동 동사 등 분류 체계가 잘 짜인 어휘군에서 효과적으로 작용되며 구체적인 사물을 지시하는 어휘에서도 어느 정도는 분석이 가능하다. 그러나 평화, 사랑, 위안 등 추상적인 어휘의 경우 의미 자체가 추상적인 만큼 이를 기술할 수 있는 메타적인 단어(성분)를 찾기가 어렵다. 추상어뿐 아니라 구체어의 경우에도 대상을 설명하는 필요하고도 충분한 의미 성분을 찾기 어렵거나 경계를 설정하기 어려운 경우가 많고, 전문가라 하더라도 그 기준이 동일할 수 없다는 한계가 있다.[10]

다섯째, 성분 분석은 한 단어가 가지고 있는 개념적 의미를 중심으로 의미 성분을 추출하는데 실제로 언중들이 언어를 사용할 때에는 개념적 의미뿐 아니라 연상적 의미, 내포적 의미, 은유적 의미 등을 사용하는 경우가 훨씬 많다. 그러나 성분 분석은 이러한 연상적 의미까지 확장해서 기술하지 못하며 은유나 환유와 같은 비유 표현을 성분 분석의 잣대로 규정하게 되면 대부분 선택 제약을 어긴 비문법적인 문장이 되고 만다.[11]

1.4. 국어과에서는 성분 분석을 어떻게 가르칠 것인가

성분 분석은, 상술한 몇 가지의 한계에도 불구하고 단어의 의미를 분석적으로 이해하고 해당 단어와 문장의 의미를 이해하고 분석하는 데 매우 효과적이다. 가령 "바위가 국수를 먹는다."와 같은 표현이 왜 자연스럽지 않은지, 혹은 이 표현이 허용된다면 이

---

10 구체적인 사물을 지칭하는 경우에도 고양이와 개 등의 성분 분석은 결국 [고양이]라는 자질과 [개]라는 자질로 구별되어야 할 만큼 두 대상을 변별하는 변별적 자질을 찾아내기 어렵다.
11 대신 이 경우는 선택 제약을 어기거나, 문장 성분상 이루어질 수 없는 모순 관계의 문장을 생성함으로써 수사적이고 독특한 의미를 생산해 내는 전략으로 역이용할 수 있는 측면이 있다.

것은 왜 특수한 맥락에서 이해되어야 하는지를 비교적 객관적으로 설명할 수 있다. 또한 체계가 분명한 어휘장에서는 그 어휘장을 구성하고 있는 개별 단어들의 의미와 각각의 차이를 선명하게 드러내 줄 수 있다.

그럼에도 그간 국어교육에서 의미를 다루거나 의미 관계를 교육할 때 성분 분석을 교육 과정이나 교과서의 활동 측면에서 본격적으로 다룬 사례는 찾기 어렵다. 교육 과정이나 교육 내용으로 정식으로 다루기에는 의미를 다루는 하나의 방법인 성분 분석을 독립된 내용으로 제시할 만한 체계가 마련되어 있지 않으므로 성분 분석에 관한 이론을 전면적으로 다루기보다는 의미 관계나 어휘의 종류를 드러내면서 학습자들에게 활용할 수 있도록 제시해 주는 방식으로 다루는 것이 적절하다.

의미의 성분 분석은 개별 단어의 의미를 분석해 내는 것만이 아니라, 두 개 이상의 어휘나 문장을 분석하거나 특정한 의미 부류에 속하는 단어들을 체계적으로 이해하는 데 도움이 되므로 초, 중, 고등학교급 어디에서나 활용이 가능하다. 특히 반의 관계의 경우 '하나의 대립되는 성분'으로 반의 관계가 성립함이 분명하고, 각 단어 간의 의미 차이를 명시적으로 드러내 주는 데 그 어떤 이론보다 분명하게 특징을 보여 줄 수 있다.

주세형(1999)은 의미 성분 대신 의미 자질이라는 용어를 사용하면서 의미 자질 분석법이 학습자의 흥미를 북돋을 수 있고, 학습자 간의 상호 작용을 유도하며 메타언어가 학습자의 개별 학습을 도울 수 있는 도구가 되므로 학습자 중심 교육을 가능케 하는 방법이라고 제시한 바 있다. 무엇보다 자질 분석, 즉 성분 분석의 과정에서 교사나 전문가라 할지라도 하나의 정답을 제시할 수 없으며 학습자가 만들어 낸 성분 목록이나 분석 틀이 전문가나 교사의 것과 다르다고 하더라도, 이는 학습자의 경험을 반영한 지식 구성 과정의 결과이므로 학습자 중심의 교육으로서 크게 활용도가 높다는 것이다. 또한 의미상의 차이점을 변별하는 과정에서 성분을 활용함으로써 학습자가 의미를 변별하는 데 필요한 절차적 지식의 증진에도 매우 효과적이라는 점을 증명한 바 있다. 신명선(2008ㄴ)에서는 여기서 한걸음 더 나아가, 어휘 교육의 지향이 언어 의식, 어휘 의식의 고양이어야 한다는 점을 강조하면서 단어의 의미가 가진 유동성은 학습자들에게 훌륭한 탐구의 대상이 되므로 학생들이 자신의 머릿속 사전에 저장되어 있는 단어들을 비판적으로 점검하고 반성(reflect)하면서 개념을 정교화하려는 적극적이고 능동적인 자세를 갖도록 교육해야 한다고 보았다(신명선, 2008ㄴ : 44). 이를 위해 '구분, 분류, 구별, 분석'의 유의어에 대한 소집단 토의 등을 활용한 메타언어 활동을 통해 이러한 활동이 학습자의 사고력을 증진시키고 언어 의식을 고양시킬 수 있음을 보여 주었다. 메타언어활동은 언어에 대한 상위 인지 활동을 포함하여 자신의 언어를 의도적으로 점검하고 조절하며 반성하는 인지 활동이라 할 수 있는데, 대상(언어, 단어)에 대한 사전적 지식을 바탕으로 성분을 분석하고 다양한 성분 요소를 추출하는 과정에서 단어들 간의 의미를 비교하고 정교화하는 성분 분석 활동은 가장 대표적으로 활용할 수 있는 메타언어활동이라 할 수 있다. 성분 분석은 그러므로, 어휘의 수준이나 분석하는 성분의 층위에 따라 얼마든지 위계화가 가능하며 다양한 맥락에서 활용할 수 있는 효과적인 교육 방법이다.

김광해(2008 : 360)에서는 의미의 정교화 방안으로 다음과 같은 유의어 비교를 위한 성분 분석 틀을 제시하고[12] 이를 몇 가지 사례를 통해 증명한 바 있다. 김광해(2008 : 360-361)에서 제시하고 있는 분석 틀을 보면 의미 차원의 구성뿐 아니라 분석의 틀이 되는 기준을 세계 요소, 인간 요소, 언어 요소의 큰 틀로 나누어 선택 제약이나 문법적 요소, 문체적 요소 등을 고려하여 대상 단어에 대한 다양한 성분을 추출하고 이를 바탕으로 개별 단어의 의미를 정교화하고 해당 단어를 종합적으로 이해하는 데 성분 분석을 활용할 수 있음을 보여 주었다.

항목		자질 요소		예
중심 의미 (의미핵)		의미의 중심	그 단어의 의미를 포괄할 수 있는 기초 어휘가 무엇인가?	1,000~2,000개의 1차 어휘들
세계 요소	1. 외연	지시 대상의 범위, 집합	단어가 가리키는 대상의 범위가 얼마나 되는가?	
인간 요소	2. 적용 범위	주체, 상황, 관점, 목적, 대상	누가 쓰는 말인가?	– 아랫사람이, 윗사람이 – 심마니, 청소년, 유아 – 궁궐, 군대, 교도소 – 방언, 전문어
			누구에게 하는 말인가?	
			어떤 사회, 분야에서 쓰는 말인가?	
			어떤 관점에서 쓰는 말인가?	

---

12 '성분' 대신 '자질'이라는 용어를 사용하여 원문을 그대로 활용한다.

			무엇을 떠오르게 하는가?	– 서정적인, 시적인, 정감적인, 무서운, 선동적인, 정다운, 한국적인, 동양적인, 지저분한, 저속한, 상스러운, 고상한, 교양있는, 딱딱한, 부드러운… 등등
	3. 함축	감정, 가치, 느낌, 연상 의미 등 관습적, 심리적, 문화적 배경을 바탕으로 환기시키는 의미	어떤 느낌을 주는가?	
			무슨 목적으로 하는 말인가?	
언어 요소	4. 용법	용법, 문법적 제약	어떤 말과 함께 등장하는가?	선택 제약
			어떤 문법적 제약을 받는 말인가?	
	5. 짝	반의, 반대, 대립 관계	어떤 말과 짝을 이루는가?	반대말

〈표 1-8〉 유의어 비교를 위한 기본 틀(김광해, 2008: 361)

　이처럼 성분 분석은 어휘의 의미를 정교하게 이해하고 세밀하게 탐구하는 데 매우 효과적이다. 다만, 성분 분석의 틀이 보편적으로 존재할 수 없음을 전제하고 단어의 의미를 파악하고 의미 관계 등을 이해하기 위해 성분을 분석하는 다양한 기준을 수립하고 성분을 추출하는 연습이 수준별로 제시될 수 있도록 다양한 층위의 시도가 필요하며, 성분 분석을 활용할 때 효과적일 수 있는 어휘군을 개발하고 발견하는 노력이 보완되어야 보다 효과적으로 성분 분석이 어휘 교육에서 활용될 수 있을 것이다.

🖋 탐구문제

1. 유사한 의미의 부사들이 문장으로 실현될 때 의미에 의해 통사적 제약, 선택 제약이 있는 경우 다음과 같은 부사를 어떤 성분으로 분석할 수 있을지 성분을 추출하고 각각의 단어를 분석해 보자.

그는 모든 문제를 너무 **빨리** 결정한다.	그는 모든 문제를 너무 **퍼뜩** 결정한다.*
그는 모든 문제를 너무 **재빨리** 결정한다.*	그는 모든 문제를 너무 **후딱** 결정한다.?
그는 모든 문제를 너무 **속히** 결정한다.*	그는 모든 문제를 너무 **얼른** 결정한다.*

2. 어휘의 의미를 정교하게 이해하기 위한 교수·학습 방법으로 다음에 제시한 〈조건〉에 맞게 탐구 과제를 설계해 보자.

〈조건〉

○ 다양한 성분이 추출될 수 있는 의미부류가 유사한 어휘군을 선정함.

○ 중학교 급과 고등학교 급에 따라 어휘의 수준을 달리해서 성분을 분석할 수 있도록 함.

○ 의미뿐 아니라 문법적 제약, 언어적 특징, 사용역 등에 대한 성분도 분석할 수 있도록 함.

2 │ 의미장

2.1. 의미장이란 무엇인가

의미장의 정의

개개의 단어들은 홀로 존재한다기보다 그와 유사한 성질의 다른 단어들과 무리를 이루고 있다는 전제 아래 개별 의미를 파악할 수 있다. 이렇게 하나의 상위어 아래 의미상 밀접하게 연관된 개별 단어의 집단을 의미장(意味場, semantic field)이라고 한다. 다시 말하면 의미장은 어떤 공통적인 의미로 묶인 단어들의 집합인데 흔히 '낱말밭', '어휘장'이라고도 한다. '봄, 여름, 가을, 겨울'은 계절이라는 공통점으로 한 의미장을 이루며, '아버지, 어머니, 언니, 누나, 오빠, 형, 동생' 등은 친족어라는 의미장을 이룬다. 또한 '춥다, 서늘하다, 따뜻하다, 덥다'와 같은 생리적 온도를 나타내는 단어들은 의미상 서로 긴밀한 관계를 유지하고 있기 때문에 이들 단어들의 집합은 바로 온도를 나타내는 온도어장이다. 그리고 '따뜻하다'라는 단어는 같은 의미장 속에 있는 '춥다, 서늘하다, 덥다' 등의 단어와의 관계 속에서 그 의미가 또한 결정된다고 할 수 있다. 이러한 생리적 온도어장 주변에는 '뜨겁다, 차갑다, 뜨뜻하다, 미지근하다'와 같은 물리적 온도를 나타내는 의미장도 있을 수 있다. 생리적 온도어장은 물리적 온도어장과 함께 '온도어장'이라는 보다 상위의 의미장이 형성된다. 이처럼 하나의 작은 의미장이 모여서 큰 장을 이루고, 큰 장이 모여서 보다 더 큰 장을 이룬다.

장이론 연구의 의미

한 언어의 어휘 체계는 이와 같이 수많은 의미장으로 형성되어 있다. 이와 같이 한 언어의 어휘 체계가 의미상 어떤 관련성을 가진 어휘들로 집단화되어서 하나의 장(field)을 이룬다는 이론을 장이론(場理論, field theory)이라고 한다(윤평현, 2013: 61). 장이론에서 말하는 단어의 의미는 그 단어의 어휘 체계에서의 위치를 말하는 것이며 장이론은 단어의 의미를 어휘적 '장'의 틀에서 분석하는 이론을 가리키는 것이다.

다른 이론과 마찬가지로 장이론도 결국은 완벽한 것이 아니다. 장이론도 장의 설정이나 장 설정 기준을 뚜렷하게 정하기가 어렵다는 점, 한 장에 속할 수 있는 단어의 범위를 명확하게 설정하기가 어렵다는 점, 그리고 단어 체계를 부분적으로만 다룰 수 있다는 점 등의 한계를 지니고 있기 때문에 여러 측면에서 비판을 받기도 했다. 하지만 이 이론이 의미 연구의 발달에 기여한 다음과 같은 점을 간과할 수 없다(신현숙, 2001: 92; 박종갑, 2003: 69-70).

첫째, 이 이론은 구조주의적 연구 방법을 언어학의 한 분야에 도입하여 단어의 의미 구조나 단어와 단어의 의미 관계를 체계적으로 분석하는 바탕을 마련하였다.

둘째, 단어의 가치나 의미를 하나의 장 속에서 파악하였으며, 단어 분석의 중요성과 함께 단어 체계의 명시적인 분석 방법을 제공하였다.

셋째, 언어가 인간의 사고에 미치는 영향을 주목하게 하고, 언어 사용자의 인지 구조와 밀접하게 관련되어 있기 때문에 단순한 분석 방법만을 제공해 주는 것이 아니라 언어의 본질을 드러낼 수 있는 이론이라고 평가를 받을 수 있다.

장이론은 바로 위와 같은 이론적인 의미가 있기 때문에 국어 의미론이나 국어 어휘의미론 연구도 이 이론을 전체적으로 또는 부분적으로 수용하거나 적용했다. 따라서 장이론에 대한 연구는 어휘 의미론 연구의 기본이 되어 학문적, 교육적, 실용적 차원에서 중요한 의미를 갖는다.

2.2. 장이론의 이론적 배경은 무엇인가

훔볼트와 소쉬르의 언어관

장이론은 훔볼트(Humbolt)를 원류로 한 신훔볼트학파와 소쉬르(Saussure)를 중심으로 한 서불학파에 의해서 생성, 발전되었다.

장이론의 근원은 훔볼트(Humbolt)로 거슬러 올라갈 수 있다. 훔볼트(Humbolt)는 언어를 인간의 정신 활동과의 긴밀한 관계 속에서 파악하고 언어는 인간의 정신세계와 끊임없는 관계 속에서 활동하는 유기체로 간주하였다(윤평현, 2013: 62). 그리고 언어가 서로 다르다는 것은 단순하게 두 언어의 소리나 기호가 다른 것이 아니라 세계관 그 자체가 다른 것이라고 규정하였다. 그는 이와 같은 주장을 '언어세계관' 가설이라고 하고, 언어에 반영되어 있는 세계관을 규명하는 것이 언어 연구의 근본적인 목적이라고 하였다. 또한 훔볼트(Humbolt)의 언어 이론 가운데서 또 하나의 큰 비중을 차지하는 것이 분절이다. 그는 분절을 언어 전체를 지배하는 원리라고 보고 있고, 분절은 한 언어의 어휘를 분류하고 체계화하는 기준과 방법을 암시하는 것이라고 하였다. 그의 이러한 분절에 대한 개념은 나중에 트리어(Trier, 1931)와 바이스게르버(Weisgerber, 1962)들의 언어 전체를 지배하는 원리로 수용되었다.

한편, 소쉬르(Saussure)의 구조주의도 장이론의 발달에 큰 영향을 끼쳤다. 그는 언어의 모든 층위에서 '체계란 한정된 조합의 원리에 따라 결합적 축으로 배열된 계열적 선택의 집합으로 구성되어 있다'고 하였다(임지룡, 1992: 80). 그리고 언어적 형식을 가진 구성 요소들 사이의 결합 관계를 통합적 관계와 계열적 관계로 구분하였는데, 이것은 한 언어의 어휘 체계를 분석하는 원리로 이용할 수 있다고 주장했다. 여기서 말하는 통합적 관계는 선적 연쇄(linear sequence)를 이루고 있는 구성 요소들 사이의 관계이고 계열적 관계는 구성 요소 사이의 어떤 공통성에 의하여 맺어진 관계로서 서로 대치될 수 있는 요소들의 집합으로 본 것이다. 그리고 그는 언어 단위를 고립된 상태로는 중요성을 지니지 못하고, 체계 속에서 다른 단위와의 '계열적-결합적' 관련성에 의해서만 언어적 가치가 획득된다고 보았다.

장이론의 전개 과정

트리어(Trier)는 소쉬르(Saussure)의 체계로서의 언어라는 개념을 받아 들여 어휘 연구에 일관성 있게 적용했고 계열적 관계에 바탕을 두고 어휘 체계의 분석을 시도하였다. 이와 동시에 그는 훔볼트(Humbolt)의 언어관도 계승하여 언어를 철저히 '분절화된 전체'로서 보았으며 모든 언어의 본질을 나타내는 가장 일반적이고 심원한 특징은 언어의 분절 구조에 있다는 훔볼트(Humbolt)의 근본 사상을 장의 개념의 기초로 삼았다.

한편, 트리어(Trier)와 같은 시기의 포르지히(Porzig)도 소쉬르(Saussure)와 훔볼트(Humbolt)의 이론을 수용했지만 트리어(Trier)와 다른 관점이었다. 포르지히(Porzig)는 트리어(Trier)의 계열적 장이론을 비판하면서 출발하였는데, 주로 단어의 결합 관계에 초점을 두고 있었다. 따라서 포르지히(Porzig)는 주로 소쉬르(Saussure)의 통합적 관계에 훔볼트(Humbolt)의 내적 언어 형식의 개념을 접목시켜 통합적 장이론을 정립하였다. 그의 이론은 한국어 의미 분석에 많이 적용되었다(신현숙, 2001 : 77-80).

바이스게르버(Weisgerber)가 1920년대에 수행한 언어 연구는 트리어(Trier)의 장이론 수립하는 데 크게 기여하였다. 그 후에 그는 다시 트리어(Trier)의 장이론을 받아들였다. 그는 인간이 사물을 인지할 때 중간 정신 세계를 거치는 것과 마찬가지로 언어로 의사 소통을 할 때에도 언어적 중간 세계를 거치게 된다고 주장함으로써 훔볼트(Humbolt)의 언어 세계관을 '언어적 중간 세계'로 발전시켰다. 바이스게르버(Weisgerber)는 언어 내용을 구체적으로 밝히기 위해서 장이론을 전개하였고 개념장 또는 의미장을 거쳐야만 사물을 지각하거나 언어를 수행할 수 있다고 보았다.

1960년대에 들어와서 코셰리우(Coşeriu, 1962)는 어휘적 패러다임을 장으로 보았으며, 음운론적 개념을 통하여 의미를 연구하고자 하였고, 변별 자질과 대립 개념을 적용하여 단어의 차이를 밝히려고 노력하였다. 앞에서 언급한 트리어(Trier), 포르지히(Porzig), 바이스게르버(Weisgerber) 등의 이론이 단어의 무리를 묶거나 하나의 장을 설정하는 데 초점을 두었다면 코셰리우(Coşeriu)는 차이점을 밝혀서 그 단어의 가치 또는 의미를 밝히는 데 초점을 두었다.

이상 네 학자의 장이론은 단어 간의 유사성에 초점을 둔 견해, 단어 간의 차이점에 초점을 둔 견해, 그리고 단어와 단어의 결합 관계에 초점을 둔 견해로 정리해 볼 수 있다. 이들 견해는 의미 분석의 틀을 마련하는 데 적용되었고, 지금까지도 그 가치를 인정받고 있다.

2.3. 의미장의 기본 구조는 무엇인가

의미장의 기본 구조는 균형형(paradigm)과 분류형(taxonomy)(클라크와 클라크, Clark & Clark, 1977: 430-1), 혹은 균형형, 분류형, 의미분야형(semantic domain)(구니히로 데쓰야, 國廣哲彌, 1982: 144-50)으로 구별하여 설명할 수 있다(임지룡, 1992: 77). 여기에서는 후자의 분류 체계에 따라 의미장의 기본 구조를 살펴보고자 한다.

균형형

균형형은 체계형이라고도 하며 병립 관계로서 세 가지 구조 중에 구조의 긴밀도가 가장 높다. 이것은 남자, 여자, 소년, 소녀 등과 같이 대등 관계를 보인다. 이러한 비교가 다른 종에서도 균형 있게 나타나서 정연한 체계를 이루는 것이 특징이다(김종택, 1992: 143). 예를 들면 '수탉', '암탉', '수평아리', '암평아리'는 '장끼'와 '까투리', '수캐'와 '암캐'와도 균형을 이루지만 그 나머지 영역에서 불균형을 나타내어 의미장의 지배 영역을 시각적으로 보여 준다. 그 보기로는 다음과 같은 표를 보자.

[종]	[남성]	[여성]	[−1세대]	
사람	남자	여자	아이	
			소년	소녀
닭	수탉	암탉	병아리	
			수평아리	암평아리
꿩	장끼	까투리	꿩새끼	
			———	
개	수캐	암캐	강아지	
			———	

〈표 1-9〉 균형형의 예

앞의 표에서 보는 바와 같이 '아이'는 '소년', '소녀', 병아리는 '수평아리', '암평아리'로 분절되어 있지만 '꿩새끼'와 '강아지'와 같은 것은 암컷이든 수컷이든 의미가 없고 의미 분화가 이루어지지 않는다. 균형형은 이처럼 가로와 세로가 정연히 병립하고 있기 때문에 어휘 체계의 빈자리(lexical gap)를 한눈에 알아볼 수 있다. 또한 다른 언어에서 의미장이 어떻게 실현되고 있는지의 대조도 쉽게 할 수 있다.

분류형

분류형은 단순한 횡적 대립 관계로서 이러한 대립 관계가 다른 종에서 균형 있게 체계를 이루지 못하고 있어 구조의 긴밀도는 균형형에 비하여 다소 느슨하다. 즉 과일의 종류로서 수박, 포도, 키위, 딸기, 복숭아 등이 있는데, 그것이 과일의 종류로서 서로 대립할 뿐이지 곰, 코끼리, 여우, 호랑이, 사자 등과 유기적인 관계로 서지는 못한다.

또한 같은 지시물에 대하여 언어마다 분류가 다를 수가 있다. 예를 들면 '감자'의 경우, 영어, 중국어, 한국어에서는 채소로 다루지만 독일어에서는 주식이기 때문에 채소로 취급하지 않는다. 따라서 분류형은 문화적 속성과 특수성을 반영하는 유형이라고 할 수 있다.

의미분야형

의미분야형은 균형형과 분류형의 중간에 위치하는 것으로서 구조의 긴밀도 역시 중간 정도이다(임지룡, 1992: 78-79). 체계화의 기준을 설정하는 방법에 따라 같은 어휘소가 몇 개의 다른 체계의 구성원이 될 수도 있다. 예컨대, '교수'라는 단어는 '간호사, 변호사, 기자, 은행원' 등과 같은 '직업'이라는 의미자질을 기준으로 제시하면 서로 연관 관계를 가짐과 동시에 '조교수, 부교수' 등과 함께 '교수 직함'이라는 의미장의 구성원도 될 수 있다. 언어마다 의미장을 가르는 체계가 다르다. 하지만 세계의 언어는 많은 공통점도 갖고 있다. 한국어는 대부분의 언어와 마찬가지로 의미 분야별로 친족어장, 옷말어장, 공간감각어장, 온도어장, 미각어장, 색채어장, 착탈어장, 요리어장 등으로 나눌 수 있다.

2.4. 국어과에서는 의미장을 어떻게 가르칠 것인가

의미장의 교육적 의미

의미론자들은 어휘는 단순한 목록이나 개별적인 항목이 아니라 상호 관련되는 여러 유형의 개념 영역을 형성한다고 보았으며, 어휘의 의미 구조에 대한 통찰이 결국 어휘 교육, 어휘 학습에 생산적인 결과를 가져다준다는 점을 시사해 주고 있다. 앞에서 살펴본 의미장 이론은 국어 교육에서 다음과 같은 매우 중요한 교육적 의미를 갖는다.

첫째, 한 의미장에 속하는 단어의 의미는 같은 장 속에 있는 다른 단어들과의 상호 관계 속에서 파악해야 한다. 그리고 언어 간의 의미장의 차이는 그 사회의 특징, 또는 그 민족의 사고 체계의 특징을 반영한다. 이와 같은 의미장 이론에 대한 소개를 통하여 언어와 문화 간의 관계, 그리고 언어의 특성을 규명하는 것은 학습자의 언어관을 형성하는 데 도움이 될 것이다.

둘째, 언어 사용자나 언어 학습자는 의식적이거나 무의식적으로 의미망을 통해서 어휘 정보를 구축하고 있는 경향이 있다. 이런 점을 감안하여, 모국어 혹은 외국어 어휘 교육에서 학습자에게 단일한 단어를 제시하는 것보다 의미장 이론을 기초로 하여 의미상 서로 연결된 어휘 체계를 제시하거나 어휘를 의미장별로 학습시키는 것이 효과적이다. 이러한 의미장을 이용한 어휘 교수법은 어휘의 의미 체계를 이해하는 데 도움이 될 뿐만 아니라 어휘의 장기 기억에서도 그 효과가 인정되었다.[13] 다시 말하면 의미장 접근법은 궁극적으로 학습자의 양적, 질적 어휘력 신장에 도움이 될 것이다.[14] 이런 의미에서 볼 때 의미장은 어휘 교육의 대상이나 내용일 뿐만 아니라 교육적 수단이나 방법이기도 하다.

---

13 의미장 접근법을 활용한 어휘의 학습 효과는 크로와 퀴글리(Crow & Quigley, 1985: 497-513), 김성환(1992: 22-24), 석용준(1999: 176-183) 등에서 실시한 실험을 통하여 입증되었다. 매키(Mackey, 1965: 76)는 동일 시간에 습득한 낱말의 수와 학습된 낱말의 기억과 관련하여 의미장 접근법이 전통적인 개별 접근법보다 더 우수할 수 있다고 보았다(석용준, 1999: 172에서 재인용).

14 김광해(1993: 306)에서는 어휘력은 '양적 능력'과 '질적 능력'으로 이루어져 있다고 보고, 양적 능력은 어휘의 양을 말하는 것이고, 질적 능력은 '어휘소의 의미에 대한 이해'와 '어휘소 사이의 연관성에 대한 이해'라고 지적하였다.

셋째, 국어 어휘 의미 교육에서의 의미장 이론의 도입은 어휘의 의미 파악, 이미 학습한 어휘의 기억이나 어휘 어미에 대한 파지에 도움이 될 뿐만 아니라 학습자의 능동적인 학습 태도 형성에도 도움이 될 것이다. 의미장에 대한 소개를 통하여 학습자들이 자기 머릿속에 저장된 어휘 항목의 구조 관계를 의식하고 어휘를 체계적으로 구조화할 수 있다면, 어휘에 대한 수용적인 이해를 해 왔던 학습자들은 보다 적극적인 탐구를 통하여 스스로 문제를 해결해 나갈 수 있을 것이다.

의미장의 교육 내용과 방법

2015 개정 국어과 교육과정을 보면 어휘 의미에 관련된 내용의 성취기준을 다음과 같이 제시하고 있다. 그중에 '의미장'이라는 개념에 대한 언급은 없지만, 낱말의 의미 관계에 대한 이해와 활용 그리고 국어의 낱말 확장 방법 등의 부분은 본 절에서 살펴본 '의미장'과 밀접한 관계를 갖고 있다.

유형	과목	학년	성취기준
공통 교육 과정	국어	초등학교 3~4학년	**[4국04-02] 낱말과 낱말의 의미 관계를 파악한다.** 이 성취기준은 낱말들이 의미 관계를 가지고 있음을 알고 어휘에 대한 관심과 호기심을 갖도록 하기 위해 설정하였다. 비슷한 말, 반대말, 상하위어에 중점을 두어 낱말 간의 의미 관계를 지도하고, 연상 활동이나 말놀이를 통해 다양한 어휘를 익힐 수 있게 한다. 그리고 비슷한말, 반대말, 상하위어 등을 여러 상황에서 활용해 봄으로써 어휘력을 신장하도록 한다.
		초등학교 5~6학년	**[6국04-02] 국어의 낱말 확장 방법을 탐구하고 어휘력을 높이는 데에 적용한다.** 이 성취기준은 낱말의 확장 방법(합성, 파생)을 이해하고 이를 바탕으로 하여 낱말의 의미를 정확하게 파악함으로써 다양한 언어 사용 상황에서 적절하게 활용하는 능력을 기르기 위해 설정하였다. 우리가 접하는 낱말들은 다양한 낱말 확장 방법에 의해 만들어졌음을 탐구 활동을 통하여 이해하도록 한다. 또한 여러 가지 확장 방법을 통해 만들어진 낱말의 의미를 추론하고 의사소통 상황에서 적절하게 사용할 수 있도록 한다.

	국어	중학교 1~3학년	**[9국04-05] 어휘의 체계와 양상을 탐구하고 활용한다.** 이 성취기준은 <u>어휘에 대해 체계를 세워 탐구하고 어휘의 특성이나 의미 관계에 따라 어휘의 양상을 이해하는 능력을 기르기 위해 설정하였다.</u> 어휘의 체계는 고유어, 한자어, 외래어와 같은 어종(語種)에 따라 마련될 수 있으며, 어휘의 양상은 지역 방언, 사회 방언 등에 따라 다르게 나타날 수 있다. 이처럼 체계나 양상에 따라 어휘의 유형을 탐구하고 이를 바탕으로 하여 담화 상황에 맞는 어휘를 적절하게 사용하도록 한다.
선택 교육 과정	언어와 매체	고등 학교	**[12언매02-04] 단어의 의미 관계를 탐구하고 적절한 어휘 사용에 활용한다.**

〈표 1-10〉 2015 개정 교육과정의 어휘 의미 관련 성취기준

학습자의 수준과 난이도에 따라 의미장에 관한 내용을 제시하고 적절한 교수법을 이용하여 인지시키는 것이 바람직하다. 구체적으로 말하면 초등학교 학생에게는 의미장 이론 체계를 제시하는 것보다 의미장 접근법을 활용한 어휘 교육을 실시하는 것이 더 효과적일 것이다. 따라서 탐구 학습을 통하여 낱말들이 의미적으로 서로 일정한 관계를 갖고 있다는 사실을 인지시키고 어휘 관계에 대한 호기심을 불러일으킨다. 이렇게 함으로써 단어의 장기 기억에 도움을 주고, 더 나아가 그들의 어휘력 신장에 도움을 준다. 중학교 학생에게는 낱말들의 동질성을 찾게 하고 단어 간의 의미 관계를 인식하게 함으로써 어휘 세계에 대한 인식 능력을 높인다. 이 단계에서 사용할 수 있는 교수법은 단어 분류 기법과 단어와 그림의 부분을 결합시키는 기법, 단어의 내부 구조 분석과 단어를 구성하는 어근과 접사를 이용한 단어 형성 기법, 단어 사이의 유사점과 차이점을 명시적으로 제시하는 성분 분석법, 자유 연상을 통해 핵심어(key word)를 중심으로 관련 어휘를 연상시키는 연상법 등을 이용할 수 있다. 그리고 고등학교 학생에게는 의미장에 대한 개념이나 의미장 이론에서 투영된 언어와 문화의 관계를 소개한다. 또한 실제 국어 자료나 현상을 제시하고 학습자가 의미장의 구조와 단어 간의 관계를 스스로 도출할 수 있도록 지도한다.

다음 그림은 각각 영어, 중국어, 한국어의 기본 미각어 구조도이다. 영어에서는 'sweet, salty, bitter, sour'을 기본 미각어장으로 보고 있고, 중국어에서의 기본 미각어장은 '酸(시다), 甛(달다), 苦(쓰다), 辣(맵다), 鹹(짜다)' 등의 5개 단어로 이루어져 있으며, 한국어에서 미각어의 기본을 이루는 어휘소는 '달다, 짜다, 맵다, 쓰다, 시다, 떫다' 등이 있다. 다음의 영어, 중국어, 한국어 미각어 구조도를 보고 각 언어 미각어장의 특징을 탐구해 보자.

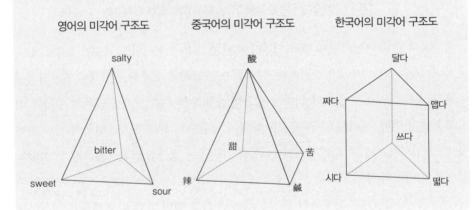

3 ｜ 동의 관계

3.1. 동의 관계란 무엇인가

세상에 완전한 동의어가 존재하는가?

'동의 관계(synonymy)'란 형태가 다른 둘 이상의 단어들이 동일한 의미를 지닐 때 그 단어들이 맺고 있는 의미 관계를 말한다. 이때 동의 관계를 지니는 단어들을 동의어(synonym)라 한다.

일반적으로 비슷한 의미를 지니고 있다고 생각하는 두 개 이상의 단어들을 지칭할 때 거론되는 술어상의 문제는 이들을 동의어라 부를 것인가, 유의어라 부를 것인가와 관련된다. 세상에 완전한 동의어가 존재하는가. 이 질문과 관련하여 울만(Ullmann, 1962: 141)을 비롯한 여러 학자들은 엄밀한 의미에서 동의어라는 용어가 성립하기 어렵다고 본다. 절대적 동의 관계(absolute synonymy)는 둘 이상의 단어가 모든 문맥에서 의미상의 아무런 변화 없이 교체될 수 있을 때에만 성립한다. 울만은 절대적 동의 관계는 과학 분야와 같은 전문용어에 국한되는 것이며 일반적으로는 의미상의 변화 없이 완전히 교체될 수 있는 동의어는 거의 없다고 말한다(김광해, 1995: 245-247).

(1) ㄱ. 그는 마지막 전투에서 죽었다.

　　 ㄴ. 그는 마지막 전투에서 사망했다.

　　 ㄷ. 그는 마지막 전투에서 산화했다.

위의 예시에서도 '죽다', '사망하다', '산화하다'는 '생명이 없어지거나 끊어지다'의 개념적 의미는 동일하며 같은 문맥에서 교체가 가능하나 그 내포적 의미에 있어서는 차이가 있다. '죽다'가 일반적인 의미로 두루 쓸 수 있는 말이라면, '사망하다'는 주로 법률 용어로 쓰인다. '산화하다'는 '어떤 대상이나 목적을 위해 목숨을 바치다'의 의미로 대상을 예찬하는 수사적 의미를 지닌다. 이러한 단어들을 절대적 동의어와 구분하여 상대적 동의어라고도 부를 수 있으나 단어들의 섬세한 의미 차이나 표현의 고유한 가치를 생각할 때 동의어보다는 유의어라 부르는 것이 보다 합당하다.

엄밀한 의미에서 실제적인 동의어는 거의 존재하지 않는다는 이러한 전통적인 논의와 실제 언어 사용의 양상을 고려하여 이 장에서는 '동의 관계, 동의어' 대신 '유의 관계, 유의어'라는 용어를 사용하고자 한다.[15] 이러한 용어의 사용으로 유의어가 지니는 동일한 개념적 의미 외에 내포나 정서적 의미와 같이 섬세한 의미 차이를 변별하여 각각의 단어가 가지는 고유한 가치에 주목할 수 있다.

하나의 동일한 기의에 다른 기표들이 대응되는 유의 현상은 언어의 경제성에 배치되지만 그만큼 특정한 개념적 영역에 있어 섬세하고 풍부한 의미를 표현할 수 있게 한다. 일례로 특정 문화 공동체에서 중요하다고 생각하는 개념적 영역일수록 더 많은 유의어가 존재하는 현상을 들 수 있다[야겔로(Yaguello, 1981)/김지은 역, 2014: 273-278].

3.2. 유의어 유형에는 어떠한 것들이 있는가

유의어가 형성되는 배경을 중심으로 유의어의 유형을 살펴보면 다음과 같다.

---

15 실제로 김광해(1995)를 비롯한 국어교육의 여러 논저들에서 '동의 관계', '동의어' 대신 '유의 관계', '유의어'라는 술어를 일반적으로 사용한다.

첫째, '방언' 차이에 따른 유의어이다. 방언이란 지리적 차이에 의해 형성된 변이어라 할 수 있는데, 같은 대상을 지칭하는 말도 각 지역 방언에 따라 다를 수 있다. 가령 '부추'를 나타내는 지역 방언인 '정구지, 솔, 분추, 세우리'는 방언 차이에 따른 유의어이다. '부침개'를 나타내는 각 방언의 '부치미, 누름적, 찌짐, 지지미, 전' 등도 방언 차이에 따른 유의어이다. 특정 방언권에만 속해 있는 화자의 경우 이러한 유의어의 존재를 알지 못하지만, 교통, 통신의 발달로 다른 방언권의 화자들과 접촉하면서 유의어의 존재를 인식할 수 있게 된다. 특히 방언에 따른 유의어는 동일한 지시대상에 대한 서로 다른 표현이므로 지역적 차이가 드러나는 사회적 의미를 제외하면 거의 완전한 동의어라 할 수 있다.

둘째, '문체'의 차이에 따른 유의어이다. 고유어와 외래어가 공존하는 경우 고유어는 주로 입말 또는 비격식체로, 외래어는 글말 또는 격식체로 쓰인다. 특히 우리말에는 다의적인 의미를 가진 고유어에 엄밀하고 제한적인 의미의 한자어들이 일 대 다(多) 대응 현상을 이루며 유의 관계를 맺고 있는 것이 특징적이다.

(2) ㄱ. 얼굴-안면(顏面), 키-신장(身長), 고맙다-감사(感謝)하다

ㄴ. 열쇠-키, 목도리-머플러, 주제-테마, 면담-인터뷰

ㄷ. 옷-의상-드레스, 틈-간격-갭, 손님-내빈-게스트, 잘못-실수-에러

ㄹ. 말하다: 언급(言及)하다, 발언(發言)하다, 발화(發話)하다, 설명(說明)하다, 해명(解明)하다, 진술(陳述)하다, 개진(開陳)하다, 설파(說破)하다, 구술(口述)하다, 대화(對話)하다, 토로(吐露)하다

셋째, '전문성'의 차이에 따른 유의어이다. 특정 직업이나 전문 분야에서 사용되는 전문어가 일상어와 접촉하게 될 경우 유의 관계를 맺기도 한다. 전문어는 의미의 폭이 현저히 정밀하므로 일상어에 비해 다의성이 적으며, 개념적 의미의 전달을 중요시한다.

(3) ㄱ. 의학: 티비(T.B.)-결핵, 캔서-암

ㄴ. 화학: 염화나트륨-소금, 지방-기름, 물-H_2O

넷째, '내포'의 차이에 따른 유의어이다. 개념적 의미는 같지만 내포에 의한 화자의 심리적 태도가 다른 유의어를 의미한다. '아내'가 중립적인 표현이라면 '부인'과 '마누라'는 각각 [+귀함], [-귀함]이라는 부차적 의미가 있다고 할 수 있다. 존비어나 정감어, 비속어 등에는 화자의 감정이나 가치 판단이 들어 있으므로 내포에 의한 유의어로 간주할 수 있다.

> (4) ㄱ. 정치가-정치꾼, 승려-중, 대답-대꾸, 노인-늙은이
>
> ㄴ. 밥-진지, 이-치아, 술-약주, 우리-저희, 할머니-할멈/할망구
>
> ㄷ. 딸-공주, 눈썹-아미, 달-상아-소아-옥륜
>
> ㄹ. 입-주둥아리, 두목-왕초, 바보-머저리, 밥통, 얼간이
>
> ㅁ. 운전사-기사, 차장-안내원, 간호부-간호사
>
> ㅂ. 동무-친구/동지, 인민-국민

부정적인 내포를 동반한 말은 새로운 명칭으로 대치되기도 한다. 특히 '동무'나 '인민'은 남북한 대치라는 특수한 관계에 의해 부정적인 내포를 동반하게 되어 '친구'나 '국민'으로 대치되어 쓰인다.

다섯째, '완곡어법'에 따른 유의어이다. 신체적 명칭이나 성행위 등 공개적 장소에서 드러내어 말하기가 꺼려지거나 죽음, 질병, 형벌 등 부정적인 연상을 환기시키는 표현의 경우 직설적인 표현을 피하고 완곡표현을 사용하게 된다. 이때 직설적 표현과 완곡표현 사이에 유의 관계가 성립된다. 다음은 완곡어법에 따른 유의어의 예이다.

> (5) ㄱ. 죽다-돌아가다, 세상을 뜨다, 영면하다, 작고하다, 운명하다, 소천하다
>
> ㄴ. 천연두-마마, 손님, 큰손님, 고운 마마

3.3. 유의 관계 검증은 어떻게 하는가

다양한 유의어들 간 의미의 유사성과 차이를 섬세하게 변별해 낼 수 있을 때 보다 정

확한 단어의 의미를 이해할 수 있으며, 나아가 적확하고 효과적인 언어 사용을 이끌어
낼 수 있다. 이러한 유의 관계를 검증하는 방법으로는 교체 검증, 반의 검증, 배열 검증
이 있다.

첫째, 교체 검증은 유의 관계의 성립 조건이라고도 할 수 있는데, 유의 관계가 성립되
기 위해서는 그 단어들이 최소한 하나 이상의 문장에서 전체의 진리치에 변화를 주지
않는 상태로 교체될 수 있어야 한다.

(6) ㄱ. 쉴 (틈/겨를)이 없다.

　　ㄴ. 창문 (틈/*겨를)(으)로 바람이 들어온다.

　　ㄷ. 우정에 (틈/*겨를)이 생겼다.

'틈'과 '겨를'은 간격을 뜻하는 유의어로 시간적인 용법에서는 교체가 가능하지만,
공간이나, 추상적인 관계에서는 교체가 불가능하다.

둘째, 반의어를 사용하여 그 의미 차이를 밝히는 반의 검증이 있다. '작다'와 '적다'의
경우 그 반의어를 생각해 보면 [작다-크다], [적다-많다]의 반의 관계를 보여 주므로,
'작다'는 크기를 나타내는 말에 쓰이는 것이며, '적다'는 수효나 수량에 관계된 말임을
알 수 있다. [춥다-차다]의 관계도 [춥다-덥다/차다-뜨겁다]와 같이 반의어를 통해 의
미차를 보다 섬세하게 변별할 수 있다.

셋째, 유의 관계의 정도가 모호한 단어들을 하나의 축으로 배열하여 그 의미를 변별
하는 방법을 배열 검증이라 한다. 산의 등줄기를 의미하는 말로는 '산마루, 산등성이,
산마루턱'이 있다. '산등성이'가 등줄기 전체를 이르는 말이라면 '산마루'는 산등성이
에서 가장 높은 곳을, '산마루턱'은 산마루에서 가장 두드러진 곳을 의미한다. 그러므로
[산등성이-산마루-산마루턱]으로 배열할 수 있다.

3.4. 유의 충돌의 결과는 어떠한가

비슷한 의미를 지니는 유의어들 간에 경쟁과 충돌이 일어나는 것은 어휘생태적으로

자연스러운 현상이다. 유의 충돌의 결과 형태적 측면에서 두 단어들 간의 유의 경쟁이 지속되는 경우, 한쪽이 소멸하는 경우, 두 단어들이 형태적으로 결합하여 유의 중복을 이룬 경우가 있으며, 의미적 측면에서는 의미 영역과 가치 영역의 변화로 두 단어의 위상이 달라진 채 공존하는 경우가 있다.

(7) ㄱ. 유의 경쟁이 지속되는 경우

보조개-볼우물, 멍게-우렁쉥이, 옥수수-강냉이, 목숨-생명, 사람-인간, 달걀-계란, 버릇-습관, 동아리-써클

ㄴ. 한쪽이 소멸한 경우

강-(ᄀ᷆ᄅᆞᆷ), 산-(뫼), 천-(즈믄), 위태롭다-(바드랍다)

ㄷ. 의미 영역의 변화가 일어난 경우

식사/메, 주머니/포켓, 부인/마담, 치아/이, 목도리-스카프

ㄹ. 유의 중복이 일어난 경우

-고유어+고유어: 틈새, 오두막집, 다 함께

-고유어+한자어: 역전(驛前)앞, 해변(海邊)가, 뼛골(骨), 모래사장(沙場), 새신랑(新郎)

-한자어+한자어: 양친부모(兩親父母), 과(過)반수 이상(以上)

-외래어+고유어: 깡(can)통, 드럼(drum)통, 로스(roast)구이

3.5. 국어과에서는 유의 관계를 어떻게 가르칠 것인가

유의 관계 교육의 방향

유의 관계 교육은 단어들의 의미 관계를 아는 것에 그치지 않고 이를 바탕으로 실제 존재하는 무수히 많은 유의어들을 인식하고 이것을 언어생활에 효과적으로 부려 쓸 수 있는 능력을 기르는 것이어야 한다.

그런 점에서 유의 관계 교육은 보다 정확하고 효과적인 이해, 표현을 통한 의사소통 능력의 향상, 언어의 다양한 의미를 포착하고 유의어들 간의 섬세한 의미차를 변별하

는 분석적 국어 인식 능력의 향상, 우리말의 유의 현상을 통한 국어 문화 인식 능력의 향상을 목표로 할 수 있다.

어휘들의 유의 관계 활용은 어휘량을 확장할 수 있는 유용한 수단이 된다. 기초 어휘를 중심으로 유의 관계에 있는 어휘들을 제시함으로써 비슷한 어휘의 의미를 쉽게 이해할 수 있으며 다양한 어휘를 접할 수 있으므로 어휘의 확대를 꾀할 수 있다. 또한 다양한 의미차를 지니는 유의어 중에서 보다 문맥에 적합한 단어를 선택할 수 있게 되어 정확한 표현 능력을 신장시킬 수 있다.

어휘들의 의미 관계 인식은 어휘들이 산만한 집합으로 존재하는 것이 아니라 여러 가지 연결 고리들을 통해 유기적인 체계를 형성하고 있음을 알게 되는 것이다. 특히 유의 관계는 가장 기본적인 의미 관계 인식의 출발점이 될 수 있다. 어휘를 유형별로 인식하는 것은 과학적 사고의 출발점이며 사물과 현상들에 대한 논리적, 분석적인 인식 함양에 기여할 수 있다. 또한 유의어 사이의 유의미한 의미 차를 섬세하게 변별해 내기 위해서는 각 단어들이 가지고 있는 개념적 의미, 주제적 의미, 연상적 의미 등 여러 의미에 대한 분석이 필요하며 연어 관계나 용법에 대한 이해 등이 필요하다. 이러한 분석적이고 체계적인 메타언어적 지식을 통해 고도의 언어 능력을 함양할 수 있다.

또한 우리말에 많이 나타나는 유의어군의 양상과 그 개념적 영역의 특성을 통해 국어의 특질과 국어 문화의 특성에 대해 생각해 볼 수 있다.

학교급별 유의 관계 교육의 실제

위에서 제시한 유의 관계 교육의 상위 목표를 전제로 학교급을 고려한 유의 관계 교육의 방향은 다음과 같이 설계할 수 있다.

- 유의어 간의 의미의 유사성 인식에서 변별적 의미 차를 인식하는 방향으로
- 단어와 단어 사이의 유의 관계 인식에서부터 어휘 체계로서의 유의 관계 인식으로
- 유의 관계를 통한 어휘의 양적 확장에서 양적·질적 확장으로
- 유의 관계에 대한 공시적 이해에서 통시적 이해로

초등학교의 경우 낱말의 의미 관계 인식을 통해 어휘에 대한 관심과 호기심을 가질

수 있도록 지도해야 한다. 연상이나 말놀이를 통해 비슷한 단어를 찾아보는 활동을 하며 비슷한 의미를 지닌 말들이 존재하는 현상 자체에 관심을 갖게 한다. 초등학교 저학년의 경우 유의어들의 의미 유사성을 인식하고 이를 통해 어휘력을 확장하는 연습을 한다. 사전의 경우 뜻풀이가 유의어를 기반으로 되어 있는 경우가 많아 사전을 찾으면서도 유의어들을 접하고 학습하여 기초 어휘력을 확장해 나갈 수 있다. 고학년으로 올라갈수록 보다 적극적으로 유의어 사전을 활용하여 비슷한 말들을 찾아보고, 유의어들 중 문맥에 어울리는 단어를 찾는 연습을 하도록 한다. 또한 직관적으로나마 유의어들의 의미 차이에 대해 생각해 보는 경험을 갖게 한다.

중학교의 경우 어휘 체계라는 관점에서 유의 관계를 이해하여 단어 세계에 대한 국어 의식을 고양시킨다. 실제 의사소통 상황에서 유의 관계에 있는 단어들이 어떻게 사용되는지 분석하기 위해 다양한 문맥을 수집하고 여러 문맥들에서 교체 가능성을 검증해 보는 연습을 할 수 있다. 또한 우리말에서 유의어가 두드러지는 개념적 영역, 예를 들어 어휘 분화를 통한 다양한 색채 유의어의 발달, 농경 문화와 관련된 유의어들의 발달 등을 통해 국어의 특질과 국어 문화의 특성에 대해 생각해 보는 경험을 갖는다.

고등학교의 경우 유의어군의 뜻풀이를 통해 단어의 의미를 정밀하게 분석하고 기술하는 연습을 하여 어휘에 대한 질적 능력을 향상시킬 수 있다. 유의어들 간의 의미를 세밀하게 분석하기 위해서는 여러 의미 유형에 대한 앎, 연어 관계에 대한 이해, 단어의 의미와 관련된 백과사전적 지식 등을 알고 이를 활용할 수 있어야 한다. 유의 현상이 생기는 원인과 유의 충돌로 인한 결과를 탐구하여 어휘 체계에 대한 통시적 이해를 도모하는 한편 나아가 언어 현상의 원인과 결과에 대해 메타적으로 사고하는 경험을 하도록 한다. 또한 글쓰기에서 보다 정확한 표현을 위해 적극적으로 유의어를 활용할 수 있도록 지도한다.

콜린스(Collins, 1939)는 유의어들 사이에 예측할 수 있는 의미의 차이를 다음의 아홉 가지 측면에서 제시하고 있다.

한쪽이 다른 쪽보다

① 일반적인 것(refuse 〉 reject)

② 강렬한 것(repudiate 〉 reject)

③ 감정적인 것(refuse 〉 decline)

④ 도덕적으로 중립적인 것(economical 〉 thrifty)

⑤ 직업적인 것(decease 〉 death)

⑥ 문학적인 것(passing 〉 death)

⑦ 구어적인 것(turn down 〉 reject)

⑧ 지역적, 방언적인 것(flesher 〉 butcher)

⑨ 유아어인 것(daddy 〉 father)

(홍사만(2008: 57) 참고)

---

① 제시된 영어 단어의 유의미한 차이를 이해할 수 있는가? 이해하기 어렵다면 그 원인은 무엇인지 생각해 보자.

② 위의 아홉 가지 기준에 적합한 우리말 유의어 쌍을 찾아보자.

③ 이러한 기준 외에 유의어의 의미를 분석하기 위해 유용한 기준들이 더 있는지 생각해 보자.

4 반의 관계

4.1. 반의 관계란 무엇인가

반의 관계[16]의 정의

'아버지'라는 단어와 의미가 반대되는 단어를 생각해 보자. 대부분 '어머니'라는 단어를 가장 먼저 떠올리게 될 것이다. 이처럼 서로 반대되는 의미를 가진 단어 사이의 의미 관계를 '반의 관계(antonymy)'라고 한다. 즉 반의 관계란 의미상의 공통점을 바탕으로 차이점을 통해 서로 대립을 이루는 단어의 쌍을 말한다. 이처럼 사물을 대립적으로 파악하려는 이치적(二値的) 사고방식은 인간의 자연스러운 사고 경향이라고 할 수 있으며, 철학과 논리학 등의 학문 분야에서도 일찍부터 발달해 왔다. 이러한 반의 관계에 대

---

16 반의 관계는 보통 '대립 관계(opposition)'라고도 하며, 이것은 어떤 단어쌍이 의미상 서로 맞서는 관계에 있음을 드러내는 명명이다. '반의'와 '대립'을 구분하여 사용하려는 시도(도재학, 2013: 71)도 있으나 일반적으로 이 둘은 같은 의미 관계를 가리키는 것으로 쓰이고 있다. 한편 김광해 (1993: 204)에서는 반의와 대립이라는 두 가지 의미를 함께 가지고 있어 오히려 더 포괄적으로 어휘쌍들과 그 집합을 나타내 줄 수 있음을 근거로 '반대 관계'라는 술어를 사용하기도 했다. 본고에서는 국어과 교육과정과 교과서의 용례를 고려하여 '서로 반대되는 의미를 가진 단어 간의 의미 관계'로서의 반의 관계라는 용어를 사용하기로 한다.

한 인식은 어휘 학습에도 유용하게 활용될 수 있다. 다음에서 반의 관계의 특징과 구성 요소에 대해 살펴보자.

반의 관계의 특징

1) 대립성

대립성은 반의 관계의 가장 대표적인 성질로, 특정한 의미 대립 자질을 기준으로 형성되는 단어의 쌍이 지니는 성질이라 할 수 있다. 이때 특정의 의미 대립 자질이 무엇인가에 따라 상대적으로 반의어가 설정된다. 예컨대 앞서 제시한 '아버지'라는 단어는 [성별]이라는 의미 자질의 대립성에 따라 '어머니'라는 단어를 반의어로 산출한다. 그러나 기준이 되는 의미 자질을 [세대]로 설정하게 된다면 '할아버지' 또는 '아들'이 반의어로 산출될 수 있다. 이상에서와 같이 대립성은 반의 관계의 가장 대표적인 특징이며, 기준이 되는 의미 성분이 무엇이냐에 따라 복합적인 반의어들이 산출될 수 있음을 알 수 있다. 이러한 특성은 아래의 복합성에서 다시 살펴본다.

2) 복합성

복합성은 한 단어의 반의 관계가 의미 성분의 기준에 따라 복합적일 수 있다는 특징이다. 이러한 복합성은 대개 다음 두 가지 요인에 따라 설정된다. 하나는 한 단어가 여러 개의 의미 자질 기준에 따라 각각의 반의 관계를 이루는 경우이다. 앞서 살펴보았던 '아버지'라는 단어가 [성별], [세대]라는 각각의 의미 성분 기준에 따라 '어머니', '할아버지, 아들' 등의 반의 관계를 이루는 것을 통해 확인할 수 있다. 다른 하나는 한 단어가 여러 개의 의미를 지니는 다의성을 지니는 경우에 해당한다. 즉 한 단어가 다의적으로 쓰이는 경우 각각의 다의적 의미에 대응되는 반의어가 성립하게 된다. 이를 테면 '뛰다'의 경우 '발을 몹시 재게 움직여서 빠른 속도로 다른 장소로 나아가다'의 의미로 쓰였을 때에는 '뛰다/걷다'로, '가치가 오르다'의 의미로 쓰였을 때에는 '뛰다/내리다'의 반의 관계가 산출될 수 있다.

반의 관계를 형성하는 속성

1) 동질성

동질성은 반의 관계에 있는 단어의 쌍이 동일한 의미 영역에 속한다는 속성이다. 의미 영역(semantic domain, semantic range)이란 일정한 의미 성분을 공유하고 있는 한 부류의 어휘들을 말한다. 즉 반의 관계에 있는 단어들은 반드시 하나의 의미상 공통점을 우선적으로 지니고 있다. 다음 예를 살펴보자.

(1) ㄱ. 남성/여성

ㄴ. 아들/딸 (cf. 아들/할머니)

(1ㄱ)에서 '남성'과 '여성'은 '성(性)의 측면에서 인간을 구별하는 말'이라는 공통적인 의미 자질을, (1ㄴ)에서 '아들'과 '딸'은 '자식을 성(性)의 측면에서 구별하는 말'이라는 공통적인 의미 자질을 가지고 있기 때문에 같은 의미 영역에 속한다고 할 수 있다. 그러나 '아들'과 '할머니'는 반의 관계라 할 수 없다. 이는 다음에서 설명할 이질성의 속성 때문이다.

2) 이질성

반의 관계에 있는 단어들은 의미상의 공통점을 바탕으로 하되 차이점을 통해 서로 구별되는데 이러한 속성을 이질성(혹은 배타성)이라 할 수 있다. (1ㄱ)에서 '남성'과 '여성'은 '성(性)'에 의해서 배타적인 이질성을 지니고 있기에 반의 관계의 단어들이 된다. 이는 (1ㄴ)의 '아들'과 '딸'도 마찬가지이다. 그러나 '아들'과 '할머니'는 '성(性)'뿐만 아니라 '연령'의 측면에서도 이질성을 지니고 있기 때문에 반의 관계를 이룰 수 없다.

반의어의 하위 유형[17]

1) 등급 반의어

(2) ㄱ. 길다/짧다, 빠르다/느리다, 뜨겁다/차갑다

ㄴ. 좋다/나쁘다, 부지런하다/게으르다

등급 반의어는 극과 극의 두 대립적 축을 상정하여 두 단어 사이에 중간 상태, 즉 등급의 정도가 존재할 수 있는 반의어들을 말한다. 위에 언급된 단어 중 '뜨겁다'와 '차갑다' 사이에는 중간 상태가 존재하고 '따뜻하다', '미지근하다'처럼 실제 그것을 가리키는 단어도 있다.

등급 반의어에는 (2ㄱ)에서처럼 길이와 속도, 온도 등의 척도, (2ㄴ)에서처럼 가치의 평가에서 대립을 이루는 단어들이 많은데 이는 대체로 형용사가 상태나 성질에 대한 등급화가 가능한 품사이기 때문이다.

일반적으로 등급 반의어는 다음과 같은 특성이 있다.

첫째, 반의 관계를 이루는 한 단어가 포함된 문장의 진술은 상대 반의어의 부정 진술을 함의하지만 그 역은 성립하지 않는다(일방함의 관계). 예컨대 '부지런하다'는 '게으르지 않다'를 의미하지만 역으로 '게으르지 않다'가 '부지런하다'를 의미할 수는 없다는 것이다.

둘째, 등급 반의어의 어휘들은 동시 부정이 가능하다는 특성이 있다. 이는 앞서 설명한 대로 두 단어 사이에 중간 상태가 존재하기 때문이다. 즉 '길지도 않고 짧지도 않다', '빠르지도 않고 느리지도 않다'와 같은 상태가 존재하기 때문에 두 단어를 동시에 부정할 수 있게 된다.

셋째, 등급 반의어는 다음에서처럼 정도 부사의 수식을 받을 수 있고 비교 표현도 가능하다. 이 또한 등급 반의어가 중간 상태를 지니고 있기 때문에 파생되는 특성이다.

(3) ㄱ. 그는 건강 상태가 무척 좋다.

ㄴ. 그는 형보다 건강 상태가 더 좋다.

넷째, 등급 반의어는 특정한 상황 맥락이 전제되어 있지 않은 한, 두 단어 가운데 좀 더 기본적이고 일반적으로 쓰이는 것이 있다. 이는 다음과 같은 의문문이나 명사 표현

---

17 반의 관계 용어의 기술 양상이 다양했듯이 반의어의 하위 유형도 논의의 관점에 따라 복잡한 양상을 보인다. 임지룡(1989)에서는 '반의대립어, 상보대립어, 방향대립어'로 하위 유형을 구분하고 있으며, 심재기 외(2011)에서는 '등급적 반의어, 상보적 반의어, 상관적 반의어'로 나누었다. 본고에서는 이들 술어 중 '등급', '상보', '관계'라는 술어를 가져와 쓰기로 한다.

에서 확연히 드러난다.

> (4) ㄱ. (건물의 면적을 물을 때) 방은 얼마나 넓습니까?
>
> ㄴ. (건물이 '좁다'라는 상황 맥락이 전제되어 있을 때) 방은 얼마나 좁습니까?
>
> ㄷ. 길이, 높이, 크기, 밝기, 빠르기

건물의 면적을 물을 때 일반적으로는 (4ㄱ)과 같은 형태로 묻는다. 이는 '넓다'가 '좁다'에 비해 기본적으로 일반적으로 사용되는 단어임을 말해 준다. 그러나 만약 사전에 건물의 면적이 좁다는 정보가 있을 경우에는 (4ㄴ)과도 같은 의문문이 가능한데, 사실상 이 둘은 서로 다른 문맥이므로 대개 (4ㄱ)과 같이 쓰인다고 보아야 할 것이다. (4ㄷ) 또한 '길다', '높다', '크다', '밝다', '빠르다'의 반의어들이 좀 더 일반적이면서 중립적으로 사용되는 단어임을 뒷받침해 준다.

2) 상보 반의어

> (5) ㄱ. 남자/여자, 참/거짓
>
> ㄴ. 살다/죽다, 있다/없다

상보 반의어는 두 단어가 서로 양분되는 배타적 반의 관계에 있는 반의어들이다. 상보 반의어는 등급 반의어와 대조적인 특성을 지니므로 상호 비교하면서 이해할 수 있다.

먼저 상보 반의어는 등급 반의어와는 달리 반의 관계를 이루는 한 단어가 포함된 문장의 진술은 상대 반의어가 포함된 문장의 부정 진술을 함의하며 그 역도 성립한다. 위의 예시에서 확인할 수 있듯이 '남자이다'는 '여자가 아니다'이며, 역으로 '여자가 아니다'는 '남자이다'를 의미하면서 진리치가 완전히 같은 진술이 된다.

둘째, 등급 반의어와는 달리 상보 반의어의 어휘들은 논리적 측면에서 동시 긍정이나 동시 부정이 불가능하다는 특성이 있다. 즉 '남자이며 여자이다'나 '남자가 아니고, 여자도 아니다'와 같은 진술은 모순이 된다.

셋째, 상보 반의어는 정도 부사의 수식을 받을 수 없고 비교 표현도 불가능하다. (5ㄴ)

과 관련하여 '고양이는 집에 매우 없었다'라든가 '고양이는 집에서 더 죽었다'와 같은 표현은 성립하지 않는다.

3) 관계 반의어

(6) 스승/제자, 부모/자식, 위/아래, 시작/끝, 주다/받다, 사다/팔다

관계 반의어는 두 단어가 상대적인 관계를 형성하면서 의미상 상호 의존적으로 대립하는 단어 쌍을 말한다. 예컨대 (6)에서 대개 '스승'이라는 개념은 '제자'라는 개념을 동반하기 마련이며, '주다'라는 행위도 '받다'라는 개념을 전제하여 사용된다. 이처럼 관계 반의어가 지니는 의미의 상호 의존성은 개념 자체의 상호 의존성에 기인한다. 결국 의미 영역을 두 쪽으로 명쾌하게 단절하되 그 영역을 이루는 대상들이 관습이나 관념상 의존적인 것으로 드러날 때(심재기 외, 2011: 199) 이 관계는 성립된다고 볼 수 있는 것이다. 관계 반의어는 공간·관계·행위 등에 관한 어휘가 많고 어떤 방향성을 전제하고 성립되는 경우가 많아 방향 반의어라고도 하는데 이러한 관계 반의어의 특성은 다음과 같다.

첫째, 반의 관계를 이루는 한 단어가 포함된 문장의 진술은 상대 반의어를 포함한 문장의 진술과 서로 관련을 맺게 된다. 예컨대 '이달은 허균의 스승이다'라는 진술은 '허균은 이달의 제자이다'라는 진술과 상관관계를 맺는다.

둘째, 관계 반의어는 정도 부사로 수식하는 표현이나 비교 표현이 부자연스러운 경우가 있다. 가령 '나는 친구에게 물건을 더 주었다.'는 문장은 자연스럽지만 '이달은 허균의 꽤 스승이 아니다.'나. '이달은 허균의 더 스승이 아니다.'와 같은 문장은 어색하다.

4.2. 반의 관계의 어휘들은 서로 동등한 위상을 갖는가

이 세상에 존재하는 모든 어휘가 반의 관계를 갖는 것은 아니며, 반의 관계를 이루

는 어휘들 사이의 위상도 동등하지 않다. 즉 반의 관계를 이루는 단어 쌍들은 어휘 습득과 사용의 국면에서 서로 다른 쓰임상의 자질을 지니게 된다. 앞서 등급 반의어를 설명하면서 반의 관계의 단어 쌍에는 둘 중에 더 기본적이고 일반적으로 쓰이는 반의어가 있다고 한 것과 일맥상통한다. 이를 클라크(Clark, 1973/1979: 18-19)의 '의미자질 가설(Semantic Feature Hypothesis)'을 통해 '복잡성'이나 '적극성'의 개념으로 설명할 수 있는데, 어휘 습득의 경우 의미자질상 단순한(그리고 적극적인) 쪽이 복잡한(그리고 소극적인) 쪽보다 먼저 습득된다. 즉 둘 중 인지적으로 보다 확연하게 지각되는 어휘일수록 습득이 쉬울 뿐 아니라 언중들이 쓰기에도 유용하여 상대적으로 자주 쓰이게 된다는 것이다. 예컨대 '크다/작다', '많다/적다'와 같은 반의 관계에서 '크다'나 '많다'는 '작다'나 '적다'보다 먼저 습득되며 보다 기본적으로 쓰인다.

다시 말해 좀 더 단순하고 적극적이어서 확연히 지각되는 어휘를 먼저 습득한 후, 그에 대립되는 개념의 어휘를 상대적으로 이해·사용하게 된다는 것이다. 여기에서 더 나아가 '선하다/악하다', '아름답다/추하다'와 같은 등급 반의어에서 긍정적인 쪽을 부정적인 쪽보다 더 먼저 습득하게 됨도 실험 연구를 통해 증명되기도 하였다. 요컨대 반의 관계의 어휘는 쌍을 이루고 있지만 어느 한 쪽이 좀 더 쉽게 습득되기도 하고 보다 선호되기도 하므로 동등한 쓰임을 지니는 것은 아님을 알 수 있다.

4.3. 국어과에서는 반의 관계를 어떻게 가르칠 것인가

교육 목표와 내용

반의 관계에 대한 이해는 지식적 측면에서 언어에 대한 분석적 인식을 고양하고 이를 통해 역량의 측면에서 의사소통 능력을 향상시킬 수 있다는 점에서 국어 교육의 상위 목표와 긴밀히 맞닿아 있다. 또한 이 과정에서 학습자의 언어적 사고력을 자극하는 다양한 교수·학습 활동을 통해 창의적인 국어 능력을 함양할 수도 있다. 이와 관련된 실제 활동들을 어휘 교육과 사고력 교육의 측면에서 초등 단계에서 중등 단계까지 위계화하여 다음과 같이 정리할 수 있다.

목표·내용 \ 단계	초등 수업 실제	중등 수업 실제
어휘 교육 (언어에 대한 분석적 인식과 의사소통 능력의 향상)	• 속담·격언과 같은 단문에서 반의 관계 어휘 확장하기	• 의미가 유사한 반의어의 의미 변별하기
사고력 교육 (창의적인 언어적 사고력의 향상)	• 반의 관계 어휘 맵 만들기 • (초등/중등)	• 반의 관계 어휘 활용하여 창의적인 문구 만들기 • 이항 대립의 관념을 활용하여 사고력 확장하기

〈표 1-11〉 반의 관계 어휘 교육의 목표·내용 및 단계

교육의 실제

1) 어휘 교육의 측면

하나의 쌍을 이루고 있는 반의 관계의 어휘는 한 어휘를 익히고 그에 대립하는 상대 어휘를 익힐 수 있다는 점에서 어느 특정 시기와 특정 부분의 학습을 위한 유용한 어휘들임은 분명해 보인다. 영유아의 어휘 습득 과정을 보더라도 유아는 자신과 근접해 있는 주변 사물에 대한 어휘를 먼저 습득하고 그와 대립되는 단어나 유사한 단어를 자신의 어휘 사전에 더해 가면서 어휘력을 늘려 감을 알 수 있다. 이를 통해 어휘의 풍부성을 높일 수 있게 된다는 것은 다양한 단어를 적절히 구사할 수 있다는 것을 의미하게 되며, 어휘의 풍부성이 높은 사람은 그렇지 않은 사람들에 비해 상대적으로 사물과 개념에 대한 변별력과 분석력이 더 우수하다는 것을 의미한다(김광해, 1993). 다시 말해 반의 관계를 활용하는 것은 어휘 학습에 유용한 전략이 될 수 있다. 다음에서 수업 시 활용할 수 있는 몇 가지 어휘 학습 활동의 사례를 제시해 본다.

① (초등학교) 속담·격언과 같은 단문에서 반의 관계 어휘 확장하기

• 인생은 짧고, 예술은 길다. (짧다/길다)
• 낮말은 새가 듣고 밤말은 쥐가 듣는다. (낮/밤)
• 모르는 게 약, 아는 게 병. (모르다/알다)
• 안에서 새는 바가지 밖에서도 샌다. (안/밖)

- 양지가 음지 되고 음지가 양지 된다. (양지/음지)

　속담이나 격언은 그 나라의 문화와 동서고금의 지혜를 담고 있다는 점에서 교육적 대상화에 적합한 자료라 할 수 있다. 어휘 학습의 측면에서 이들은 단문으로 이루어져 있으면서 대립적 구조로 이루어진 문장이 많아 반의 관계 어휘 학습의 좋은 예문으로 활용할 수 있다. 위에서 든 예와 같은 문장을 활용하여 효과적인 표현 의도 전달을 위해 반의 관계의 어휘들이 쓰이는 양상을 살펴보는 것은 양적·질적 수준에서 어휘력을 확장할 수 있을 뿐만 아니라 더 나아가 실제 문장 속에서 어휘가 활용되는 모습을 살펴볼 수 있다는 점에서 의의가 있다.

　② (중학교) 의미가 유사한 반의어의 의미 변별하기

　의미상의 혼동이 일어나는 몇몇 형용사 어휘의 의미를 정확히 이해하고 변별해 보는 과정을 통해 자아를 둘러싼 세계와 사물에 대한 개념 인식을 보다 공고히 할 수 있으리라 본다. 흔히 오류를 범하는 사례로 '같다/다르다'의 반의 관계를 예로 들 수 있다. 오른쪽의 공익광고에서 볼 수 있듯이 이 반의 관계를 '같다/틀리다'의 관계로 잘못 형성하는 사례는 개념 인식의 오해와 왜곡

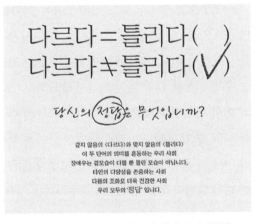

〈그림 1-5〉 '다르다'와 '틀리다'의 의미 변별을 활용한 공익 광고

이 반의 관계 어휘로 어떻게 표현될 수 있는가를 극명하게 보여주는 사례일 것이다.

　이러한 오류는 의미 이해 초기 단계에서나 혹은 습득 이후의 단계에서도 종종 발견된다. 예컨대 등급 반의어인 '많다/적다' 및 '크다/작다'의 대립을 혼동하여 '많다'의 반의어를 '작다'로, '크다'의 반의어를 '적다'로 혼동하는 사례도 있다. 개별 어휘의 개념을 명확히 이해하고 이를 바탕으로 반의 관계를 재설정하는 어휘 개념의 오류 수정은 사고 개념의 오류를 수정하는 일이라는 점에서 유효한 학습이 된다.

2) 사고력 교육의 측면

상술하였듯이 어휘 의미 관계로서의 반의 관계는 사실상 사물을 대립적으로 파악하려는 인간의 이치적(二値的) 사고 경향성에 바탕을 두고 있다. 물론 이치적 사고가 지니는 지나친 단순화의 가능성은 언제나 비판과 논쟁의 대상이 된다. 그러나 언어 학습자가 어휘를 통해 세계에 대한 인식을 형성해 가는 과정에서 모호함 없는 선명함으로 세계를 설명하는 대립 관념은 사고 체계의 근간을 만들어 가는 하나의 사고방식일 수 있다. 대립적인 것들이 무엇인지 알게 함으로써 사물을 더 잘 설명해 주고, 사물들에서 서로 다른 것들을 발견하여 연구함으로써 존재하는 사물의 양면을 인식할 수 있기 때문이다. 수업 시 활용할 수 있는 몇 가지 어휘 학습 활동의 사례를 제시해 본다.

① (초등학교/중학교) 반의 관계 어휘 맵 만들기

학습 과정에서 자주 활용되는 마인드맵 그리기는 특정한 형식에 구애받지 않고 떠오르는 단어를 자유롭고 빠르게 적어 확인할 수 있으면서 사고력의 확장을 자연스럽게 유도한다는 점에서 교실에서 활용하기 적절한 방식 중 하나이다. 이러한 마인드맵의 확장 방식을 활용하여 반의 관계 어휘에 대한 어휘 맵을 만들어 보는 활동은 탐구 학습의 과정으로 대상 어휘의 수준과 분석의 수준에 따라 초등학교뿐만 아니라 고등학교 단계까지 활용할 수 있는 활동이다. 이를 위해 우선 대상 어휘를 선정한다. 이때 대상 어휘는 되도록 성분에 따라 다양한 반의 관계가 설정될 수 있는 단어를 선택하는 것이 좋다. 그 다음으로는 선정된 대상 어휘와 반의 관계를 이룰 수 있는 어휘의 짝을 자유롭게 쓴다. 그리고 반의 관계를 표시하며 이때 언중이 보다 더 선호하여 인식하는 반의 관계의 쌍은 좀 더 굵은 선이나 다른 색상으로 표시하여 차별화한다. 그리고 양상을 살펴보며 반의 관계에 대해 인지한다. 이 과정을 간략히 나타내면 다음과 같다.

대상 어휘 선정하기	반의 관계 어휘 적어보기	주된 반의 관계 표시하기	반의 관계 분석하기
아버지	할아버지, 어머니, 아들	아버지 / 어머니 할아버지 / 할머니 아들 / 딸	1. 한 단어의 반의 관계는 … 2. 그러나 언중이 인식하는 … 3. 위의 친족 관계 에서는 …

〈그림 1-6〉 반의 관계 어휘 맵 만들기 활동 과정

② (중학교) 반의 관계 어휘 활용하여 창의적인 문구 만들기

광고의 언어는 기존의 일상적인 언어 사용 방식을 타파하고 새로운 언어 양식을 창조하여 언중의 뇌리에 깊은 인상을 남기는 언어 장르이다. 따라서 여기에는 주제를 효과적으로 전달하기 위해 간결하면서도 창의적인 표현 전략이 요구된다. 전달력의 극대화를 위해 반의 관계의 어휘를 활용한 오른쪽의 공익광고는 '죽이다'와 '살리다'의 반의 관계를 통해 그 주제를 보다 극명하게 전달하고 있다. 이처럼 짧은 문장 안에서 강한 인상을 남기는 광고 문구나 표어 등에서 반의 관계의 어휘를 활용하고 그 효과성을 체험해 보는 활동은 궁극적으로 학습자의 언어적 감각을 세련화·정교화하는 유용한 학습 활동이 될 수 있다.

〈그림 1-7〉 '죽이다'와 '살리다'의 대립 관계를 활용한 공익 광고

③ (중학교) 이항 대립의 관념을 활용하여 사고력 확장하기

이항 대립(binary opposition)은 두 가지의 대립적인 요소가 한 짝을 이루는 것을 뜻한

다. 주지하다시피 플라톤(Plato)은 보편적 개념을 하부개념으로 분할하면서 이항 대립적 대조항을 활용하였다. 또한 근대에 이르러 언어학자 소쉬르(Saussure)는 이항 대립을 통해 현대 언어학의 기본을 정립하였고 이는 구조주의의 핵심적인 개념이라고 할 수 있다. 인류학자 레비스트로스(Lévi-Strauss, 1988)가 그의 저서 『슬픈 열대』에서 논한 '날 것'과 '요리된 것'과 같은 이항 대립적 구분은 구조주의의 영향을 받은 이항 대립적 분석 중 가장 유명한 사례 중 하나로 손꼽히기도 한다[한국문학평론가협회(2006) 참조].

이처럼 철학·논리학 및 수학을 비롯한 다양한 학문 영역에서 대립 관념은 각각의 세계를 이해하는 주된 방법론이 된다. 이때 대립적으로 형성된 관념들을 이해하는 것과 더불어 반의 관계에 있는 어휘를 활용하는 것이 가능하다. 조선 시대 유교 사상가인 이황과 이이는 각각 이기이원론과 이기일원론을 주창하였는데, 그들은 공통적으로 우주와 인간의 마음은 이(理, 근본 원리)와 기(氣, 근본 물질)라는 두 가지 구성요소로 이루어져 있다고 보았다. 이때 이(理)와 기(氣)의 관념은 이기론을 이해하는 데 주요한 개념으로 서로 대립된다. 서양 근대 철학의 선구자이자 수학자이기도 한 데카르트(Descartes)는 저서 '정념론'에서 몸과 영혼이 서로 독립되어 있다는 이원론적 시각을 토대로 인간의 감정과 정서를 설명해 내고 있기도 하다. 이뿐만 아니라 '생(生)/멸(滅)', '선/악'과 같은 종교적 관념에서부터 '주관/객관', '몰입/관조', '수렴/발산'과 같은 철학적 사고 도구어들에서도 대립 관념은 유용하게 인식된다. 요컨대 언어 학습에서 이항 대립의 관념을 활용하는 것은 궁극적으로 언어적·인지적 사고력을 확장할 수 있다는 결론에 도달하게 된다.

1. 다음 두 문장에서 반의 관계의 단어 쌍으로 설정할 수 있는 단어들을 찾고, 그렇게 짝지을 수 있는 이유를 생각해 보자.

> • 미련하기가 곰 같다.
> • 여우처럼 행동할 수 없겠니?

2. 다음은 반의 관계를 교수·학습하기 위한 수업 자료를 준비하는 예비교사의 노트이다. 탐구 학습의 과정에서 탐구 결론 (가)에 들어갈 수 있는 내용에 대해 쓰고 설명해 보자.[18]

언어 현상	추가 사례	탐구 결론
'장끼/까투리'는 반의 관계이다.	'아버지/어머니' 등	두 단어가 하나의 의미 성분에서만 대립할 때 반의 관계가 성립한다.
'벗다'와 반의 관계에 있는 단어는 '입다', '쓰다', '끼다', '신다' 등 여러 개가 있다.	'들다/(밖으로)나가다, (잠이) 깨다' 등	(가)

반의 관계 탐구 자료

---

18 2014학년도 중등교사 임용시험 문제를 변형 출제함.

5 다의 관계

5.1. 다의 관계란 무엇인가

다의 관계(polysemy)는 한 단어 내부의 의미 사이에서 나타나는 의미 관계로, 단어 사이에서 형성되는 의미 관계와는 다르다. 이런 점에서 단어 사이에 어형이 같아서 형성되는 동음 관계와는 엄연히 구별된다. 단어가 다른 단어와 관련하여 형성하는 것을 외적 체계라고 한다면 다의성에 의한 단어 자체의 구조는 내적 체계라고 할 수 있다.

한 단어가 여러 개의 의미를 가지는 것은 한정된 수의 단어로 개념과 사물을 표현하기 위한 현상으로, 이는 언어의 경제성과 결부된다[어번(Urban), 1939: 112].

그러나 전문적인 분야에서 쓰이는 용어들은 그 의미가 단의적인데, 이는 특정 개념이나 대상을 명료하게 지시하기 위한 것으로 그 의미가 다의적으로 확장될 가능성을 의도적으로 회피하는 경우라 할 수 있다.

다의 관계의 정의

우리는 일반적으로 하나의 의미만을 지닌 어휘소를 단의어(monosemic word)라고 하는 반면, 다의 관계를 맺고 있는 어휘소를 다의어(polysemic word)라고 한다. 다의어는 기본 의미와 파생 의미의 다발을 이루고 있다. 기본 의미란 한 어휘소가 지니고 있는 중심 의미이며, 파생 의미란 기본 의미에서 비롯된 주변 의미를 말한다. '손'의 경우를 보자.

(1) ㄱ. 손을 뻗다.

ㄴ. 손에 반지를 끼다.

ㄷ. 손이 부족하다.

ㄹ. 손이 많이 간다.

ㅁ. 손에 넣다.

ㅂ. 장사꾼의 손에 놀아나다.

(1)에서 6개의 '손'은 다의 관계를 이루는데, ㄱ은 '손'의 중심의미로서 사람의 팔목 끝에 달린 부분을 지시하며, ㄴ-ㅂ은 파생 의미가 된다. 여기서 기본 의미와 파생 의미가 다의 관계를 유지하기 위해서는 의미적 공통성이나 유연성이 지속되어야 한다.

다의어의 발생 원인

울만(Ullmann, 1962: 159-167)은 다의어의 발생 과정을 다음의 다섯 가지 측면에서 설명하고 있다. 첫째, 적용상의 추이(shifts in application)이다. 이는 단어의 어떤 중심적인 의미가 그것이 적용될 수 있는 다른 대상으로 옮겨 가는 것을 뜻한다. 예를 들면, 형용사 '밝다'는 본래 그 적용 대상이 '빛'과 관련된 것이었으나, 이것이 다른 대상으로 적용의 범위가 넓어짐으로써 '색', '표정', '분위기', '눈', '귀', '사리'에까지 추이된 것이다 (임지룡, 1992: 213).

둘째, 사회적 환경의 특수화(specialization in a social milieu)이다. 말의 의미가 어떤 특수 집단 속에서 특수화함으로써 다의어를 발생하는 요인이 되기도 한다. 울만이 예시한 'action'은 변호사 집단에서는 '소송(legal action)'의 의미로 통용되고, 전쟁 중 군대에서는 '교전(fighting action)'의 의미를 가지는 것으로 다의화되었다. 이는 장면의 힘을 빌리는 생략의 표현이 다의 발생의 동인이 된 것이다(홍사만, 2008: 107).

셋째, 비유적 표현(figurative language)이다. 낱말은 고유한 의미 이외에 비유적인 의미를 획득하기도 하는데, 고유한 의미와 비유적인 의미가 공존하게 될 경우 다의어가 형성되는 것이다. 울만은 비유적 표현의 보기로 사물의 유사성에 바탕을 둔 은유(meta-phor)와 사물의 인접성에 바탕을 둔 환유(metonymy)를 들고 있다. 은유의 보기로는 영어의 'crane(학)'에서 비유적 전이로 '기중기'가 나타났는데, 그 공통 요소는 양쪽의 형태상의 닮음이었다. 그리고 환유의 보기로는 공간적 인접성에 따른 '동궁'(왕자의 거처 → 왕자)와 시간적 인접성에 따른 '아침'(아침시간 → 아침식사) 등이 이에 해당한다(임지룡, 1992 : 214).

넷째, 동음어의 재해석(homonyms reinterpreted)이다. 이는 곧 어원적으로 별개의 낱말이었지만 소리 및 그에 따른 형태의 변화로 동음어가 이루어질 때 의미상 어떤 관련성이 인정되면 다의어로 재해석되는 것을 말한다. 우리말에서는 민간어원을 들 수 있는데, '여름(〈녀름:夏/農事)'과 '여름(〉열매:實)'은 모두 형태 변화를 입은 말로서 동음관계에 있지만, 민간어원에서는 양자 간의 의미적 관련성을 부여한다.

다섯째, 외국어의 영향(foreign influence)이다. 기존의 우리말이 지니고 있던 본래의 의미와 외국어의 영향에 따른 새로운 의미 사이에 다의어가 형성되는 것이다. 한자어 '애매하다'는 '억울하다', '각오하다'는 '깨닫다'의 의미였으나 일본식 한자어의 영향으로 '애매하다'에는 '억울하다'와 '불명확하다'의 다의어가 형성되었고, '각오하다'의 경우는 '결심하다'의 뜻으로 교체된 경우가 이에 해당한다(임지룡, 1992 : 215).

5.2. 동음 관계란 무엇인가

하나의 특별한 관점에서만 다의 관계와 동음 관계는 양자택일을 나타낸다. 이것은 하나 이상의 의미로 사용되는 한 특정한 표현이 하나의 어휘소에 할당되는지 또는 그 이상의 어휘소에 할당되는지 질문할 때이다. 즉, 다의 관계는 하나의 어휘소에만 할당되지만, 동음 관계는 여러 의미들이 많은 어휘소에 할당된다는 점에서 차이가 있다.

동음 관계의 정의
동음 관계에 있는 어휘소를 동음어(homonym)라고 하는데, 동음어는 우연히 형태(소리)만 같을 뿐이지 형태(소리) 속에 담겨 있는 의미는 전혀 무관하다.

동음어는 일차적으로 소리의 측면이 강조된다. 아울러 소리 속에 담겨 있는 의미를 기준으로 하면 형태의 측면도 고려되기 마련이다. 이는 동음어라 하더라도 정도의 차이가 있음을 뜻한다(임지룡, 1992: 220-221). 즉, 소리와 형태까지 같고 의미만 다른 완전 동음어(perfect homonym), 소리만 같고 의미가 다른 유사 동음어(pseudo homonym)가 있다.

동음어의 발생 원인

울만(Ullmann, 1962: 176-80)은 동음어의 원인을 음성적 일치(phonetic convergence), 의미적 분화(semantic divergence), 외국어의 영향(foreign influence) 등을 들고 있다. 이를 바탕으로 동음어가 생성되는 원인을 네 가지로 볼 수 있다(임지룡, 1992: 222-224).

첫째, 언어기호의 자의성이다. 하나의 형태에 전혀 무관한 둘 이상의 의미가 얹힐 수 있는 것은 언어 기호가 지닌 자의성에서 비롯된다. 예를 들어, 완전 동음어의 '절:禮 - 寺', '밤:夜 - 栗' 등이 동음어가 된 것은 언어기호의 자의성에서 비롯된 것이다.

둘째, 음운의 변화이다. 이러한 음운 변화는 통시적 측면과 공시적 측면의 두 가지로 구분될 수 있다. 통시적 측면으로는 단모음화로 '쇼)소(牛)-소(沼)', 두음법칙으로 '량식)양식(糧食)-양식(樣式)' 등의 예가 있으며, 공시적 측면으로는 말음법칙에 의한 '/벋/:벗-벚', '/입/:입-잎', 연음에 의한 '너머-넘어', '반드시-반듯이' 등이 있다.

셋째, 의미의 분화이다. 이는 다의어의 의미분화 과정에 중심의미와 주변의미의 거리가 멀어짐으로써 관련성을 잃게 되어 동음어화한 것을 말한다. '해(太陽)'와 '해(年)', '달(月)'과 '달(한달)'도 본래 다의어였던 것이 의미 분화가 일어나 동음어가 된 보기이다.

넷째, 기층요소와 외부요소의 접촉이다. 이는 다시 방언권의 접촉에 의한 동음어의 발생과 외래어의 접촉에 의한 동음어의 발생으로 구분할 수 있다. 방언권의 접촉에 의한 동음어 발생의 예로는 '길다)질다(長) - 질다(泥)', '기름)지름(油)-지름(直徑)' 등이 해당하며, 외래어의 접촉에 의한 동음어 발생의 예로는 고유어와 한자어의 '해(太陽)'와 '해', '사랑(愛)'과 '사랑(舍廊)' 등이 이에 해당한다.

5.3. 다의 관계 구별은 어떻게 하는가

문맥은 의미를 결정하는 중요한 역할을 한다. 문맥과 관련하여 하나의 어휘소에 대응되는 의미의 속성을 규정하는 데는 다음 세 가지 견해가 있다(천시권, 1977: 1-9 참고, 임지룡, 1992: 216-217에서 재인용).

첫째, 용법설로서 어휘소는 문맥의 용법에 따라 무한수의 의미를 갖는다는 입장이다. 둘째, 기본의미설로서 어휘소는 항상 일정하고도 유일한 의미를 지니는데, 문맥에서 약간 수정될 뿐이며, 기본의미의 범주를 넘어서는 경우에는 동음어로 처리하는 입장이다. 셋째, 다의성설로서 하나의 어휘소는 어떤 범위 내에서 둘 이상의 의미를 갖는다는 입장이다. 이는 다의성을 인정하지만 무한의 다의성을 갖는다는 용법설과 다르며, 한정된 범위에 국한시킴으로써 모든 용례에서 의미가 동일하다는 기본의미설과도 다르다. 곧 다의성설은 용법설과 기본의미설을 절충한 것이라 하겠다.

다의성설을 수용할 경우 어휘소의 분석을 위한 기준을 설정하는 일과 분석된 결과 의미의 차이가 나타날 경우 그것을 어떻게 처리하느냐의 문제가 일어난다. 아래에서 다의어의 검증을 위한 분석의 기준과 이를 통하여 몇몇 어휘소의 다의성 여부를 검증해 보기로 한다. 먼저 검증의 기준은 다음과 같다.

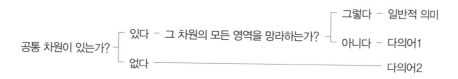

〈그림 1-8〉 다의성의 검증 기준

위 기준에 따라 '아이', '속', '뿌리'의 경우를 살펴보자. 첫째로, '아이'는 '사내아이'와 '계집아이'로 분석되는데, [아이]라는 공통 차원이 있으며, [남성]과 [여성]이라는 성별에 의한 시차적 특징으로써 대립하고 있는 동시에 '아이'라는 차원의 모든 영역을 망라하고 있다. 따라서 '아이'는 일반적 의미로 규정된다.

둘째로, '속'의 경우인데, 우선 그 용법을 보면 (2)에서 보듯이 '속'은 '겉'에 대립되는 [안]이라는 공통적 의미를 지니고 있으면서 〈물체의 안〉〈내장〉〈마음〉〈정신〉〈이면〉 등의 시차적 특성을 드러낸다. 곧 '속'은 공통 차원을 지니면서도 그 차원의 모든 영역을 망라하지는 못함으로써 '다의어1'에 해당된다.

(2) ㄱ. 가방 속: 〈물체의 안〉

ㄴ. 속이 메스껍다: 〈내장〉

ㄷ. 속을 태운다: 〈마음〉

ㄹ. 속 좀 차려라: 〈정신〉

ㅁ. 겉 다르고 속 다르다: 〈이면〉

셋째로, '뿌리'(근(根))는 〈식물의 흡수 기관〉〈본성〉〈수의 제곱근〉 등으로 분석되는데, 이들 간에는 공통된 차원을 인정하기 어려우므로 '다의어2'에 해당된다. 결과적으로 '다의어1'에 비하여 '다의어2'의 의미 차이가 더 크다.

5.4. 국어과에서는 다의 관계를 어떻게 가르칠 것인가

그렇다면 이와 같은 다의 관계를 국어과에서는 어떻게 가르칠 것인가? 이를 위해 2015 개정 교육과정의 다의 관계 관련 교육 내용을 살펴보면 다음 〈5-1〉과 같다.

초등학교 국어	**3-4학년군** [4국04-02] 낱말과 낱말의 의미 관계를 파악한다. 이 성취기준은 낱말들이 의미 관계를 가지고 있음을 알고 어휘에 대한 관심과 호기심을 갖도록 하기 위해 설정하였다. **비슷한 말, 반대말, 상하위어에 중점을 두어 낱말 간의 의미 관계를 지도**하고, 연상 활동이나 말놀이를 통해 다양한 어휘를 익힐 수 있게 한다. 그리고 비슷한 말, 반대말, 상하위어 등을 여러 상황에서 활용해 봄으로써 어휘력을 신장하도록 한다. **5-6학년군** [6국04-03] 낱말이 상황에 따라 다양하게 해석됨을 탐구한다. 이 성취기준은 상황에 따라 낱말이 다양하게 해석될 수 있음을 알고 상황에 따라 낱말의 구체적인 의미를 파악하는 능력을 기르기 위해 설정하였다. 낱말의 의미는 의사소통 상황의

	구체적인 맥락이나 문맥에 따라 달라질 수 있다. **소리는 같고 뜻은 다른 낱말이나 다양한 의미를 갖는 낱말을 주요 학습 대상으로 하며, 낱말들의 의미가 어떻게 다른지를 다양한 사례를 통해 탐구하도록 한다.**
중학교 국어	**9학년** [9국04-05] 어휘의 체계와 양상을 탐구하고 활용한다. 이 성취기준은 어휘에 대해 체계를 세워 탐구하고 어휘의 특성이나 **의미 관계에 따라 어휘의 양상을 이해하는 능력을 기르기 위해 설정**하였다. 어휘의 체계는 고유어, 한자어, 외래어와 같은 어종(語種)에 따라 마련될 수 있으며, 어휘의 양상은 지역 방언, 사회 방언 등에 따라 다르게 나타날 수 있다. 이처럼 체계나 양상에 따라 어휘의 유형을 탐구하고 이를 바탕으로 하여 **담화 상황에 맞는 어휘를 적절하게 사용하도록 한다.**
고등학교 언어와 매체	국어의 탐구와 활용 [12언매02-04] 10) 단어의 의미 관계를 탐구하고 적절한 어휘 사용에 활용한다. —

〈표 1-12〉 2015 개정 교육과정의 다의 관계(동음어) 관련 교육 내용

위의 표를 통해 우리는 초등학교 3~4학년군에서는 단어의 의미 관계 중 유의 관계, 반의 관계, 상하 관계에 주안점을 두고 있음을 확인할 수 있다. 또한 5~6학년군에서 다의어와 동음이의어의 구분이 실제 언어 맥락에 따라 달라질 수 있음을 알고, 다양한 사례를 통해 학습자 스스로가 탐구할 수 있도록 하고 있음을 알 수 있다.

또한 중학교에서는 국어 단어들이 맺는 의미 관계를 좀 더 폭넓게 이해하고, 이를 바탕으로 어휘들이 실제 담화 상황에서 사용되는 양상을 탐구하고 다양한 담화 상황에 맞는 어휘를 적절하게 활용할 수 있는 능력을 강조하고 있음을 확인할 수 있다.

그리고 고등학교에서는 이전 학교급에서의 단어 의미 관계에 대한 이해를 바탕으로 학습자들이 좀 더 능동적으로 단어 의미 관계를 탐구하도록 하면서, 적절한 어휘 사용 능력이라는 학습자의 언어 사용 측면이 지속적으로 강조되고 있음을 알 수 있다.

다음은 '밖'이라는 표제어의 표준국어대사전에서의 설명을 옮겨 온 것이다. 기본 의미에서 파생 의미로의 의미 나열 순서가 적절한지 탐구해 보자. 다른 단어를 선택해 사전에서의 다의어의 의미 기술 문제에 대해 좀 더 생각해 보자.

「명사」

「1」 어떤 선이나 금을 넘어선 쪽.

¶ 밖을 내다보다/이 선 밖으로 나가시오./어머니는 동구 밖에까지 따라 나오며 우리를 배웅하셨다./그는 대문 안으로 들어오지 않고 밖에서만 인사를 하고 가 버렸다.

「2」 겉이 되는 쪽. 또는 그런 부분.

¶ 옷장 안은 깨끗했으나, 밖은 긁힌 자국으로 엉망이었다./이 건물이 밖은 보잘것없어도 안은 시설이 잘되어 있다.

「3」 일정한 한도나 범위에 들지 않는 나머지 다른 부분이나 일.

¶ 그녀는 기대 밖의 높은 점수를 얻었다./합격자는 너 밖에도 여러 명이 있다./내 능력 밖의 일이다./예상 밖으로 일이 복잡해졌다.

「4」 무엇에 의하여 둘러싸이지 않은 공간. 또는 그쪽.

¶ 밖에 나가서 놀아라./밖은 추우니 나오지 말고 집 안에만 계십시오.

「5」 =한데02「1」.

¶ 당장 머물 곳이 없으니 밖에서 밤을 지새워야 할 판이다.

「6」 =바깥양반「1」.

¶ 밖에서 하시는 일을 안에서 어찌 알겠습니까?

---

6 상하 관계

6.1. 상하 관계란 무엇인가

상하 관계의 정의

상하 관계(上下關係, hyponymy)는 의미의 계층 구조에서 한 단어의 의미가 다른 단어의 의미를 포함하거나 다른 단어에 포함되는 관계를 의미한다. 이 경우 지시하는 범위가 더 넓어서 보다 일반적인 쪽을 상의어(上義語), 특수한 쪽을 하의어(下義語)라고 한다.[19] 그리고 동위 관계에 있는 하의어의 무리를 공하위어(共下位語) 혹은 동위어(同位語)라고 한다.[20]

예를 들어, (1)과 같은 계층 구조에서 '식물'은 '꽃'의 상의어이며, '꽃'은 '식물'의 하

---

19 상하 관계는 담화 상황하에서 참여자 간의 화계(話階)를 결정짓는 요인으로 작용하는 상하 관계와 구별하기 위해 하의 관계(下義關係)라 부르기도 한다. 또한, 의미가 아닌 계층 구조상의 위치에 초점을 맞추어, 다른 단어의 의미를 포함하는 쪽을 상위어(上位語), 다른 단어의 의미에 포함되는 쪽을 하위어(下位語)라 부르기도 한다.

20 '식물-꽃-장미'와 같이 '상하위어(上下位語)'로 구성되는 '수직적 의미 관계'와 '장미-백합-국화'와 같이 '동위어(同位語)'로 구성되는 '수평적 의미관계'를 모두 포괄하는 범주 구조를 특별히 '분류 관계(taxonomy)'라 칭하기도 한다.

의어이다. 이 관계는 상대적이므로, '꽃'은 '장미'의 상의어이며, '장미'는 '꽃'의 하의어이다.[21] 한편, '장미'와 함께 '백합', '국화'는 공하위어 또는 동위어가 된다.

(1) 식물 : 꽃 : 장미, 백합, 국화

상하 관계의 의미 특성

상하 관계에 놓인 상의어나 하의어는 다음과 같은 의미 특성을 지닌다.

첫째, 상의어는 포괄적이고 일반적인 의미 영역을 갖는 반면, 하의어는 구체적이고 특수한 의미 영역을 갖는다. 이는 하의어가 상의어보다 더 많은 양의 의미 정보를 가지고 있다는 것인데, 상의어에 비해 하의어의 의미 성분의 수가 더 많다는 데서 이러한 점이 잘 드러난다.

예를 들어, (2)를 보면, 하의어가 상의어보다 의미 성분의 수가 더 많으며, 결과적으로 더 많은 의미 정보를 갖고 있다는 점이 잘 드러난다.

(2) 사람: [+생물] [+동작성] [+인간]

남자: [+생물] [+동작성] [+인간] [+남성]

총각: [+생물] [+동작성] [+인간] [+남성] [+미혼]

둘째, 상하 관계에서는 하의어는 상의어를 함의하지만 역으로 상의어는 하의어를 함의하지 않는 일방 함의 관계(一方含意 關係)가 성립한다. 동일한 문장 구조를 지닌 (3)의 두 문장에서, ㄱ 문장은 ㄴ 문장을 함의하지만, ㄴ 문장은 ㄱ 문장을 함의하지 않는다. 이는 하의어 '새'가 상의어 '동물'의 의미를 함의하기 때문이며, 다시 말하면 '새'가 '동물'의 의미 성분을 모두 포함하고 있기 때문이다. 이처럼 상하 관계에 놓인 두 단어가

---

21 윤평현(2013: 149)에 의하면, 어휘를 체계화할 때의 분류 방법은 생물학처럼 정치한 분류 원칙을 적용하는 '과학적 분류법'이 아니라, 한 언어 공동체의 일반 화자들이 가지고 있는 보편적 판단에 의한 '민간 분류법'에 따른다. 그렇기 때문에 상하 관계의 구성은 언어마다 다르게 나타날 수 있다. 예를 들어, '감자'를 독일어에서는 쌀, 밀, 보리와 같은 '곡물'로 분류하고 일본어에서는 '야채'로 분류한다. '토마토'는 생물학적 분류로는 과일이 아니지만 우리는 보통 '과일'의 하의어로 생각한다.

동일한 문장 구조 속에 쓰이면 두 문장은 일방 함의의 관계를 지닌다.

(3) ㄱ. 이것은 '새'이다 ⇄ ㄴ. 이것은 '동물'이다

셋째, 상하 관계에서 상의어와 하의어는 이행적 관계(移行的 關係)를 이룬다. 계층 구조상 A가 B의 하의어이고, B가 C의 하의어이면, A는 반드시 C의 하의어이다. 이처럼 하나의 계층 구조 안에 속한 단어들은 상하 관계를 그대로 이어받는 이행적 관계에 있다.[22]

(4) 참새(A)-새(B)-동물(C)

6.2. 상하 관계와 부분 관계는 어떻게 다른가

윤평현(2013)에서는 '팔'과 '몸'의 관계와 같이 한 단어가 다른 단어의 부분이 되는 관계를 '부분 관계' 혹은 '부분-전체 관계'에 있다고 보고, 이를 상하 관계와 별개로 제시하고 있다.[23] 부분 관계는 'X가 Y를 가지고 있다' 혹은 'Y는 X의 한 부분이다'와 같은 문장으로 확인할 수 있다. 부분 관계도 상하 관계와 마찬가지로 계층 구조를 이루고 있다.

(5) 손톱은 손가락의 한 부분이다.

---

22 김광해 외(1999: 250)에 의하면, '이행성'의 측면에서 상하 관계는 '엄밀한 상하 관계'와 '유사 상하 관계'로 나눌 수 있다. 엄밀한 상하 관계에서는 이행성이 항상 성립되는 반면, 유사 상하 관계에서는 이행성의 성립이 상황 의존적이다. 그러므로 이행성을 검토해 보면, 두 단어가 엄밀한 상하 관계에 놓인 것인지 아닌지 확인할 수 있다. 예를 들어, '진돗개-개-애완동물'와 같은 유사 상하 관계에서는 이행성이 상황 맥락에 따라 성립하기도 하고 그렇지 않기도 한다.

23 밀러와 존슨 레어드(Miller & Johnson-Laird, 1976: 240-242)는 의미의 포섭 관계를 '장소 포섭', '부분-전체 포섭', '부류 포섭'으로 나눈 바 있는데, 라이언스(Lyons, 1968: 453)는 부류 포섭을 모든 언어에서 가장 흔한 관계로 보아 상하 관계로 명명하였다. 이런 점에서, 본 장의 '상하 관계'는 라이언스(Lyons)의 관점과 맥을 같이 하고 있다(임지룡, 1992: 147-148 참고).

손가락은 손의 한 부분이다.

손은 팔의 한 부분이다.

팔은 몸의 한 부분이다.

그러나 윤평현(2013: 146-148)에 의하면, 부분 관계는 다음과 같은 점에서 상하관계와 차이가 있다.

첫째, 부분 관계는 이행적 관계가 임의적이다. 예를 들어, '손-손가락-손톱'의 관계에서는 이행적 관계가 성립하나, '셔츠-단추-구멍'의 관계에서는 이행적 관계가 성립하지 않는다. '단추'는 '셔츠'의 부분이고, '구멍'은 '단추'의 부분이지만, '구멍'이 '셔츠'의 부분이라고 하는 것은 적절하지 않기 때문이다.

둘째, 부분 관계에서도 일방 함의 관계가 성립하나, 반드시 부분을 가리키는 단어를 포함한 문장이 전체를 가리키는 단어가 포함된 문장을 함의하는 것은 아니다. 아래 문장에서 '손가락'은 '손'의 부분이므로 상하 관계에서처럼 (6ㄱ) 문장이 (6ㄴ) 문장을 일방 함의하는 관계이나, '손목시계 줄'은 '손목시계'의 부분임에도 반대로 (7ㄴ) 문장이 (7ㄱ) 문장을 일방 함의하는 양상이 나타나고 있다.

(6) ㄱ. 엄마는 딸의 손가락을 만졌다.

　　ㄴ. 엄마는 딸을 손을 만졌다.

(7) ㄱ. 그는 손목시계 줄을 구입했다.

　　ㄴ. 그는 손목시계를 구입했다.

6.3. 상하 관계에서 기본 층위는 어떠한 의미를 지니는가

상하 관계가 수직적으로 상위층위, 중간층위, 하위층위의 계층구조를 이룬다고 할 때, 언어 습득 과정에서는 상의어가 하의어보다 의미 성분이 단순하므로 보통 상의어가 먼저 습득되는 것으로 간주된다. 그러나 이와 관련하여 '기본 층위'라는 것을 주목할 필요

가 있다. '기본 층위(基本層位)'란 계층 구조에서 인지적으로 가장 현저하며 사람들이 보
편적으로 사물을 지각하고 개념화하는 층위를 일컫는다. 예를 들어, 한 사물을 보고 '저것
은 무엇이냐?'고 묻게 될 때 '탈 것-자전거-세발자전거', '식물-꽃-백합' 중 '자전거', '꽃'
과 같이 대답하는 것이 보편적인데, 이들 '자전거', '꽃'이 기본 층위에 속하는 단어이다.

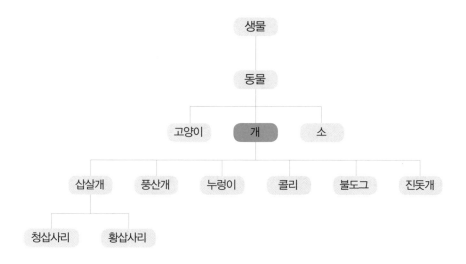

〈그림 1-9〉 '개'의 분류 관계(임지룡, 2011 : 154)

이처럼 기본 층위에 속하는 단어는 상위 층위나 하위 층위에 속하는 단어에 비하여
기능적으로 발생 빈도가 높고, 인지적으로 일찍 습득되고 지각하기 쉬우며[24], 언어적으
로 형태가 단순하다. 기본 층위가 지닌 이러한 특성은 계층 구조를 효율적, 경제적으로
파악하고자 인간의 인지 전략, 즉 '인지적 경제성 원리(principle of cognitive economy)'와
관련되어 있다.

임지룡(2011)에서는 어휘의 계층구조에서 이러한 기본 층위가 갖는 함의로 크게 두
가지를 제시하고 있다. 첫째, 기본 층위는 어휘의 계층구조 및 분류에 인간의 경험과 인

---

24 로쉬 외(Rosch, et al., 1976 : 414-415)에 따르면 영어권의 유아는 2.5세 정도부터 기본 층위의
'개'에 대한 개념화를 시작하여 3세까지 습득이 완성되는 반면, 상위 층위 '동물'은 4.5세부터 개념화
되며, 하위 층위의 개념화는 5-6세경부터 시작된다고 한다. 이 가설은 클라크(Clark, 1993 : 50-54)
를 비롯하여 언어 발달과 관련된 대부분의 실험에서 공인되고 있다(임지룡, 2011 : 154-155 재인용).

지에 바탕을 둔 주관적 경향과 전략이 투사되어 있음을 잘 보여 준다. 동식물의 분류에 적용되는 '과학적 분류'나 '전문가 분류'에서는 상위 층위의 정보가 적고 단순하며 하위 층위의 정보가 많고 풍부하다고 보았으나, '민간 분류'에서는 기본 층위가 정보 및 지식이 가장 풍부한 층위라는 점이 실증되었기 때문이다. 둘째, 기본 층위는 그것이 개인이나 언어권에 따라 다를 수 있다는 점을 통해 어휘의 계층구조 및 분류가 문화 의존적이라는 점을 잘 보여 준다.

6.4. 국어과에서는 상하 관계를 어떻게 가르칠 것인가

상하 관계를 가르칠 때에는, 국어 단어가 체계를 이룬 어휘 집합으로서 존재하며 이들 단어들이 의미 관계에 따라 상호 관련을 맺고 있다는 점을 인식시키는 것이 우선적으로 중요하다. 이러한 앎에 기초하여 상하 관계에 따른 국어 단어들 간의 의미 관계를 파악하고, 이를 토대로 실제 의사소통 상황에서 단어를 효과적으로 사용할 수 있는 능력을 길러 줄 수 있어야 한다.

이런 점에서 상하 관계를 가르칠 때에는 다의 관계, 반의 관계, 유의 관계 등 여타 의미 관계의 교수·학습 방향과 일관되면서도 상하 관계의 의미적 특성에 부합하도록 세부 목표 및 교수·학습 방향을 설정할 수 있어야 한다.

그간의 교육과정을 검토하고 의미 관계 관련 교육 내용의 계열성과 연속성을 고려하면, 단어의 의미 관계와 관련한 학교급별 교수·학습의 방향은 주로 다음과 같은 흐름으로 전개될 필요가 있다.

학교급	단어의 의미 관계에 대한 교수·학습 방향
초등학교	낱말이 다른 낱말과 의미적으로 관련되어 있음을 이해하기
중학교	반의, 유의, 상하 등 단어의 의미 관계를 체계적으로 이해하기
고등학교	단어의 의미 관계를 바탕으로 국어 어휘 체계를 탐구하고 이에 반영된 인지적, 문화적 특징 이해하기

〈표 1-13〉 학교급별 '단어의 의미 관계' 교수·학습 방향

이러한 대략의 흐름을 고려할 때, 상하 관계와 관련해서 학교급별로 교수·학습 방향을 제안해 보면 다음과 같다.

먼저 초등학교에서는 비교적 의미 관계가 선명한 상의어와 하의어를 중심으로 단어들이 의미적으로 서로 관련되어 있음을 이해시킴으로써 어휘에 대한 관심과 호기심을 불러일으키는 데 초점을 두어 지도하는 것이 좋다. 상하 관계에 놓인 단어들을 대상으로 한 말놀이나 연상 활동을 구성하는 방법, 하나의 상의어가 지시하는 대상의 부류를 여러 하의어를 활용해 나열해 보는 활동 등을 통해 단어들이 계층 구조를 이루고 있다는 점을 인식할 수 있도록 한다.

중학교에서는 단어 간의 다양한 의미 관계를 살펴봄으로써, 단어의 세계에 대한 국어 의식을 고양하고 실제 의사소통 상황에서 단어를 효과적으로 사용할 수 있는 데 초점을 두어 지도하는 것이 좋다. 특히, 단어의 상하 관계는 대상과 현상을 계층적으로 인식하고자 하는 인간의 인지적 사고가 언어에 반영된 결과라는 점을 인식할 수 있도록 관련 활동을 제공할 필요가 있다.

고등학교에서는 단어 간의 의미 관계를 중심으로 국어 어휘 체계를 전체적으로 조망하고 그 특성을 이해하고 탐구하도록 하는 데 초점을 두어 지도하는 것이 좋다. 먼저, 의미 성분 분석 등의 방법을 도입하여 상하 관계에 놓인 단어들 간의 의미 관계를 좀 더 구조적으로 이해할 수 있도록 안내할 수 있다. 더 나아가, 의미장 이론을 도입하거나 어휘 분류 사전 등을 활용하여 언어권별로 특정 상의어에 속하는 하의어들을 비교해 보거나, 특히 빈도나 학습 순서, 조어법, 어원 등의 정보를 종합하여 기본 층위에 해당하는 어휘를 찾고 이를 문화권별로 비교해 보는 등의 활동을 통해, 대상과 현상에 대한 인간의 계층적 인식이 어떻게 개인별로, 언어 및 문화권별로 달라질 수 있는지 그 양상을 탐구하는 등의 활동을 제공할 수 있다.

구체적인 교수·학습 과정에서는 연역적으로 관련 개념을 설명하고 예를 드는 방식보다는 〈그림 1-10〉과 같은 절차를 통해 상하 관계의 의미 특성을 귀납적으로 교수·학습하는 것이 효과적일 수 있다.

상하 관계에 해당할 법한 단어들을 모아 제공하고 상하 관계에 해당하는 단어들을 골라 그에 따라 배열해 보도록 한다.

고른 단어들이 왜 상하 관계에 해당하는지를 여러 가지 방식으로 설명해 보도록 한다.

그 과정에서 상하 관계에 해당하지 않는 것을 제외할 수 있도록 한다.

학생들이 사용한 방법을 의미 성분 분석, 이행성 검증, 일방 함의 관계 분석 등의 형태로 구체화해 주고, 이것이 상하 관계에 놓인 단어들의 의미 특성이라는 점을 설명해 준다.

〈그림 1-10〉 '상하 관계'의 귀납적 교수·학습 단계

단어의 상하 관계는 의미장(意味場, semantic field) 이론과도 밀접한 관련을 지닌다. 의미장이란 하나의 상의어 아래 의미상 밀접하게 연관된 낱말들의 집단을 말한다. 어휘에 체계를 부여하는 방법 가운데 하나는 개별 어휘를 의미장 속에 조직화시키는 일이다. 이러한 의미장에는 빈자리가 존재할 수 있다. 빈자리란 체계 속에서 개념상으로는 있을 법한데 실제로 어휘소가 비어 있는 것을 의미한다.

학생들에게 빈자리가 존재하는 의미장의 사례를 제공하고 그러한 계층 관계에 따른 빈자리가 어떻게 채워지는지 그 양상을 탐구해 보도록 한다. 참고로 다음 사례 1-3과 같은 자료를 구성하여 제공할 수 있다.

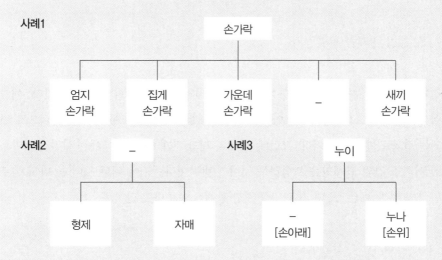

사례1

손가락 — 엄지손가락 / 집게손가락 / 가운데손가락 / − / 새끼손가락

사례2

− — 형제 / 자매

사례3

누이 — −[손아래] / 누나[손위]

이 과정에서 학생들에게 던질 수 있는 핵심 물음은 다음과 같다.

㉠ 빈자리에 해당하는 대상을 가리키거나 언급해야 할 때 이러한 빈자리를 대신 채울 수 있는 말은 무엇일까?

㉡ 이를 통해 확인할 수 있는 빈자리 채우는 방법에는 어떤 것들이 있을까?

㉢ 이러한 빈자리는 왜 생기는 것일까?

결합 관계

7.1. 결합 관계란 무엇인가

결합 관계(結合關係)는 언어 형식의 횡적(橫的)인 연관 관계를 이르는 말이다. 예를 들어 '눈이 예쁜 소녀'에서 '눈-이, 눈-예쁜, 예쁜-소녀'는 모두 상호 의존적으로 연결되는 결합 관계의 보기이다. 그런데 '의미의 결합 관계'를 논할 때에는 실질적 의미를 가진 어휘소 간의 관계만을 포함하는 것이 일반적이다. '눈이 예쁜 소녀'를 다시 예로 들면 '눈-예쁜, 예쁜-소녀'가 의미상 결합 관계를 이룬다고 말할 수 있다.

> (1) ㄱ. 여기저기, 잘생기다
>
>   ㄴ. 바가지 긁다, 감칠맛 나다
>
>   ㄷ. 장갑을 끼다, *바지를 끼다

단어 간의 결합 관계는 예문 (1)과 같이 크게 세 가지 유형으로 나눌 수 있다. (1ㄱ)은 둘 이상의 실질적 의미를 가진 어휘소가 결합하여 하나의 단어를 이룬 예이다. 이러한 단어들을 '합성어(合成語)'라 한다. (1ㄴ)은 둘 이상의 단어가 구를 이루어 하나의 단위 개념으로 사용된 '관용어(慣用語)'의 예이다. (1ㄷ)은 '연어(連語)'의 예이다. 연어라 함은 상호 의존적 관계에 있는 단어의 결합체를 뜻한다. 이어서 '합성어, 관용어, 연어'에 대해 자세히 살펴보기로 한다.

7.2. 합성어, 관용어, 연어는 어떤 특징을 가지는가

합성어

둘 이상의 실질형태소가 결합하여 만들어진 단어를 '합성어(compound word, 合成語)'[25]라 한다. 합성어는 하나의 단어이므로 구성 요소들을 분리하거나 결합 순서를 바꿀 수 없으며, 내부에 다른 요소를 삽입할 수도 없다. 이는 합성어와 구(句)를 구별해 주는 기준이기도 하다.

의미 차원에서 합성어는 '결합 양상의 특성'을 초점화하여 살펴볼 수 있다.

(2) ㄱ. 어제오늘, 작금, 여닫다, 개폐

　　ㄴ. 하나둘, 일이, 천만리

　　ㄷ. 여기저기, 자타, 남북

　　ㄹ. 높낮이, 장단, 주종

　　ㅁ. 잘잘못, 가부, 승패

　　ㅂ. 부모, 신사숙녀, 신랑신부, 장인장모

(2)의 합성어들은 단어의 결합에 반영된 언중의 인지적 경향성을 보여 준다. (2ㄱ)의 예들은 시간과 시간의 흐름에 따른 동작에서 앞선 시간이나 사건이 앞자리에 놓이는 것을 보여 준다. '*오늘어제, *닫열다' 등이 어색한 것은 시간에 대한 언중의 사고방식과 단어 결합 순서가 일치하지 않기 때문이다. (2ㄴ)은 수의 크고 작음에 따른 합성 관

---

25 이 책에서는 '합성어'를 'compound word'의 의미로 사용한다. 연구자에 따라 'compound word'를 '복합어'로, 'complex word'를 '합성어'로 번역하기도 한다.

계를, (2ㄷ)은 거리의 원근에 따른 합성 관계를 보여 준다. 우리는 작은 수에서 큰 수의 차례로 수를 인지하며 가까운 거리를 먼 거리보다 우선적으로 인지하는데, 이러한 경향성이 단어의 합성 관계에서 드러나는 것이다. (2ㄹ)~(2ㅂ)은 좀 더 추상적인 차원의 인식을 반영하는 예이다. (2ㄹ)은 적극적 요소와 소극적 요소가 결합할 때 적극적 요소가 선행하는 양상을, (2ㅁ)은 긍정적 요소와 부정적 요소가 결합할 때 긍정적 요소가 선행하는 양상을 보여 준다. (2ㅂ)은 남성과 여성의 합성 관계에서 남성 요소가 선행하는 경향을 보여 주고 있는데, 이는 남존여비의 전통적 사고방식을 반영한다고 볼 수 있다. '연놈'과 같은 비속어, 동물을 지칭하는 '암수' 등에서는 예외적으로 여성 요소가 선행하는데, 이 또한 같은 인식을 반영한 것이라 볼 수 있다.

관용어

둘 이상의 어휘소가 결합하여 특별한 의미로 사용되는 '관습적으로 굳어진 말'을 '관용어(慣用語)'[26]라고 한다. 관용어는 의미가 특수화되어 있을 뿐 아니라 구성 방식이 고정되어 있기 때문에 하나의 개념 단위라 할 수 있다. 따라서 관용어의 의미는 부분으로 환원되지 않는다.

예를 들어 '죽을 쑤다'라는 표현은 '곡식을 오래 끓여 무르게 만들다'라는 글자 그대로의 의미와 '망치다, 실패하다'라는 관용적 의미를 모두 가지고 있다. 이 중 '망치다, 실패하다'라는 의미는 '죽'이라는 명사와 '쑤다'라는 동사의 단순 결합으로 도출할 수 없다. 또한, '망치다, 실패하다'라는 관용적 의미로 사용될 경우 문장 변형이 불가능하다.

　　(3) ㄱ. 오늘 시합도 죽을 쒔다.

　　　　ㄴ. 오늘 시합도 죽을 묽게 쒔다.(?)

---

26 관용어보다 포괄 범위가 넓은 용어로 '관용 표현'이 있다. 문금현(1996ㄱ: 18-19)에 따르면 관용 표현은 다음과 같이 분류된다. 본고에서는 '순수 관용 표현'을 칭하는 말로 '관용어'라는 용어를 사용하고 이를 중심으로 논의를 진행하고자 한다.
관용 표현 ┬ 협의의 관용 표현 ┬ 순수 관용 표현(관용어, 관용구, 관용절)
　　　　　│　　　　　　　　└ 속담
　　　　　└ 광의의 관용 표현 - 격언, 고사성어, 금기담

(4) ㄱ. 아픈 친구를 위해 죽을 쒔다.

　　 ㄴ. 아픈 친구를 위해 죽을 묽게 쒔다.

(3ㄱ)은 '죽을 쑤다'라는 표현이 관용적 의미로 쓰인 예로, (3ㄴ)과 같은 변형이 불가능하다. 반면, '죽을 쑤다'라는 표현이 축자적 의미로 사용된 (4)의 경우 (4ㄴ)과 같은 변형이 자연스럽다.

관용어는 구체적인 상황에 쓰이던 표현이 점차 일반적인 상황에 적용되면서 그 형식과 특수한 의미가 굳어져 만들어진다. 그렇기 때문에 관용어는 의미의 투명성에 있어 정도의 차이를 보인다.

(5) ㄱ. 이를 갈다.

　　 ㄴ. 개밥에 도토리

　　 ㄷ. 시치미를 떼다.

(5ㄱ)은 관용적 의미를 글자 그대로의 의미에서 유추하는 데 큰 어려움이 없다. 반면 (5ㄴ)은 개가 도토리를 잘 먹지 않는다는 사실을 알아야 숨은 의미를 추론할 수 있으며, (5ㄷ)은 '시치미'라는 지금은 잘 쓰지 않는 글자의 의미가 무엇인지, 또 '시치미를 떼는' 행위가 구체적으로 어떤 행위인지를 알아야 그 의미를 추론할 수 있다. 이들을 '의미 반투명형(5ㄱ), 의미 반불투명형(ㄴ), 의미 불투명형(ㄷ)'과 같이 분류하기도 한다.

한편, 관용어는 독특한 표현 효과를 가진 어휘소의 결합형이라는 점에서 속담과 비슷하다. 관용어와 속담 모두 둘 이상의 어휘소가 결합하여 만들어진 '고정된' 언어 형식이며, 또 자신만의 고유한 의미를 가지고 있다. 다만, 속담은 '가는 날이 장날이다.'처럼 민족의 전통 생활 문화와 관련된 이야기를 배경으로 가지고 있으며 완결된 통사 구조와 의미 구조를 갖추었다는 점에서 관용어와 구별된다.

연어

연어(連語)는 둘 이상의 단어가 축자적 의미를 유지하면서 긴밀한 결합 관계를 형성하는 어군이다. 따라서 연어 관계에 있는 단어들은 상호 의존적 기대치를 갖는다. '새빨간 거짓말'은 자연스러운 표현인 반면 '*분홍빛 거짓말, *새빨간 허위'가 부자연스러운 것은 '새빨간 거짓말'이 연어 관계를 이루고 있기 때문이다. 연어를 어휘적 연어와 문법적 연어로 구분하기도 한다. '구역질이 나다, 방귀를 뀌다'와 같이 명사, 동사, 형용사, 부사와 같은 내용어들 간의 긴밀한 공기 관계를 형성하는 구성을 일컬어 '어휘적 연어'라 하고, '결코 ~일 수 없다, 하마터면 ~ㄹ 뻔하다'와 같이 결합의 요인이 통사적 차원에 있으면서 연어 구성의 중심 단위에 어휘소와 문법소를 포함하는 예들을 '문법적 연어'라 한다.

　어휘적 연어는 관용구절, 상용구절과의 비교를 통해 그 개념을 보다 명확히 할 수 있다.

　　(6) ㄱ. 바가지를 긁다.

　　　　ㄴ. 더위를 먹다.

　　　　ㄷ. 김을 매다.

　관용구절은 (6ㄱ)과 같이 두 구성 요소가 모두 의미가 바뀌어 제3의 의미를 만들어낸 경우를 말한다. 반면 상용구절은 두 요소 중 한 요소만 의미가 바뀐 (6ㄴ)과 같은 예를 말한다. 이 경우 '더위'는 본래의 뜻으로 쓰였고 '먹다'가 추상적 의미로 쓰여 '더위로 인한 병을 얻다'의 의미를 만들어 낸 것이다. 이에 비해 연어는 표면상의 축자적 의미가 그대로 쓰인다. 다만 연어는 특정 어휘가 다른 어휘를 요구함으로써 제한적 공기 관계를 갖는다는 점에서 일반 구절과 다르다(문금현, 1999ㄱ: 42 참조).

　연어 관계를 이해하기 위해 '예측 가능성'과 '의미적 제약'에 대해 살펴보기로 한다.

　　(7) ㄱ. 그 여인은 예쁜 ＿＿＿＿＿을(를) 가졌다.

　　　　ㄴ. {두꺼운/두터운} 옷, {*두꺼운/두터운} 우정

　　　　ㄷ. 작은어머니는 미혼이시다.(?)

　　　　ㄹ. 동생이 과자를 마신다.(?)

　(7ㄱ)의 빈자리에 들어갈 것으로 기대되는 명사에는 '눈, 입, 코, 옷, 신발, 인형' 등이

있다. '눈, 입, 코, 옷, 신발, 인형' 등은 '예쁘다'와 연어 관계에 놓이는 결합체로 예측 가능하다. 그러나 역으로 '눈, 입, 코, 옷, 신발, 인형' 등에서 '예쁘다'를 기대하기는 어렵다. 이 경우 '예쁘다'를 선택자라 하고, '눈, 입, 코, 옷, 신발, 인형'을 피선택자라 한다. 그런데 만약 (7ㄱ)의 빈자리에 '음료수'를 넣으면 어색한 표현이 된다. '예쁜 음료수'에서와 같이 단어의 결합 관계에서 나타나는 제약을 공기 제약(共起制約)이라 한다. 공기 제약은 단어의 결합 관계에서 나타나는 제약을 포괄적으로 이르는 말로, '연어 제약'과 '선택 제약'으로 다시 나눌 수 있다. 연어 제약이란 연어 관계에 의한 관습적 제약을 말하고, 선택 제약이란 문장의 구성 단위 간에 선호되는 제약 곧 '성분 간의 호응 관계'를 말한다. (7ㄴ)이 연어 제약의 예이고, (7ㄷ), (7ㄹ)이 선택 제약의 예이다. 일반적으로 연어 제약을 어긴 경우는 유의어 대치로 그 관계를 복원시킬 수 있는 반면, 선택 제약을 어기면 모순이 되거나 변칙적이므로 제약의 강도가 훨씬 크다고 할 수 있다.

7.3. 국어과에서는 결합관계를 어떻게 가르칠 것인가

특정 어휘소가 공기하는 양상, 그리고 공기 관계가 굳어져 특별한 의미를 획득하고 나아가 하나의 단어로 굳어지는 언어 현상은 매우 중요한 교육 제재이다. 그 안에는 특정 언어 사회의 사회 문화 및 언중의 인식 양상이 깃들어 있으며, 또한 이러한 사항을 익히는 것이 의사소통에 유용한 거름이 되기 때문이다. 여기에서는 '합성어, 관용어, 연어'의 순으로 단어의 결합 관계에 대한 교육 방안을 논의해 보도록 하겠다.

어휘소 결합 형식이 하나의 단어로 굳어진 '합성어'는 보통의 어휘가 그러하듯 언어 생활 과정에서 상당 부분 자연스럽게 습득된다. 다만 어휘소 결합에 내재된 언중의 인식 양상은 의미론적 차원에서 교수·학습될 필요가 있다. 현재 합성어는 단어형성법 단원에서 다루어지고 있기 때문에 형태·구조적 차원의 교육이 주를 이룬다. 그리하여 다음과 같이 언어에 내재된 인식적 요소는 간과되기 쉽다.

(8) ㄱ. 하나둘/*둘하나, 여기저기/*저기여기, 국내외/*국외내,
　　높낮이/*낮높이, 승패/*패승

ㄴ. 부모/*모부, 신사숙녀/*숙녀신사

ㄷ. 연놈/*놈년

(8)은 국어 합성명사의 일례로 언중의 인식과 관련한 특정한 경향성을 보여 준다. 이러한 내용은 언어에 대한 언중의 인식 경향을 확인하는 데에서 나아가 언어에 대한 '비판적 인식 교육'의 제재로 활용할 수 있다.

어휘소가 결합하여 특수한 의미를 갖게 된 언어 형식인 관용어에 대해서는 보다 체계적이고 적극적인 교육이 필요하다. 교육의 방향을 설계하기 위해서는 '관용어의 유형'과 '관용어가 가진 교육적 가치'를 고려해야 한다. 앞서 살펴보았듯이 관용어는 의미적 투명성과 관련하여 '반투명형, 반불투명형, 불투명형'으로 유형화할 수 있다. 또한 사용 빈도가 높은 것과 낮은 것으로 나눌 수도 있다. 이러한 투명성 및 사용 빈도는 교육 내용 위계화를 위한 주요 기준으로 작용한다. 한편, 관용어가 가진 교육적 가치는 교육 목표와 직결된다. 관용어는 표현 효과를 극대화시켜 주는 표현 도구이며 그 자체로 우리의 소중한 언어 문화적 자산이다. 따라서 관용어를 교육하는 목표는 '의사소통적 측면'과 '언어 문화적 측면'을 두루 아우를 수 있어야 한다.

관용어 교육은 초등학교 단계에서 고등학교 단계에 이르기까지 각 단계마다 '의사소통적 측면'과 '언어 문화적 측면'을 두루 고려하되 그 정도와 난이도를 달리 설정할 수 있다. 초등 단계에서는 '무릎을 꿇다'와 같은 사용 빈도가 높고 의미가 비교적 투명한 관용어들을 바탕으로 관용어의 개념을 학습하고 이를 의사소통 상황에 적용해 보도록 하는 데 주력한다. 이때 실제 텍스트를 활용하는 데 어려움이 있다면 관용어를 적절하게 배치한 학습용 텍스트를 활용하는 것도 효과적이다(문금현, 1999ㄴ: 380). 중학교 단계에서는 보다 수준이 높고 다양한 관용어를 노출하여 학습에 활용한다. 또한 관용어의 표현 효과를 다양한 텍스트를 통해 확인하고 스스로 활용할 수 있도록 지도한다. 고등학교 단계에서는 의미가 불투명한 관용어들도 학습 제재로 활용하여 잘 쓰이지 않는 어휘의 의미를 알고 의미를 유추하는 활동을 하게 한다. 또 사용 빈도가 낮은 관용어와 사용 빈도가 높은 관용어를 다양한 측면에서 비교하여 '언어 형식의 생성과 소멸 원리'에 대해서도 생각해 볼 수 있게 한다.

언어 제약을 어긴 표현은 해당 언어 사회에서 통용되기 어렵다. 그런데 다행스럽게도 모국어 화자라면 대부분 인위적 학습 과정 없이 연어 관계를 충족하는 자연스러운 언어를 구사할 수 있다. 그렇다면 연어 교육은 어떤 방향으로 구성되어야 할까? 두 가지 방향을 생각해 볼 수 있다. 첫 번째는 어휘력 신장의 맥락에서 의사소통 능력 신장을 목표로 활용 빈도가 높은 어휘적 연어를 어휘소의 하나로 학습하는 것이다. 예를 들어 '새빨간 거짓말'과 같은 연어의 의미를 파악하고 거짓말에 '새빨간'이 결합하여 주는 의미적 효과를 따져 보는 활동을 구안할 수 있다. 한편 연어 교육은 언어 표현의 적절성을 메타적으로 점검하는 활동과 결합하여 이루어질 수도 있다. 그동안은 주어진 문장의 적절성을 파악하는 과제를 수행할 때 주로 문법적 호응에 초점을 맞추었다. 그러나 앞서 살펴보았듯이 문장의 자연스러움을 완성하는 데에는 연어 관계를 맺는 어휘소들 간의 결합도 중요한 요인이 된다.

(9) ㄱ. 못생긴 마음(?)

　　ㄴ. 우리 엄마는 아직 미성년자이다.(?)

(9ㄱ)이 어색한 것은 '마음'이라는 추상적 어휘와 외모를 묘사하는 데 쓰이는 '못생긴'이 공기했기 때문이다. 한편 (9ㄴ)은 '우리 엄마'라는 주어를 설명하는 서술어로 '미성년자이다'가 왔기 때문에 의미적으로 모순이 일어나 문장이 성립하지 않는 예이다. 연어 교육은 이와 같이 주어진 표현을 의미적 차원에서 면밀하게 검토하고 설명할 수 있는 메타적 언어 능력을 신장하는 것을 목표로 구안될 수 있다.

나아가 (9ㄱ)과 같은 사례를 활용하여 연어 제약을 어긴 표현이 주는 효과에 대해서도 교수·학습할 수 있다. 이를 통해 학습자는 연어 제약을 어기면서 새로운 표현 효과를 도모하는 적극적인 언중의 존재를 깨닫게 될 것이며, 궁극적으로는 본인 스스로 다채로운 언어 표현을 사용할 수 있게 될 것이다.

관용어는 일반적으로 '의미가 특수화되어 있고 구성 방식이 고정된' 결합 형식을 말한다. 그런데 실제 언어 표현에서는 다음과 같이 변형된 형태로 활용되는 관용 표현을 볼 수 있다. 비슷한 사례를 더 찾아보고, 관용 표현의 변형이 가능한 조건을 생각해 보자. 또 이러한 표현이 주는 효과를 생각해 보자.

- 동생은 이번 시험에서도 <u>미역국을 먹었다.</u>
  나는 또 <u>미역국</u>이야.

- 숙모는 <u>오지랖이</u> 넓어서 우리 집 일에도 일일이 간섭을 한다.
  그의 <u>오지랖</u>에 다들 백기를 들고 말았다.

2부

어휘와
의미 교육

4장

어휘의
종류

1 고유어와 한자어

1.1. 어휘의 체계는 어떻게 이루어지는가

이 장에서는 '어휘'에 대해 본격적으로 다루게 된다. 다른 부분에서는 '어휘'에 대해 따로 다루지 않으므로, 본 장의 첫 머리가 되는 이 부분에서 어휘의 정의와 체계에 대해 살펴볼 필요가 있을 듯하다.

우리는 학술적으로 품사론(品詞論), 어휘론(語彙論), 의미론(意味論)을 구분한다. 이들 언어학의 분과 영역들은 규명하고자 하는 본질에는 분명한 차이가 있으나 또 한편으로는 엄밀한 금을 긋고 돌아서 있는 별개의 것들도 아니다. 때로는 이들은 동위(同位)에 놓인 것처럼 보이기도 하고, 서로 중첩된 것처럼 보이기도 하며, 때로 상·하위 관계를 갖고 있는 것처럼 보이기도 한다.『표준국어대사전』에서는 이들에 대해 다음과 같은 정의를 내리고 있다.

> **품사론** 문장에 쓰인 단어를 그 단어의 기능, 형태, 의미에 따라 나누어 연구하는 문법의 한 분야. ≒ 씨갈
>
> **어휘론** 단어의 총체인 어휘의 형성, 구조, 의미, 용법 따위를 연구하는 학문. 음운론, 문법

론과 대립되는 언어학의 한 분야이다.

의미론 단어와 문장의 뜻과 실제 상황에 나타나는 발화의 뜻을 연구하는 학문. 언어학의 한
분야이다. ≒ 어의론·의의학

서로가 서로의 이름을 가져다 자신을 정의하는 가운데, 이들 세 개의 정의를 관통하
는 공통적이자 중요한 개념은 '단어'가 아닐까 한다. 따라서 이 단어의 정체를 규명하면
서 차례로 논의를 진행해 보도록 하겠다.

단어와 어휘

앞서 단어에 대한 문제제기를 했다. 단어는 우리가 익히 잘 알고 있는 것처럼 자립성
(自立性)과 분리성(分離性)을 가진 말의 최소 단위로서 최소한 1개 이상의 형태소로 이
루어지고, 일정한 뜻을 가진다. 쉽게 말해서 사전에 올라 있는 모든 것들이 곧 단어이다.

예컨대 생물도감이 있다고 하면 생물도감에는 세균으로부터 진핵생물에 이르기까
지, 또 진핵생물 내에서도 원생생물로부터 식물과 동물에 이르기까지 모든 생물의 종
들이 망라되어 있을 것이다.[1] 사전도 마찬가지여서, 세상에 있는 단어들이 가나다순이
든, 알파벳순이든 차례대로 나열되어 있다. 『표준국어대사전』에는 우리말에서 발견할
수 있는 대략 51만 개가 넘는 단어들이 이러한 나열 방식으로 실려 있는데 이렇게 총 망
라하여 나열된 방식만으로는 단어가 가진 서로 간의 위상과 관계를 한눈에 파악하기 힘
들다. 그래서 공통된 성격을 가지는 단어들을 묶어서 살피는 것이 보통인데, 이렇게 일
정한 범위 속에 들어 있는 단어의 집합을 가리켜 어휘(語彙)라고 한다. 앞서 어휘론의
사전적 정의에서 어휘를 '단어의 총체'라고 언급한 것이나, 달리 어휘를 표제어로 정의
하면서 '어떤 일정한 범위 안에서 쓰이는 단어의 수효. 또는 단어의 전체'라고 한 것은
같은 맥락이다.

이 역시 같은 예를 들어 살펴보면 이해가 쉽다. 생물도감에 있는 온갖 생물들의 개
별 목록들은 우리가 관찰하고자 하는 생태계를 포착하는 데에는 크게 도움이 되지 않

---

1 생물의 분류 체계에는 이견들이 있기는 하나, 여기에서는 워즈(Woese)가 제시한 일반적인 3역 6
계 분류를 기준으로 언급했다.

는다. 관심에 따라 '약이 되는 풀, 외국에서 들어온 유해 곤충' 등으로 그 종류를 줄이거나, '우포늪의 수중 생태', '1940년대 한강 서식 어류' 등으로 시간이나 공간을 제한하는 방식을 취한다. 어휘 역시 같은 방식으로 그 집합의 성격에 따라 일정한 범위를 설정할 수 있다. 이 중 '국어 교과서의 어휘', 〈혼불〉에 쓰인 어휘', '15세기의 어휘'와 같이 그 어휘의 내용이 고정된 것을 폐쇄 집합이라고 하고 '청소년의 어휘', '제주도 방언의 어휘', '신어[새말]'처럼 유동적인 것을 개방 집합이라고 한다.

어휘의 분류 체계와 그 특징

앞에서 본 대로 범위나 제한 없이 나열만 된 단어만 보아서는 그 관계나 특성을 질서 있게 파악하기가 어렵다. 어휘라는 개념은 단어를 유효하게 묶어서 체계적으로 분류하여 적절한 질서를 부여하고 관찰을 용이하게 한다.

분류는 그 기준에 따라 결과가 바뀌기 마련이다. 국어의 어휘를 분류하는 기준으로서 대표적인 것은 어종(語種), 형태와 의미, 기능 등이 있다. 이 장에서 전체적으로 살펴보고자 하는 방향이 곧 어종의 기준으로 국어 어휘의 전반과 교육적 문제라고 하겠다.

현대 국어의 어휘를 어종에 따라 분류해 보면, '고유어·한자어·외래어'의 삼중 체계가 드러나게 된다. 이러한 삼중 체계는 일본어, 베트남 어와 더불어 세계의 다른 언어와는 구별되는 어종 구성의 특징이다. 한자어가 외래어가 되지 않는 이유는 한자가 오래 전에 들어와 국어의 음운 체계의 영향을 받은 후 우리말의 일부분으로서 귀화하였기 때문인데, 이 문제에 대해서는 다음 절에서 더 살펴보기로 한다.

1999년 서적으로 출판된 『표준국어대사전』의 수록된 표제어들을 어종별로 분류한 통계 결과는 〈표 2-1〉과 같다.

분류 \ 어종	고유어	한자어	외래어	기타 (혼합형태)	합계
표제어	111,299	251,478	23,196	54,289	440,262
부표제어	20,672	46,438	165	1,234	68,509
합계	131,971	297,916	23,361	55,523	508,771
백분율	25.9%	58.5%	4.7%	10.9%	100%

〈표 2-1〉 『표준국어대사전』(1999) 수록 어휘의 어종별 통계[2]

이를 보면 알 수 있지만, 국어 어휘의 어종별 특징으로 두드러지는 현상으로서 한자어의 비율이 높다는 것을 들 수 있다. 표에서 보듯 한자어는 고유어에 비해 약 2.26배 더 많다. 이후에 살펴보겠지만, '붓[筆], 날[日]'과 같이 그 기원이 너무 오래 되어 한자와의 관련성이 잘 보이지 않거나 불분명한 것 있고 '짐승[衆生]', '김치[沈菜]'처럼 한자어였다가 고유어화한 것도 있으며, '타락(駝酪; тapar)', '석가모니(釋迦牟尼; Śākyamuni)'와 같이 몽골이나 인도에서 기원한 말이 한자의 음역(音譯)을 거쳐 국어로 들어온 것도 있어 어디까지를 한자어로 보아야 할 것인가에 대해서는 이견의 여지가 많다. 따라서 학자들에 따라서는 국어 어휘의 한자어 비율을 높게는 70%까지도 잡기도 한다.

또한 이렇게 국어 어휘에 고유어보다 한자어가 많다는 사실을 '대국(大國)인 중국과의 관계로 인한 영향'이며 '민족적으로 자존심 상하는 현상'처럼 오해하는 경우도 왕왕 있다. 그러나 이러한 인식은 잘못된 것이다. 영어 어휘 중에는 수많은 희랍-라틴어 계열의 어휘가 있으나 영어 단어로 자리를 잡은 것처럼, 한자어도 상황과 맥락에 따라 풍부한 표현을 돕기 위해 고유어와 더불어 나름대로의 역할 구분을 가지고 국어 어휘의 한 종류로서 사용된 것이다.

---

2 이외 『표준국어대사전』의 어종별 분석은 정호성(2000)에서 상세하게 확인할 수 있다.

1.2. 고유어와 한자어의 개념은 무엇이며, 그 특성에는 어떤 것이 있는가

고유어의 개념과 특성

고유어란 어떤 나라나 민족 기준으로 다른 언어에 섞이지 않은 순수한 그 나라나 민족 고유의 낱말들을 가리킨다. 따라서 국어에서 고유어란 우리 민족이 원래부터 우리말 단어로서 사용해 온 단어들로 정의가 될 것이다. 그런데 이렇게 내리는 정의는 매우 부정확하고 불확실하다. 어떤 단어가 '원래부터' 우리말이었는지 뚜렷이 알 방법이 없기 때문이다. 그래서 역으로 고유어의 뜻과 범위를 '국어의 어휘 중 한자어와 외래어를 제외한 것'으로서 정의하기도 한다.

이미 앞에서 살펴본 바와 같이 고유어는 한자어에 비해 그 수가 훨씬 적다. 고유어가 적은 이유에 대해서도 마찬가지로 국어의 기원에서부터 세세하게 따져야 할 일인데, 이를 실증적으로 규명하기는 어려우므로 이 역시 더 언급하기 쉽지 않다. 다만 국어에 한자어가 많은 이유는 비교적 설명하기가 쉽다. 한자어가 오래 전부터 국어에 유입이 되면서, 고유어를 밀어내고 한자어로 대체가 되거나(뫼〉산) 고유어를 기초어휘로 묶어 두고 유의어로서 뜻을 세분화하는(집 - 가옥(家屋), 주택(住宅), 가택(家宅), 사저(私邸)·관저(官邸), 거주지(居住地), 거처(居處) ……) 현상이 지속적으로 일어났기 때문이다. 예컨대 고려시대 송나라 사신 손목(孫穆)이 12세기 초기에 고려 단어 약 350개를 채집하여 당시 한자 발음대로 적어 『계림유사(鷄林類事)』라는 책을 엮었는데, 이미 이 당시에 '동서남북(東西南北)'이나 '양(羊)'에 해당하는 고려어를 '동녘, 서녘…'과 '양'으로 적은 것으로 보아 한자어는 꽤 이른 시기부터 보편화되고 있음을 알 수 있다.

고유어와 한자어의 관계에 대해서는 아래에서 따로 다루기로 하고, 먼저 고유어의 특성에 대해 살펴보기로 하자. 고유어의 특성으로서 다음의 네 가지 정도를 생각해 볼 수 있다.

첫째, 음운론적인 특성으로서 고유어에는 자음·모음교체 현상이 나타난다.

(1) ㄱ. 감감-깜깜-캄캄, 단단-딴딴-탄탄

ㄴ. 졸졸-줄줄, 반짝-번쩍

ㄷ. 잡다-잡았다, 먹다-먹었다

(1ㄱ)은 자음교체의 예로서 [ㄱ-ㄲ-ㅋ], [ㄷ-ㄸ-ㅌ]의 자음의 교체를 통해 다른 어감을 형성한다. (1ㄴ)은 모음교체의 예로서 [ㅗ-ㅜ], [ㅏ-ㅓ]와 같은 최소대립쌍의 교체를 통해 마찬가지로 별도의 의미장을 만든다. 이는 '누르락푸르락, 눈치코치, 미주알고주알' 등의 음절 교체와는 차이가 있다. 이러한 음절 교체를 통한 대구(對句) 방식은 '산전수전(山戰水戰)', '천년만년(千年萬年)', '동고동락(同苦同樂)' 등과 같이 한자어에도 잘 쓰이기 때문이다.

둘째, 형태론적으로 고유어에는 조사나 어미와 같이 문법적 기능을 하는 어휘가 많다. 아래 (2ㄱ,ㄴ)과 같이 우스갯소리로 '토씨만 우리말'만 쓰는 경우를 잘 보면 이 특징이 무엇을 말하는지 이해하기 쉽다. 이는 또 우리의 언어(문자)생활사와도 밀접하게 관계된다.

(2) ㄱ. 祖國의 民主改革과 平和的 統一의 使命에 立脚하여 正義·人道와 同胞愛로써 民族의 團結을 鞏固히 하고, 모든 社會的 弊習과 不義를 打破하며…… (대한민국 헌법 전문(前文) 중에서)

ㄴ. 이 case는 left ankle이 wrick해서 walking이 impossible한 state로서……

ㄷ. 三曰 謀叛 本國乙 背後爲遣 彼國乙 潛通謀後爲行乎事 (『대명률직해(大明律直解)』 중에서)

ㄹ. 國之語音이 異乎中國ㅎ야 與文字로 不相流通씨 (『훈민정음(訓民正音) 언해본』 중에서)

(2ㄷ)의 예는 조선 초기의 이두(吏讀)의 모습을 대표적으로 보여 주는 사례이고, (2ㄹ)은 우리가 잘 아는 훈민정음 서문의 현토(懸吐: 順讀口訣) 표기이다. 여기에서 쓰인 방식을 잘 보면 (2ㄷ)은 서리(胥吏)들이 이해하기 쉽도록 한문의 어순을 일부 조정하고 국어의 조사와 어미를 붙인 형태이고 (2ㄹ)은 한문의 어순은 그대로 보존한 채 구절 뒤에 올바른 뜻풀이(새김)을 위해 조사와 어미를 붙인 형태이다. 어느 쪽이든 조사와 어미는 고유어로서 다른 한자어로 대치되지 않고 문장을 성립시키는 역할을 한다.

또한 국어에서 문법 기능을 담당하는 어휘가 거의 모두 고유어라는 사실에 덧붙여, 조어형태론적으로 접두사나 접미사들도 대부분 고유어라는 점을 지적할 수 있다. 사실 접사가 새로운 말을 만들어내는 생산적인 규칙성을 부여한다는 점에서 일종의 문법 기능을 담당한다고 볼 수 있으니 이 부분에서 소개하는 것이 자연스러울 듯하다. '-적(的)', '-화(化)'와 같은 예외적인 경우를 제외하고는 '맨-(맨손, 맨발)', '되-(되감다, 되묻다)'와 같은 접두사라든지 '-개(지우개, 덮개)', '-질(가위질, 부채질)', '-스럽-(어른스럽다, 고집스럽다)' 등과 같은 접미사는 거의 고유어 형태소로서 이루어져 있다.

셋째, 어휘론적으로 고유어에는 기초 어휘가 많다. 기초 어휘란 한 언어의 근간이 되는 어휘로 오랜 기간 동안에도 잘 변화되지 않는 인간 생활 속의 말을 뜻하는데, 생존에 필수적인 최소한의 어휘로도 정의된다. 국어에서 고유어는 기초 어휘의 역할을 담당하고, 한자어나 외래어 일부는 전문적이거나 세분화된 어휘 영역을 담당한다. 앞서 살펴본 '집'의 사례뿐만이 아니라 이러한 고유어-한자어 사이의 영역 구분 사례는 다양하게 관찰되며, 이는 다음 절에서 별도로 다루도록 하겠다.

넷째, 의미론적으로 고유어를 통해 다채로운 색채, 감정, 소리와 동작 등을 표현한다. 한자어가 전문적이고 세분화된 의미를 담당한다면 고유어는 정감에 기대어 다른 말로 설명하기 어려운 미묘한 동작과 소리를 표현한다.

(3) ㄱ. ┌ 明 새빨갛다 ― 빨갛다 ― 발갛다 ― (붉다) ― 발그스름하다
　　　└ 暗 시뻘겋다 ― 뻘겋다 ― 벌겋다 ― (붉다) ― 벌그스름하다

　　ㄴ. 아삭아삭, 첨벙첨벙, 칙칙폭폭, 둥둥❶／ 반짝반짝, 파릇파릇, 싱숭생숭, 둥둥❷

　　ㄷ. 갸웃거리다, 주억거리다, 두리번거리다

(3ㄱ)[3]에서 볼 수 있듯이 우리말 고유어 색채어는 밝고 어두운 명도(明度)와 진하고 연한 채도(彩度)를 어휘로서 구사할 수 있음을 볼 수 있다. 국어의 색깔을 나타내는 어휘가 미세하게 잘 발달해 있다는 점은 다른 언어와 비교해서도 두드러지는 특징 중에 하나로, 이태준의 『문장강화(文章講話)』에서도 '붉다'를 가지고 여러 사례를 들면서 우

---

3 제시한 (3ㄱ)은 인용한 것이다. 오랫동안 여러 도서와 자료에 빈번히 등장하는 예시로서 최초의 출전(出典)이 불분명한 탓에 출처를 기재하지 못하였음을 밝혀 둔다.

리말에 색깔을 표현하는 말이 유려하고 다양하다는 설명을 덧붙인 바 있다.

(3ㄴ)은 고유어로 표현된 의성어와 의태어들이다. 예시에서와 같이 대개 중첩을 통해서 자연스럽게 잘 사용이 되는데, 다소 예외적인 것들도 있다. 또 '부글부글'과 같이 같은 표제어로서 의성어와 의태어가 동시에 되는 어휘가 있지만 예시의 '둥둥❶', '둥둥❷'과 같이 다른 어원을 가지고 별도의 표제어로 처리되는 경우도 있다.

이어 (3ㄷ)은 사람의 고개를 기준으로 어떤 동작을 표현하는 어휘들이다. 일부 의성어나 의태어가 파생이 되어 이러한 꼴이 되기도 하는데, 이 예에서 보듯 그 동작의 미묘한 차이가 생긴다. 이러한 범주의 고유어 어휘들은 외국어로 번역하기도 상당히 까다롭다.

한자어의 개념과 특성

한자어는 한자(漢字)로 표기할 수 있는 국어 어휘로 정의한다. 한자는 중국에서 기원하기는 했으나 한자어(漢字語)는 한자로 표기할 수 있는 단어로서 우리말 체계 안에서도 오랜 시간 사용해 왔으므로 엄연히 국어 어휘의 일부이다.

한자어 어휘를 가장 광범위하게 정의하면 '우리말 가운데 한자로 표기가 가능한 모든 낱말'로 할 수 있다(심재기, 1987 참조). 앞서 언급했듯이 한국은 아주 오랜 상고 시대로부터 중국으로부터 한자를 유입시켜 왔기 때문에 한자어에는 중국 차용어뿐만이 아니라 한국식의 한자어, 일본 전래의 한자어 등이 매우 복잡하게 섞여 있다. 다시 말하면 중국 기원 한자어, 일본 기원 한자어, 한국 자생 한자어 등이 모두 한자어의 범위 안에 들어간다.

(4) ㄱ. 중국 기원 한자어: 공부(工夫), 학생(學生), 자연(自然) …

ㄴ. 일본 기원 한자어: 엽서(葉書), 취급(取扱), 추월(追越) …

ㄷ. 한국 자생 한자어: 전답(田畓), 식구(食口), 편지(便紙) …

여기에서 중요한 사실은, 우리말에서 한자어로서 다룰 수 있기 위해서는 모두 '한국 한자음'으로 읽혀야 한다는 점이다. 예를 들어 (4ㄱ)에서 '工夫'는 '공푸(gōng·fu)'라고 읽지 않고, (4ㄴ)에서 '葉書'는 '하가키(はがき)'라고 읽지 않는다.

또 우리말 어휘 중에는 김치[沈菜], 배추[白菜], 고추[苦椒·苦草], 숭늉[熟冷], 사냥[山行], 썰매[雪馬], 성냥[石硫黃], 짐승[衆生], 재주[才調], 나중[乃終] 등과 같이 한자와 관련이 있음이 분명하지만 한자로 표기할 수 없고 이에 따른 한자음으로 읽지 않는 어휘들이 있는데 이러한 단어들은 원칙적으로 한자어에서 제외된다.

때로는 그 기원이 오래되어 한자로 유래한 것인지 불확실한 것들도 있는데, 붓[筆]과 같은 단어가 대표적이다. '붓'의 경우 현대 중국어음은 'bǐ'인데, 이것의 고대음은 현대 중국어에는 없는 입성(入聲, 대개 p/t/k와 같은 종성)이 포함된 'bit/but'이었을 것으로 추정한다. 베트남어에서 붓이나 펜을 가리키는 단어가 한자어 계열인 'bút'이라는 점도 일종의 증거 자료가 되고, 한자인 '八'이나 '佛'이 한국 한자음으로는 입성이 있었던 받침 자리가 '팔'과 '불'처럼 'ㄹ'로 교체되어 붙어 있고 현대 중국어에서는 'bā'와 'fó'로 남아 있다는 것도 고대 한자음 'bit'이 한국 한자음인 'pil'로 변한 과정을 지지한다. 이 장에서 깊이 있게 다룰 성질의 내용은 아니지만, 이렇듯 한자어의 기원을 살피는 과정에서 고대 중국어 음운론과 국어사의 내용이 맞닿는 흥미로운 부분이 많음을 알 수 있다.

한자어는 다음과 같이 고유어나 외래어와 구별되는 몇 가지 특징을 갖고 있다.[4]

첫째, 앞에서 정의한 것처럼 한자어는 한자로 표기할 수 있다. 국어의 모든 한자어는 원칙적으로 한국의 한자음으로 읽히고 표기된다. 따라서 한국 한자음을 발음하면서 나타나는 음운법칙도 적용이 된다. '노인(老人)-경로(敬老)', '여성(女性)-남녀(男女)'에서처럼 두음법칙이 있고, '국립(國立)[궁닙], 난로(煖爐)[날로]'처럼 자음동화가 적용되며, 어문 규범에 따라 사이시옷을 표기하기도 하고 그렇지 않은 경우가 있으나 '내과(內科)[내꽈]', '제삿날(祭祀-날)[제산날]', '예삿일[例事-일][예산닐]'과 같은 사잇소리도 존재한다.

둘째, 한자어의 구성은 대개 두 개 이상의 한자 형태소인 어기(語基)와 어기의 결합으로 이루어진 합성어 또는 어기와 접사의 결합으로 이루어진 파생어가 대부분이다. 한자어는 2음절어가 압도적으로 많고, 책(冊), 시(詩), 즉(卽), 단(但)처럼 1음절로 이루어

---

4 아래 한자어의 특징에 관련된 부분은 강현화(2005 : 112-114)의 내용을 바탕으로 보완하고 재조직한 것이다.

지는 경우도 있다.

셋째, 고유어로 표현하기에 길고 복잡한 통사적인 구성을 해야 할 개념이 한자어로는 간단히 하나의 단어로 표현할 수 있다. 예를 들어 '담배를 즐겨 피우는 사람', '산에 오르기' 등의 통사적인 표현을 '애연가(愛煙家)', '등산(登山)'과 같은 한 개의 단어로 줄일 수 있다.

넷째, 한자어는 고유어에 비해 약자나 약어를 만드는 것이 수월하다. 예컨대 전국경제인연합회(全國經濟人聯合會)를 줄여 전경련(全經聯)이라고 하거나 국정감사(國政監査)를 국감(國監) 등으로 칭하는 것이 그것이다(이 네 개의 단어는 모두 『표준국어대사전』에 올림말로 등재되어 있다). 최근 국어 생활 전반에서 앞 글자만 따서 약어를 만드는 것이 유행하고 있으나, 이렇게 만들어진 유행어는 일시적으로 사용될 뿐 공식적인 단어로서의 지위를 획득하는 사례는 없으나 한자어의 경우는 공식성을 획득하는 경우가 상당히 많다. 앞서 언급한 세 번째 특징과 함께, 한자어가 지닌 경제성은 국어에서 한자어가 자리 잡을 수 있게 된 중요한 요인이었다고 할 수 있다.

다섯째, 고유어가 다의어인 경우 한자를 사용해서 보다 세분화된 의미를 표현할 수 있다는 특징이 있다. 따라서 앞서 고유어의 특징에서도 언급이 된 것처럼 기초 어휘에는 고유어가 많고 학술어나 전문 용어에는 한자어가 월등히 많다. 고유어와 한자어의 대응, 나아가 고유어와 한자어와 외래어와의 대응 양상은 이후에 따로 다시 살펴보기로 한다.

여섯째, 한자어는 그 자체로는 대부분 명사로 사용되나, 다른 품사로 쓰이는 경우도 있다. 예컨대 '학교(學校)', '체육(體育)' 등 한자어는 자립적으로 쓰일 경우 대부분 명사가 되지만, '일(一)', '이(二)'와 같은 수사, '당신(當身)'과 같은 대명사, '어차피(於此彼)', '심지어(甚至於)'와 같은 부사가 되기도 한다.

일곱째, 중국어는 한국어와 어순과 구조가 다름에도 불구하고 '애국(愛國)', '출국(出國)' 등과 같이 중국식 어순을 국어의 통사적 규칙에 따라 '국애(國愛)', '국출(國出)' 등으로 바꾸지 않고 대체로 그대로 지키고 있다. 한자어가 한국식으로 동화된 것도 있는 한편 완전히 동화되지 않고 중국어적인 특성을 지닌 단어도 있어서 한국어 안에서 한자어의 위치는 특이한 점이 있다.

여덟째, 형태론적이나 성분상의 제약이 많은 고유어와는 달리 한자에는 글자 하나하나가 원칙적으로 독립성이 있고 품사가 고정적으로 주어지지 않아서 여러 용법으로 사용된다. 예컨대 같은 '호(好)'라도 '호감(好感)'에서는 형용사, '호기심(好奇心)'에서는 동사, '호오(好惡)'에서는 명사, '호경기(好景氣)'에서는 접두사로 쓰인다.

아홉째, 한자어는 단독적인 어기 형태나 접사의 형태로 고유어와 한국에 들어온 외국어와도 쉽게 결합하여 생산적으로 새 단어를 만든다. 예로 '된醬', '밥床', '헛手苦', '代代로', '洋담배', '新유럽(Europe)', '풀(pool)場' 등과 같은 단어들을 생각해 볼 수 있다. 한편으로, 한자어는 고유어와 결합하여 같은 뜻이 중복되는 형태의 새 단어를 만들기도 하는데, '담牆', '모래沙場', '洋屋집', '속內衣', '夜밤', '뼛骨'과 같은 것들이 그것이다. 이렇게 만들어진 단어들은 한자어와 고유어의 혼종어로서 그 위치를 갖게 된다.

열째, 앞의 아홉 번째 특성과 관련하여, 한자어에 '-하다'가 생산적으로 붙는 경우를 지적할 수 있다. 한자어에 파생접미사 '-하다'가 붙으면 동사나 형용사가 되는데, 그 결합 양상은 다음과 같이 분류할 수 있다.

(5) ㄱ. 심(甚)하다, 구(求)하다, 단순(單純)하다, 복잡(複雜)하다 …

　　ㄴ. 건강(健康)하다, 행복(幸福)하다, 공부(工夫)하다, 도착(到着)하다 …

(5)의 예시 전반에서 알 수 있듯이 '-하다' 앞에 붙는 한자들이 상태성 명사이면 형용사가 되고 동작성 명사이면 동사가 된다. 그런데 이 한자들이 (5ㄱ)에서처럼 비자립적인 경우도 있고 (5ㄴ)에서처럼 자립적인 경우도 있다. 자립적인 경우 '건강, 공부' 등의 단어를 단독적으로 쓰는 것이 가능하나, 비자립적인 경우 '심함, 복잡함' 등으로 파생된 단어를 써야 한다.

1.3. 고유어와 한자어 사이의 관계를 어떻게 이해해야 하는가

우리는 앞에서 우리말의 어종별 구성 비율을 살펴본 바 있다. 단순히 구성 비율만을 보면 한자어가 고유어에 비해 2.26배 이상 높다는 결과만이 확인되나, 구성 분포를 다시 살펴보면 또 다른 사실을 확인할 수 있게 된다. 국어 어휘 중 명사의 경우에는 한자어가 고유어보다 세 배 이상 많지만, 동사나 형용사를 살펴보면 고유어가 한자어보다 더 많으며, 조사와 어미는 고유어가 100%에 다다른다는 것이다(서울대학교 국어교육연구소, 2014: 530 참고). 이러한 점은 고유어와 한자어의 관계를 단순히 양적인 관계로 보아 우위를 점하고 열세에 있다는 해석으로는 부족하며 이들의 관계를 의미나 기능 면에서 입체적으로 보아야 함을 말해 준다.

고유어와 한자어 사이의 관계를 입체적으로 보려면 시간적 안목(통시성)과 공간적 안목(공시성)을 가지고 균형 있게 살펴보아야 할 필요가 있다. 시간적인 안목이란 곧 고유어와 한자어가 오랜 시간을 두고 어떤 관계를 가지고 왔는지를 살펴볼 수 있는 것이고, 공간적인 안목이란 당대의 시점에서 어떤 대상을 지칭하고자 할 때 고유어와 한자어가 서로 어떤 역할을 담당하고 있는지를 살펴볼 수 있는 것을 말한다.

대체로 고유어와 한자어는 공시적으로는 보완 관계를, 통시적으로는 경쟁 관계를 설정한다고 요약할 수 있다. 즉, 한 시대를 놓고 관찰해 보면 고유어는 기본적인 의미를, 한자어는 세분화된 의미를 가지면서 그 분포에서 서로 보완적인 관계를 유지하고, 오랜 시간을 두고 살펴보면 대체로 한자어가 고유어를 밀어내거나 위축시키는 양상을 보여 왔다.

어휘의 역사를 보면 같은 의미를 가지는 고유어와 한자어가 등장하여 서로 경쟁하게 되면 대체로 한자어가 살아남고 고유어는 사멸하거나 다른 의미를 가지게 되는 일이 많았다(서울대학교 국어교육연구소, 2014: 530 참조). 앞의 예로서 'フ름'과 '강(江)'이라든지 '온·즈믄'과 '백(百)·천(千)' 등을 들 수 있다. 이 중 'フ름'은 김소월의 「접동새」의 구절 '津頭江 가람까'와 같이 1920년대까지 드문드문 쓰이다가 지금은 의도적으로 쓰지 않는 이상 거의 쓰이지 않고 있으며, '온'과 같은 단어는 '온갖(온[百] + 가지[種])'과 같이 오래 전에 합성어가 되어 현재까지 전해지는 단어에 화석처럼 남아 있기도 하다. 한편 뒤의 예로서 '얼굴'과 '형체(形體)'와 같은 것을 들 수 있다. 고유어 '얼굴'은 17세기까지 '상(狀)'이나 '형(形, 型)'을 대신하는 단어로 쓰이다가 차차 지금의 신체 부위로서 '안면(顔面)'의 뜻으로 축소되었다.

이러한 고유어와 한자어의 경쟁과 변화의 모습을 잘 보여 주는 것이 한자의 소리[音]와 새김[訓]을 적는 학습 서적이다. 〈그림 2-1〉은 오늘날 전하는 『천자문(千字文)』 자료인 『광주판 천자문』(1575년), 『석봉 천자문』(1583년), 『주해 천자문』(1752년), 『천자문

(韓日鮮四體法)』(1930년) 네 권의 자료에서 볼 수 있는 두 개의 글자(河, 龍)에 대한 사진인데, 시대와 서적에 따라 고유어와 한자어의 새김 말 선택에서 흥미로운 변화를 볼 수 있다. 단 이러한 새김은 매우 보수적이어서 쉽게 변하지 않는다는 점을 감안해야 한다. 오늘날에도 '가로 曰, 뫼 山'과 같은 풀이가 그대로 남아 있다는 것은 이러한 새김의 보수성의 증거라고 할 수 있을 것이다.

『광주판 천자문』	『석봉 천자문』	『주해 천자문』	『천자문(韓日鮮四體法)』

〈그림 2-1〉 옛『천자문』에 실린 한자의 새김[5]

한편 앞서 한자어의 특징에서 살펴본 바와 같이, 한 개의 고유어에 둘 이상의 한자어가 비슷한 의미를 가지고 폭넓게 대응하는 현상을 보인다. 예를 들어 김광해(1987)『유의어·반의어 사전』에서 고유어 '생각'을 찾아보면 총 79개의 유의어가 나오는데, 이 중 한자어는 72개에 이른다. 이렇게 고유어가 가진 기초어휘로서의 의미를 한자어가 세분화하여 주고 공시적인 의미에서 다층적인 유의어 군(群)을 이루는 현상을 치밀하게 관찰하고 학계에 알린 것이 김광해(1989)라고 할 수 있다. 고유어와 한자어의 대응 현상

---

5 디지털한글박물관(http://archives.hangeul.go.kr)에서 이외 다양한 예시를 볼 수 있다.

은 어휘의 빈도 계량, 교육 목적의 어휘 평정(評定), 사전과 교재(교과서)의 제작 등 국어 교육학에도 중요한 과제를 안겨 주는 것으로서 매우 큰 의의가 있다고 하겠다.

고유어가 자립성을 갖는 데 비해 이에 대응하는 한자는 그렇지 못한 것도 이러한 의미 분화를 가져오게 되는 원인이 된다. 예를 들어 고유어로 '돈'이라고 하면 그 자체로 자립성을 갖지만, '금(金)', '비(費)', '료(料)' 등은 '돈'의 의미로 쓰이면 거의 의존 형태소의 자격을 갖게 된다. 그렇기 때문에 '장학금(奬學金), 차비(車費), 입장료(入場料)'와 같이 다른 한자들을 끌어들여 세분화된 의미를 형성한다.

동의 관계(3-3)와 상하 관계(3-6)를 통해 일부 다루었고, 또 이어질 외래어(4-2)에서도 더 상세히 다루겠지만, 고유어와 한자어의 관계를 통해 우리 어휘 생태가 공시적인 환경에서 의미를 관계로 일종의 공생(共生)의 생태를 이룬다고 할 수 있다. 이는 외래어와의 관계까지를 포괄하여 다루어야 할 것이기도 하여 간단히 다루면, 서로 비슷한 의미라 하더라도 각자가 가진 사용 맥락에 따라 달리 선택되는 의미장을 구성하게 된다.

이러한 모습을 여실히 보여주는 것이 의미상 유사한 '고유어-한자어-외래어'의 3중 동의어 같은 것이다. 이러한 사례는 우리의 일상생활에서 적지 않게 찾아볼 수 있다.

(6) ㄱ. 밥집 ― 식당 ― 레스토랑 (찻집 ― 다방(다실) ― 카페)

ㄴ. 머리 ― 모발 ― 헤어 (머리방 ― 이발소(미장원) ― 헤어숍)

ㄷ. 마을(동네) ― 촌락(동리) ― 타운

ㄹ. 생각 ― 제안(묘수, 착상) ― 아이디어

ㅁ. 쉽다 ― 간단하다(단순하다) ― 심플하다

1.4. 국어과에서는 고유어와 한자어를 어떻게 가르칠 것인가

앞에서 살펴본 바와 같이 국어의 어휘 체계 안에서 고유어와 한자어는 유기적(有機的)이고 상보적(相補的)인 관계를 맺으며 나름대로의 생존과 사멸의 이유를 지닌 생태학적인 균형 상태를 이루어 왔음을 알 수 있다. 또한 한자어는 일찍이 한국어의 한 부분으로 편입한 엄연한 우리말의 한 부분으로서 외래어와는 분명 다른 위상을 차지하고 있음을 확인할 수 있다.

한자어는 그 유래 지역에 따라 중국계, 일본계, 한국계 한자어가 있고 또 유래 시기에 따라 상고시대 유입 어휘, 고전 한문 문헌의 어휘, 산스크리트어의 음역·의역된 불경의 어휘, 몽골·만주어 등의 음역 어휘, 백화문(白話文) 어휘, 근대기 서양 학술 개념의 번역어 유입 어휘 등으로도 분류할 수 있다. 공간과 시간이 어떠하든 근본적으로 한국에는 한국인만이 읽는 한자어의 소릿값이 오래 전부터 존재해 왔고, 이는 중국이나 일본, 베트남과 그 음이 유사할 수 있다 하더라도 고유한 것이기 때문에 한자어는 우리말의 일부분으로서 자연스럽게 받아들일 필요가 있다. 더군다나 한자어 계열의 어휘가 전체 단어의 60%에 이르는 비중을 차지하고 있다는 점도 유념할 필요가 있다.

국어과 교육과정에서 어휘론을 문법 교수의 한 영역으로 적극적으로 다루는 모습을 보이게 된 것은 제7차 교육과정(1997.12.)부터이다. 이전 제6차 교육과정 이전에서 단어와 관련된 것은 단어 조어법과 품사론이었고, 어휘론이나 의미론을 다루지는 않았다.[6]

제7차 교육과정에서는 '문법' 대신 '국어지식' 영역을 설정하고 적극적으로 어휘를 국어교육의 대상으로서 끌어왔다. 제7차 교육과정에서는 일방적으로 전달되는 고정된 지식 위주의 암기보다 귀납적 일반화 과정으로서 자기주도적인 탐구 활동을 적극적으로 표방하였고, 어휘에 대한 관찰은 이러한 탐구 활동의 취지를 잘 살릴 수 있는 부분이다. 다음의 〈표2-2〉, 〈표2-3〉과 같이 제7차 교육과정에서는 내용 체계 중 '국어의 이해와 탐구' 영역에 낱말과 어휘를 포함하였고, 학년별 내용 중 6학년에서 '고유어, 한자어, 외래어'를 다루었다.

---

6 예를 들면, 제6차 교육과정(1992.10.)에서는 국어과 고등학교 과정의 '언어' 영역 중 '나. 내용'에 다음과 같은 언급이 있다. 이는 5차 이전에도 비슷한 양상을 띤다. (전후 항목 생략)

〈국어의 이해와 분석〉
(4) 국어 단어 형성의 규칙을 알고, 단어들을 품사에 따라 분류한다.
(7) 단어의 여러 가지 의미 관계를 알고, 의사 소통 상황에 적합한 단어를 선택하여 사용한다.

	국어의 이해와 탐구	

국
어
지
식
	• 국어의 본질
	  언어의 특성
	  국어의 특질
	  국어의 변천
		• 국어의 이해와 탐구
		  음운
		  낱말
		  어휘
		  문장
		  의미
		  담화
			• 국어에 대한 태도
			  동기
			  흥미
			  습관
			  가치

	• 국어의 규범과 적용 표준어와 표준 발음 맞춤법 문법		

〈표 2-2〉 제7차 교육과정 '국어 지식' 중 내용 체계

내용	수준별 학습 활동의 예
(3) 고유어, 한자어, 외래어, 외국어의 개념을 안다.	【기본】 ○고유어, 한자어, 외래어, 외국어의 차이점을 안다. 【심화】 ○글에서 한자어, 외래어, 외국어를 찾고, 알맞은 고유어 로 바꾼다.

〈표 2-3〉 제7차 교육과정 '국어 지식'의 6학년 학년별 내용(일부)

우리말 어휘의 구성과 생태에 대한 교육적 위상은 이후에 조금씩 강화되고 체계화되는 양상을 보인다. 2007 개정 교육과정(2007.2.)에서는 국어과 6학년의 교육과정 내 '문법' 영역에서 언어 자료의 수준과 범위로 '고유어, 한자어, 외래어, 외국어가 들어 있는 언어 자료'를 사용할 것을 권장하면서 다음과 같은 성취기준을 제시하였다.

성취기준	내용 요소의 예
(1) 고유어, 한자어, 외래어, 외국어의 개념을 알고 국어 어휘의 특징을 이 해한다.	○고유어, 한자어, 외래어, 외국어의 개념과 차이 이해하기 ○국어 어휘의 특징 이해하기 ○고유어를 살려 쓰는 태도 기르기

〈표 2-4〉 2007 개정 교육과정 국어과 6학년 '문법' 영역

이어서 만들어진 2009 개정 교육과정(2011.8.)에서는 국어 어휘 체계에 대한 접근이
훨씬 더 순차적으로 이루어질 수 있도록 위계화·정교화하고 있음을 알 수 있다.

[영역 성취기준]
우리 말글의 소중함을 알고 낱말과 문장을 올바르게 이해·표현하는 초보적 지식을 익히며 국어에 대한 관심과 호기심을 갖는다.
[내용 성취기준]
(2) 다양한 고유어(토박이말)를 익히고 소중히 여기는 태도를 기른다. 고유어(토박이말)에는 국어 문화의 특성이 반영되어 있으므로 다양한 고유어를 익히는 활동은 국어 문화에 대한 관심과 우리말을 소중히 여기는 태도를 고양할 수 있다. 생활 속의 아름다운 고유어를 두루 찾아서 재미있고 다양한 말놀이 활동을 통해 익히게 하면서 고유어의 가치를 일깨울 수 있도록 지도한다.

〈표 2-5〉 2009 개정 교육과정 국어과 초등학교 1-2학년군 '문법' 영역

[영역 성취기준]
국어의 구조에 대한 기초적 이해를 바탕으로 어휘를 넓혀 나가며, 자연스러운 문장을 생산하고, 국어 현상을 즐겨 관찰하는 태도를 지닌다.
[내용 성취기준]
(3) 국어의 낱말 확장 방법을 알고 다양한 어휘를 익힌다. 국어의 낱말 확장 방법을 이해하면 국어의 어휘 세계에 대한 인식 능력을 높이고 어휘 능력을 신장시킬 수 있다. 여기서 낱말 확장 방법은 다음과 같은 것을 가리킨다. 예컨대 '개꿈, 개떡, 개머루'에는 공통적으로 '개-'가 들어가 있어 모두 '참 것이나 좋은 것이 아니고 함부로 된 것'이라는 뜻을 갖는다. 또 '국민, 국어, 국가'에는 공통적으로 '국(國)'이 들어가 있어 공통적으로 '나라'의 의미를 갖는다. 이와 같은 방식으로 낱말을 익히면 낱말의 의미를 정확하게 인지할 수 있을 뿐만 아니라 새로운 낱말의 의미를 추론할 수도 있다. 다양한 토박이말(고유어)과 한자어를 두루 익히게 하여 학생들의 어휘 능력을 신장시킨다.

〈표 2-6〉 2009 개정 교육과정 국어과 초등학교 3-4학년군 '문법' 영역

[영역 성취기준]
국어의 구조에 대한 핵심적 원리를 이해하고 자연스러운 낱말·문장·담화를 생산하며 국어 사랑의 태도를 지닌다.
[내용 성취기준]
(3) 고유어, 한자어, 외래어의 개념과 특성을 알고 국어 어휘의 특징을 이해한다. 고유어, 한자어, 외래어에 대한 이해는 국어 낱말의 세계와 관련한 국어 인식 능력을 고양시킬 뿐만 아니라 현대 국어의 상황에 대한 발전적 인식을 갖게 할 수 있다. 고유어, 한자어, 외래어의 개념을 이해하고 현대 국어 낱말의 세계를 탐구하면서 올바른 어휘 사용의 방향에 대해 토의할 수 있도록 지도한다. 특히 고유어에 대한 사랑, 한자어에 대한 이해, 외래어 오남용 방지 등에 주안점을 두도록 하고, 국어 순화의 필요성을 자각하고 실천할 수 있도록 지도한다.

〈표 2-7〉 2009 개정 교육과정 국어과 초등학교 5-6학년군 '문법' 영역

이어진 2015 개정 교육과정에서는 이전 2009 개정 교육과정의 위계가 상당히 크게 재배치되었다. 기존의 초등학교 교육과정에서 다루었던 고유어, 한자어와 관련된 지식 또는 태도와 관련된 사항은 없어졌고, 지식 차원에서 어휘의 분류(품사 개념)를 접하는 단계를 3~4학년군에 배치하였다. 그리고 2009 개정 교육과정에서 5~6학년군에 제시하였던 고유어-한자어-외래어의 체계에 대한 사항은 중학교 1~3학년군으로 재배치되면서 동시에 이전 고등학교에 교육과정에 제시된 어휘의 체계와 양상을 이해하는 내용도 통합되어 나타난다.

요컨대 국어 어휘의 체계에 대한 교육적 가치를 발견하고 이를 국어교육의 대상으로 전환하려는 움직임은 7차 교육과정에서부터 나타나고, 6학년 단계에서 고유어·한자어·외래어의 개념과 차이점, 특징 등을 탐구를 통해 파악하도록 하는 데 주안을 두고 있다. 2007 개정 교육과정에서는 큰 변화 없이 이어나가다가 2009 개정 교육과정에서는 이를 '고유어에 대한 태도 형성(1~2학년군) → 고유어와 한자어의 구조에 대한 탐구와 어휘 확장(3~4학년군) → 국어 어휘 체계에 대한 개념과 특징 이해(5~6학년군) → 국어 어휘 체계의 양상 분석과 올바른 활용(고등학교)' 단계를 두고 위계적으로 펼쳐 놓는 데까지 이르렀다. 그러나 2015 개정 이후부터는 고유어와 한자어를 다루는 교육적 위

계화는 일거에 사라지고 '어휘 체계에 대한 개념과 특징 이해'라는 지식 영역의 내용으로 축소, 통합되었음을 알 수 있다.

이러한 위계화 설계에 있어 뚜렷한 일관성이나 이론적 근거를 찾기는 어려운데, 대략 순서를 보아서는 먼저 ① 고유어 사용에 대한 정의적인 태도를 형성하고, 다음으로 ② 고유어와 한자어에 대한 지식을 확장한 다음, 마지막으로 ③ 올바른 수행을 할 수 있도록 유도하고 있는 방향성을 갖고 있다고 할 수 있다. 여기에서 국어교육의 장에서 짚어보아야 할 고유어와 한자어 관련 쟁점은 두 가지 정도로 보인다.

첫째, 어휘력 증진이나 어휘에 대한 인식 증대가 교육적으로 우선하는 것인지, 혹은 우리말 어휘에 관련한 태도 형성이 우선하는 것인지 판단이 필요하다.

2009 개정 교육과정에서는 1~2학년군을 대상으로 고유어의 가치를 일깨우는 활동을 제안하고 있어 태도 형성을 우선하고 있다. 그러나 한편으로는 초등학교 수준의 학생들에게 고유어의 가치를 깨닫는 것보다 더 우선시 되어야 할 것은 우리말의 필수 어휘들을 알고 어휘력을 증진시켜 독서 및 작문 능력을 길러 나가는 것이라고 볼 수도 있다. 예컨대 일본에서는 교육용 필수 한자가 자국어교육과 연계가 되어 어휘력 증진을 위한 학년별 배정 한자 개념이 있는 반면 한국의 국어교육은 그렇지 않다(박세진, 2010 참고). 물론 한자에 대해 음독과 훈독이 모두 존재하고 고급의 문어(文語)일수록 한자가 그대로 표기되는 경향이 있는 일본의 문어와, 한자의 훈독은 따로 존재하지 않고 한자어라도 한자의 노출 없이 모두 한글로 표기가 가능한 한국의 문어는 근본적으로 다르다. 그렇지만 고유어와 한자어에 대한 가치 평가를 떠나 한국의 국민으로서 익혀야 할 어휘들을 확장해 나가는 것이 저학년에게 일차적으로 요구된다는 주장은 타당하다고 할 수 있다.

그리고 이 쟁점은 더 나아가, 좀처럼 해결하기 어려우나 해묵은 교육적 문제인 한자 교육 문제와 맞닿는다. 이 문제는 지금까지도 치열한 논쟁 중에 있으므로 새삼스럽게 많은 부분을 할애하여 다룰 필요는 없을 듯하다.[7] 다만 이 논쟁에서 중요한 핵심은 '한자'를 아는 것이 국어의 '한자어' 어휘력을 증진시키는 데 기여하는지 그 여부를 따지는

---

[7] 한자어가 국어의 많은 부분을 차지하는 것은 객관적인 사실이므로 한자에 대한 교육은 국어교육의 범주 안에서 이루어져야 한다고 본 이응백(1980)의 논의 이후 반박과 보완이 있었다. 초등 국어교육 단계의 고유어와 한자어 교육 문제를 다룬 최근의 논의로 최운선(2012)을 참고해 볼 수 있다.

데 있다고 여겨진다.

둘째, 한자어 사용에 대해 학생들이 국어순화의 관점에서 살펴보도록 지도하는 국어교육의 방향성이 적절한 것인지, 또 이에 대한 보완이나 대안은 없는지 살펴보아야 할 필요가 있다. 앞서 언급한 바와 같이 한자어는 세부적인 개념을 나타내기 위한 학술어나 전문어로서 역할을 하고 있지만, 동시에 다른 말로 대체가 불가능한 기초 어휘로서도 그 위상을 갖고 있다. 그러므로 단순히 한자어의 사용을 줄이고 고유어를 살려 쓰는 것이 곧 '국어 사랑의 태도'로 이어지는 것은 아니라는 점을 충분히 이해할 수 있을 것이다.

따라서 국어교육에서는 국어 어휘의 체계를 균형 있게 조망하도록 하고, 한자어를 국어의 일부로서 수용하고 올바르게 쓰는 태도를 갖게끔 하되, 고유어·한자어·외래어라는 어종을 떠나 국어 공동체의 소통을 저해하는 요소를 올바르게 판단하여 소통이 잘 이루어질 수 있는 어휘를 구사하고 필요에 따라 전환할 수 있는 태도를 갖도록 지도해야 한다. 또한 우리말이 아닌 무분별하게 구사하는 외국어 어휘라든지, 고유어나 쉬운 한자어로 충분히 대체가 가능함에도 불구하고 사용되는 일본식 한자어나 어려운 한자어가 바로 순화의 대상임을 인지하고 고쳐 보는 교육적 경험이 요구된다.[8] 나아가 그 이전에 한자어의 지위를 어떻게 공식적으로 설정할 것인지부터 진지하게 고민할 필요가 있다. 국어교육은 공적인 영역이므로, 공식적인 근거를 바탕으로 교육의 내용으로 반영될 수 있기 때문이다.[9]

---

[8] 2007 개정 교육과정(2007.2.)의 고등학교 문법 교육과정에서 제시된 '나. 세부 내용'은 이러한 의미에서 참고할 수 있다. (전후 항목 생략)

④ 전문어
  ㉮ 직업 세계에서 나타나는 언어의 사용 원리와 효과를 이해한다.
  ㉯ 전문어의 오남용 현상을 비판적으로 이해하고 전문어를 올바르게 사용한다.

[9] 이러한 의미에서 국어기본법, 어문규범 등에서 한자어를 어떤 위상으로 정의하고 교육의 장에서 어떻게 수용할 것인지를 다룬 김경수(2015)의 논의는 상당히 중요한 문제제기를 하고 있다.

1. '고유어 – 한자어 – 외래어(외국어)'의 3중 체계를 이루는 사례를 다양하게 수집해 보자. 이때 '파란불 – 녹색등 – 그린라이트'에 있는 '그린라이트'처럼 우리말로 정착하지 않은 외국어의 단계에 있는 어휘라도 가리지 말고 여러 사례를 생각해 보자.

2. 수집한 자료를 보고, 각각의 어휘가 쓰이는 맥락이나 문장을 이야기해 보면서 어떤 특성을 가지고 있는지 토의해 보자.

2 │ 외래어: 어휘의 차용

2.1. 외래어란 무엇인가

『표준국어대사전』에 따르면 '외래어(外來語, loan word 또는 borrowed word)'는 "외국에서 들어온 말로 국어처럼 쓰이는 단어"로서, "버스, 컴퓨터, 피아노" 등과 같은 단어들이 이에 속한다.[10] 그러나 외래어가 정확히 무엇인지에 대해서 그동안 많은 논의가 있어 왔는데, 주로 외래어가 차용어 및 외국어와 어떤 관련성을 지니는지가 주된 논의 내용이었다.

먼저 외래어와 차용어의 경우, 연구자에 따라서는 이들을 구분하기도 하고 동의어로 사용하기도 한다.

ㄱ. 외래어, 차용어는 모두 외국어에서 와서 국어 속에 널리 사용되는 낱말들이라는 점에서는 동일하지만, 외래어는 일반 언중이 외래 어휘임을 인식하는 낱말들이며, 차용어는 외

---

10 '표준국어대사전'에 수록된 440,262개의 표제어 중 외래어의 비율은 5.26%인데, 외래어가 일부 포함된 단어까지 합친다면, 외래어의 분포는 4% 정도가 더 늘게 된다(정호성, 2000).

래어 중 동화 과정이 완료되어 국어의 어휘 체계 속에 확고한 지위를 차지하게 된 말이다 (정희원, 2004).

ㄴ. 차용어에 한자어와 외래어가 포함된다(심재기 외, 2011: 141).

ㄷ. 외래어는 한자어, 귀화어, 외국어와 함께 차용어에 속한다(김광해 외, 1999: 341).

ㄹ. '차용어'라는 말에는 수용자의 능동적 태도가 있고 '외래어'는 능동적이든 수동적이든 결과적으로 들어와 있는 말이란 뜻이라 중립적이기는 하지만 우리는 '외래어'나 '차용어'를 동의적으로 쓰도록 한다(민현식, 1999: 352).

ㄱ-ㄷ은 외래어와 차용어를 구분하는 입장이고 ㄹ은 외래어와 차용어를 동의어로 간주하는 입장이다.[11] 좀 더 구체적으로 살펴보면 ㄱ은 동화의 정도에 따라 외래어와 차용어를 구분하고 있고, ㄴ과 ㄷ은 차용어를 외래어의 상의어로 인식하고 있으며, ㄹ은 외래어와 차용어라는 말에 약간의 어감 차이가 있으나 동의어로 간주할 수 있다고 본다. 이처럼 외래어와 차용어에 대한 인식이 다른 것은 그만큼 외래어가 우리나라에서 다양한 양상으로 사용되고 있음을 보여 준다.

다음으로 외래어와 외국어의 경우, 지금까지 외래어를 외국어와 구분하여 정의하려는 다양한 노력들이 다음과 같이 있어 왔다.

ㄱ. 외국어에서 국어 속에 들어와야 한다. 단어라야 한다. 사용되어야 한다(김민수, 1973: 103-104).

ㄴ. 국어 어휘 중에서 외국어에 기원을 둔 말. 외국에서 들어온 말로 외국어가 아니고 국어에 속한다(김세중, 1998: 5-6).

ㄷ. 외래어는 그 차용원이 대부분 외국어인 단어이다. 외래어 인식은 일상생활과 관련하여 차이가 날 수 있지만 우리말 문맥에서 한글로 적히거나 한글 자모로 대표되는 우리말 음운으로 발음되면 외래어가 되는 것으로 보아야 한다(임홍빈, 2008: 12-28).

위와 같이 외래어와 외국어를 구별하는 기준으로는 대체로 1)동화의 정도, 2)국어 문

---

11 『표준국어대사전』에서는 '외래어'와 '차용어'를 동의어로 처리하였다.

장 속에서의 자연스러움의 정도, 3)외국어 의식이 있는가 없는가, 4)우리 사회에서 널리 쓰이는가 그렇지 않은가 등을 들지만, 이러한 기준이 각자의 입장에 따라서, 또는 분야에 따라서 일정하지 않을 수 있기 때문에 외래어와 외국어를 구별하는 것은 간단한 문제가 아니다(송철의, 1998: 25).[12]

이처럼 차용어와 혼용되기도 하고 외국어와 구분되지 않기도 하는 등, 외래어가 정확히 무엇이며, 어떤 단어들이 외래어에 해당되는지 확실하게 말하는 것은 조심스럽다. 다만 이후 논의를 위해서 우리는 외래어를 앞서 언급한 『표준국어대사전』의 정의에 따라 이해하고 『표준국어대사전』에 등재된 단어들만을 외래어의 사례로 제시하기로 한다.

2.2. 외래어의 의미는 차용 과정에서 어떻게 변용되는가

외래어는 왜 생겨나는 것일까? 호킷(Hockett, 1958: 402-407)은 외래어 수용의 동기에 필요 동기(need filling motive)와 과시 동기(prestige motive)가 있다고 하였다. 우리나라가 외국과 접촉함으로써 외국의 문화와 문물이 우리나라에 들어오게 되고, 그러한 문화 및 문물과 관련된 말도 따라 들어오게 되는 것은 바로 필요 동기에 의해 외래어가 차용되는 경우이다. 한편 외래어가 고유어보다 더 권위적이고 문화적으로 상위 언어라는 인식에서 차용된 외래어는 과시 동기에 의해 차용되는 경우이다. 예를 들어, 양복이 들어옴으로써 '와이셔츠', '넥타이', '벨트' 등의 말이 들어온 것이 필요 동기에 의해 외래어를 수용한 사례라면, 우리의 탁자, 머리 모양을 각각 '테이블', '헤어스타일' 등으로 부르는 것은 과시 동기에 의해 외래어를 수용한 사례라 할 수 있다.

이처럼 필요 동기와 과시 동기에 의해 외래어가 차용되는 과정에서 본래의 의미를 그대로 유지하는 경우도 있지만 경우에 따라서는 본래의 의미와 조금 다르게 국어에서 사용되기도 한다(노명희, 2013; 민현식, 1998 참조). 이를 외래어의 의미 변용이라 하는데,

---

12 곽재용(2003: 80)에서는 외래어와 외국어 구별의 모호함이 외래어 남용을 부추기는 원인 중 하나임을 지적하기도 하였다.

주로 두 가지 방식으로 나타난다. 첫째는 의미 영역이 변화되는 것으로서, 의미의 교체, 축소, 확대로 세분할 수 있다. 둘째는 의미 가치가 달라지는 것으로서, 의미의 상승, 하락으로 유형화해 볼 수 있다.

의미 영역의 변화

1) 의미 교체

본래 의미와는 다른 뜻으로 사용되는 경우를 말한다. '노트북(notebook)'은 본래 '공책'의 의미이지만 국어에서는 '공책'의 의미로는 사용되지 않고 '노트북 컴퓨터'의 의미로 사용된다. 또한 '파이팅(fighting)'은 본래 '싸우는, 호전적인, 전투의'의 의미이지만 국어에서는 '운동 경기에서, 잘 싸우자는 뜻으로 외치는 소리'의 의미로 사용된다. 비록 의미 교체에 속하는 외래어의 수는 많지 않지만, 본래의 의미와 전혀 다른 뜻으로 국어에서 사용되기 때문에 본래 의미만을 알고 있는 외국인들과의 소통에서 이들 외래어로 인해 간혹 오해가 발생하기도 한다.

2) 의미 확대

외래어의 의미가 본래 의미보다 다양한 뜻으로 사용되거나 특수한 의미가 보편적 의미로 확대되는 경우를 말한다. 본래 의미보다 다양한 뜻으로 사용되는 예로, '코너(corner)'를 들 수 있다. 코너는 본래 '모서리, 구석, 궁지, (스포츠에서) 코너' 등을 의미하는데, 국어에서는 '코너'가 이 외에도 '아동복 코너, 상설 할인 코너'에서처럼 '백화점 따위의 큰 상가에서 특정한 상품을 진열하고 팔기 위한 곳'의 의미로 사용된다. 특수한 의미가 보편적 의미로 확대되는 예로, '호치키스'를 들 수 있다. 호치키스는 스테이플러의 상품명에 불과했지만 이제 국어에서는 스테이플러 자체를 지칭하는 단어로 사용된다.

3) 의미 축소

외래어의 의미가 본래 의미 중 일부의 의미만으로 사용되는 경우를 말한다. 이는 다시 두 가지로 나누어 볼 수 있다. 첫째는 외래어가 본래 다의어였으나 국어에서는 그중 한두 가지 의미만으로 사용되는 것이다. '데이트(date)'는 본래 '날짜, 시대, 약속, 남녀 간의 교제' 등 다양한 의미를 지닌 다의어인데, 국어에서는 '이성끼리 교제를 위하여 만나는 일'의 의미로만 사용된다. 둘째는 외래어가 본래의 의미보다 좁은 의미만으로 사용되는 것이다. '부케(bouquet)'는 본래 일반적인 '꽃다발'의 의미를 지니지만, 국어에서는 '주로 결혼식 때 신부가 손에 드는 작은 꽃다발'의 의미로 사용된다. 외래어 중에는 의미 축소에 해당하는 것이 가장 많다.

의미 가치 변화

1) 의미 상승

외래어의 의미가 본래 의미보다 좀 더 긍정적 가치를 지닌 뜻으로 사용되는 경우를 말한다. '레스토랑(restaurant)'은 본래 일반적인 식당을 의미하는데, 국어에서는 서양식 식당의 의미로 사용되어 일반 식당보다 좀 더 고급스러운 식당으로 인식된다. 외래어에서 의미가 상승된 경우는 주로 필요 동기가 아니라 과시 동기에 의해 차용이 이루어진 예들이 대부분이다.

2) 의미 하락

외래어의 의미가 본래 의미에 비해 부정적 가치를 지닌 뜻으로 사용되는 경우를 말한다. '마담(madam)'은 본래 '부인', '마님' 등 높임의 표현이었는데 국어에서는 '술집이나 다방, 보석 가게 따위의 여주인'으로 사용된다. '보스(boss)'도 본래 '최고 책임자'의 의미이지만 국어에서는 '폭력단 두목'의 의미로 한정하여 사용되는 경향이 있다.

2.3. 외래어는 다른 단어들과 어떻게 경쟁하는가

외래어는 고유의 의미를 지님으로써 독자적으로 사용되기도 하지만 유사한 의미를 지닌 고유어, 한자어, 다른 외래어와 경쟁을 하기도 한다. 역사적으로는 외래어였던 한자어와 고유어 사이에서 경쟁이 오랜 세월 지속되어 상당수의 고유어가 소멸되었고, 개화기 이후에는 기존어(고유어와 한자어)에 대해 새로 일본어와 서구 외래어가 들어와 기존어와 경쟁을 하게 되었다(민현식, 1999: 381). 외래어가 유의 관계에 있는 다른 단어와 경쟁하는 경우를 유형별로 제시하면 다음과 같다(민현식, 1998; 심재기 외, 2011 참조).

(1) 외래어와 고유어 간의 경쟁
　　스커트-치마, 댄스-춤, 드레스-옷, 머플러-목도리, 버튼-단추, 키-열쇠, 헤어밴드-머리띠 등

(2) 외래어와 한자어 간의 경쟁
　　가스-기체, 가이드북-안내서, 데스크-접수처, 리포트-보고서, 브로커-중개인, 브랜드-상표, 세일-할인, 솔로-독창/독주, 쇼크-충격, 스케줄-일정, 슬로건-구호, 앙케트-설문, 에티켓-예절, 엘리베이터-승강기, 인터뷰-면접/회견, 카메라-사진기, 퍼센트-백분율, 프로그램-순서, 배터리-건전지, 오르간-풍금, 테이블-탁자 등

(3) 외래어/한자어/고유어 간의 경쟁
　　갭/간격/틈, 레인코트/우의/비옷, 마스크/가면/탈, 센터/중앙/가운데, 컬러/색채/빛깔, 파티/연회/잔치 등

(4) 외래어 간의 경쟁
　　스테이플러-호치키스, 퍼센트-프로, 크레용-크레파스, 매너-에티켓

　　외래어가 다른 단어와 경쟁할 때 '엘리베이터-승강기', '스테이플러-호치키스'와 같이 서로 완전한 동의 관계를 이루기도 하지만 그 대상이나 쓰임에 따라 약간씩 의미 영역을 분담하기도 한다. 가령 (1)에서 '키-열쇠'의 경우, 자동차와 관련해서는 '키'라 하지만 재래식 장롱과 관련해서는 '열쇠'라 하고, (2)에서 '인터뷰-면접/회견'의 경우, '인터뷰'는 '필기시험과 인터뷰를 통과해야 한다'와 같은 예에서는 '면접시험'의 의미를 갖고, '오늘 기자들과 인터뷰가 있다'에서는 '회견'의 의미를 갖지만, '시민들과 인터뷰한 내용'에서는 '면접'이나 '회견'으로 대치하기 어려운 면이 있다(심재기 외, 2011: 66).
　　또한 외래어가 다른 단어와 경쟁하는 경우, 외래어의 가치는 상대적으로 상승하고

유의 관계에 있는 고유어나 한자어가 상대적으로 가치가 하락하는 현상이 나타나는 경우가 많다. 가령, (1)의 '헤어밴드-머리띠', (2)의 '테이블-탁자', (3)의 '파티-연회/잔치'에서 '헤어밴드, 테이블, 파티'에 비해 '머리띠, 탁자, 연회/잔치'가 덜 세련된 느낌을 주는 것으로 인식되는 경향이 있다.

2.4. 국어과에서는 외래어를 어떻게 가르칠 것인가

지금까지 외래어 관련 교육은 외래어의 개념, 외래어 오남용 방지, 국어 순화 차원에 초점을 맞추어 왔다. 이는 외래어 차용과 관련된 다양한 의미 현상과 외래어 차용의 결과로 인한 단어들 간의 경쟁에 대해서는 별다른 관심을 두지 않았음을 의미한다. 그러나 외래어가 차용되는 과정에서 외래어가 본래 지니고 있었던 의미의 영역과 가치가 변화되기도 하고, 유의 관계에 있는 기존어(고유어, 한자어)와 서로 경쟁하기도 한다는 사실을 주목하면 국어 환경에 대한 비판적 인식 및 탐구적 사고력 향상에 기여할 수 있다.

이를 위해서는 외래어가 차용되는 과정에서 본래의 의미대로 사용되는 경우만 있는 것이 아니라 의미 영역이 교체, 확대, 축소되거나 의미의 가치가 상승, 하락할 수 있다는 사실을 구체적인 사례와 함께 이해해야 한다. 또한 주변에서 널리 사용되는 외래어를 대상으로 하여 해당 외래어가 어느 유형에 속하는지를 탐구하는 것도 필요하다. 이러한 이해와 탐구는 우리의 언어생활에 많은 영향을 끼치는 외래어를 좀 더 깊게 이해하고 적절하게 사용할 수 있는 토대를 제공해 준다. 또한 외래어의 본래 의미와 국어에서 사용되는 의미를 비교하는 과정과 외래어와 유의 관계에 있는 다른 단어가 어떠한 의미 차이를 보이는지 살펴보는 과정에서 탐구적 사고력이 향상될 수 있다.

외래어 차용과 관련된 교육은 초등학교 단계에서 고등학교 단계까지 단계별로 이루어질 수 있다. 초등학교 단계에서는 외래어의 개념을 이해하고 외래어의 필요성을 필요 동기 관점에 한정하여 이해하도록 한다. 외래어의 개념을 교수·학습하는 과정에서 외국어와의 구분이 불가피한 측면이 있으나, 외래어와 외국어가 엄밀하게 구분되기 어려운 측면이 있음을 감안하여 국어사전 등재 여부를 중심으로 외래어와 외국어를 구분할 수 있도록 지도한다. 중학교 단계에서는 외래어의 필요성을 과시 동기 관점까지 아울러 이해하도록 지도한다. 또한 외래어가 차용의 과정에서 의미의 교체, 확대, 축소, 상승, 하락 등의 의미 변용이 일어날 수 있음을 이해하고 일상생활에서 자주 사용되는 외래어를 대상으로 어느 유형에 속하는지를 탐구해 보는 활동을 중심으로 지도한다. 고등학교 단계에서는 외래어가 유의 관계에 있는 고유어, 한자어, 외래어와 의미 경쟁을 한다는 점을 이해하고 둘 사이에 어떠한 의미 영역이 분담되고 있는지를 일상 속 외래어를 대상으로 탐구해 보는 활동을 중심으로 지도한다. 또한 외래어는 순화어와도 의미 경쟁을 할 수 있음을 이해하고 순화어가 성공적으로 정착하기 위해서는 어떠한 노력이 필요한지를 모색해 보는 활동도 병행할 수 있다. 끝으로 외래어가 고유어 및 한자어와 의미 경쟁을 할 때 고유어의 의미가 상대적으로 가치 절하되는 현상을 비판적으로 고찰하고 이러한 현상이 발생하는 이유와 해결 방안에 대해 토론해 보는 활동까지 확장될 필요가 있다.

🖋 탐구문제

다음 단어들을 대상으로 아래 탐구 활동을 수행해 보자.

> - 노트, 마스크, 매너, 맨션, 메일, 메이커
> - 바바리코트, 오바이트, 치킨

(1) 이들 단어들의 본래 의미와 국어에서 사용되는 의미를 사전에서 찾아 비교해 보자.

외래어	본래 의미	국어에서의 의미
노트(note)		
마스크(mask)		
매너(manner)		
맨션(mansion)		
메일(mail)		
메이커(maker)		
바바리코트(Burberry coat)		
오바이트(overeat)		
치킨(chicken)		

(2) (1)을 바탕으로 이들 단어들이 의미 영역의 교체/확대/축소와 의미 가치
의 상승/하락 중 어디에 해당하는지 분류해 보자.

- 의미 교체:
- 의미 확대:
- 의미 축소:
- 의미 상승:
- 의미 하락:

3 | 어휘의 분화와 표준화: 방언과 표준어의 어휘

3.1. 어휘의 분화란 무엇인가

　언어는 시간, 공간, 사회문화적 환경 등에 따라 변한다.[13] 그런데 언어의 변화 양상을 보면, 음운이나 형태, 통사 부문의 변화보다 어휘 부문의 변화 양상이 두드러진다. 어휘는 세상의 존재, 사물, 개념을 담는 것이므로, 문법적 의미와 기능을 주로 수행하는 부문보다 그 변화의 정도가 클 수밖에 없다. 그런데 어휘가 바뀔 때, 한 어휘가 다른 어휘로 교체되는 경우도 있지만, 그렇지 않고 하나의 대상을 가리키는 어휘가 두 개

---

13 어떤 언어든 그 체계가 변할 수밖에 없는데, 그 변화의 크기와 정도에 따라 분화의 종류가 구분된다. 첫째는 한 언어에서 출발하였지만, 변화의 크기와 정도가 커서 원래의 언어와 공통점을 찾기 힘든 정도로 별개의 체계가 완성된 경우이다. 이를 언어 분화라고 한다. 예를 들어, 현대 한국어의 옛 역사를 거슬러 올라가면 원시 한국어에 같은 뿌리를 두고 있지만 각기 다른 언어 체계를 갖추게 된 북방계 한국어(원시 부여어)와 남방계 한국어(원시 한어)를 상정할 수 있다(이기문, 1998). 둘째는 원래의 언어에서 파생되었으나 둘 사이의 공통점이 분명한 정도로 분화되는 경우이다. 이를 방언 분화라고 한다(이혁화, 2003 참고). 예를 들어 경상도의 말과 강원도의 말은 확연하게 다르게 들리지만, 둘 사이의 차이가 그 공통점보다 더 적기에 하나의 한국어로 인정된다. 여기에서 논하는 어휘의 분화는, 한국어 내에서 어휘 부문의 분화이면서 특히 방언 분화에 해당한다.

이상으로 많아지는 경우가 있다. 즉 특정한 대상과 언어적 형태의 결합 관계가 1:1 대응 관계에서 벗어나 1:多 대응 관계를 갖게 되는 것이다. 이러한 현상을 어휘의 분화라고 한다.[14] 예를 들어, "백합과의 여러해살이풀. 봄에 땅속의 작은 비늘줄기로부터 길이 30cm 정도 되는 선 모양의 두툼한 잎이 무더기로 뭉쳐난다.(표준국어대사전)"로 그 정의가 기술되는 특정 식물에 대응하는 형태는 '부추', '정구지', '솔' 등으로 분화되어 있다.

어휘의 분화는 요인에 따라 두 가지 유형으로 구분된다. 첫째, 지리적 요인에 의한 분화이다. 어휘는 지리적 환경, 즉 높은 산맥이나 강과 바다 등으로 구획된 특정 언어 권역에 따라 달리 분화된다. 특정한 지리적 환경이 장애물 역할을 하여 언어적 교류를 원활하지 않게 한 결과, 어휘의 분화가 일어나는 것이다. 이러한 지리적 분화는 상대적으로 넓지 않은 공간 내에서도 활발하게 일어난다. 다음 (1)은 경북 지역에 나타난 '여우(狐)'의 방언형 목록이다(이상규, 1994; 이장희, 2003). 이 목록을 통해 경북 지역에서는 '여우'에 해당하는 어휘가 총 15개로 분화되었으며, 이러한 어휘 분포에 한정한다면 이 지역은 언어적으로 총 15개의 하위 권역으로 구분될 수 있음을 알 수 있다.

(1)
애팽이/야갱이/여갱이/얘갱이/여끼/얘끼/예수/에수/얘수/애수/야수/야시/여수/여우/얘호

둘째, 사회적 요인에 의한 분화이다. 어휘는 사람들의 삶을 반영하기 때문에 사회적 체계와 관습에 따라 다양하게 분화된다. 계층, 나이, 성별, 직업 등에 따라 동일한 언어 사용자들이 각기 다른 하위 집단을 형성하고, 여기에서 어휘가 사회적으로 분화된다. 다음 〈표 2-8〉은 안동의 특정 지역에서 반촌(班村)과 민촌(民村)에 따라 달리 형성된 친족 명칭 어휘의 목록 중 일부를 제시한 것이다(이장희, 2003). 이 예는 계층에 따라 각기 다른 어휘 체계가 구성된 결과이다. 이와 같이 어휘를 분화시킴으로써 각기 다른 사회적 관습을 따르는 하위 언어 구성원들의 정체성을 드러낼 수 있기 때문에 어휘의 사회

---

14 김광해(1982)에서는 한 형태에 복수의 의미가 대응되게 되는 의미의 분화와 더불어 발생하는 어휘의 분화 현상에 대하여 설명한 바 있다. 특히 다의성을 가지게 된 특정 형태에서 출발한 어휘의 분화 현상은, 자음교체나 모음교체 등의 방법을 통하여 형태들 간의 의미적 연관성을 가시화하였다는 점이 특징적이다.

적 분화는 매우 활발하게 일어난다. 그리고 이러한 어휘의 사회적 분화는 해당 언어 공동체의 사회적 관계와 체계를 반영한 결과물이다. 한국어 어휘는 현대 한국 사회의 급속한 변화의 흐름대로 일상의 여러 곳에서 매우 다양한 사회적 분화를 거듭하고 있다.

표준어	안동 방언	
	반촌	민촌
할아버지	큰아베	할베
할머니	큰어메	할메
아버지	아베	아부지
어머니	어메	어무이
시아버지	아벰	아범님
시어머니	어멤	어머님

〈표 2-8〉 계층에 따른 친족 명칭 어휘의 분화 사례

3.2. 어휘의 표준화란 무엇인가

　어휘의 분화는 언어 자원의 풍부성과 표현의 다양성을 이끄는 데 큰 역할을 하지만, 의사소통의 편이성과 효율성의 면에서는 부정적인 영향을 미친다. 이와 같이 한 집단이 유지되기 위한 의사소통 수단의 통일이라는 공공적 차원에서, 자연적으로 분화된 어휘를 일련의 합의 과정을 거쳐 하나 또는 둘 이상의 형태로 정리하여 표준형으로 확정, 공유하는 것을 어휘의 표준화라고 한다.

　한국어 어휘의 표준화는 1930년대 조선어학회의 표준어 사정 작업을 통해 본격적으로 시작되었다. 약 4,000개의 낱말을 대상으로 시작된 표준어 사정 작업의 특징은, 전문가 중심의 독회를 통해 개별 어휘를 각각 사정하여 표준 어휘의 목록을 만들고 이와 함께 비표준 어휘도 제시한 것이다. 이 결과는 1936년 한글날에 〈사정한 조선어 표준말 모음〉으로 공개되었다(리의도, 2013: 171).[15] 정리된 표준어 목록은 약 6,000개로, 이후 표준어 규정집에 실려 일반 대중들에게 공유되었다. (2)와 (3)은 표준어 규정집에서 확

인할 수 있는 어휘 표준화의 실례이다. (2)는 복수의 어형 중에 하나의 표준형만을 제시한 사례이고, (3)은 언중들이 널리 쓰는 정도의 우세를 판가름하기 어려운 경우 복수의 표준형을 제시한 사례이다.

(2)

제9항 'ㅣ' 역행 동화 현상에 의한 발음은 원칙적으로 표준 발음으로 인정하지 아니하되, 다만 다음 단어들은 그러한 동화가 적용된 형태를 표준어로 삼는다.(ㄱ을 표준어로 삼고, ㄴ을 버림.)

ㄱ	ㄴ	비고
− 내기 냄비 동댕이 − 치다	− 나기 남비 동당이 − 치다	서울 −, 시골 −, 신출 −, 풋 −

(3)

제26항 한 가지 의미를 나타내는 형태 몇 가지가 널리 쓰이며 표준어 규정에 맞으면, 그 모두를 표준어로 삼는다.

복수 표준어	비고
가는 − 허리/잔 − 허리 가락 − 엿/가래 − 엿 가뭄/가물 가엾다/가엽다 감감 − 무소식/감감 − 소식 (이하 생략)	가엾어/가여워, 가엾은/가여운 (이하 생략)

---

15 총 사정 어휘수는 9,547개로서, 그 구체적인 내역을 보면 표준어 6,231개, 약어 134개, 비표준어 3,082개, 한자어 100개였다(리의도, 2013: 170). 시대적 상황상 이 시기의 표준어 사정은 엄정하고 체계적인 계획과 방법론을 가지고 이루어지지 못했다. 따라서 지금의 눈으로 보기에는 미흡한 부분이 다소 있지만, 그 구체적인 내용을 살펴보면 사정에 참여한 구성원들의 성별과 출신 지역을 안배하여 나름대로 균형 잡힌 사정을 하고자 한 의도를 확인할 수 있다.

그런데 이러한 성과는 개별 어휘들을 대상으로 한 사정의 결과로서, 규정된 어휘의 수가 한정되어 있기에 언중들의 어휘 생활의 규준으로 광범위하게 사용되기 힘든 단점이 있다. 시간이 지나고 상황이 바뀜에 따라 급변하는 실생활의 어휘의 양상을 제때에 반영하지 못하기 때문이다. 한편, 표준어 사정의 원칙 역시 조선어학회의 주도로 사정 작업이 이루어진 특정 시기의 한계를 담고 있다는 점도 고려해야 할 점이다. 수많은 방언형을 수집하여 그중에서 주로 서울말을 기준으로 하여 선정한 과거의 사정 방식은, 지역 방언의 기반이 흔들리고 미디어와 테크놀로지의 발달에 힘입어 동시다발적으로 새로운 말이 만들어지고 공유되는 지금 이 시점의 언어 환경과 맞지 않다. 특정 지역에서 생성되고 활용되는 방언이 공통어의 역할을 하는 시대에서 전국을 기반으로 한 공통어가 전국을 기반으로 생성되고 활용되는 시대로 변화하면서(최경봉, 2011: 11), 어휘 표준화의 새로운 방식을 적극적으로 모색해야 할 필요성이 대두되게 된 것이다. 국립국어원의 표준국어대사전의 지속적인 등재어 수정 및 보완, 국어심의회의 심의를 통한 지속적인 표준어 추가 인정(2011년: 39개, 2014년: 13개, 2015: 11개, 2016년: 6개, 2017: 6개 항목 추가)은 이러한 모색의 소산이다.

3.3. 표준어와 방언의 어휘와 관련된 문제는 무엇인가

결국, 표준어의 어휘는 어휘 표준화의 결과이고, 방언의 어휘는 어휘 분화 또는 어휘 다양화의 결과라고 할 수 있다. 한국어를 구성하는 어휘의 장 안에 존재하는 발산과 수렴의 역학 관계 안에서, 한국어 어휘는 표현의 다양성이 최대치로 보장되는 언어적 자원의 보고(寶庫)로 거듭나기도 하고, 다른 한 편으로는 언어 정책이라는 큰 틀 아래 소통을 위한 공공재의 차원에서 공통 어휘의 체계로 정련되기도 한다. 그렇기 때문에 이 역학 관계는 한국어 어휘 체계의 풍부성과 소통성이라는 두 가지 다른 차원의 자질을 갖추게 하는 원동력이라고 할 수 있다. 또한 이 두 가지 자질은 이론적 개념으로는 대립되나, 한국어의 실재적 차원에서 보면 상호보완적으로 조화롭게 갖추어져야 될 것들이다. 이러한 상태를 만들고 유지하기 위해서는 관련된 문제들을 해결하는 다차원적인 시도와 노력이 뒷받침 되어야 할 것인데, 그 구체적인 내용은 다음과 같다.

첫째, 방언 어휘에 대한 조사가 여전히 충분하게 이루어지지 않고 있기 때문에, 가능한 많은 방언 어휘 목록을 적극적으로 확보해야 한다. 테크놀로지의 발달로 특정한 언어적 사태가 거의 실시간으로 한국어 사용자들에게 공유되는 시대임에도 불구하고, 방언은 여전히 살아있는 한국어 변이어로 존재한다. 그렇지만 예전과는 다르게 언어 환경의 변화와 세대 간 언어 차이가 급격하게 커진 상황에서 해당 지역사회에 대한 풍부한 문화적 지식과 경험을 가진 유창한 방언 화자의 수는 점점 줄어들고 있다. 그러므로 좀 더 체계적인 조사 계획을 세워 적극적으로 방언 화자들의 사용 어휘를 수집하고 정리해야 한다. 더불어 조사의 방향 역시 확장될 필요가 있다. 방언 어휘의 개념적 의미와 분포 양상 중심의 조사가 주로 이루어지고 있기 때문에, 방언 어휘의 사용 상황에 대한 폭넓은 조사를 통해 상황적, 화용적 의미에 대한 정보를 정리해야 한다. 또한 조사 대상도 다양화해야 한다. 현대 한국 사회의 언어상은 사회 방언의 어휘를 통해서 극명하게 드러날 수 있기 때문에, 각종 분야와 집단의 사회 방언 어휘에 대하여 관심을 확대하여야 할 것이다.

둘째, 기존 표준어 규정에 의한 사정의 한계로 인한 문제점들이 있기 때문에, 현대 한국어의 변화와 한국어 사용자의 요구에 부응하는 새로운 표준어 사정의 원칙과 방법론이 강구되어야 한다. 무엇보다도 특정 지역 방언을 기반으로 한 표준어가 아닌 공통어 역할을 충분히 할 수 있는 표준어의 개념을 정립해야 할 것이다(최경봉, 2011 참고). 또한 특수 전문가 집단의 숙의 과정과 함께 일반 언중들의 공감대 형성과 의견 교환이 가능할 수 있는 장치를 더 적극적으로 모색해야 할 필요도 있다. 그리고 이미 자연스럽게 대표적인 권위를 지니게 된 표준국어대사전의 사전 등재어 관리가 더 유연해져서 그 기술 및 내용의 수정, 보완 등이 언중의 인식과 경험에 지나치게 동떨어지지 않도록 이루어져야 한다. 그리하여 사전을 통하여 자연스럽게 수많은 어휘들에 대한 공공적 판단의 장이 만들어지고, 그 장 안에서 한국어 언어 사용자들이 한국어의 어휘에 대하여 숙의하고 최선의 안을 도출해 내게 된다면 매우 바람직할 것이다.

셋째, 방언과 표준어에 대한 한국어 공동체의 사회적 인식과 태도는 여전히 경직되고 편향되어 있는 부분이 있기 때문에 이에 대한 더 거시적이고 적극적인 접근이 필요하다. 이 점은 한국어 어휘의 양적 측면보다는 질적 측면에 관한 부분이다. 방언 어휘에 부가되는 사회적 의미값이 공공어로서의 기준이 되는 표준어 어휘에 가치 면에서 낮게 비교되는 경우가 잦다. 그런데 방언 어휘와 표준어 어휘의 의미값은 언어학적으로 따지면 비교의 틀 안에 놓일 수 없다. 방언의 어휘가 자연적인 언어 세계에 속해 있다고 한다면, 표준어의 어휘는 자연적인 언어 세계를 근간으로 하되, 본질적으로는 인위적으로 구성된 언어 세계에 속한 것이기 때문이다. 또한 그 각각은 상호보완적으로 각자의 자리에서 고유한 의미값을 가진 채로 한국어의 어휘를 구성하기 때문이다. 그렇지만 이러한 원론적인 사실은 현실 언어생활에서는 받아들여지지 않곤 한다. 대부분의 언중들이 표준어를 공통어가 아닌 서울말로 인식하고, 그 결과 사회적 우세어로 서울말이 자리매김하기 때문이다. 특히 한국 사회의 특수한 정치적 맥락과 지역 방언에 대한 가치 평가가 결합됨으로써, 이러한 문제점이 더욱 부각되기도 한다. 이에 대한 대응과 처방은 교육의 장에서 가장 적극적으로 이루어질 수 있을 것이다. 학교 공간에서의 대처가 사회 전반으로 확대될 수 있는 방안도 마련해야 함은 물론이다.

3.4. 국어과에서는 방언과 표준어를 어떻게 가르칠 것인가

이제까지의 논의에 따라 어휘의 분화와 표준화 현상을 정리하면, 이것은 자연적으로 발생하는 한국어 어휘의 지리적이고 사회적인 변이라는 자연발생적인 어휘 현상과 이러한 변이를 다시 공공적 목적으로 조정하는 정책적 언어 현상이다. 국어교육에서는 자연발생적인 한국어 어휘의 분화 현상이라는 점에서 방언 어휘를 국어 탐구의 특수 주제로 다루는 한편, 국어교육이 언어 정책의 현실화의 주요한 경로라는 점에서 표준어 어휘를 기본적인 국어 소양 관련 주제로 특화해서 다룰 수 있다.

그간 국어교육에서 표준어와 방언 어휘에 대해서 다루지 않은 것은 아니다. 가령, 자료 (4)는 어휘교육의 내용 요소 목록을 종합적으로 포괄한 예인데, 표준어와 방언의 어휘에 관한 내용이 포함되어 있다.

(4)
어휘의 개념, 국어 어휘의 특징, 어휘의 의미관계−동의관계·반의관계·하의관계·부분전체관계, 어종−고유어·한자어·외래어·혼종어, 어휘의 지리적 변이−표준어와 방언,[16] 어휘의 정치적 변이—남북한 어휘의 이질성, 어휘의 사회적 변이—은어·전문어·속어·비어·유행어·새말, 어휘의 계층적 위상—높임말과 예사말, 어휘의 변화(임지룡 외, 2010: 270)

그런데 유의할 점은, 이론적 논의나 교육과정 문서 및 교과서에서 이 개념들이 교육 내용의 요소로는 항상 포함되지만, 그것들이 적절한 방식으로 충실하게 다루어지지 않았다는 점이다. 만약 방언 어휘를 본격적인 탐구의 주제로 삼고자 한다면, 실재하는 언어 현상으로서 방언이 가지고 있는 지역적 또는 집단적 범위를 고려하여 교육 내용이 다원화 되어야 할 것이다. 특정 어휘 형태가 지리적으로 어떻게 변이되어 나타나는지 그 분화의 실태를 단순 비교하는 정도로는 부족하다. 국어과 학습자들이 방언 어휘에 대한 언어적 지식과 경험을 자신이 살아가고 있는 지역과 사회적 집단 내에서 사용되는 어휘를 대상으로 과학적 탐구 활동을 통해 얻을 수 있어야 한다. 그러므로 전국의 모든 국어과 학습자에게 제공되는 방언 어휘에 대한 학습 활동이 모두 같아서는 안 된다. 방언 권역별로 각각의 지역 방언 어휘의 핵심적 특질을 충실히 다룰 수 있는 각기 다른 탐구 활동이 마련되는 것이 적절하다.[17] 이를 통해 언어 탐구 자료의 질을 현저하게 높일 수 있고, 학습자의 실제 언어 생활을 근간으로 하는 참된 언어 탐구가 가능해지며, 궁극적으로 방언 어휘에 대한 깊이 있는 이해와 성찰이 뒤따를 수 있을 것이다. 이를 위해서는 특정 주제에 따라 다양한 방언 어휘를 다룰 수 있도록 체계적으로 구안된 질 높은 탐구 과제가 마련되어야 할 것이다. 이때, 중학교 급에서는 방언 어휘 조사 중심의 탐구 과제를 다루는 것이 적절하다. 상대적으로 넓지 않은 지역적 범위, 적당한 규모의 조사 대상자 집단 또는 언어 자료, 조사할 어휘의 범위를 사전에 조정한다면, 중학생들의 인지 수준으로 충분히 성취 가능할 것이다. 그렇지만 고등학교 급에서는 중학교 급에서와는 달리 탐구 과제의 복잡도와 난이도를 더 조정할 수 있다. 이는 조사 대상, 분석 자료와 방향의 양과 질을 어떻게 조정할 것인가에 달려있는데, 복수의 조사 대상과 자료를 확보하여 이를 비교·대조 분석하는 과제를 주어 해당 방언 어휘의 분화 양상에 대하여 더 심도 있게 접근하도록 하는 것이 그 한 예이다. 이와는 달리 좀 더 메타적인 방향

16 임지룡 외(2010)의 목록 체계에서 '방언'은 '지역 방언'으로 그 범위가 한정된다.
17 사회과에서 '우리 고장의 문화 유적'에 해당하는 단원의 내용이 지역마다 달리 마련되는 것과 같은 이치이다.

으로 그 방향성을 바꾸어서, 방언 어휘에 대한 생활 속 언어 이데올로기 작용 현상에 대하여 비판적으로 접근해 보는 활동을 수행할 수도 있겠다.

한편, 표준어 어휘의 문제도 근본적으로 방언 어휘의 문제와 동일한 상황에 있다. 표준어는 국어과 내에서 매우 강조되고 있지만, 실제로는 강조된 만큼 충실하게 다루어지지 못하고 있다. 국어 교실에서 표준어 어휘는 의도적이고 체계적인 교육되고 있지 않다. 공적 언어생활에서 공공어 또는 공통어를 구사하기 위하여 국어과 학습자가 반드시 배워야 할 표준어 어휘의 목록이 정비되어 있지도 않다. 다만 사전과 교과서에 실린 정도로 표준어 어휘가 지속적으로 노출되게 하는 상태에서, 표준어와 방언에 관한 소단원의 개괄적 내용으로 교육되고 있을 뿐이다. 국어과 학습자에게 표준어 어휘가 어떤 특성을 가진 것이며, 이것이 방언 어휘와 어떤 관계 아래 있는 어휘인지에 대해서 더 적극적으로 교육해야 하고, 더 나아가 공적 의사소통 장면에서 자주 쓰이는 표준어 어휘에 대하여 더 집중적으로 교육해야 할 것이다. 특히 중학교 급에서는 말하기 교육과 연계하여 표준어 어휘와 표준어 발음을 함께 다루어 표준 화법의 교육의 일환으로 실행할 수 있다. 고등학교 급에서는 어문규정에 대한 깊이 있는 접근이 가능하므로 표준어 규정에 대한 지적 탐구를 통하여 표준어 어휘가 선정되고 실제 쓰이는 맥락을 살펴서 공통 어휘로서 표준어 어휘가 갖추어야 할 자질이 무엇인지 직접 인식할 수 있는 기회를 줄 수 있다. 더 나아가, 이러한 표준어 어휘가 선정되고 공유되는 실제 맥락에서 표준어 어휘와 방언 어휘 간에 존재하는 두 가지 양가적 관계, 즉 상호보완적이면서도 경합하는 긴장 관계를 이루는 특수성에 대하여 더 깊게 생각해 볼 수 있도록 이끌 수 있을 것이다.

🖊 탐구문제

지역 방언 어휘나 사회 방언 어휘 관련 주제를 탐구 학습 모형으로 중학교나 고등학교의 국어 교실에서 다루고자 한다. 다음에 제시한 〈조건〉에 맞게 탐구 과제를 설계해 보자.

〈조건〉

○ 현지 조사나 조사 대상자 인터뷰를 통한 방언 어휘의 수집과 분류 활동이 포함되도록 할 것.

○ 중학교급과 고등학교급에 따라 양과 질적 차원의 위계가 분명하게 드러나도록 틀을 세우고, 해당 틀에 따라 둘 중 하나의 학교 급을 택하여 탐구 과제를 설계할 것.

○ 자료의 수집, 분석, 결과 정리의 과정에서 해당 전문가의 자문이나 관련 분야 문헌 검토가 포함되도록 할 것.

4 ┃ 은어, 비속어, 전문어, 신어, 유행어

4.1. 어휘 분류의 기준은 무엇인가

분야를 막론하고 그 분야의 연구 대상을 체계적으로 분류하는 일은 가장 기초적인 과제이다. 어휘 자체가 집합적 개념이라는 점, 일반적인 어휘 집합은 개방 집합이라는 점 등을 고려할 때 의미론의 주요 영역인 어휘론에서 역시 방대한 규모의 어휘들을 체계적으로 분류하여야 이후의 연구를 효율적으로 수행할 수 있다. 이때, 어떤 기준을 세우는가에 따라 분류의 결과가 달라질 것인데, 예컨대 앞서 다룬 바와 같이 어종(語種)을 기준으로 고유어, 한자어, 외래어 등의 분류 결과를 얻을 수도 있고, 어휘들의 문법적 기능, 의미, 형태를 기준으로 삼아 품사별 어휘 분류도 가능하다. 또한, 개별 어휘들이 지니는 어휘적 의미를 기준으로 다양한 분류 결과를 산출할 수도 있다. '은어, 비속어, 전문어, 신어, 유행어' 역시 일정한 기준에 따른 분류의 결과인데,[18] 김광해(1993: 139-191)에서는 각각의 범주들이 지니는 변별 자질들을 기준으로 세워 '은어, 비속어, 전문

---

18 일반적으로는 어휘 분화 요인을 크게 '지리적 요인'과 '사회적 요인'으로 나누어 '지역 방언'과 '사회 방언'을 구분하기도 하는데, '은어, 비속어, 전문어, 신어, 유행어'는 후자로 분류될 수 있다.

어, 신어, 유행어'의 속성을 〈그림 2-2〉와 같이 체계화하였다.

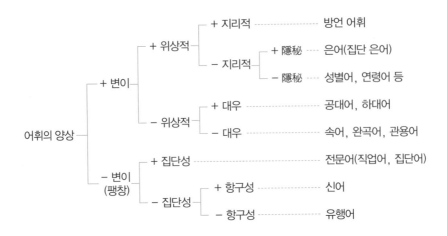

〈그림 2-2〉 어휘 분류의 체계화(김광해, 1993: 140)

먼저, '변이(variation)'의 자질을 보이는 어휘 집합과 그렇지 않은 어휘 집합을 구분할 수 있다. 즉, '음소(phoneme) : 변이음(allophone)', '형태소(morpheme) : 이형태(allomorph)'와 마찬가지로, 어휘에도 '어휘소(lexeme) : 변이어(allolexeme)'의 관계를 적용하여 기존 어휘와 그 모습이나 기능을 달리하는 변이형으로서의 어휘인가, 기존 어휘와의 대응 관계가 없이 어휘적 팽창을 이룬 어휘인가를 구분하는 것이다.

다음으로, 변이어는 다시 위상적 변이어와 비위상적 변이어로 구분되는데, 전자는 '누가, 어디에서 말하는 어휘냐'에 따라, 후자는 '동일 화자가 어떻게 말하는 어휘이냐'에 따라 변이가 발생한다. 즉, 개인의 의지와 무관하게 사회 집단의 약속에 따른 변이를 위상적 변이로, 개인이 다양한 담화 상황에 참여하는 가운데 나타나는 표현 의지에 따른 변이를 비위상적 변이(화용적 변이)로 분류하는 것이다.

또한, 위상적 변이어는 다시 지리적 변이로서의 방언 어휘와 비지리적 변이에 따른 사회 집단별 어휘로 나눌 수 있다. 후자는 사용 과정에서 은비성(隱秘性)이 존재하는가에 따라 대외적 비밀 유지를 목적으로 하는 은어와 은비성은 없이 사회 집단의 속성에 따라 변이되는 남성어/여성어, 아동어/노인어/청소년어 등으로 분류된다.

한편, 화용적 변이(비위상적 변이)는 사용 상황 또는 장면에 따른 변이라는 점에서 위상적 변이와 변별되는데, 대우 여부에 따른 공대어/하대어와 표현 의도 및 효과에 따른 속어/완곡어/관용 표현(숙어, 속담)의 변이형을 상정할 수 있다.

끝으로, [-변이]라는 기준은 기본 어휘소에 대응하는 변이어가 파생되는 것이 아니라 기본 어휘소 자체가 확장되는 것을 의미한다. 즉, 기존의 언어형이 있는 것이 아니라 새로운 어형이 만들어지는 것이어서 어휘의 팽창(이광호, 2008ㄱ: 38)으로 볼 수 있다는 것이다. 이러한 어휘들 중에서 집단성을 띠는 학술 및 직업 전문어 등은 전문어로 분류할 수 있으며, 집단성을 띠지 않는 어휘들은 사용 기간의 항구성 여부를 기준으로 신어와 유행어로 나눌 수 있다.

4.2. 은어, 비속어, 전문어, 신어, 유행어의 개념 및 주요 특성은 무엇인가

은어(隱語)

다른 위상적 변이어들과 변별되는 은어의 가장 중요한 특성은 '은비성(隱秘性)'이다. 즉, 은어는 특정 사회 집단이나 계층에 속한 사람들이 다른 사람들로부터 자신들이 사용하는 말의 뜻을 알 수 없게 하기 위한 목적으로 발생한 말이다.

(1) 맹꽁이(수갑), 찍다(구출하다), 똘마니(부하), 개털(돈도 면회자도 없는 죄수)

이러한 집단적 배타성 때문에 은어는 폐쇄 집단이나 대립 집단에서 주로 발달하는 경향이 강하다. 예컨대, 범죄 집단이나 수감자 집단이 경찰이나 교도관 집단을 상대로 비밀을 유지하기 위해 (1)과 같은 은어를 사용하는 경우가 이에 해당한다. 은어가 지니는 이러한 집단적 배타성은 집단 구성원들 사이의 결속력을 강화하고 동류(同類) 의식을 부여하는 기능을 하기도 한다. 그러나 은어가 음성적인 집단에서만 쓰이는 것은 아니다. 어떤 집단이건 간에 여러 이유로 대외적 비밀 유지를 위해 은어를 쓰는 일이 적지 않기 때문이다. 환자에게 특정 병명을 감추기 위해 의사들끼리 전문 의학 용어로 소통하는 경우를 예로 들면, 이때 의사 집단은 환자를 일시적인 대립 집단으로 상정하여 일종의 은어를 사용한 것으로 볼 수도 있다.

(2) 탈(술), 설(사람), 몸래(나), 몽리(너), 초리다(배고프다), 소남치다(야단치다), 노재다
(놀라다)

(3) 적은질러(50), 너머짝(100), 너머질러(150), 명이(200), 뺑뺑이(900), 장수(1000)

한편, 종교적·상업적 목적으로 특정 직업군의 은어가 발달한 경우도 있다. (2)는 무
당의 은어인데,[19] 초인간적인 대상에 대해 세속의 언어를 그대로 사용하는 것을 금기시
하여 은어로 소통하는 경우이다. 또한, (3)은 우시장 상인들의 은어인데,[20] 상업적인 목
적에서 셈변과 돈변이 발달한 경우이다.

그런데 은어의 은비성은 언젠가는 해소되기 마련이다. 특히, 통신 기술이 발달하고
매체가 다양화된 현대 사회에서는 더욱 그러하다. 이때, 은비성을 상실한 은어는 원칙
적으로 소멸되거나 변경된다.

비속어(卑俗語)

(4) 골 때리다, 쪽팔리다, 방방뜨다, 끝내주다, 토끼다, 해골 굴리다, 캡, 짱, 새끈하다

(4)는 윗사람과의 대화나 공식적인 상황에서는 사용하지 않을 법한 말들이다. 이처
럼, 통속성을 지니는 저속한 말이나 상스러운 말을 가리켜 비속어라고 한다. 경우에 따
라서는, 비어(卑語)를 '평어(平語)나 경어(敬語)와 대립되는 말'로 정의하여 속어(俗語)
와 구분하기도 하지만, 현실적으로는 둘 사이의 경계가 명확하지 않아 비속어로 통칭
하는 것이 보통이다.

의미적 특성을 고려할 때 비속어는 기본어에 대응하는 변이어이며, 변이 유형으로는
화용적 변이로 보는 것이 합리적이다. 즉, 집단에 따른 위상적 변이가 아니라 표현 효과
를 위한 개인 차원의 선택적 변이에 해당한다. 물론, 비속어를 선택하는 과정에서 일정
정도 집단적인 속성이 관여되기도 하지만, 대개의 경우 동일 집단에 속하더라도 개인

---

19 강신항(1991 : 213-221)의 조사 결과이다.
20 김종훈 외(1985 : 93)의 조사 결과이다.

성향에 따라 절제되기도 하고 과대 사용되기도 하기 때문이다.

비속어의 경계는 비교적 넓은 편이어서 욕설, 낮잡아 이르는 말, 조롱하는 말, 장난치는 말 등을 포괄할 수 있다. 분노를 표출하거나 상대방을 경멸하기 위한 목적으로 비속어를 쓰기도 하지만, 허물없는 사이의 사람들끼리 예의를 차리지 않고 대화에 신선하고 친근한 느낌을 주기 위해 비속어를 쓰는 경우도 있어 어느 정도의 유희적(遊戲的) 성격도 가지고 있다.

비속어는 본질적으로 표현 효과를 고려한 변이어, 즉 일상어에서 오는 진부함을 탈피하기 위한 변이어라는 점에서 생생한 표현력을 생명으로 한다. 그렇기 때문에, 일부 비속어들은 신선미를 잃게 되면 비교적 짧은 시간 안에 소멸되기도 한다.

전문어(專門語)

전문어는 특수한 전문 분야의 일을 효율적이고 경제적으로 수행하기 위한 도구의 일환으로, 전문 용어, 용어, 개념어, 술어, 학술어, 전문 술어 등으로 부르기도 한다. 특히, 특정 전문어들은 그 개념을 정확하게 풀어내기 위해서는 상당한 분량의 서술이 요구되는데, 이렇듯 복잡한 개념을 한두 단어로 대치한다는 점에서 전문어는 대단히 경제적인 언어라고 할 수 있다.

그런데 학문 및 과학 기술이 발달하고 개방화가 가속화되면서 여러 영역의 전문 분야가 세분화되고 각 분야에서 필요한 새로운 개념들이 폭발적으로 증대되었으며, 이들을 표상하기 위한 전문어 역시 대량으로 생산되었다. 이러한 전문어는 일부를 제외하고는[21] 일반 사회에는 존재하지 않는 전문적인 개념들을 표상하기에 그에 대응하는 일반어가 없는 경우가 많다. 전문어를 [-변이], 즉 어휘의 팽창으로 분류하는 이유가 여기에 있다.

(5) 시장(市場) 「명사」
　　「1」 여러 가지 상품을 사고파는 일정한 장소
　　「2」 『경제』 상품으로서의 재화와 서비스의 거래가 이루어지는 추상적인 영역

---

21 '염화나트륨 : 소금', '지방 : 기름' 등은 전문어에 대응하는 일반어가 존재하는 경우이다.

한편, 일부 전문어들은 일상어와 같은 형태를 띠기도 한다. (5)는 '시장'에 대한 국어 사전의 뜻풀이인데 「1」이 일상어로서의 의미를 기술한 것임에 비해 「2」는 '경제' 분야의 전문어에 대한 기술이다.

김광해(1993: 171-172)에서는 이러한 전문어의 특성을 다음과 같이 여덟 가지로 정리한다. 첫째, 전문어는 고도로 정밀한 개념을 나타내기에 의미의 다의성이 적다. 둘째, 같은 이유로 전문어는 일상어에 비해 문맥의 영향을 적게 받는다. 셋째, 특정 개념을 객관적으로 나타내기 때문에 감정적인 의미가 개입되지 않는다. 넷째, 전문어는 일반 사회의 기본 어휘로 사용되는 경향이 적다. 다섯째, 새로운 전문 분야의 탄생에 따른 신어의 생성이 활발하다. 여섯째, 의미에 의도적인 규제가 가해지는 경우가 많은데, 이는 새로운 전문어가 지속적으로 탄생되기 때문이다. 일곱째, 외국에서 들여온 전문어를 한자어나 고유어로 대체하기 어려운 경우 그대로 사용할 수밖에 없어 외국어로부터 차용된 어휘가 많다. 여덟째, 일부 분야를 제외하고는 대부분의 전문어는 국제성[22]이 강하다.

신어(新語)

새롭게 등장한 개념이나 대상을 지칭하기 위해 탄생한 새말을 신어라고 한다. 또한, 기존에 존재하던 개념이나 대상이더라도 그것을 지칭하는 말이 표현력을 잃었을 때에는 의미를 보강하거나 신선한 맛을 내기 위해 신어가 만들어지기도 한다. 한편, 외래어나 한자어의 순화(純化) 과정에서도 신어가 생성되는데, '웰빙, 리플, 네티즌, 노견(路肩), 부교(浮橋)'를 순화한 결과인 '참살이, 댓글, 누리꾼, 길어깨, 뜬다리'가 이에 해당한다.

(6) ㄱ. 교통정리, 군살빼기, 떡값, 번개

ㄴ. 프락치, 콜레라, 에볼라

---

22 국제적으로 통용되지 않는 자생(自生) 학문 분야나 직종에서 사용하는 전문어는 국제성이 강하지 않다. 예를 들어, 한옥 건축과 관련된 전문어는 국제성이 거의 없다고 할 수 있다. 반대로, 자생 분야라 해도 국제적 교류가 활발한 분야에서는 우리가 생산한 전문어가 국제성을 갖는 경우도 있다. 태권도 같은 분야가 대표적인데 '겨루기, 품새' 같은 말은 국제 경기에서도 통용된다.

그런데 인위적으로 신어를 만드는 일은 쉬운 일이 아니다. 완전히 새로운 말로 만들면 언중의 호응을 얻기 어렵고, 기존의 말을 재료로 삼아 만들면 의미를 온전하게 담기 어려운 경우가 많기 때문이다. 이 때문에, (6ㄱ)처럼 기존의 의미에 새로운 의미를 추가하거나, (6ㄴ)처럼 외국어를 그대로 차용하여 신어를 생성하기도 한다.

> (7) ㄱ. 1987년의 신어: 물고문, 전기고문, 국정조사권, 논술고사, 선지원후시험
>   ㄴ. 2005년의 신어: 로또 복권, 커플룩, 귀족빈대, 귀차니즘, 니트족, 몸짱

한편, 신어는 생성 시점을 기준으로 그 사회의 시대상(時代相)을 읽을 수 있는 가늠자 역할을 한다. 어떤 분야의 신어가 많이 생성되었는지, 신어가 어떤 개념이나 대상을 표상하는지를 통해 당시 사회의 변화 양상이나 언중의 인식을 확인할 수 있기 때문이다. (7ㄱ)을 통해 당시의 정치적 상황과 입시 제도를 가늠할 수 있으며, (7ㄴ)에서는 새롭게 출현한 대상과 사람들의 생활상을 읽을 수 있다.[23]

유행어(流行語)

특정 언어 사회에서 사회심리적인 요인에 의해 일시적으로 많이 쓰이는 표현인 유행어[24] 역시 어휘의 팽창과 관련된다. 유행어를 이렇게 정의하는 것은 앞서 살핀 신어와의 변별 때문이다. 즉, 신어가 새로운 개념이나 사물의 출현과 관련됨에 비해 유행어는 언중의 사회심리적인 요인과 관련되어 풍자, 해학, 비판, 신선감의 속성이 신어에 비해 많으며, 신어와 달리 유행어는 항구성(恒久性)을 띠지 않는다.

강신항(1991: 99)에서는 유행어의 발생 동기를 '기발한 표현, 신기한 맛, 해학성, 기이하고도 구미에 당기는 어형과 발음 형식, 쌓였던 민심의 표출, 울화의 표현, 하고 싶은 말을 토로하고 싶은 욕구, 날카로운 풍자, 반발을 해학적으로 표현하는 기지, 대화를 좀 더 유머러스하게 이끌어가려는 욕구' 등으로 다양하게 분석하는데, 이러한 특성 때문에 시대의 부조리와 모순을 날카롭게 풍자하고 비판하는 표현일수록 언중의 지지

---

23 (7ㄱ)은 강신항(1991: 50-95)의, (7ㄴ)은 국립국어원(2005)의 조사 결과이다.
24 유행어에는 어휘뿐 아니라 구, 절, 문장으로 된 것들도 포함되어 엄밀한 언어학적 기준에 따르면 어휘 집합을 넘어서는 범주이다.

를 받는다.

    (8) ㄱ. 초식남, 건어물녀, 이구백, 사오정, 오륙도, 삼포 세대

       ㄴ. 따봉, 단언컨대 ~입니다, 생뚱맞죠?, 느낌 아니까

    (9) 깜놀(깜짝 놀라다), 냉무(내용 없음), ㄱㅅ(감사), ㅊㅋ(축하)

    유행어는 '시대의 거울'로 비유될 만큼 당시의 사회상을 적나라하게 반영한다. 예를 들어, (8ㄱ)을 통해 사랑에 대한 가치관과 경제난·취업난을 가늠할 수 있다. 또한, 상당수의 유행어들은 (8ㄴ)처럼 광고, 드라마, 오락 프로그램 등에 그 근원을 두기도 하는데 이들은 풍자성이나 해학성보다는 유희성을 강하게 띤다. 한편, (9)는 인터넷이나 스마트폰 등의 통신 언어 상황에서 발생한 유행어인데 축약 형태를 사용하는 것이 특징적이다.

4.3. 은어, 비속어, 전문어, 신어, 유행어의 경계는 명확한가

    그런데 '은어, 비속어, 전문어, 신어, 유행어'는 각각의 범주 사이의 경계가 명확하지 않은 경우가 많다. 대부분의 어휘 집합이 개방 집합을 취하고 있는데다 이들 범주를 가르는 기준 역시 단일한 층위에서 상정된 것이 아니기 때문이다.

은어, 비속어, 유행어 사이의 넘나듦
    은어의 핵심 속성은 '은비성'이며, 이를 확보하기 위해서는 강한 집단적 폐쇄성과 사용자들의 의도성이 전제되어야 한다. 이 점에서 은어는 비속어와 구별된다. 즉, 소속 집단의 결속력 강화라는 속성을 공유하면서도 비속어에는 강한 폐쇄성과 은비성이 없다는 것이다. 따라서 은어는 대체적으로 특수한 집단에서 발달하며 비속어는 좀 더 광범위하고 덜 폐쇄적이어 경계가 희미한 집단에서 발달(김광해, 1993: 158)하는 경향이 있다.
    이를 고려할 때, 일군의 집단을 제외하고는[25] '청소년, 대학생, 군인, 누리꾼' 등은 엄

밀히 말해 은어 사용 집단으로 분류하기 어려운 면이 있다. 물론, 이들이 사용하는 말 중 일부는 전형적인 은어의 속성을 갖지만, 이들 집단이 비교적 개방적인 집단이라는 점, 다른 집단에 대한 배타적인 의도를 가지고 은어를 사용하는 경우가 적다는 점 때문이다. 오히려 이들이 사용하는 은어의 상당수는 풍자성, 상징성, 저속성, 단순성, 반어성, 신기성(新奇性), 오락성, 유희성 등의 표현 감정적인 가치를 드러낸다는 점에서 비속어의 특성을 지니는 경우가 많다. 또한, 은어는 시간이 흐름에 따라 은비성을 잃어 말 자체가 소멸되거나 비속어화되기도 한다. 예컨대, 예전에는 범죄 집단의 은어로 분류되었던 '똘마니(부하)'라는 말은 더 이상 은비성을 갖지 않아 비속어적인 속성이 강하며, 한때 일부 청소년 집단의 은어로 출현하였던 '왕따' 같은 말은 국어사전에 등재[26]되기도 하였다.

그런데 비속어화된 은어 혹은 원래부터 비속어였던 것들 중 참신성과 신기성이 현저하거나 의미나 발음 형태가 특징적인 말들은 언중의 높은 호응을 얻어 유행어적 속성을 띠기도 한다. 특히, 최근의 통신 언어에서 발달한 말들은 일정 부분 은어, 비속어, 유행어의 범주 구분이 모호한 것이 사실이다. 물론, 은어나 비속어와 달리 유행어는 [−변이]의 속성을 지니지만 '변이'의 개념을 넓게 잡는다면 특정 상황에서 '유행어를 사용할 것인가, 다른 말로 대체하여 표현할 것인가'를 언어 사용자가 선택할 수 있다는 점에서 일정 정도 표현 의도를 고려한 변이형으로도 볼 수 있기 때문이다. 또한, 유행어 역시 비속어와 마찬가지로 신선미, 풍자성, 냉소성 등의 속성을 지닌다는 점도 이들 사이의 구분을 모호하게 한다.

은어, 전문어 사이의 넘나듦

은어와 전문어는 '집단성'이라는 속성을 공유하여 둘 사이의 구분이 모호한 경우가 있다. 이때, 개별 집단의 특성에 따라, 즉 범죄자, 수감자 등의 음성 집단이나 산삼 채취인, 상인, 무당 등 상대적으로 사회적 지위가 낮은 집단에서 사용하는 말은 은어로, 학술 분야나 전문 직종에서 사용하는 말은 전문어로 분류하는 방식은 타당하지 않다. 은

---

25 앞서 살핀 산삼 채취인, 특정 상인 집단 등이 이에 해당할 것인데, 이 역시도 엄밀히 말하면 이미 외부 집단에 노출되었다는 점에서 현재를 기점으로는 은어의 속성을 점차 잃어 가고 있다.
26 국립국어원에서 발간하는 『표준국어대사전』에는 2008년부터 등재되어 왔다.

어에도 일정 부분 전문어적 속성이 포함되어 있고, 전문어도 경우에 따라서는 은어처럼 쓰일 수 있기 때문이다. 예를 들어, 상인 집단에서도 셈변을 사용하여 은비성과 동시에 업무 효율성을 얻을 수 있고, 의료인 집단에서도 환자가 알아들을 수 없게 하기 위한 목적으로 전문어를 사용할 수도 있다.

그렇지만 전문어는 본질적으로 전문 분야에 종사하는 사람들 사이의 효율적 소통을 위한 표현이기 때문에 의도적으로 숨기려는 은어와는 조금 차이가 있다. 다만, 전문 영역에 따라서는 전문어가 저절로 은어와 동일한 은비 기능을 담당하게 되는 경우(김광해, 1993: 171)도 있어 두 부류 사이의 넘나듦이 어느 정도 가능하다고 보아야 한다. 또한, 은어는 기본 어휘소로 대체가 가능하다는 [+변이]의 속성을 지니지만, 전문어는 일부 경우를 제외하고는 그렇지 않다는 점에서도 둘 사이의 차이가 있다.

전문어, 신어, 유행어 사이의 넘나듦

새롭게 탄생한 말이라는 정의를 고려할 때 신어의 적용 범위는 상당히 넓은 편이다. 전문어 중에서도 신어의 성격을 띠는 말들이 있을 수 있는데, 예컨대 학문 분야나 직종이 신설되거나 유입됨에 따라 해당 분야의 전문어들이 새롭게 만들어졌다면 이들은 신어로도 볼 수 있을 것이다. 한편, 이광호(2008ㄴ: 87)에서는 전문어는 특정 분야와 관련하여 집단적 어휘 군락을 이루는 것이 일반적이나 신어는 그렇지 않다고 보아 두 범주를 구분하는데, 군락을 이룬다는 것은 어찌 보면 모든 어휘가 지니는 본질적인 특성이라는 점에서 명확한 구분 기준으로 적용되기는 어려운 측면이 있다.

신어와 유행어의 엄밀한 구분 역시 현실적으로는 어렵다. 앞에서는 발생 원인과 항구성 여부로 둘을 구분하였지만, 언어 현실 속에서 이러한 기준이 엄격하게 적용되는 경우는 많지 않다. 예를 들어, 연애, 결혼, 출산을 포기한다는 뜻을 지닌 '3포 세대'라는 말은 경제난에 따른 새로운 현상의 출현과 그러한 현상에 대한 언중들의 자조적·냉소적 시선이 맞물려 탄생한 말이다. 또한, 이 말에 대한 항구성을 따지고자 할 때에도 어떤 기준을 적용할지가 불명확하고 설령 기준을 적용한다 해도 이 말이 소멸되는 시점까지 기다려야 한다는 문제가 있다.

4.4. 국어과에서는 은어, 비속어, 전문어, 신어, 유행어를 어떻게 가르칠 것인가

사회언어학적 관점이 수용되고 어휘론이 하나의 학문 영역으로 자리 잡으면서 '은어, 비속어, 전문어, 신어, 유행어'는 국어교육에서 지속적으로 다루어져 왔다. 그러나 다음의 〈표 2-9〉에서 드러나듯이, 일정한 방향성을 지니지 못한 채 산발적으로 해당 범주들을 다루는 문제가 확인된다. 예컨대, 전문어, 유행어, 은어는 하나의 범주로 묶여 언어 사용을 위한 자원으로 다루어짐에 비해 신어는 단어 형성법 관련 성취기준에서 구조 분석의 대상으로만 언급된다. 또한, 직업어와 학술어를 분리하여 별도의 성취기준으로 담아냄은 물론 이들 범주들을 포괄하는 상위 개념인 사회 방언 혹은 사회 언어 역시 연계성에 대한 고려 없이 다루어짐을 확인할 수 있다.

8학년 문법	(2) 여러 종류의 어휘를 비교하고 그 사용 양상을 설명한다.	○ 전문어, 유행어, 은어의 개념과 관계 이해하기 ○ 전문어, 유행어, 은어의 사용 양상 및 특성 이해하기 ○ 전문어, 유행어, 은어 사용의 효과와 문제점 파악하기
	(3) 국어 단어 형성법을 이해하고 활용한다.	○ 단어 형성과 관련된 국어의 특질 이해하기 ○ 형태소와 단어 개념 이해하기 ○ 단어의 짜임(단일어, 파생어, 합성어) 이해하기 ○ 단어 형성법을 알고 창조적으로 활용하기
10학년 듣기	(3) 사회 방언을 듣고 언어적 다양성을 이해한다.	○ 사회 방언의 특성 이해하기 ○ 사회 방언의 다양한 표현 조사하기 ○ 사회 방언에 반영된 집단의 특성 파악하기 ○ 사회 방언의 소통 기능 이해하기
선택 과목 '독서와 문법 Ⅰ' (2009 개정)	(다) 사회 언어 ㉮ 지역, 나이, 성별, 계층 등에 따른 다양한 언어 현상을 이해하고, 소통 장애를 해소하는 방안을 마련한다. ㉯ 진로와 관련된 다양한 직업어의 세계를 탐구한다. (라) 학술 언어 ㉮ 인문, 사회, 과학, 예술 등 다양한 분야의 학술 담화에 나타나는 문법적 특성을 이해한다. ㉯ 학술 담화의 문제점을 비판적으로 탐구하고 개선 방안을 설명한다.	

〈표 2-9〉 교육과정에서 '은어, 비속어, 전문어, 신어, 유행어'를 다룬 사례(2007 개정)

'은어, 비속어, 전문어, 신어, 유행어'에 대한 국어교육적 접근은 크게 세 측면에서 이루어질 필요가 있다. 먼저, 학습자들의 생생한 언어 자료를 대상으로 삼아 언어 및 언어생활에 대한 분석적·비판적 인식 능력을 함양해야 한다. '은어, 비속어, 전문어, 신어, 유행어'는 수많은 개인어들을 추상화한 실체라는 점에서 학습자들의 언어 역시 그 일부이며, 이제까지 의식하지 못하였을 뿐 학습자 역시 사회 방언의 주요 생산자이자 수용자이기 때문이다. 이러한 관점에서 자신의 언어를 메타적으로 점검하고 반성적으로 고찰하는 과정을 통해 학습자들을 '언어적 주체(신명선, 2013ㄱ)'로 성장시킬 수 있다. 즉, 자신과는 무관한 객관적 타자로 이들 어휘 범주에 접근하는 것이 아니라 학습자 자신이 이와 관련된 직접적인 언어적 자아임을 인지하여 나의 언어와 내가 소속된 공동체의 언어를 동시에 탐색할 수 있어야 한다.

또한, 의사소통 능력의 신장을 위한 언어적 자원으로 '은어, 비속어, 전문어, 신어, 유행어'를 다룰 필요가 있다. 진공화·박제화된 언어만을 대상으로 하는 국어교육에 대한 반발로 사회언어학의 영향력이 확장되었음을 고려할 때, 공통어로서의 보편성을 넘어 변이형에 대한 감지력을 신장하는 방향의 교육이 요구된다는 것이다. 구체적으로는, 개별 범주들의 발생 의도, 표현 효과, 소통상의 문제점 등에 대한 탐색에 더해 그러한 말 속에 담긴 사회적 이데올로기와 언중의 의식도 살펴 언어 행위에 작용하는 구심력과 원심력을 비판적으로 인식할 수 있도록 교육 내용이 구안되어야 한다. 이를 통해, 언어 자체에 대한 메타적 사고뿐 아니라 언어 수행 양상에 대한 메타적 사고로까지 교육 내용의 범위가 확장될 수 있을 것이다.

끝으로, 이 과정에서 해당 어휘 범주들을 분류하는 방식에 대한 탐색을 통해 언어 자료를 탐구하기 위한 언어적 사고력도 신장시킬 수 있다. 이를 위해서는 각 어휘 범주의 개념, 사례, 특성을 배타적으로 열거하는 방식의 교육은 경계해야 한다. 앞서 살폈듯이, 이들 범주들은 이질적인 층위의 분류 기준으로 인해 상호 경계가 명확하지 않아, 특정 단어를 특정 범주에만 귀속시키는 방식의 학습은 이해가 되지는 않지만 암기는 해야 하는 학습으로 전략할 우려가 있기 때문이다.

한편, 학교급별로 어디에 방점을 두어 '은어, 비속어, 전문어, 신어, 유행어'를 다룰 것인가의 문제를 살펴보면, 먼저 초등학교 단계에서부터 특정 분야에 대한 배경 지식이 요구되는 전문어를 제외하고는 '은어, 비속어, 신어, 유행어'를 자연스럽게 노출할 필요가 있다. 이제까지는 주로 비속어를 대상으로 한 교정적 차원의 교육만이 주로 진행되어 왔는데, 매체 발달이나 통신 언어의 파급력 등을 감안할 때 초등학교 학습자들이 직면하는 언어 환경이나 그들의 관심사는 비단 이 지점으로만 한정되지 않기 때문이다. 다만, 개념 이해를 통한 범주 구분이 목표인 협의의 은어 개념 정립, 신어와 유행어의 명확한 구분 등은 이 단계에서 다루기에는 무리가 있다. 그보다는 친구들과의 대화, 통신 언어 등 학습자들의 언어생활에 기반하여 '서로 다른 범주의 언어'가 사용됨에 대한 자각과 그러한 언어들이 쓰이는 이유, 문제점, 해결 방향 등을 공유하는 차원의 교육이 바람직하다. 특히, 비속어를 중심으로 그러한 언어를 상황과 관계없이 무분별하게 사용하는 현상에 대한 평가 활동도 필요하다. 이때, 생생한 언어 자료를 활용하는 과정에서 자칫 부정적·유희적 어감으로 인해 교육의 초점이 흐려지는 일을 주의해야 한다.

다음으로, 중학교 단계에서는 학습자 자신의 언어에 대한 반성적 점검과 성찰을 유지하는 가운데 '은어, 비속어, 전문어, 신어, 유행어'의 범주에 따른 변별적 특성을 탐구하는 방향의 교육이 요구된다. 특히, 이전 시기에 다루지 않았던 '전문어'가 자신들과는 무관한 소수 전문가들만의 전유물이 아니라 학교 교과목 등을 통해 학습자들 역시 전문어 향유자의 위치에 있음을 강조할 필요가 있다. 드라마, 영화, 소설 등의 다양한 담화 상황에서 언어 자료를 수집하여 일정한 기준에 따라 유형화하고, 집단에 따른 언어 차이가 왜 발생하였는지, 그로 인해 어떠한 문제가 발생할 수 있는지, 성공적 소통과 조화로운 대인 관계를 유지하기 위해서는 어떻게 접근해야 하는지 등을 중심으로 탐구 주제를 생성할 수 있다. 이때, 집단에 따른 차이는 절대적인 현상이 아니라 맥락과 개인의 표현 의도에 따라 선택 가능한 언어 자원의 목록임을 인식하게 하여 '나의 언어에 대한 성찰'로까지 탐구의 범위를 확장할 수 있다. 또한, 언어 선택 과정에서 작용하는 '맥락'을 다층적으로 탐색하게 함으로써 교과서를 통해 주어지는 맥락이 아닌 학습자 스스로 구성하는 맥락 속에서 학습자의 언어적 성장을 유도해야 한다.

마지막으로, 고등학교 단계에서는 보다 분석적으로 '은어, 비속어, 전문어, 신어, 유행어'에 대한 교육이 이루어질 필요가 있다. 사회 방언 혹은 어휘의 양상 및 체계라는 상위 범주에서 개별 어휘 범주들이 지니는 위상에 대한 탐색, 개별 어휘 범주의 사용 양상과 인식에 담긴 사회문화적 이데올로기에 대한 탐구 등이 요구되며, 특히 각각의 범주들 사이의 넘나듦이 자연스럽게 이루어지는 현상을 집중적으로 탐구할 필요가 있다. 나아가 '은어, 비속어, 전문어, 신어, 유행어' 각각도 개방 집합이라는 점에서 다음과 같은 주제를 탐구 문제로 상정하여 토론식 탐구 학습을 진행하는 것도 가능할 것이다.

- 공공 방송의 광고에 등장했던 '끝내주다, 개고생'은 비속어인가?
- '얼짱, 몸짱' 등의 신어를 국어사전에 등재해야 하는가? 국어사전 등재 기준은 무엇인가?
- 외국어를 차용한 전문어를 우리말로 순화해야 하는가? 어떤 기준을 설정할 수 있는가?
- 통신 언어의 사용은 자연스러운 현상인가, 규제의 대상인가?

〈보기〉는 '듣보잡'이라는 표현을 두고 '은어, 비속어, 신어, 유행어'로 명명하는 기사문들의 일부이다. 이를 통해 도출할 수 있는 교수·학습의 내용을 ㉮, ㉯의 두 측면에서 정리해 보자.

> **보기**
>
> - 솔까말, 듣보잡? 애들 은어 걱정되세요?
> - '듣보잡'('듣지도 보지도 못한 잡놈'이라는 뜻의 인터넷 비속어)이라는 표현을 사용했다.
> - 강퇴는 2000년, 꽃미남은 2002년, 몸짱은 2003년, 듣보잡은 2006년 신어다.
> - 언론에 '듣보잡'이라고 유행어가 있던데, 딱 그 말이 떠올랐다.

㉮ 각 범주에 따른 속성

은어로서의 속성	
비속어로서의 속성	
신어로서의 속성	
유행어로서의 속성	

㉯ 하나의 표현이 서로 다르게 분류되는 이유

5장

의미의
변화

1 | 의미 변화의 원인과 유형

1.1. 의미 변화란 무엇인가

시간이 일으키는 변화로부터 자유로운 것은 매우 드물다. 언어 역시 예외가 될 수 없어 시간의 흐름에 따라 서서히 변해 간다.[1] 15세기 문헌인 『석보상절(釋譜詳節)』에 나오는 한 구절을 예로 들어 보면 아래와 같다.

> 손소 머리 갓고 묏고래 이셔 道理 ᄉᆞ랑ᄒᆞ더니 〈석보상절 6:12〉

이 구절은 '손수 머리 깎고 산골에 있으며 도리(道)를 생각하더니' 정도의 뜻으로 해석될 수 있다. 이 짧은 한 구절만 보아도, 현재 쓰이지 않는 음운인 'ㅿ'가 있다든가, '있다'를 뜻하는 말이 '이시다'로 그 형태가 달랐다든가 하는 점 등이 쉽게 관찰된다. 'ᄉᆞ랑ᄒᆞ다'의 경우, 현대어 '사랑하다'와 같은 의미, 즉 '어떤 사람이나 존재를 몹시 아

---

[1] 언어의 본성을 논할 때 공시적 사회성과 더불어 통시적 역사성이 함께 거론되는 것은 주지의 사실이다. 이 절에서는 통시적인 측면에 주목한다.

끼고 귀중히 여기다.'[愛]로 해석하면 뜻이 잘 통하지 않는다. 이는 '사랑하다'의 옛말인 'ᄉᆞᇰㅎᆞ다'가 당시에 '생각하다'[思]라는 의미를 주로 나타냈기 때문이다. '사랑하다'가 이제 '생각하다'의 뜻으로는 더 이상 쓰이지 않는 점에 비추어 보면 매우 큰 변화라 할 수 있다.

이처럼 언어의 변화는 음운, 형태, 통사, 의미 등 언어의 여러 요소에 걸쳐 일어나는데, 그중 어떤 말과 관련하여 관습적으로 인정되는 의미가 다른 것으로 바뀌는 현상을 의미 변화라 한다. 이러한 변화는 어느 순간 바로 일어나는 것이 아니어서 우리가 직접 느끼기는 어렵지만, 기존의 의미와 새로운 의미가 서서히 혼용되는 일종의 중간 단계를 거쳐 결국 이전 단계와는 다른 결과물을 만들어 낸다.

의미 변화에 대한 연구는 주로 세 가지 방향으로 이루어져 왔다. 의미 변화의 원인, 의미 변화의 구체적 과정, 의미 변화의 결과에 대한 연구가 그것이다. 이 중 의미 변화의 구체적 과정은 개별 어휘의 어휘사와 더불어 '5-2. 어휘 변화'에서 다루도록 하고, 여기에서는 의미 변화의 원인과 의미 변화의 결과를 일반화하여 살피도록 한다.

1.2. 의미 변화의 원인은 무엇인가

언어는 그 언어를 사용하는 사람들 간의 약속이어서 의미 역시 정해진 범위 내에서 사용되지만, 갖가지 이유로 그 약속이 헐거워지기도 한다. 그 원인을 '언어적 원인, 역사적 원인, 사회적 원인, 심리적 원인'으로 나누어 볼 수 있다.

언어적 원인

언어적 원인이란 언어 내적인 요소, 즉 음운, 형태, 통사적인 요소가 의미 변화를 일으키는 것을 뜻한다. 이를 테면, 한 단어가 많은 경우에서 어떤 다른 단어와 결합해서 사용되다 보면 그 결합이 습관화되어 한쪽 단어의 의미가 다른 단어의 의미까지 나타내게 된다. 예를 들어, 부사 '별로'는 부정문에서 부정의 서술어와 호응하여 쓰인다. 이 때문에 '별로'에 부정의 의미가 전염되어 부정의 서술어 없이도 부정의 뜻을 나타내게 되었다. "재미있었어?"라는 물음에 "별로."라고만 답해도 '별로 재미없었다.'라는 뜻을 전달할 수 있는 것이다.

또한, 습관적으로 함께 쓰이는 단어의 쌍에서 어느 단어가 생략되면서 남은 단어에 의미가 전이되어 의미 변화가 일어나기도 한다. '아침밥', '점심밥', '저녁밥' 대신 '아침', '점심', '저녁'이라고 할 수 있는 것이 그 예이다.

역사적 원인

지시물의 본성이나 지시물에 대한 인식이 변화하는데도 명칭이 변하지 않음으로써 의미 변화가 초래되는 것을 역사적 원인이라 한다. 예를 들어, '바가지'는 원래 박으로 만든 것을 가리키는 말이었으나 오늘날의 바가지는 플라스틱 제품을 가리킨다. 지구가 둥글다는 사실을 알기 전까지의 '땅'의 의미는 현재의 '땅'과 다를 수밖에 없다. 이처럼 의미 변화의 역사적 원인은 명칭의 보수성과 관련이 깊다.

사회적 원인

어떤 어휘가 어떤 사회적 집단 내에서 그 의미가 좁혀지거나 집단 밖으로 나와서 그 의미가 넓혀지는 원인을 사회적 원인이라 한다. '박사'는 본디 학술적 집단에서 최고 학위를 받은 사람을 가리키는 말이지만 일반 사회에서는 '만물박사'의 예에서처럼 '무엇인가를 잘 아는 사람'으로 의미가 확대되어 쓰인다. 반대로 의미가 축소되는 경우의 예로는, '모양'을 폭넓게 이르는 '형태'라는 말이 언어학 분야에서는 더욱 제한된 의미로 쓰이는 것을 들 수 있다.

심리적 원인

심리적 원인은 화자가 감정적 이끌림이나 피함으로 인해 일어나는 의미 변화의 원인을 뜻한다. 감정을 보다 강하게 나타내는 표현을 선호하여 '폭탄'을 '눈물 폭탄', '폭탄 성명'과 같이 원래 의미와 다른 뜻으로까지 쓰는 예에서 심리적 원인에 의한 의미 변화를 볼 수 있다. 듣는 이에게 불쾌한 느낌을 주지 않기 위하여 '변소' 대신 '화장실'로 바꾸어 말함으로써 '화장실'이 나타내는 의미가 변화한 것에서도 심리적 원인을 찾을 수 있다.

1.3. 의미 변화의 유형은 무엇인가

의미 변화의 유형은 의미 변화의 원인에 초점을 맞춘 분류와 의미 변화의 결과에 초점을 맞춘 분류로 나누어 살펴볼 수 있다. 전자로는 스턴(Stern, 1931/1965)의 경험적 분류[2]와 울만(Ullmann, 1957)의 기능적 분류가 널리 받아들여지고 있는데, 이 중에서 울만(Ullmann, 1957)의 기능적 분류를 짚어 보도록 한다. 후자로는 의미의 확대와 축소, 의미의 향상과 하락을 다룬다.

의미 변화의 원인에 초점을 맞춘 분류

울만(Ullmann, 1957)의 분류는 기능적 분류라 명명되며, 다음과 같은 체계를 보인다.

ㄱ. 언어의 보수성에 의한 의미 변화

ㄴ. 언어의 개신성에 의한 의미 변화

    ㄱ) 명칭의 변이

        ㉠ 의미 사이의 유사에 의한 명칭의 변이

        ㉡ 의미 사이의 근접에 의한 명칭의 변이

    ㄴ) 의미의 변이

        ㉠ 명칭 사이의 유사에 의한 의미의 변이

        ㉡ 명칭 사이의 근접에 의한 의미의 변이

    ㄷ) 복합변화[3]

ㄱ)의 ㉠은 은유, ㉡은 환유에 대응된다. 은유는 어떤 의미와 다른 의미가 공유하는 특징을 바탕으로 새로운 관계를 만들어 내는 것이다. 사람의 '다리'와 식탁 상판을 지지하는 부분 사이에 공통 요소가 있어서 식탁의 그 부분도 '다리'라고 부르게 됨으로써 '다리'는 의미 변화를 겪는다. 환유는 이미 관련 있는 어휘들 사이의 근접성에 의해 발

---

2 외부적 변화와 언어적 변화로 대별한 후, '대체·유추·단축·명명·변이·교체·적용'의 일곱 가지로 세분하였다.

3 복합변화의 예는 국어에서 자주 발견되지 않으므로 설명을 생략한다.

생한다. '가을하다'가 '추수하다'의 뜻으로 쓰이는 것은 '가을'에 '추수'를 하는 시간적 근접성 때문이다.

ㄴ)의 ㉠은 민간어원, ㉡은 생략에 대응된다. 민간어원은 언어학적 사실을 바탕으로 하지 않고 형태나 음운이 유사한 단어와 결부시켜 풀이하는 것이다. '행주치마'는 본디 중세국어의 '힝ᄌ쵸마'가 변한 것이어서, 여기서의 '행주'는 지명 '행주(幸州)'와 관련이 없다. 그러나 '행주산성(幸州山城) 싸움 때 사용된 치마'라는 민간어원에 의해 새로운 의미도 가지게 되었다. 생략은 습관적으로 나란히 나타나는 단어 중 하나가 생략되고 그것의 의미가 남은 단어에 전이되는 것이다. 앞서 예시한 '아침밥'과 '아침'의 경우가 이에 속한다.

의미 변화의 결과에 초점을 맞춘 분류

이 분류는 고대 서양의 논리학에서부터 다루어졌을 정도로 역사가 깊다. 주로 의미 범위의 변화를 기준으로 의미의 축소·확대로 나누거나, 대상에 대한 가치 평가가 변화하여 나타나는 의미의 하락(타락적 발달)과 향상(개선적 발달)으로 나눈다.

의미 축소의 예로는 잘 알려져 있는 '놈'을 들 수 있다. 중세국어에서 '놈'은 사람을 일반적으로 이르는 말이었다. 그러나 현대국어에서의 '놈'은 남자를 낮추어 이르는 말로 그 범위가 축소되었다. 의미의 확대는 의미의 축소에 반대된다. '겨레'는 근대국어에서 종족과 친척을 가리키는 말이었다가 현대국어에서는 '민족, 동족'의 뜻으로 확대된 것을 들 수 있다.

의미의 하락은 원래 가지고 있던 의미보다 낮은 평가를 받는 의미로 변하는 것이다. 근대국어의 '마노라'는 '영감님, 마님' 등을 뜻했는데 이제는 아내를 다소 낮잡아 이를 때 쓰인다. 앞서 보인 '놈'의 예도 여기에 속한다. 의미의 향상은 의미 하락의 정반대 경우이다. '장인(匠人)'은 본디 비천한 계급을 나타내는 단어였으나 현재는 전문적 기술자를 높여 이르는 말이 된 것을 예로 들 수 있다.

1.4. 국어과에서는 의미 변화를 어떻게 가르칠 것인가

교육과정

의미 변화와 관련된 내용은 주로 문법에서 언어의 역사성, 국어의 역사 등을 통해 상급 학년에서 다루어지고 있다. 2015 개정 교육과정 중 문법 영역의 내용 성취기준에서 의미 변화와 관련된 내용을 제시하면 아래와 같다.

- 중학교 1~3학년 '국어'
  [9국04-01] 언어의 본질에 대한 이해를 바탕으로 하여 국어생활을 한다.
- 고등학교 1학년 '국어'
  [10국04-01] 국어가 변화하는 실체임을 이해하고 국어생활을 한다.
- 고등학교 '언어와 매체'
  [12언매01-01] 인간의 삶과 관련하여 언어의 특성을 이해한다.
  [12언매02-08] 시대 변화에 따른 국어 자료의 차이에 대해 살피고 각각의 자료에 나타나는 언어적 특성을 이해한다.

교육 내용과 방안

의미 변화는 공통 교육과정과 선택 교육과정에서 모두 다루는 언어의 본질에서 언어의 역사성을 논의하며 언급될 수 있다. 특히 의미 변화는 음운이나 형태의 변화에 비하여 학습자의 생활 속 친숙한 어휘의 예로써 흥미와 호기심을 자극할 수 있고 이해가 비교적 쉬우므로 공통 교육과정에서부터 학습될 수 있다. 고등학교에서 이루어지는 선택 교육과정 단계에서는 보다 심화된 내용까지 접근할 수 있다. 의미 변화의 원인에 대한 탐구, 의미 변화의 분류 체계에 대한 학습 등이 가능하다. 예를 들어, 성취기준 [12언매01-01]와 [12언매02-08]의 해설을 보면 다음과 같다.

[12언매01-01] 언어를 의사소통의 수단으로서뿐 아니라 인간의 사고, 사회, 문화와 관련하여 이해하는 자세를 기르기 위해 설정하였다. 언어와 사고의 상호 영향 관계, 사회·문화와 언어의 표상 관계를 탐구하고 이해하는 데 중점을 두도

록 한다.

[12언매02-08] 이 성취기준은 국어의 변천 과정에 대한 이해를 통해 현재 우리가 사용하는 국어에 대한 이해 수준을 심화하는 자세를 기르기 위해 설정하였다. 차자 표기 자료로 남아 있는 고대 국어, 한글 창제 이후의 중세 국어의 모습을 보여 주는 자료 중에서 내용이나 표현이 쉽고, 짧으며, 학습자가 공감할 수 있는 자료를 활용하되, 상세한 국어사 지식의 학습보다는 개략적인 어휘의 변화를 살피는 데 중점을 둔다.

의미 변화의 원인은 인간의 사고 및 문화 변화와 밀접히 관련되므로 의미 변화가 독립적인 성취기준이 되지 않더라도 다른 성취기준의 달성에 훌륭하게 기능할 수 있다. 또한 어휘의 변화에서 가장 주되게 설명될 수 있는 것도 의미 변화이다.

교수·학습 시에는 과거로부터 현재까지 이어지는 변화를 시간의 흐름에 따라 검토하는 방안과 현재의 의미를 바탕으로 과거의 의미를 추론하는 방안을 모두 활용할 수 있다. 의미 변화를 겪은 언어 자료를 제시하고 언중의 심리를 이해하도록 해 볼 수도 있다.

고대국어나 중세국어로까지 거슬러 올라가지 않더라도 우리가 오늘날 쓰는 말 역시 변화의 축에 있는 하나의 점이 된다. 매일 자신의 언어를 관찰하다 보면 어느 순간 미묘하게 달라진 의미를 발견하게 될 수도 있는 것이다. 더구나 오늘날에는 새로운 지시물이 넘쳐나고 지시물의 기능과 그것과 관련된 인식 역시 빠르게 변화하므로 의미 변화 역시 역동적으로 포착될 수 있을 것이다.

본문에서 언급한 언어 변화의 원인 네 가지에 덧붙여, 울만(Ullmann)은 '외국어의 영향'과 '새로운 명칭의 필요성'을 들었다. 이 두 가지 원인이 독립적으로 분류되는 것이 합리적인지 본문의 네 가지에 포함되어 논의되는 것이 합리적인지 탐구해 보자.

- 외국어의 영향: 어떤 단어가 그때까지 없던 의미를 같은 계열의 외국어 단어에서 차용하여 의미 변화를 일으키는 것. (예) 국어의 '별'과 같은 의미를 가진 영어 단어 'star'는 '별' 이외에 '장군', '인기 연예인'을 나타내기도 하는데, 그 영향을 받아서 국어에서도 '장군'이나 '인기 연예인'을 '별'에 빗대어 말한다.
- 새로운 명칭의 필요성: 새로운 사물이나 사고 또는 행위가 나타나면 그것을 지시하는 새로운 명칭이 필요하여 의미 변화를 일으키는 것. (예) '빨래방, 노래방' 등은 새로운 사물의 등장으로 만들어진 새말인데, 전통적으로 주거 공간을 가리키는 기존의 단어 '방'의 의미에 변화를 가져 왔다.

2 어휘 변화

2.1. 어휘 변화란 무엇인가

어휘의 변화와 변이[4]

존재하는 모든 것들은 변한다. 따라서 지금 바로 이 시점에서 우리가 보고 있는 것들은 길든 짧든 변화의 역사를 가지고 있다. 우리가 논의하려는 어휘 역시 그러하여 지금 우리가 사용하고 있는 어휘들은 이전에 생겨나서, 변화하고, 지금의 모습으로 정착한 결과물이다. 이러한 변화는 때로는 눈에 띄지 않고 내부적으로 축적되다가 어느 순간 이전과 확연하게 차이나는 모습으로 드러난다.[5]

어휘의 변화를 논의하기에 앞서 어휘의 개념에 대해 간략하게 언급할 필요가 있을 듯하다. 개별적으로 존재하는 단어와 구별하여 단어들이 서로 관계를 맺으면서 존재하는

---

4 어휘 변화에 대한 논의는 구본관 외(2016)의 제8장 어휘론과 제11장 한국어의 역사 중 '어휘사' 부분을 참조하되, 우리 책의 집필 방향에 맞추어 수정한 것이다.

5 이병근(2004:10)에서는 '變化'를 '變(change)'하고서 '化(formation)'하는 것이라 설명했다. 이는 변화가 우리가 감지하지 못할 만큼 서서히 일어나지만 어느 순간 달라진 모습으로 새롭게 창조되는 것을 설명한 것이다.

양상을 어휘(語彙, vocabulary)라고 한다. 어휘는 흔히 사전의 등재 단위가 되는데, 이때 사전은 종이 사전(dictionary)[6]뿐만 아니라 머릿속 사전(mental lexicon)도 포함된다. 어휘가 사전, 특히 머릿속 사전의 등재 단위가 된다는 점에서 보면 문장처럼 규칙에 의해 매번 새롭게 만들어지는 단위가 아니라 기억에 의존하는 단위라는 것을 알 수 있다. 어휘를 기억의 단위라는 관점에서 보아 단어뿐만 아니라 관용구나 속담과 같은 관용 표현도 어휘에 포함하기도 한다.

서로 관계를 맺고 있는 어휘들은 다양한 변이(variation)와 변화(change)를 보이기도 한다. 흔히 어휘의 변이는 언어 공동체 내 화자들의 사회적·지리적 변인과 언어 사용의 상황 맥락적 변인에 따라 어휘 사용의 양상이 다르게 나타나는 현상을 말하고, 어휘 변화는 언어의 탄생에서 소멸에 이르는 과정에 나타나는 통시적인 현상을 말한다. 우리가 이 장에서 다루려는 것은 어휘들의 통시적인 변화이다.

그런데 어휘의 변이와 변화는 서로 별개의 현상이 아니며, 둘로 명확하게 구분되는 것도 아니다. 따라서 "과거를 설명하기 위해서는 현재를 사용할 수 있고, 현재를 설명하기 위해 과거를 사용할 수도 있다."[로메인(Romaine), 2000/박용한·김동환 역, 2009: 209]라는 언급이 가능한 것이다. 먼저 변화를 밝히기 위해 변이를 사용하는 예를 들어 보기로 하자. 중세 국어의 성조를 이해하기 위해 성조가 남아 있는 경상방언이나 함경방언을 참고하는 것처럼 흔히 언어사 연구에서는 문헌 자료의 부족을 메우기 위해 방언의 변이를 이용하는 것이 예가 될 수 있다. 반대로 현대 국어에 남아 있는 사회적, 지리적 변이들은 통시적인 변화를 참조하면 훨씬 쉽게 이해할 수 있다. 예를 들어 '갈치'와 '칼치'의 대립은 각각 '갈ㅎ 〉 칼'로의 변화의 각 단계들을 반영하는 어휘들이다. 흔히 비격식체나 구어체에 비해 격식체나 문어체에 더 이른 시기의 언어 모습이 남아 있는 것도 변이를 이해하는 데에 변화를 고려하는 것이 도움이 된다는 점을 보여 준다.[7]

뒤에서 자세하게 논의하겠지만 어휘는 전체로도 변하고 개별적으로도 변한다. 어휘의 전체적인 변화는 항목의 수가 줄거나 늘어나는 변화를 말하기도 하고, 고유어와 한

---

6 '종이 사전'은 '머릿속 사전'의 상대어로 종이 사전을 기반으로 한 인터넷 사전도 포함하는 개념이다.

7 그리하여 언어의 연구, 특히 어휘의 연구는 공시나 통시가 아닌 양자를 아우르는 범시적인 연구가 필요함을 강조하기도 한다(구본관, 2005).

자어 및 외래어의 구성 비율에서의 차이와 같은 체계의 변화를 말하기도 한다. 물론 어휘의 변화는 어휘 전체의 변화뿐만 아니라 개별 어휘의 변화를 말하기도 한다.

어휘 변화로서의 어원과 어휘사

어휘의 변화를 다루는 분야가 어원(語源, etymology) 연구와 어휘사(語彙史) 연구이다. 어원이란 국어사전에 기술된바, '어떤 단어의 근원적인 형태. 또는 어떤 말이 생겨난 근원'을 말한다. 어원 연구는 뒤에서 언급할 것인바, 역사적 문헌 자료에 대한 검토와 동일한 계통에 속하는 언어에 대한 역사비교언어학적인 연구, 내적 재구 등의 방법을 통해 과학적인 접근을 하였을 때 가능하다. 우리나라에서 과학적인 방법의 어원론은 권덕규의 『朝鮮語文經緯』(1923) 등에 이르러 본격화 되었으며, 비교적 최근에 이루어진 이기문의 『국어 어휘사 연구』(1991) 등의 저술들이 있지만 관련 연구는 그리 많지 않은 편이다. 이는 어원을 밝힐 만한 고대나 그 이전의 문헌 자료가 많지 않다는 점과 충분한 연구가 이루어지지 않은 것에 기인한다. 관련 연구가 많고 OED(Oxford English Dictionary)과 같은 사전류에서 이런 결과를 반영하여 상당한 수의 단어에 어원을 표시하고 있는 영어와 비교하면 아쉬운 일이기도 하다.

사실 과학적인 어원 연구와 별개로 어원은 과거부터 학자에서 일반 대중에 이르기까지 많은 언중들의 관심사이기도 했다. 주지하듯이 이미 통일 신라 시대에 김대문은 '次次雄', '尼師今', '麻立干' 등 왕의 칭호에 대한 어원론을 펼치고 있으며,[8] 황윤석을 비롯한 실학자들 또한 우리말의 어원에 각별한 관심을 보여 주기도 했다. 물론 이들의 어원론이 과학적인 근거를 가지는지 명확하게 말하기는 어렵지만 근거 없는 것으로 폄훼할 것만도 아니다.

일반 언중들의 어원에 대한 관심은 흔히 민간 어원(folk etymology)이라고 한다. 잘 알려진 민간 어원의 예로는 '행주치마'가 있는데, 이 말이 임진왜란 때 왜적을 물리치기 위해 행주산성에서 아낙네들이 앞치마에 돌을 싸서 나른 것에서 유래했다는 것이다. 주지하듯이 임진왜란(1592) 이전 문헌인 『훈몽자회(訓蒙字會)』(1527)에 이미 '힝ᄌ쵸마(>행주치마)'가 나타나므로 이런 어원론은 과학적인 사실은 아니다. 민간 어원이 비록

---

8 이에 대한 자세한 논의는 이기문(1998:93)을 참조할 수 있다.

과학적인 사실과 일치하지는 않지만 언중들의 언어에 대한 관심과 집단적인 의식이 들어 있다는 점에서 문화사적으로 또는 국어 교육, 특히 국어 생활사적으로 소중한 자료이기도 하다.

어휘사란 말 그대로 어휘의 역사를 말하는 것으로 음운사, 형태사, 통사사(혹은 문장사) 등과 대비되는 국어사의 한 분야이다. 어원은 어휘의 역사 중에서 특정 단어의 최초의 기원을 밝히는 것이어서 어휘사의 한 부분에 넣을 수 있다. 단어사 대신 어휘사를 사용한 것은 개별 단어의 역사만을 탐구하는 것이 아니라 어휘의 변화에 대한 정의에서 말한 것처럼 전체 단어, 즉 어휘의 역사를 다루고 있기도 하기 때문이다.

앞에서 우리는 우리말의 어원에 대한 과학적인 연구가 충분하지 못하다는 점을 언급한 바 있다. 이 점은 어휘사에 있어서도 마찬가지이다. 다만 학문적으로든 교양인의 흥미를 위해서든 최근에는 이에 대한 연구들이 제법 많아 우리의 주목을 끌고 있기도 하다.[9] 이 장에서 우리가 논의하는 어휘 변화는 어원과 어휘사를 포함하는 개념이다.

어휘 변화 연구 방법

언어의 역사에 대한 모든 연구가 그러하듯 어휘 변화 연구에도 가장 중요한 방안은 문헌 자료를 활용하는 것이다. 이기문(1991: 12)에서는 언어사 연구에서 문헌 자료의 중요성을 언급하면서 문헌을 활용하여 언어사를 연구할 때는 문자의 환영(幻影)에 사로잡히지 말아야 하며, 문자의 보수성을 고려해야 한다는 점을 언급하고 있다.

문헌 자료가 풍부하면 좋을 것이지만 불행하게도 국어의 경우 어휘 변화를 연구하기 위한 문헌이 너무나도 부족한 편이다. 문헌의 부족을 메우는 방법이 비교 방법(comparative method)이나 내적 재구(internal construction), 그리고 앞에서 말한 바 있는 방언적인 변이를 활용하는 것이다. 비교 방법은 계통적으로 같은 어족에 속하는 언어들에서 동원어(同源語, cognate)를 활용하여 어휘의 변화를 추정하는 것이고, 내적 재구는 그 언어

---

9 우리말의 역사에 대한 연구가 깊어지면서 어원과 어휘사를 알려 주는 믿을 만한 책들이 많이 나오고 있다. 이기문의 『국어 어휘사 연구』(1991), 이병근의 『어휘사』(2004), 홍윤표의 『살아있는 우리말의 역사』(2009), 조항범의 『국어 어원론』(2014) 등이 그런 책들이다. 또한 국립국어원의 『새국어생활』에서 이기문, 김완진, 조항범 선생님이 어원에 대해 연재를 한 바 있으며, 같은 기관의 '새국어소식'이나 '쉼표, 느낌표' 등에서도 홍윤표의 연재가 실리기도 하였다.

자체만의 증거를 가지고 그 이전의 상태를 재구성해 내는 방법이다. 내적 재구로 사례로 흔히 드는 것으로는 '낫[鎌]', '낮[晝]', '낯[面]' 등이 매개 모음을 포함한 모음으로 시작하는 조사 앞에서는 받침이 'ㅅ, ㅈ, ㅊ'으로 제대로 나타나지만 휴지나 자음으로 시작하는 조사 앞에서는 [ㄷ]으로 중화되는 것을 통해 이전 시기에는 모든 자음이 휴지나 자음 앞에서도 발음되었을 것으로 추정하는 것을 들 수 있다. 또한 현대 국어의 '나무'에 해당하는 중세 국어 형태가 단독으로 쓰일 때나 자음으로 시작하는 조사나 '와'와 결합할 때는 '나모', '와'를 제외한 모음으로 시작하는 조사와 결합할 때는 '낡'으로 나타나는 것에 근거하여 '*나ᄆᆞᆨ'이었을 것으로 추정하는 것 역시 내적 재구의 예이다.[10]

어휘 변화 중에서 어원 연구는 국어처럼 문헌 자료가 충분하지 못하고 계통에 관한 연구도 미비한 경우 더욱 큰 어려움이 따른다. 이기문(1991 : 81)에서 언급하고 있듯이 어원 연구는 비록 하나하나의 단어를 대상으로 하지만 한 단어의 내력을 정확하게 밝히기 위해서는 음운, 문법, 어휘, 의미 등의 모든 분야의 역사적 성과가 충분히 축적되었을 때에만 믿음직한 결과를 가져올 수 있기 때문이다.[11] 하지만 최근 차자 표기 자료 등의 발굴과 더불어 국어의 역사에 대한 연구가 활발하게 이루어지고 있어 어휘 변화에 대한 성과들이 조금씩 축적되고 있다.

2.2. 어휘 변화의 양상은 어떠한가

어휘 전체의 변화와 개별 어휘의 변화

싱글턴(Singleton, 2000/배주채 역, 2008 : 177-203)에서는 어휘 변화를 '어형의 변화', '단어 의미의 변화', '어휘 분포의 변화',[12] '언어 접촉과 관련된 어휘 변화', '고유명의 변

---

10 내적 재구에 관한 인도유럽어의 사례는 싱글턴(Singleton, 2000/배주채 역, 2008 : 172-174), 국어의 사례는 이기문(1998 : 13-14) 등 여러 문헌을 참조할 수 있다.
11 이기문(1991 : 81)에서는 그 언어의 전(全) 역사에 관한 무수한 조명이 그 단어에 초점을 맞출 때 어원에 대해 밝히는 것이 가능하다고 표현하였다.
12 싱글턴(Singleton, 2000/배주채 역, 2008 : 187-189)에서의 '어휘 분포의 변화'란 이중 언어 현상이나 한 언어 안에서의 격식적인 언어 사용과 일상적인 언어 사용의 변화를 말한다.

화',[13] '어휘 공학'[14] 등으로 나누어 언급하고 있다. 이 중 '어형의 변화'와 '단어 의미의 변화'는 개별 단어(어휘)의 변화이지만, '어휘 분포의 변화' 이하의 것들은 어휘 전체의 변화 내지 어휘 전체를 이루고 있는 체계의 변화이다. 일반적으로 어휘의 변화는 개별 단어의 형태나 의미 및 기능의 변화를 말한다. 하지만 거시적으로 보면 한 언어를 이루고 있는 어휘 항목의 수가 달라지는 것이나 전체 어휘를 이루는 체계의 변화도 어휘 변화의 중요한 부분이다.

한 언어의 전체 어휘 항목의 수는 기존의 어휘 항목을 활용한 다양한 방식의 조어 과정을 통한 신조어의 형성, 다른 언어와의 접촉을 통한 차용어의 유입 등으로 늘어나기도 하고, 기존의 어휘 항목 중에서 구어로든 문어로든 사용이 제한되어 줄어들기도 한다. 특히 기존의 단어가 새로 생긴 말들과의 경쟁에서 밀려나는 것도 어휘 항목의 수가 줄어드는 원인이 되기도 한다.

어휘 항목의 수가 달라지는 현상은 때로는 개별 어휘의 형태나 의미 및 기능의 변화에 영향을 미치기도 한다. 뒤에서 언급하겠지만 고유어가 존재하는 상황에서 이와 유의어 관계를 가지는 한자어나 외래어가 들어오게 되면, 언어 생태계에서의 경쟁을 통해 고유어가 밀려나 사라지기도 하고 의미의 축소나 다른 의미로의 변화를 가지게 되기도 하는 것이다. 이런 점에서 전체 어휘 항목의 변화와 개별 어휘의 변화는 밀접한 관련성을 가지게 된다.

국어 전체 어휘는 흔히 기원에 따라 고유어, 한자어, 외래어가 체계를 이루고 있는 것으로 설명한다. 한자어나 외래어의 유입은 개별 단어의 관점에서 보면 고유어에 영향을 주면서 각자 자기 영역을 찾아가는 과정이지만 어휘 전체에서 보면 체계의 차이를 가져오기도 한다. 우리말에서 수천 년에 걸친 한자어의 증가나 최근 영어계 외래어의 증가는 어휘 항목의 구성을 다르게 하여 어휘 체계의 변화를 가져오고 있는 것이다.

어휘가 사전에 저장되므로 어휘의 변화 역시 어떤 식으로든 사전에 영향을 준다. 주지하듯이 사전은 종이 사전과 머릿속 사전을 모두 포함하는 개념으로 어휘의 변화는 두

---

13 싱글턴(Singleton, 2000/배주채 역, 2008: 192-195)에서 '고유명의 변화'는 고유명이 원래의 의미에서 의미의 변화를 경험하는 다양한 양상을 말한다.
14 싱글턴(Singleton, 2000/배주채 역, 2008: 195-199)에서 '어휘 공학'은 문학 작품을 통한 신어의 탄생, 상표명 만들기를 통한 신어의 탄생 등 언중이 의도적으로 만들어 낸 어휘의 변화를 다룬다.

사전에 약간 다르게 반영된다. 종이 사전은 현대 국어의 공시적인 사전을 표방하고 있는 경우라도 어느 정도는 과거에 사용되었던 어휘를 포함하고 있다. 즉, 등재된 표제어는 공시적으로 사용되는 것이 아닌 과거에 사용되었던 것을 포괄하는 경우가 많은 것이다. 오히려 현재 사용되는 어휘인데도, 최근에 새롭게 생긴 신조어나 차용어 즉, 신어는 사전에 반영되지 않은 경우가 많다.[15] 또한 개별 단어의 의미나 형태의 변화 역시 즉각적으로 반영되기 어려운 속성이 있다. 말하자면 종이 사전은 어휘 변화의 반영에 있어 보수적인 속성을 가지는 것이다. 이에 비해 머릿속 사전은 개인 사전의 속성이 강하며 공시적인 사전의 성격을 가지기 때문에 현재 상태를 반영한다. 따라서 과거에 사용하던 어휘가 망각에 의해 망실되면 목록에서 제외되기 쉬우며 신어가 들어오면 즉각적으로 목록에서 추가되기가 쉽다.

신어, 곧 차용어나 신조어가 처음 나타날 때는 유행어로서의 지위를 가지다가 일부는 언중의 공인을 얻어 사전에 오르게 되지만 상당수의 신어들은 유행어로서만 쓰이다가 사라지게 된다. 어떤 신어가 살아남고 어떤 신어가 사라지는지를 규칙화하여 말하기는 어렵지만, 살아남는지를 결정하는 데에 가장 중요하게 작용하는 것은 신어가 언중들에게 자주, 널리, 오래 쓰이는지의 여부이다. 또한 합성이나 파생과 같이 자연스러운 우리말 조어 방식에 의해 만들어진 신어가 혼성어나 축약어보다 살아남을 가능성이 더 큰 것으로 보인다.

어휘 체계의 변화 양상

어휘 체계의 변화는 신조어에 의해 나타나기도 하지만 언어 간 접촉에 의한 차용의 결과로 나타나는 경우가 많다. 우리말이 기원에 따라 '고유어-한자어-외래어'의 체계를 가지게 된 것도 차용의 결과이다. 국어 어휘 체계 변화에 가장 큰 영향을 준 것은 한자어와 한자를 기반으로 한 중국어 및 일본어 구어의 수용이었다.[16] 특히 한자어의 대량 유입은 이들과 고유어 어휘 간의 간섭과 경쟁을 불러일으켰으며, 이런 경쟁의 결과 많

---

15 신어는 신조어보다 넓은 의미로 사용된다. 신어는 기존의 어휘를 바탕으로 만들어진 신조어와 외래 어휘가 새로 차용된 것을 포함하는 개념이다.
16 구어 차용어는 한자어와 달리 우리식 한자음으로 읽히지 않는 '사탕[砂糖], 투구[頭盔], 비단[匹段]' 등을 말한다.

은 고유어 어휘가 한자어에 밀려나기도 했다. '온', '즈믄', '맛비', '녀름지싀' 등이 '백', '천', '장맛비', '농사' 등으로 대체되게 된 것이다. 이런 점에서 국어 어휘 체계 변화의 역사는 한자어 수용의 역사라고 표현할 수 있을 정도이다.

한자어는 다양한 지역에서 만들어져 다양한 시기에 유입되었다.

(1) ㄱ. 가족(家族), 간섭(干涉), 감동(感動), 개조(改造)

  ㄴ. 건달바(乾達婆), 공덕(功德), 서방(西方), 중생(衆生)

(2) ㄱ. 자주(自主), 수학(數學), 계급(階級), 비평(批評)

  ㄴ. 연역(演繹), 귀납(歸納), 절대(絕對), 현상(現像)

  ㄷ. 입구(入口), 출가(出家), 시장(市長), 할인(割引)

(1)은 중국에서 만들어진 것들로 (1ㄱ)은 유교 경전이나 한문학 작품을 통해, (1ㄴ)은 불교 경전을 통해 우리말에 유입되었다. (2)는 일본에서 유입된 것으로 보이는데, (2ㄱ)은 중국에서 사용하던 한자어를 일본이 다시 사용한 것들이고 (2ㄴ)은 일본에서 만들어진 한자어들이며 (2ㄷ)은 일본에서 표기만 한자로 할 뿐 한자어가 아닌 것을 우리말에 받아들인 것들이다.[17]

이처럼 한자어는 오랜 기간에 걸쳐 우리말에 유입되었다. 다음에서 우리는 한자어 유입의 다층적인 양상을 극적으로 보여 주는 현상을 살펴볼 수 있다.

(3) 상사(上士), 중사(中士), 하사(下士)의 사전 풀이

  상사02(上士) 「명사」 「군사」 「1」 부사관 계급의 하나. 원사의 아래, 중사의 위이다.

  상사03(上士) 「명사」 「불교」=보살02(菩薩)「2」.

  중사01(中士) 「명사」 「군사」 부사관 계급의 하나. 상사의 아래, 하사의 위이다.

  하사01(下士) 「명사」 「군사」 부사관 계급의 하나. 중사의 아래, 병장의 위로 부사관 계급에서 가장 낮은 계급이다.

  －『표준국어대사전』

---

17 '삼촌(三寸)', '대지(垈地)', '시댁(媤宅)'처럼 우리나라에서 만들어진 한자어도 있음은 물론이다.

사전에는 나오지 않지만 '상사(上土), 중사(中土), 하사(下土)'는 박제가의 〈북학의〉에 선비들을 상, 중, 하로 나누기 위한 어휘로도 등장한다. 구본관(2005)에서는 '상사(上 土), 중사(中土), 하사(下土)'가 먼저 불교 용어로서 중국에서 만들어져 우리말에 유입되 었고, 이어서 유교 용어로서 우리나라에서 만들어져 사용되었으며, 마지막으로 개화기 에 군사 용어로서 일본에서 만들어져 우리말에 유입된 것으로 설명한다. 이는 한자어 가 시대와 지역을 넘어 다양하게 만들어져 우리말 어휘에 들어 왔음을 보여 주는 한편, 어휘가 만들어진 시대나 지역의 문화적인 특성을 담고 있음을 잘 보여 준다.[18]

언어 접촉의 결과로 한자어를 제외한 외래어가 유입되기도 하였다.

(4) ㄱ. 가라몰, 갈지게, 고도리, 바오달
　　ㄴ. 아다리, 오뎅, 게다, 시다
　　ㄷ. 글로벌, 넘버원, 네거티브, 스코어, 실크

(4ㄱ)은 비교적 이른 시기인 고려 말 원나라와의 접촉으로 인한 몽골어 차용어들이 고, (4ㄴ)은 개화기 이후 일본에서 들어온 외래어들이다. 최근에는 영어 사용의 증가와 인터넷의 등장으로 인한 매체 환경의 변화로 (4ㄷ)과 같은 영어계 외래어가 폭발적으로 증가하여 우리말의 체계에 큰 변화를 일으키고 있다.

개별 단어(어휘) 변화의 양상[19]

1) 개별 단어의 형태 변화

개별 단어의 변화는 형태와 의미 양 측면에서 나타난다. 형태의 변화는 원래 형태가 축소되기도 하고, 확대되기도 하는 등 다양한 양상을 보인다.

(5) ㄱ. ᄒᆞᆫᄫᅡ 〉 ᄒᆞ오사/ᄒᆞ온사 〉 호사 〉 혼자

---

18 사실 '상사(上土), 중사(中土), 하사(下土)'에 쓰이는 '사(土)'의 기본적인 의미가 한국에서는 '선비'이고 일본에서는 '무사'라는 것도 선비 정신을 강조하는 한국 문화와 무사 정신을 강조하는 일본 문화의 차이를 잘 보여 준다.
19 어휘 변화의 양상에 대한 사례는 구본관(2005)를 주로 참조하였다.

ㄴ. 머리 〉멀리, 졈- 〉젊-, 더디다 〉던지다

ㄷ. 붚 〉북, 넉 〉녘

(5ㄱ)은 형태가 축소된 예이고, (5ㄴ)은 형태가 확대된 예이고, (5ㄷ)은 축소나 확대에 들지 않는 형태 변화의 예이다.

2) 개별 단어의 의미 혹은 분포의 변화

개별 단어의 변화는 형태뿐만 아니라 의미에서도 일어난다. 통시적인 관점에서 보면 단어의 의미 변화는 세대 간의 불연속적인 전달로 볼 수 있다. 어떤 단어가 다양한 맥락에 쓰이면서 다의성을 획득하기도 하고, 다의성을 가진 단어가 특정한 맥락에서만 제한적으로 사용되기도 한다.

(6) ㄱ. 겨집(〉계집)('여자'→'아내 비칭'), 놈('사람 평칭'→'남자 비칭')

ㄴ. 감토(〉감투)('모자'→'모자', '벼슬'), 겨레('宗族, 親戚'→'民族, 同族'), 오랑캐('만주에 있던 한 종족'→'이민족의 卑稱')

ㄷ. 새 책, 한 마리, 이바지 음식

(6ㄱ)은 의미가 축소된 예이고 (6ㄴ)은 확대된 예이다. (6ㄷ)은 특히 통사적인 분포가 축소된 예이다. '새'의 경우 중세 국어에서 명사, 부사, 관형사로 쓰였으나 현대 국어에서는 관형사로만 쓰이며, '마리'의 경우도 자립 명사와 의존 명사로 쓰였으나 지금은 의존 명사로만 쓰인다. '이바지(중세 국어 '이바디')'의 경우 '잔치'를 의미하는 일반적인 단어로 쓰였으나 현대 국어에서는 '이바지 음식' 정도의 문맥에서만 사용된다.

2.3. 어휘 변화에 대한 이해를 현대 국어 어휘 이해에 활용할 수 있는가

어휘 변화에 대한 지식과 어휘 능력의 관련성

어휘 변화에 대한 지식은 언중들의 어휘 능력의 깊이를 더해 준다. 주지하듯이 어휘 능력은 얼마나 많은 어휘를 알고 사용할 수 있는지와 관련된 양적 측면과 어휘의 소리, 형태, 의미, 화용 등의 여러 측면을 알고 사용할 수 있는지와 관련된 질적 측면으로 나누어 논의할 수 있다. 어휘 변화에 대한 지식은 언중의 어휘에 대한 질적 능력을 향상시키며, 이를 통해 정확하고 적절한 어휘 사용에 도움을 주기도 한다.[20] 즉, 어휘 변화에 대한 통시적인 지식이 현대 국어의 이해나 사용에 도움을 주기도 하는 것이다.

어휘 변화의 이해를 활용한 현대 국어 어휘 이해 활용 사례[21]

1) 어휘 변화 이해와 단어 의미

어휘 변화에 대한 이해는 현대 국어 단어의 의미를 정확하게 알게 하는 데에 도움을 준다.

(7) ㄱ. 시내: 골짜기나 평지에서 흐르는 자그마한 내

ㄱ. 도루묵: 도루묵과의 바닷물고기

ㄴ. 어리석다, 어리눅다, 어리뜩하다, 어리마리하다, 어리벙벙하다, 어리둥절하다

(7ㄱ)의 '시내'의 어원에 대해 이기문(1991: 85)에서는 이희승의 논의를 인용하면서 '실[絲]+내[川]'의 결합임을 언급한 바 있으며, 이는 국어 교과서에 읽기 자료로 실리기도 하였다. 어원에 대한 지식은 이 단어의 의미가 '실처럼 가느다란 내'임을 분명하게 알게 해 준다. (7ㄴ)의 '도루묵'은 '목어01(木魚)'로도 불리는 물고기인데, 이식(李植)의 시와 결합하여 왕이 '도로 묵이라고 했기 때문에 붙여진 이름'이라는 그럴 듯한 해석이 널리 알려지기도 했다. 하지만 조항범(2007) 등에서 동물이나 식물 이름에 붙어서 '품질이 떨어지는' 또는 '야생으로 자라는'의 뜻을 더하는 접두사인 '돌-'과 한자어 '목(目)'의 결합임을 논증한 바 있다. 이러한 어원에 대한 지식이 이 단어의 의미를 정확하게 알게 해 줌은 물론이다. (7ㄴ)의 단어들에는 '어리-'가 공통적으로 포함되어 있는데, 이 '어리-'는 '훈민정음 해례 언해본'에서 볼 수 있듯이 15세기 국어에서 흔히 '어리석

---

20 서울대학교 국어교육연구소(2014: 525)에서는 모어 화자가 아닌 외국어로서의 국어 교육에서도 어휘의 통시적 변화에 대한 체계적인 학습이 필요함을 언급하고 있다.

21 어휘 변화를 통한 현대 국어 어휘 이해의 사례는 구본관(2005)를 주로 참조하였다.

다'의 의미로 사용되었다. 현대 국어에 나타나는 '어리-'를 가지는 어휘의 의미는 이러한 어휘사적인 지식을 통해 분명하게 이해할 수 있게 된다.

2) 어휘 변화 이해와 단어 구성
어휘 변화에 대한 이해는 현대 국어 단어의 구성을 정확하게 알게 하는 데에도 도움을 준다.

(8) ㄱ. 새롭다
ㄴ. 슬프다, 기쁘다
ㄷ. 암탉, 안팎

(8ㄱ)은 '새 + -롭-'으로 공시적으로 보면 '관형사 + 파생 접미사'로 분석되는데, 이 단어의 구성을 정확하게 이해하기 위해서는 국어 변화에 대한 지식이 필요하다. 주지하듯이 '-롭-'은 현대 국어에서 명사와 결합하여 형용사를 파생하는 접미사인데, '새'와 같은 관형사와 결합하는 경우에 대해서는 설명이 쉽지 않다. 이러한 설명의 어려움은 15세기만 하더라도 '새'가 관형사뿐 아니라 명사와 부사로도 쓰였으며, '새롭다'는 '새'가 명사로 쓰이던 시기에 만들어진 것이라는 해석을 통해 해소된다. '슬프다'가 동사인 '슳-'과 '-브-'의 결합에서 'ㄹ'이 탈락하여 만들어졌다든지, '기쁘다'가 '깄'과 '-브-'의 결합에서 온 것이라는 해석도 어휘 변화에 대한 지식을 통해 알 수 있다. (8ㄷ)의 '암탉'은 '암ㅎ+닭', '안팎'은 '안ㅎ+밖'에서 왔다는 어휘 변화 지식이 현대 국어의 맞춤법의 타당성을 지지해 줌은 물론이다. 이처럼 단어의 구성에 대한 이해는 단어의 의미나 구조를 이해하는 데에 도움이 되는 것이다.

3) 어휘 변화 이해와 용언의 활용
어휘 변화에 대한 이해는 현대 국어의 불규칙 활용을 이해하는 데에도 도움이 된다.

(9) ㄱ. 짓다, 짓고; 지어, 지으니
ㄴ. 돕다, 돕고; 도와, 도우니

ㄷ. 푸다, 푸고; 퍼, 펐다

(9ㄱ)은 'ㅅ' 불규칙 활용, (9ㄴ)은 'ㅂ' 불규칙 활용을 보여 주는데, 이들 단어가 불규칙 활용을 보이는 이유는 15세기 국어에서 이들 단어가 어간의 받침으로 'ㅿ'과 'ㅸ'을 가졌다가 이들 자음의 음가가 달라진 것으로 설명할 수 있다. (9ㄷ)과 같은 '우' 불규칙은 중세 국어 단계의 '프-'가 근대 국어에서 원순모음화에 의해 '푸-'로 바뀌었는데도, 활용형은 '프-'이었을 때처럼 'ㅡ'가 탈락하는 방식으로 유지되는 것으로 설명이 가능하다. 이처럼 어휘 변화에 대한 지식은 활용형을 합리적으로 설명하는 데에도 도움이 된다.

2.4. 국어과에서는 어휘 변화를 어떻게 가르칠 것인가

어휘 변화 교육의 개념과 필요성

어휘 변화 교육은 개별 어휘의 변화와 전체 어휘의 변화 중 국어 교육적으로 가치 있는 것에 대해 교수·학습을 하는 것을 말한다. 어휘 변화 교육은 대체로는 국어사 교육의 한 부분을 차지하며, 특히 국어 문화에 대한 교수·학습의 중요한 부분을 차지할 수도 있을 것으로 생각된다.[22] 본격적으로 어휘 변화 교육을 다룬 구본관(2008)이나 전형주(2012)에서는 모두 어휘 변화 교육과 국어 문화 교육의 관련성에 대해 논의하고 있기도 하다. 우리는 이들 논의와 앞 절까지의 논의를 참조하여 어휘 변화 교육의 필요성을 다음 몇 가지로 제시하고자 한다.

(10) 어휘 변화 교육의 필요성

ㄱ. 어휘 변화 교육은 국어 문화 교육에 도움이 된다.

---

22 국어사 교육의 필요성에 대해 김영욱(1998)에서는 전통적인 관점에서 고전 문학 작품 이해에 도움이 된다는 관점, 문화적인 관점에서 문화적 문식력을 높여 준다는 관점, 기능적 관점에서 현대 국어의 이해에 도움이 된다는 관점 등을 언급한 바 있다. 어휘 변화 교육도 국어사 교육의 한 부분으로 볼 수 있으므로 이런 관점은 어휘사 교육에도 그대로 적용이 가능하다.

ㄴ. 어휘 변화 교육은 현대 국어 어휘의 정확한 이해 교육에 도움이 된다.

ㄷ. 어휘 변화 교육은 언어적 사고력 증진이나 언어적 민감성을 높이는 교육에 도움이
된다.

ㄹ. 어휘 변화 교육은 문학 작품의 이해 등 국어과 타 영역의 학습에 도움이 된다.

먼저 (10ㄱ)에 언급한 문화 교육으로서의 어휘 변화 교육의 필요성에 대해 언급해 보기로 하자. 우리는 앞에서 '상사(上士), 중사(中士), 하사(下士)'라는 어휘들의 의미가 다양한 문화적 스펙트럼을 보여 주며, 특히 '사(士)'의 의미를 통해 선비 정신을 강조하는 우리 문화의 특성을 알 수 있음을 주석을 통해 간략하게 언급한 바 있다. 이런 사례를 통한 어휘 변화 교육이 문화 교육으로 이어질 것임은 당연하다. 또한 구본관(2008)에서 언급한 바와 같이 우리의 고전 문학 작품들에는 '달'이나 '대나무' 등에 대해 군자의 절개와 같은 특별한 상징적인 의미를 부여한다. 이 단어들이 특별한 상징적인 의미를 가지게 된 것은 이 단어들의 의미나 용법에 대한 시대적인 변화를 통해 분명하게 알 수 있을 것이다.

(10ㄴ)의 현대 국어 어휘에 대한 정확한 이해를 위한 어휘 변화 교육의 필요성도 제3절에서 언급한 다양한 사례를 통해 설명할 수 있다. 앞에서 언급한 바와 같이 어휘 변화 교육은 현대 국어 단어의 의미, 구조, 활용 등에 대한 정확한 교육에 도움을 주는 것이다.

(10ㄷ)에서 어휘 변화 교육은 언어적 사고력 증진이나 언어적 민감성을 높이는 데에도 기여한다. 구본관(2007)에서는 접두사 '양(洋)-'과 '한(韓)-'의 대립에 대한 논의를 통해 어휘 변화와 사고력의 관계를 논의한 바 있으며, 구본관(2008)에서는 다음과 같이 국어의 수 표현이 언어적 사고력이나 민감성과 관련이 있음을 언급한 바 있다.

(11) ㄱ. 국어의 수 표현에는 '한두, 두셋, 서넛, 너더댓, 여럿, 몇'과 같은 부정수(不定數)
표현이 발달했다.

ㄴ. 국어의 수 표현 중 고유어계는 일상생활에 많이 쓰이고, 한자어계는 수학적인 계산
등 특정 영역에서 많이 쓰인다.

ㄷ. 아라비아 숫자는 '5벌[다섯뻘]'처럼 고유어 앞에서는 고유어 수사로, '2미터[이미
터]'처럼 외래어 앞에서는 한자어 수사로 읽는다.

고유어로 구성된 국어에 한자어가 들어오게 되면서 국어의 어휘 체계는 상당한 혼란을 경험하다가 고유어와 한자어는 각자의 사용 영역을 구축하게 된 것으로 보인다. 그리하여 일상생활에는 고유어, 전문적인 영역에서는 한자어가 쓰이게 된 것으로 보이며 수 표현은 이를 잘 보여 준다. 이러한 어휘 체계 변화에 대한 이해는 고유어와 한자어의 이해나 사용에 대한 민감성을 길러 줄 수 있을 것으로 생각된다.

(10ㄹ)의 어휘 변화에 대한 지식을 통한 고전 문학 작품의 문식성의 증진은 이지은 (2007)에서 논의한 바 있다. 사실 이런 논의가 아니라도 전통적으로 고전 문학 작품과 어휘 변화 지식의 관련성은 향가나 고려 가요의 해석 등에 국어사를 공부하는 학자들이 참여하여 중요한 성과를 거두는 것에서도 충분히 입증된다. 최근에는 고전 문학 작품을 상당 부분 현대어로 바꾸어 학습하고 있으므로 이런 필요성이 줄어들기는 하였지만 여전히 고전 문학 작품을 이해하는 데에 어휘 변화의 지식이 도움이 된다는 점은 분명하다.[23]

기존의 국어과 교육에서의 어휘 변화 교육

어휘사 교육은 문화 교육의 관점에서 독자적인 교육으로 다루어질 수도 있으나 이미 언급했듯이 기존의 어휘 변화 교육은 주로 국어사 교육의 한 부분으로 다루어졌다. 교육과정에서도 전체 국어 교육의 목표나 국어사 교육의 성취기준으로 어휘사 교육 관련 내용이 다루어져 왔다. 최근에 이루어진 2009 개정 교육과정이나 2015 개정 교육과정에서도 어휘사 교육 관련 내용이 포함되어 있다. 2009 개정 국어과 교육 과정에서는 '추구하는 인간상'에서 "문화적 소양과 다원적 가치에 대한 이해를 바탕으로 품격 있는 삶을 영위하는 사람"을 언급하고 있으며 초등학교 교육 목표에서 "우리 문화에 대해 이해하고, 문화를 향유하는 올바른 태도를 기른다."나 중학교 교육 목표에서 "자신을 둘러싼 세계에 대한 경험을 토대로 다양한 문화와 가치에 대한 이해를 넓힌다."라고 하는 등 문화 교육을 강조하고 있기도 하다. 또한 핵심역량을 강조하는 2015 개정 교육과정에서도 국어과의 교과 역량의 하나로 문화 향유 역량을 설정하여 "국어로 형성·계승되

---

23 사실 어휘 변화는 어휘의 최근까지의 변화를 포함하고 있으므로 어휘 변화에 대한 이해는 개화기나 현대 국어 초기 문학 작품의 이해에도 도움이 된다.

는 다양한 문화를 이해하고 그 아름다움과 가치를 내면화하여 수준 높은 문화를 향유·생산하는 능력"을 강조하고 있다. 국어 문화의 향유와 계승은 어휘사 교육을 통해서도 이루어져야 함은 물론이다.

다음은 2015 개정 교육과정의 교과 목표이다.

(12) 국어 교과의 교육 목표

국어로 이루어지는 이해·표현 활동 및 문법과 문학의 본질을 이해하고, 의사소통이 이루어지는 맥락의 다양한 요소를 고려하여 품위 있고 개성 있는 국어를 사용하며, 국어문화를 향유하면서 국어의 발전과 국어문화 창조에 이바지하는 능력과 태도를 기른다.

가. 다양한 유형의 담화, 글, 작품을 정확하고 비판적으로 이해하고 효과적이고 창의적으로 표현하며 소통하는 데 필요한 기능을 익힌다.

나. 듣기·말하기, 읽기, 쓰기 활동 및 문법 탐구와 문학 향유에 도움이 되는 기본 지식을 갖춘다.

다. 국어의 가치와 국어 능력의 중요성을 인식하고 주체적으로 국어생활을 하는 태도를 기른다.

(12)에서 볼 수 있듯이 국어 교과의 중요 목표로서 '국어문화'를 언급하고 있는데, 이는 앞에서 언급한바, 어휘 변화 교육을 통해서도 실현이 가능하다.

어휘 변화 교육은 성취기준 수준에서 국어사 교육의 일부로 다루어진다.

(13) 2015 개정 국어과 교육과정 고등학교 '국어' 어휘사 관련 성취기준과 해설
  • 성취기준: [10국04-01] 국어가 변화하는 실체임을 이해하고 국어생활을 한다.
  • 해설: 이 성취기준은 구체적인 국어 자료를 통해 국어가 변화하는 실체임을 이해하고 국어 활동을 하는 자세를 기르기 위해 설정하였다. 중세 국어와 현대 국어의 특징을 개략적으로 이해하되, 한글 창제 후의 중세 국어 자료와 현대 국어 자료를 비교하며 국어의 역사성을 이해하는 데 중점을 두도록 한다.

(14) 2015 개정 국어과 교육과정 고등학교 '언어와 매체' 어휘사 관련 성취기준과 해설
  • 성취기준: [12언매02-08] 시대 변화에 따른 국어 자료의 차이에 대해 살피고 각각

의 자료에 나타나는 언어적 특성을 이해한다.

- 해설: 이 성취기준은 국어의 변천 과정에 대한 이해를 통해 현재 우리가 사용하는 국어에 대한 이해 수준을 심화하는 자세를 기르기 위해 설정하였다. 차자 표기 자료로 남아 있는 고대 국어, 한글 창제 이후의 중세 국어의 모습을 보여 주는 자료 중에서 내용이나 표현이 쉽고, 짧으며, 학습자가 공감할 수 있는 자료를 활용하되, 상세한 국어사 지식의 학습보다는 개략적인 어휘의 변화를 살피는 데 중점을 둔다.

위에서 볼 수 있듯이 주로 고등학교 '국어', '언어와 매체'의 성취기준으로 국어사가 포함되어 있고 국어사 안에 어휘 변화가 포함되어 있음을 알 수 있다.

성취기준은 실제 교과서에 반영되며, 이는 학교 현장에서의 교육으로 이어진다. 어원이나 어휘사를 포함한 어휘 변화 교육은 교과서에 여러 가지 형태로 구현되었으며 어떤 식으로든 교육되어 오기도 했다. 사실 제7차 교육과정 이전의 교과서에서도 이기문의 '어원 연구에 대하여'가 실려 어원 '시내', '붓', '먹' 등의 어원을 밝히는 글이 실린 바 있고, 2007 개정 교육과정 이후에 만들어진 교과서에서도 어원이나 어휘 변화가 다루어지기도 했다.[24] 앞에서 언급한바, 단원의 마무리에서 '도루묵'의 어원을 다룬 것들이 그러하고, 미래엔 2010년 고등학교 '국어(상)'에서 '번역노걸대'(1517년)와 '노걸대언해'(1670년)의 자료를 제시하고 차이점을 찾고 어휘의 변화를 확인하는 활동을 제시하는 것도 그러하다.

이처럼 어휘 변화가 교육과정의 목표 차원이나 성취기준 차원에서 제시되고 있으며, 교과서에서도 어휘 변화가 다루어지고 있지만 우리가 중요하게 생각하는 어휘 변화 교육이 제대로 실현되고 있다고 보기는 어렵다. 우선 교육과정의 목표 차원에서 제시한 문화에 대한 강조는 앞에서 언급한 것처럼 보기 좋은 표현에 불과한 경우가 많고[25] 특히 어휘를 소재로 한 문화 교육은 속담에 대한 논의를 제외하면 별로 없는 듯하다. 또한 국어사 교육의 일부로서의 어휘 변화 교육도 부분적으로는 현대 국어와의 관련성을 살펴보고 있으나 현대국어의 이해를 심화시키기 위한 교육 내용은 충분하지 못하다.

---

24 '도루묵'의 어원과 관련된 내용이 최근 몇몇 출판사의 국어 교과서에 실리기도 하였다.
25 김대행(2006)에서 언급했듯이 국어 교육에서 문화 교육은 문서상의 보기 좋은 표현에 지나지 않았던 경우가 많았다.

어휘 변화 교육의 개선 방향

1) 어휘 변화 교육의 목표

어휘 변화 교육의 목표를 직접적으로 제시한 논의는 전형주(2012)이다. 이 논문에서는 어휘 변화(어휘사) 교육의 목표로 "어휘사 지식을 체계적으로 습득하여 국어에 대한 이해력을 높인다.(지식)", "어휘의 역사적 인지 과정을 바탕으로 논리적 사고력과 국어 탐구 능력을 기른다.(사고)", "어휘의 역사적 변천을 통해 어휘가 지닌 문화적 가치를 바르게 이해하고 국어문화 창조에 이바지할 수 있는 능력과 태도를 기른다.(문화)"와 같이 '지식', '사고', '문화'의 관점에서 국어 어휘사 교육의 목표를 제시하고 있다. 이는 구본관(2008)에서 언급한 어휘 변화 교육의 측면들 즉, '문화 교육에 도움이 되는 측면', '사고력을 증진시켜 주는 측면', '기능 교육에 도움을 주는 측면'을 반영한 것으로 보인다.

이러한 논의들과 3절에서 언급한 어휘 변화 교육과 현대 국어 이해와의 관련성을 생각하되, 교육 과정에서 제시하는 틀에 따라 정리해 보면 다음과 같은 방안이 가능할 것이다.[26]

(15) 어휘 변화 교육의 목표

현대 국어의 기반이 되는 국어 어휘 변화에 대한 지식을 확충하고, 이를 현대 국어의 정확한 이해와 사용에 활용하며, 국어 어휘에 들어 있는 문화적인 요소를 활용하여 국어 문화 발전에 참여하는 태도를 기른다.

가. 현대 국어의 기반이 되는 국어 어휘 변화에 대한 지식을 확충한다.

나. 국어 어휘 변화에 대한 지식을 현대 국어 어휘의 의미, 형성 과정, 활용 등의 이해에 활용할 수 있다.

다. 국어 어휘 변화에 대한 지식을 통해 어휘에 들어 있는 국어 문화 요소를 찾아내며, 국어 문화를 발전시키려는 태도를 기른다.

---

26 구본관(2011)에서는 어휘 교육의 목표를 이런 형식으로 제시한 바 있다.

2) 어휘 변화 교육의 내용

어휘 변화의 교육 내용과 관련하여 구본관(2008)에서는 '수 관련 어휘사', '색채 관련 어휘사', '생활 관련 어휘사', '높임 관련 어휘사' 등으로 자세하게 나누어 교육 내용을 제시한 바 있다. 또한 전형주(2012)에서는 이러한 교육 내용 선정의 원리로 '실증적 언어 자료 중심성', '교육 목표 달성에 유용한 것', '학습자 언어 발달에 적합한 것' 등의 기준으로 선정할 것을 제안하기도 하였다. 사실 이것을 제외하고도 교육 내용을 선정을 위해서는 학습자의 흥미, 고전 문학이나 표현 이해 교육과의 연계성 등이 고려되어야 할 것이다.[27]

3) 어휘 변화 교육의 방법

어휘 변화 교육의 방법과 관련하여 전형주(2012)에서는 '언어 자료 제시 – 과제 부여 – 문제 해결 활동 – 확인 및 적용'과 같은 일종의 탐구 과정을 포함한 모형을 제시한 바 있다. 특히 협동적 탐구 학습을 어휘 변화 교육의 방안으로 제시하고 있는데, 어휘 변화 교육이 학습자 개인이 스스로 학습하기에 다소 어려울 수 있다는 점에서 적절한 방안으로 생각된다. 아울러 어휘 변화 자료를 '읽기' 영역이나 '규범 교육', '고전 문학 교육'과의 영역 통합으로 교육할 것을 제안하고 있는데, 이러한 방안들은 어휘 변화를 국어 교육에 정착시키는 데에 도움이 될 것으로 생각된다.

---

27 지면의 제약으로 교육 내용을 구체적으로 제시하기는 어렵다. 어휘 변화 교육 내용에 대한 자세한 논의는 구본관(2008), 전형주(2012) 등을 참조할 수 있다.

탐구문제

다음 자료를 보고 생각해 보자.

자료

(가) 환목어

이식(李植)

난리 끝난 임금님이 서울로 올라온 뒤
수라상에 진수성찬 서로들 뽐낼 적에
불쌍한 이 고기도 그 사이에 끼였는데
맛보시는 은총을 한 번도 못 받았네.
이름이 삭탈되어 도로 목어로 떨어져서
순식간에 버린 물건 푸대접을 당했다네.

(나) '도루묵'의 어원

이식의 시 '환목어(還目魚)'에 따르면 원래 '목어'라는 고기가 있었는
데, 난리 중에 임금님의 허기를 달래 주어서 '은어'라는 이름을 하사했
다가 난리 후에 다시 수랏상에 올렸으나 은총을 받지 못해서 도로 '목
어'로 떨어져 그 이름이 '도루묵(〈도로목)'이 되었다는 것이다. 이 시가
세태를 풍자하는 것인지 아니면 다른 어떤 의도가 있는지는 명확하게
알 수 없으나 이 고기의 이름에 대해 떠도는 민간 어원을 반영한 것으
로 보인다. 물론 이와 같은 어원에 대해 과학적인 근거가 있는 것은 아
니다. 최근 연구들에 따르면 '도루묵'의 어원은 '돌목어'에서 온 것이고
'돌'은 '돌가자미', '돌농어' 등에서도 확인되는 접두사 '돌-'이 목어와
결합한 것이라고 보는 것이 타당하다(조항범, 2005).

① (가)와 (나)를 참조하여 민간 어원과 과학적인 어원 연구의 차이에 대해 말
해 보자.

② 민간 어원의 국어 교육적 가치에 대해 토론해 보자.

6장

어휘와
정보

1 어휘와 계량

1.1. 어휘의 계량이란 무엇인가

우리는 정보의 홍수 시대를 살아가고 있다. 날마다 쏟아져 들어오는 이미지와 동영상, 기사, 각종 '블로그'와 '소셜 네트워크 서비스(SNS)'를 통해서 양산되는 내용들, 그리고 그에 달리는 댓글과 답글, 개인 메신저로 주고받는 메시지까지 실로 정보의 구현 형태는 언급하기조차 어려울 정도로 다양해졌다. 이처럼 다양한 정보는 다시 이들을 주고받은 시각부터 횟수, 용량, 형식은 물론 위치 정보까지 '빅데이터(Big-data)'의 정보로 저장되고 필요에 의해 가공되면서, 이제 현대인의 관심사, 소비 성향 등을 구분하고 정리하여 예측하는 단계에까지 이르렀다. 그런데 거의 모든 정보가 온라인을 기반으로 집중되고 있는 시대에 이와 같은 형태로 존재하는 정보는 특별히 문자 즉 어휘의 집합에 크게 의존할 수밖에 없다.

하나의 단어는 주제화된 정보를 담고 있는 페이지를 검색할 때 매우 유용한 접점 (node)으로 기능하게 된다. 그리고 하나의 접점으로 수렴될 수 있는 다양한 페이지를 판단해야 할 경우, 단어의 추상적 집합인 어휘의 계량은 절대적인 요건이 된다. 클릭 한 번으로 손쉽게 연결되는 정보는-그것이 텍스트로 이루어졌을 때-결과적으로 넓은 의미에서 어휘 계량의 산물이라고 할 수 있는 것이다.

일반적으로 어휘를 조사하는 목적은 분야별 총어휘의 종류와 개수, 출현 빈도, 양적·질적 구성 양상의 파악, 어휘의 평정 등을 하기 위한 것으로 나눌 수 있다. 이러한 연구 목적을 달성하기 위해서 어휘를 계량한다는 것은 '어떤 목적을 이루기 위해서 어휘를 측정한다는 것'으로 바꾸어 표현할 수 있다. 그리고 무언가를 '측정한다'는 것은 어떤 기준을 세우고 그에 맞게 자료를 가공할 수 있다는 것을 전제로 하고 있는 것이다. 그런데 어휘를 가공하기 위해서는 필연적으로 '어휘소들을 원소로 하여 구성된 어휘부에 관한 연구'[1]가 동반되어야 한다. 어떤 목적으로 계량되는 것인지와 상관없이, 어휘를 계량하기 위해서는 어휘부와 어휘소에 대한 명확한 이해의 바탕 위에서 계량의 조건을 선정하고 입력해야 하기 때문이다.

계량의 단위와 어휘소

어휘 연구에서 가장 작은 단위는 어휘소가 된다. '우리나라'는 형태적으로나 어휘적으로 '우리'와 '나라'로 구분할 수 있지만 '우리나라'를 하나의 어휘소로도 구분할 수 있다. 단어를 구분할 때에는 의미나 기능을 갖는 가장 최소의 단위인 형태소를 기준으로 삼게 되지만 어휘를 구분할 때에는 이처럼 하나의 어휘로 기능하는 단위 자체를 대상으로 삼게 된다. '최고령자(最高齡者)'의 경우 형태소의 단위로 나누면 '최-, 고령, -자'처럼 네 개로 구분할 수 있지만 어휘소의 단위로는 '최고령자' 역시 하나의 단위가 되는 것이다.

어휘의 계량에 있어서 어휘소는 그 자체로 조사(調査)의 단위가 된다. 하지만 궁극적으로는 어휘소와 결합하는 조사(助詞), 어미, 보조 용언 등을 포함할 것인지도 고려해야 한다.[2] 문장의 연쇄로 이루어지는 하나의 텍스트에서 어휘를 계량할 때에는 문법적

---

1 김광해(1993: 67)에서는 개방집합(open set)을 구성하는 원소로서 어휘 항목은 선택의 가부(可否)가 아닌 확률에 의한 결합이기 때문에 계량적 방법에 전적으로 의존할 수밖에 없다고 하면서 "언어마다 40~50만에 이르는 어휘소들을 원소로 하여 구성된 어휘부에 관한 연구는 다른 어떤 방법보다도 이 같은 계량적 방법을 토대로 하여 성립된다."라고 하였다. 이를 곰곰이 곱씹어 보면 어휘를 계량할 때에는 어휘부에 대한 연구 결과가 필연적으로 반영되어야 한다는 결론에 도달할 수 있게 된다. 앞서 어휘의 연구를 위해서 자료의 계량이 필요했다면 이제 계량의 목적 달성을 위해서 어휘의 연구 결과가 사용되어야 하는 것이다.

으로 결합되는 다양한 양상을 분리해 낼 수 있도록 조건화하는 것이 중요하다. 한국어의 특성상 조사와 어미, 보조 용언 등의 판단은 어휘 계량을 위한 필수불가결한 단위로 보아야 한다. 물론 계량의 목적에 따라서 조사와 어미, 보조 용언 등이 때로는 불필요한 결과물이 될 수도 있다.

> 넓은 벌 동쪽 끝으로
>
> 옛이야기 지줄대는([표준어]지절대다/주절대다) 실개천이 휘돌아 나가고,
>
> 얼룩백이([표준어]얼룩빼기) 황소가
>
> 해설피([표준어?]해+설핏하다) 금빛 게으른 울음을 우는 곳,
>
> 그곳이 참하([표준어]차마) 꿈엔들 잊힐 리야.
>
> — 정지용 시인의 〈향수〉 중 1연

여기에서 계량의 단위로 볼 수 있는 것을 정리해 보면 다음과 같다.

체언류(13)	벌, 동쪽, 끝, 옛이야기, 실개천, 얼룩백이, 황소, 금빛, 울음, 곳, 그곳, 꿈, 리
용언류(7)	넓-, 지줄대-, 휘돌-, 나가-, 게으르-, 울-, 잊히-
수식언류(2)	해설피, 참하
어미·조사류(14)	-은, -는, -아, -고, -ㄴ, -는, -ㄹ, -야 / 으로, 이, 가, 을, 이, 엔들

〈표 2-10〉 어휘 계량을 위한 계량 단위 설정의 예

시대적 표준 어법, 시적 허용, 작가의 창의적 조어법 등까지 고려해야 하기는 하지만, 이 작품에 쓰인 어휘를 계량하기 위해서 조사와 어미, 보조 용언에 대한 지식이 반드시 필요하다는 것을 확인할 수 있다. 이렇게 어휘적으로 구분된 후에 이들 각각의 개수에 대한 통계 처리가 가능해지는데 조사와 어미, 보조 용언들을 계량의 대상으로 삼느냐

---

2 그렇기 때문에 민경모(2014: 201)의 "계량 단위의 차이는 어휘 목록과 어휘 빈도의 차이로 이어지기 때문에 계량 단위를 살피지 않고 각 어휘 조사의 결과를 단순 비교하는 것은 큰 의미가 없다. 따라서 어휘 조사의 결과를 언어 간에 대조하기 위해서는 각 어휘 조사의 계량 단위를 우선적으로 확인하지 않으면 안 될 것이다."와 같은 기술이 타당해지는 것이다.

그렇지 않느냐에 따라서 통계 값이 달라진다. 관점에 따라서 조금 다를 수도 있겠으나 이에서 쓰인 전체 어휘의 출현 횟수는 36회이고, 그 중에서 어미 '-는'과 조사 '이'가 두 번씩 쓰였으므로 총 어휘는 34개가 될 것이다. 그런데 어미·조사류가 필요치 않게 되면 다시 총 어휘 수는 22개로 감소한다.

어휘 계량을 위한 기본 개념

어휘를 계량할 때에는 계량의 대상이 되는 텍스트에 쓰인 어휘의 개수부터, 개별 어휘, 빈도수, 사용률과 같은 개념을 이해해야 한다.

1) 운용 어휘/연어휘(N)

조사 대상이 되는 자료에 나타난 모든 어휘의 수를 말한다. 앞의 표에서는 전체 어휘의 출현 횟수(36회)에 해당하는 모든 어휘가 운용 어휘가 된다. 물론 이때 조사는 어휘로 인정하고 어미를 인정하지 않게 되면 운용 어휘의 수는 모두 28개(전체 어휘 36개에서 어미 8개를 뺀 수)가 된다. 운용 어휘는 중복되어 나타나는 것도 포함하는 단위이다.

2) 개별 어휘(V)

조사 대상이 되는 자료에 나타난 모든 어휘의 수에서 중복된 어휘의 출현 횟수를 인정하지 않는 어휘를 말한다. 앞의 표에서는 조사는 어휘로 인정하고 어미를 인정하지 않았을 때 운용 어휘의 수는 모두 28개였지만 개별 어휘로는 27개가 된다. 조사 '이'가 두 번 쓰였기 때문이다. 개별 어휘는 중복되어 나타나는 것을 헤아리지 않는 단위이다.

3) 빈도수(P)와 누적 빈도수(ΣP)

전체 어휘 중에서 어떤 어휘의 출현 횟수를 측정하는 개념이다. 하나의 어휘 출현 횟수는 빈도수이고 이들의 빈도 순위에 따른 누적 횟수를 누적 빈도수라고 한다.

4) 사용률(p)과 누적 사용률(Σp)

사용률은 빈도수를 백분율로 표시한 것을 말하고 누적 사용률은 누적 빈도수를 백분율로 나타낸 것이다. 사용률은 빈도수를 개별 어휘의 수로 나눈 것에 100을 곱하여 계산한다.

$$p=P/N \times 100$$

5) 평균빈도($\bar{P}$)

평균빈도란 개별 어휘로 운용 어휘를 나눈 것을 말한다. 앞의 표에서 어미를 인정하지 않았을 때의 운용 어휘의 수 28을 개별 어휘의 수 27로 나눈 것이 곧 평균빈도(1.04)가 될 수 있다.

1.2. 어휘의 계량은 어떻게 하는가

어휘 계량은 그 대상이 되는 자료의 입력과 단위화부터 시작해야 한다.[3] 입력된 자료를 1차 자료로 삼고 이후 대상 어휘의 선정 기준에 따라서 계량 대상 어휘로 태그를 달아야 한다.[4] 이후 단위 어휘의 빈도수를 계산하여 그 통계 값[5]을 얻어내게 된다.

조사 작업의 흐름

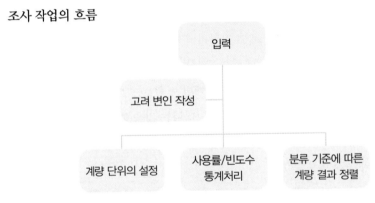

〈그림 2-3〉 어휘 계량의 과정 일례

---

3 텍스트를 원문 그대로 넣어서 처리할 수 있는 완벽한 프로그램은 아직까지 개발되지 않았다. 문장에서 띄어쓰기로 이루어진 어절에서 조사와 어미를 구분하는 것, 활용된 다양한 어미와 보조사, 보조 용언의 처리, 동철자이의어(同綴字異義語 예: 잠자리(곤충)와 잠자리[잠짜리])의 처리 등은 연구자의 몫이 될 수밖에 없다.

4 이에 대한 상세한 방식과 논의는 임칠성(2003: 91-118)이 참조할 만하다.

어휘 계량을 한다는 것은 어떤 목적에 맞게 어휘의 수준을 파악하기 위해서일 것이다. 따라서 입력의 단계에서부터 무엇을 고려해야 할지 결정해야 한다. 고려된 결과들을 반영하여 계량의 단위를 설정한 후에라야 비로소 처리를 시작할 수 있게 되는 것이다. 이렇게 계량된 어휘 목록은 다시 목적에 맞는 분류 기준에 따라서 구분, 정리되어야 한다.

자료의 처리와 해석

어휘의 계량을 통해서 우리는 평균 사용률을 계산하고 개별 어휘의 표준편차를 계산하거나, 언중의 인지도를 조사할 수도 있다. 이때의 어휘 조사는 전수 조사 또는 표본 조사의 방법을 취하게 된다. '판례'나 '현대 대중소설'처럼 자료 전체를 조사할 수 없거나 그럴 필요가 없을 때에는 표본 조사를 하게 된다.

어휘 계량의 목적은 기본적으로 어떤 영역에서 어떤 어휘들이 풍부하게 사용되는지를 확인하는 데에 있다. 그리고 이는 사용 가능한, 또는 사용해야 할 기본 어휘를 선정하는 데에 매우 유용하게 적용된다. 따라서 어휘량을 계측하고 추정하는 데에 매우 정치한 방법이 동원되어야 한다.

어휘량의 추정은 앞서 언급한 개념인 운용 어휘와 개별 어휘 그리고 이들의 편차와 평균 빈도로 계산하게 된다.[6]

- 개별 어휘의 사용률(p) = 개별 어휘의 빈도수(출현 횟수) ÷ 운용 어휘 수 × 1000[7]
- 개별 어휘의 표준편차(sc) = 개별 어휘 사용률의 표준편차 ÷ 이론적 최고 표준편차

현대 언어학에서는 어휘의 계량을 말뭉치 즉, 코퍼스 언어학의 측면에서 다루게 된다. 이에서는 다양한 도구(프로그램)를 이용하여 텍스트를 계량하고 특정한 어휘 집단

---

5 이는 합성어의 사이시옷 규정을 적용하여 '원룻값, 사룻값'처럼 '통곗값'으로 쓸 수도 있다. 어휘의 빈도를 구한다는 것은 출현된 어휘를 정확히 알 때 가능한 일이다. 단순한 띄어쓰기의 문제가 아닌 이처럼 형태가 변한 '통계 값'과 '통곗값'을 어떻게 구분해야 할지 생각해 보자.

6 어휘의 계량에는 반드시 통계에 대한 이해가 필요하다. 이에 대한 기본지식은 래이싱어(Rasinger, 2008/박명관 외 역, 2011), "언어학자를 위한 통계 분석 입문"이라는 저서가 참조할 만하다.

7 백분율로 구하려면 100이 되어야 하지만 운용 어휘의 수가 많을 때에는 사용률에 1000을 곱해야 대체로 사용 빈도와 비슷한 수를 구할 수 있다. 이에 대한 상세한 예는 임칠성(2003)을 참조하라.

을 찾아내며, 빈도수와 편차를 구하고 있다. 용례 검색 프로그램으로는 널리 '워드스미스(WordSmith)', '앤트콩크(AntConc)' 등이 쓰인다. 우리나라에서 개발되어 사용되어 온 프로그램으로는 '깜짝새', '글잡이1', '글잡이2', '한마루' 등이 있다. 이들을 사용하면 어려운 통계 처리를 직접 할 필요 없이 손쉽게 어휘를 계량할 수 있다.[8]

1.3. 어휘 계량과 관련된 문제는 무엇인가

앞서 우리는 일반적으로 어휘를 조사하는 목적을 '분야별 총 어휘의 종류와 개수, 출현 빈도, 양적·질적 구성 양상의 파악, 어휘의 평정 등을 하기 위한 것'이라고 파악했다. 그리고 이러한 조사를 하기 위해서 어휘를 계량한다는 것이 '어떤 목적을 이루기 위해서 어휘를 측정한다는 것'을 말하는 것이고, 무언가를 '측정한다'는 것은 어떤 기준을 세우고 그에 맞게 자료를 가공할 수 있다는 것을 전제로 하고 있다고 정리했다. 여기에서 우리는 직관적으로 어휘의 계량을 위해서는 다음의 조건이 충족되어야 함을 알 수 있다. 거시적 관점과 미시적 관점으로 나누어서 살펴보자.

거시적 관점에서
하나, 어휘 계량의 목적이 분명해야 한다.
둘, 어휘 계량의 기준을 분명하게 정해야 한다.
셋, 어휘 계량의 분야와 분야별 자료의 양을 분명하게 정해야 한다.
넷, 측정된 결과의 활용 방식을 미리 결정해 두어야 한다.

미시적 관점에서
하나, 계량할 어휘의 어휘부 성격을 분명하게 정해야 한다.
둘, 1차 계량의 수준과 방식, 2차 계량의 수준과 방식을 미리 결정해 두어야 한다.

---

8 이에 대한 조금 더 전문적인 정보는 구본관 외(2014), 권혁승 외(2012)와 강범모(2003)를 참조하라.

셋, 관용 표현, 연어적 구성 등에 관여하는 어휘 연쇄를, 기계적이 아닌 방법으로 계수할 수 있어야 한다.

거시적 관점에서 보면 어휘의 계량은 그 목적을 분명하게 정하고 자료 계량의 타당한 기준을 세우는 한편, 계량의 분야와 그 분야별로 합리적인 결과를 가져올 수 있는 충분한 양의 데이터를 확보하는 데에서 시작해야 한다.

그런데 어휘의 계량은 본질적으로 '목적에 부합하는 어휘 자료의 합리성을 판단할 기준이 분명하지 못하다는 한계'를 지니게 된다. 자료의 양은 물론 자료의 현실성, 실제성, 시대적 상황의 반영성 등은 언제나 의심받게 마련이다. 모든 텍스트는 텍스트로 실현되는 순간까지 걸리는 시간에 더하여 – 어휘 계량의 데이터로 활용되기까지 – 텍스트로 작성된 이후 반드시 어느 정도의 시간이 걸리게 된다. 즉각적으로 텍스트화된 구어 자료가 아닌 이상 자료에 대한 시의성에 대한 비판으로부터 자유롭지 못한 한계를 지니는 것이다.

미시적 관점에서는 어휘부의 성격을 분명하게 정하는 것이 매우 중요하다. 계량된 어휘의 결과는 어떤 방식으로든 빈도수, 단어의 앞뒤에 연쇄적으로 이어지는 결과 등을 보여 준다. 이 단계에서 어휘를 구성하는 요소들에 대해 명확히 정의, 구분해 두지 않으면 비록 정련된 결과라 할지라도 그 활용도가 현저하게 떨어지게 된다. 어휘부의 성격을 정의하는 기준은 저마다 달라질 수 있다는 사실이 오히려 어휘 계량의 객관성 확보 저해 요인으로 작용할 수 있는 것이다. 기준을 왜 무엇 때문에 그렇게 설정하였느냐는 질문에 '원하는 결과를 얻기 위해서'라는 대답을 할 수밖에 없는데 바로 이 때문에 어휘 계량은 결과를 위해서 그때마다 기준이 달라져야 한다는 비판으로부터 자유롭지 못하게 된다.

관용 표현과 사자성어 등은 축자적 의미만으로는 정확한 의미로 파악되기 어려우므로 그 표현을 걸러낼 장치가 필요한데, 이 역시 오롯이 기계적인 측정에만 기대기는 힘들다는 비판을 받게 된다.[9]

---

9 연어적 구성 역시 이를 판단해낼 조건을 알고리즘(algorithm)화하여 적용할 수 있어야 하는데 이는 일차적으로 대량의 어휘의 계량을 통해서 한국어의 연어 환경을 구분하고 그를 분류어휘집으로 가공 생산하여 이차적인 어휘의 계량에 적용하는 방법으로나 가능한 것이다.

어휘의 계량은 컴퓨터와 프로그램의 발달에 힘입어 이전의 세대와 비교할 때 비약적으로 발전해 온 것이 사실이다. 실제로 종이 사전의 발간이 중단되어 가는 추세이고 온라인 기반, 애플리케이션 기반의 사전이 이들 빈자리를 속속 채워가는 현상을 보면 어휘를 다루는 방식이 현저하게 달라졌음을 잘 알 수 있다. 그런데 기준에 따라서 정리된 것이 아닌 실제 텍스트 안에서의 어휘는 기호의 연쇄이자 의미의 외현이기 때문에 각각의 텍스트에 쓰인 단어의 자릿값이나 글쓴이의 의도는 물론 텍스트의 종류 등이 함께 고려되지 않으면 완벽하게 파악하기 어렵다. 그러므로 어휘의 계량은 일정한 영역 내에서 정해진 분량에 한정되어 특정 목적하에 예측 가능한 목적을 검증해 주는 도구적 측면에서 그 유용성을 인정하고 발전시켜 가야 하는 위치에 있다고 하겠다.

1.4. 국어과에서는 어휘 계량을 어떻게 가르칠 것인가

어휘의 계량은 국어 지식의 응용 단계로서 반드시 학습해야 할 개념이다. 현대의 지식은 0과 1의 조합을 기저에 둔 시각 문자 프로그램으로 표면화되고 갈무리된다. 따라서 교육은 입력하는 문자에 대한 지식은 물론 0과 1로 기록되는 프로그램의 입력 원리까지 이해할 수 있는 생활인 육성에 초점이 맞춰져야 한다. 어휘의 계량에 대한 이해와 함께 실제적인 수행 연습을 통해서 문자로 생산된 지식을 효율적으로 분석해 내는 기본 단계를 이해할 수 있을 것이다.

교육의 원리

언어 연구는 과학적이고 분석적이지만 논리적으로 탐구해 가기는 쉽지 않은 분야이다. 그런데 어휘의 계량은 우리가 매일 노출되는 언어생활의 양상을 과학적으로 분석해 낼 수 있는 비교적 손쉬운 방법이라고 할 수 있다. 이를 통해서 학습자는 언어생활에 대한 분석적, 비판적 인식을 기를 수 있게 되며 발견한 결과물을 통해서 국어 문화 의식을 고양시키는 한편 의사소통 능력을 향상시킬 수 있게 된다. 그리고 창의적인 어휘 계량의 기준을 마련하고 적용해 보면서 탐구적 사고력까지 향상시킬 수 있을 것이다.

어휘 계량의 교육 원리는 간단하다. 찾고자 하는 목적을 분명하게 세우고 그 목적에 맞게 방식을 결정한다. 이후 자료를 수집하고 분석해 나아가면서 목적에 도달하기 위한 학습목표를 하나씩 성취해 가면 된다. 자료는 간단하고 주제화된 것으로부터 시작하여 점차 복잡하고 다양한 자료로 확장되는 것이 좋다. 그리고 기대하지 않은 오류를 피하기 위해서는 가급적 오탈자나 외국어 표현이 없는 것을 자료로 선택하는 것이 좋다.

교육의 내용과 단계

각 교육 단계별 교육 내용과 방법은 다음과 같이 정리해 볼 수 있다.

교육 단계	교육 내용	학습 목표
공통	제한된 텍스트에서 어휘 목록을 추출한다.	품사와 접사, 어미에 대한 지식을 활용하여 적용할 수 있다.
	어휘의 빈도수를 구한다. 빈도수가 반영된 어휘 목록을 구축한다.	운용 어휘와 개별 어휘, 빈도수의 개념을 이해할 수 있다.
초등학교	의미장을 만들어 본다.	빈도와 사용률을 이해할 수 있다.
	관용 표현을 확인한다.	관용 표현에 대해서 심도 깊은 이해를 할 수 있다.
	연어적 구성(인접한 단어 파악)을 확인한다.	연어적 구성과 빈도수의 함수 관계를 이해할 수 있다.
	앵커(anchor)와 노드(node)로 기능하는 어휘들을 연결하여 가장 우수한 페이지 연결 고리를 만들 수 있다.	어휘를 중심으로 인터넷 페이지의 구성에 대해서 이해할 수 있다.
중학교	인터넷을 이용한 검색의 원리를 이해한다.	어휘의 계량을 통해서, 질의어로 검색 창에 입력되는 어휘와 이를 통해서 연결되는 페이지 즉, 정보 간의 함수 관계를 이해할 수 있다.
고등학교	데이터의 저장과 가공 능력을 향상시킨다.	계량된 어휘와 그에 부가되는 조건들을 이해하고, 빅데이터로서 어떻게 정보를 저장, 가공할 수 있는지 이해할 수 있다.

〈표 2-11〉 학교급별 어휘 계량의 교육 내용과 방법

어휘 계량을 위해서는 우선 제한된 텍스트를 준비하고 어휘 목록을 추출할 수 있어야한다. 이때 학습자는 품사와 접사, 어미에 대한 국어 지식을 활용하여 적용할 수 있다. 자신들이 추출할 어휘에 대한 성격을 분명하게 탐구하여 정리하는 단계를 거쳐야 보다 정밀한 어휘 목록의 구축이 가능해진다.

이후 어휘 계량의 도구(프로그램: 한마루)를 이용하여 주어진 텍스트에 쓰인 어휘의 빈도수를 구한다. 이후 빈도수가 반영된 어휘 목록을 구축해 보면서 처음 자신들이 기준으로 세웠던 어휘들이 제대로 계수되는지 확인해 볼 수 있다. 이 단계에서는 운용 어휘와 개별 어휘, 빈도수의 개념을 이해할 수 있다.

초등학교에서는 이러한 결과를 활용하여 빈도수가 높은 어휘와 관련성이 높은 어휘들 간의 의미장을 만들어 보면서 어휘의 빈도와 그 사용률을 이해하도록 교수·학습할 수 있다. 그리고 관용 표현의 목록을 구축하고 그 쓰임을 확인해 가면서 관용 표현에 대해서 심도 있는 이해를 할 수 있다. 또한 연어적 구성(인접한 단어 파악)을 확인해 보는 것도 중요한 학습 내용이 된다. 일례로 '시치미를 떼다'라는 표현에 사용된 '시치미'는 신문, 잡지 등 일상 자료에서 추출한 어휘 중에서 상당히 저빈도어일 것이다. 하지만 일반적으로 '시치미'라는 단어의 뜻이 무엇인지 모르더라도 그의 연어적 구성인 '시치미를 떼다'라는 표현의 의미를 모르지는 않는다. 보통 고빈도어일수록 초기 교육 단계에서 배우고 저빈도어에 가까울수록 후반에 배워야 한다고 생각하기 쉬운데, '시치미'의 저빈도성에 비해서 '시치미를 떼다'는 초기 교육 단계에서 배워야 하는 고빈도의 표현이라고 할 수 있다. 우리말에는 이와 같이 표현을 구성하고 있는 각 단어에 대한 명확한 이해 이전에 하나로 묶여 있는 표현 그 자체에 담긴 의미를 이해하게 되는 경우가 많다. 초등학교에서는 이러한 연어적 구성에 대한 교수·학습이 이루어져야 한다. 계량된 어휘들의 연쇄 관계를 통해서 연어적 구성과 빈도수의 함수 관계를 이해할 수 있게 되는 것이다.

또한, 정보화 시대에 인터넷 환경에 대한 이해도를 높이는 것도 중요한 교육 내용이 된다. 검색 페이지로 구성되는 하이퍼텍스트의 앵커(anchor: 연결 고정 페이지)와 노드(node: 접점 페이지)로 기능하는 어휘들을 연결하여 페이지들이 어떻게 검색·정렬되는지에 대한 원리와 방식을 이해할 수 있다. 어휘를 중심으로 인터넷 페이지의 구성에 대해서 이해할 수 있게 되는 것이다.

중학교에서는 인터넷 검색의 원리와 방식을 이해하는 교육 내용을 구축해 볼 수 있다. 어휘의 계량을 통해서, 질의어(query)로 검색 창에 입력되는 어휘와 이를 통해서 연결되는 페이지 즉, 정보 간의 함수 관계를 이해할 수 있다. 텍스트를 정렬하고 색인화하는 데에는 어휘의 계량과 분류에 대한 이해가 필수적이다. 하이퍼텍스트로 이루어지는 인터넷상의 정보들은 텍스트와 텍스트 간의 연결 고리가 중요하므로 이에 대한 깊이 있는 이해가 필요한데 이는 정보처리의 측면에서 교육의 중점이 되는 동시에 국어 어휘와 의미에 대한 지식의 활용 차원에서 중요한 교육 중점이 된다.

고등학교에서는 데이터의 저장과 가공 능력에 대한 이해 능력을 향상시켜 줄 수 있다. 계량된 어휘와 그에 부가되는 조건들을 이해하고, 빅데이터로서 어떻게 정보를 저장, 가공할 수 있는지를 이해하는 활동을 통해서 한국어의 어휘에 대한 통찰력이 정보화 시대에 왜 필요한지 파악할 수 있게 된다.

텍스트를 어휘 목록으로 만들고 각각의 어휘 빈도수를 파악하는 훈련을 통해서 학생들은 국어 어휘의 구성 지식을 생생하게 학습할 수 있게 된다. 단어와 어휘의 차이를 설명으로 이해시키는 것보다 직접 어휘 목록을 구축해 보면서 이해하도록 하는 것이 교육적으로 효과가 높을 것이다.

이처럼 어휘 계량을 통한 교수·학습은 언어의 내용을 구성하는 어휘 체계에 대한 인식을 한 단계 더 정밀하게 만들어 줄 수 있다. 그러므로 어휘 계량의 교육 목표는 어휘 계량을 통해서 우리말 어휘의 구성 원리와 실현 양상을 체계적으로 이해할 수 있게 하는 것이라고 할 수 있다.

국어과 교과서의 한 단원에 실린 글 하나를 선정하고 그 글에 사용된 어휘를 계량해 보자. 총어휘의 개수와 개별 어휘의 빈도수를 정리해 보고, 어휘의 빈도수가 그 글의 주제와 어떤 상관관계를 가지고 있는지 파악해 보자.

2 │ 어휘와 사전

2.1. 어휘와 사전의 관계는 무엇인가

어휘와 사전의 뜻

어휘는 어떤 일정한 범위 안에서 쓰이는 단어의 전체를 가리킨다. 사전(辭典)은 어휘를 모아서 표제어(headword)를 선정하고 이를 일정한 순서로 배열하여 싣고 그 각각의 발음, 의미, 어원, 용법 등을 해설한 책이다.

어휘소와 사전의 표제어

어휘를 정의할 때 '단어' 대신 '어휘소(語彙素, lexeme)'라는 용어를 사용하기도 한다.[10] 어휘소란 실제로 여러 가지 모습으로 쓰이는 단어들의 추상적인 단위를 가리킨다. 예를 들어 '듣고, 듣지, 들으니, 들으면, 들어라, 들었다, 들었겠다' 등은 한 단어의 여러 모습이므로 어휘소로는 '듣다' 하나이다. 사전은 어휘소를 고려하여 표제어를 올린다.

---

10 '어휘소' 대신 '등재소(登載素, listeme)'라는 용어를 사용하기도 한다. 등재소는 어휘소의 개념을 확대하여 속담이나 관용구 등 단일한 의미를 가진 요소까지를 하나의 단위로 취급하는 입장이다(한국방송통신대학교 평생교육원 편, 2005 : 84).

표제어 외에 표제어를 포함하는 구 이상의 언어 표현이나 파생어는 표제어 아래 부표제어(sub headword)로 실린다. 대개 속담이나 관용구, '-거리다, -대다, -하다' 등이 붙은 파생어는 부표제어가 된다.

사전에 담긴 정보

사전은 어휘에 속하는 각각의 개별 단어에 관한 정보를 포함하고 있는데, 사전의 서문에 해당되는 '일러두기'는 사전이 각 단어에 대해 어떠한 정보를 담고 있는지 알려 준다. 표준국어대사전의 '일러두기'에는 표제어, 원어 정보, 발음 정보, 활용 정보, 품사 표시, 문형 정보, 문법 정보, 뜻풀이, 순화어, 한글 맞춤법 정보, 관용구/속담, 용례, 관련 어휘, 어원 정보, 기타 부가 정보(삽화 등), (국어사 관련) 조사 문헌, 사전에 쓰인 기호 및 약호에 대한 안내가 제시되어 있다.

사전의 기능

사전은 어휘에 대해 다음과 같은 기능을 한다. 첫째, 어휘의 총목록을 보여 주며, 어휘의 범위와 크기를 보여 준다. 둘째, 사전은 표제어와 부표제어의 관계, 표제어의 원어 정보, 순화어, 관련 어휘, 어원 정보 등을 통해 어휘소들 간의 관계를 보여 준다. 셋째, 표제어에 대한 음운적·의미적·형태적·통사적 지식을 제공하여 그 어휘가 실제로 어떻게 사용되고 있는지 설명하는 기능을 한다. 넷째, 단어의 철자, 기본형, 품사, 뜻, 용례, 동음이의어 및 다의어 구분의 표준을 정하여 한 언어의 어휘가 어떻게 사용되어야 하는가를 제시하는 규범적인 기능을 한다.

2.2. 사전의 유형은 어떻게 나눌 수 있는가

배주채(2009: 13)는 언어사전(linguistic dictionary)과 사물사전(encyclopedic dictionary)을 구별하고, 그 중 언어사전만을 대상으로 삼아 〈표 2-12〉와 같이 사전의 유형을 정리하였다.

기준		유형	특징 및 예
형태	물리적 형태	종이사전	대부분의 전통적인 사전
		전자사전	전자수첩, CD롬사전, 웹사전
	정보 저장 위치	독립형(offline) 사전	종이사전, 전자수첩, CD롬사전
		의존형(online) 사전	웹사전
	정보의 표현 형태	글자사전	대부분의 전통적인 사전
		그림사전	표제어의 의미를 그림으로 표현한 사전
사용목적	소통의 면[11]	이해사전	듣기와 읽기를 도움
		표현사전	말하기와 쓰기를 도움
	인지의 면	학습사전	체계적인 언어학습에 사용함
		참조사전	대부분의 전통적인 사전. 단편적인 문제를 해결함
언어		단일어사전	표제어와 풀이가 같은 언어임 국어사전, 영영사전
		다언어사전	표제어와 풀이가 다른 언어임 영한사전, 영영한사전
정보의 범위	양적인 면	확장형 사전	최대한의 표제어를 수록하고 최대한 자세한 풀이를 제시함. 대사전
		선별형 사전	중요도 등에 따라 표제어를 제한적으로 수록하고 풀이도 제한적으로 제시함. 중사전, 소사전
	질적인 면	정규사전[12]	모든 종류의 단어를 표제어로 수록하고 모든 종류의 언어정보를 제시함
		특수사전[13]	일부 종류의 단어만 표제어로 수록하거나 일부 종류의 언어정보만 제시함. 발음사전, 맞춤법사전, 숙어사전, 속담사전 등

정보의 근거	직관 기반 사전	언어자료에 기반하지 않거나 제한된 언어자료에 기반하여 표제어를 선정하고 풀이함
	말뭉치 기반 사전	대표성을 지닌 충분한 양의 언어자료에 기반하여 표제어를 선정하고 풀이함
정보의 규범성	규범사전	사용자가 따라야 할 규범으로서의 언어정보를 제시함
	기술사전	화자들의 언어 사용 양상을 반영하는 언어정보를 제시함
텍스트의 구조	자모순 사전	표제어를 자모순으로 배열함
	의미 분류 사전	표제어를 의미에 따라 분류하여 배열함. 속칭 분류사전

〈표 2-12〉 사전의 유형(배주채, 2009: 13)

　최근에는 온라인 사전이 널리 이용되면서 개방형 사전과 폐쇄형 사전의 구분도 생겨났다. 개방형 사전[14]의 특징은 크게 네 가지로 요약된다. 첫째, 종이사전이 아닌 인터넷 사전이고 둘째, 언어사전과 백과사전 중간형인 지식사전이다. 셋째, 이용자들도 내용을 가감할 수 있으며, 넷째, 가감된 내용은 다른 이용자나 전문가 집단에 의해 검증된다(설성수, 2013: 73).

11　정영국(2009: 51)은 영어를 공부하는 한국 사람에게 이해 사전은 영한사전, 표현 사전은 한영사전이라고 예를 들었다.

12　'정규사전'이라는 말 대신 '일반사전'이라고 표현하는 분류도 많다.

13　특수 사전에는 이 외에도 고어 사전, 방언 사전, 외래어 사전, 고유명사 사전, 신어 사전, 유행어 사전, 은어 사전, 비속어 사전, 전문어 사전, 비표준어 사전, 분야별 어휘 사전, 문형 사전, 시대별 언어 사전, 어원 사전, 연어 사전, 의미범주 사전, 번역 사전 등이 있다.

14　국립국어원은 2010년부터 새로운 『개방형 한국어 지식대사전』(『우리말샘』)을 구축하기 시작하였다.

표제어 선정의 문제: 유령어의 존재

현재 사용되고 있는 사전에는 출처가 불분명한 유령어(ghost word)가 상당수 존재한다.[15] 이는 사전 편찬자가 새로 큰사전을 편찬할 때 앞서 출판된 사전의 어휘를 원칙적으로 그대로 수용하기 때문에 발생하는데, 사전의 실제성을 떨어뜨릴 뿐만 아니라, 불필요하게 사전의 부피를 늘려 사전을 어려운 것, 찾아보기 힘든 것으로 만든다. 말뭉치에서의 실제 출현 여부와 빈도에 기반하여 표제어를 선정하면 이러한 문제를 개선할 수 있다.

표제어 설명의 문제: 순환적 뜻풀이와 정보 부족

순환적 뜻풀이는, '쓰다 [동사] 모자 따위를 머리에 얹어 덮다.', '모자 [명사] 머리에 쓰는 물건의 하나.'에서와 같이, 두 단어가 서로를 되풀이하여 설명하는 것이다. 이러한 경우 '모자'의 뜻을 알기 위해서는 '쓰다'의 뜻을 알아야 하고, '쓰다'의 뜻을 알기 위해서는 '모자'의 뜻을 알아야 한다. 뜻풀이에 쓰인 단어가 표제어보다 사용 빈도가 낮아 더 어렵게 풀이된 것들도 문제이다. 또한 표제어에 대한 설명에 문형 정보나 활용형 제약에 대한 정보가 부족한 것, 화용적 정보가 부족한 것[16] 등도 문제이다.

학습자를 위한 사전에서 유념할 점

모국어 화자 초등학생을 위한 사전이나 한국어 학습자를 위한 사전에서는 사용자를

---

15 김광해(1993: 254-255)에서는 "지금 국어사전에 존재하는 전체 어휘의 60% 정도가 한자어라고 생각되고 있거니와 이 가운데 90% 정도는 이처럼 활용되지 않는 폐어 또는 사어에 가까운 단어라고 생각되는 것들이다. 따라서 이들은 유령어(ghost words)라고 하여 사전 편찬의 실무, 특히 바람직한 현대어 사전의 편찬 시에 그것의 수용 여부를 둘러싸고 문제를 발생시킬 소지를 안고 있는 어휘군이다."라고 언급하였다.

16 '아버님'의 뜻풀이를 보면 표준국어대사전에서는 "'아버지'의 높임말."로 풀이하고 있고, 연세 한국어사전에서는 "'아버지'를 높여 이르는 말."로 풀이하고 있는데, 이러한 '높임말', '높여 이르는 말'과 같은 기술은 화·청자의 관계를 표시하는 화용적 정보라 할 수 있다(김선영·전후민, 2010: 32). 그런데 해당 뜻풀이에서는 화용적 정보를 충분히 제공하지 않아 '부친-아버지를 정중히 부르는 말'과의 구별이 잘 되지 않는다.

위한 배려가 더욱 세심하게 이루어져야 한다. 표제어 선정에서부터 학습자의 말뭉치나 학습자가 주로 접하는 자료의 말뭉치가 고려되어야 하고, 체언과 조사의 결합형이나 용언의 활용형의 발음 변화가 더 많이 제시되어야 하며, 뜻풀이나 용례에 사용되는 단어도 쉬운 설명용 어휘여야 한다. 한국어 학습자를 위한 사전은 이에 더하여 표제어의 중요도 표시, 숙어의 축자적 의미와 번역 의미(예: 머리가 썩다), 유의어 간의 의미 차이(예: 멋있다, 멋지다), 공기 제약(共起 制約) 정보(예: *빵이 연하다), 문화적 차이나 모어의 간섭에 관한 정보까지 포함해야 한다(배주채, 2009: 15, 왕단, 2005: 68-76). 근래 발행된 학습자용 사전들은 이러한 문제들을 상당히 개선한 편이나, 사전에 따라 미진한 부분도 있다. 그러므로 사전 이용 시 유념해야 한다.

2.4. 국어과에서는 어휘와 사전을 어떻게 가르칠 것인가

국어과 교육에서 사전 활용 교육은 읽기 영역의 한 분야로 다루어진 경향이 많다. 그러나 사전 활용은 쓰기 교육이나 문법 교육에서도 꼭 필요한 능력이다(허재영, 2013: 86). 뿐만 아니라 사전은 단어의 쓰임에 대한 의문 사항을 해소하려 할 때 조회할 준거가 되므로, 사전 활용은 언어와 언어생활에 대한 분석적이고 비판적 인식을 실천으로 옮기는 데에 중요한 수단이 된다.

교사는 사전을 활용하는 목적을 잘 인식하고, 앞서 지적한 현용(現用) 사전의 문제점과 교육과정상의 문제점을 함께 고려하여 교육 방안을 마련해야 한다.

사전을 활용하는 목적

사전을 활용하는 목적은 뜻풀이, 철자, 발음, 어원, 품사, 각 품사로서의 용법, 유의어 등을 확인하여 어휘력을 증가시키기 위한 것이다.[17] 어휘력이 증가하면 올바르고 풍성

---

17 김광해(1993: 306-313)에서는 어휘력을 양적 능력과 질적 능력으로 나누었다. 양적 능력은 '언어 사용자가 얼마나 많은 어휘를 이해하고 구사할 수 있느냐 하는 능력'이라 하였고, 질적 능력에 대하여서는 '어떤 특정 수의 어휘량이 결정되었다고 하더라도 거기에 속한 각각의 어휘소들의 의미 및 용법에 관한 이해 및 구사 능력이 수반되어야 진정한 어휘의 이해와 구사가 가능해진다.'라고 보았다.

한 언어생활을 할 수 있다. 모르는 단어를 만나거나 뜻을 확실히 알지 못하는 단어를 사용하고자 할 때, 문맥 속에서 의미를 추측하는 것도 한 방편이지만 더 좋은 태도는 사전에서 정확한 의미를 찾아보는 것이다. 짐작한 의미를 마치 자신이 아는 것처럼 생각하여 계속 사용하면, 실제로는 적절하지 않은 문맥에 단어를 잘못 사용하게 된다. 예를 들면, 단어 "기만하다"는 "유권자를 기만하는 처사", "상대를 기만하는 행위"와 같이 쓰이는 경우가 많아 자칫 '비아냥거리다', '능멸하다', '무시하다'와 같은 의미로 오해를 하기 쉽다. 사전에서 뜻풀이('남을 속여 넘기다'), 원어 정보('欺瞞—'), 유의어('눈속임하다') 중 하나만 확인하여도 이러한 실수를 면할 수 있다. 외국어로서 한국어를 학습하는 사람은 '아름답다, 곱다, 예쁘다' 등의 유의어를 구별하여 쓰거나, '삶[삼:]'과 같이 표기와 발음이 일치하지 않는 단어의 발음을 확인할 때도 사전을 이용할 수 있다. 전자 사전 및 온라인 사전에서는 '스피커 🔊'나 '재생 ▷' 아이콘 등을 클릭하면 발음이 음성으로 재생된다.

그 외에도 단어 검색을 위해서 사전을 활용할 수도 있다. 온라인 표준국어대사전은 '자세히 찾기'에서 다중 검색, 지정 검색 기능을 제공한다. 이를 통해 표제어나 뜻풀이에 특정 문자가 포함되는 단어, 특정 종류의 품사에 해당하는 단어를 선별할 수 있다. 뿐만 아니라 특정 범위의 단어의 목록을 작성하거나(예를 들면 '국민'과 '국어' 사이의 모든 단어), 자소의 위치가 지정된 단어(예를 들면 초성이 'ㄱ'인 단어, 중성이 'ㅏ'인 단어, 종성이 'ㄴ'인 단어)의 목록을 작성할 수 있다.

교육과정 상의 사전 활용 관련 내용

2015 개정 교육과정에서 사전 활용 관련 내용은 초등학교 3~4학년군에서 찾아볼 수 있다. 성취기준은 "[4국04-01] 낱말을 분류하고 국어사전에서 찾는다."이며, 학습 요소는 '낱말 분류하기(기본형, 모양이 바뀌는 낱말, 모양이 바뀌지 않는 낱말)'이다. 이와 관련하여 성취기준 해설에서는 "이 성취기준은 낱말 분류에 대한 기초적인 지식을 바탕으로 하여 국어사전에서 낱말을 정확하게 찾는 능력을 기르기 위해 설정하였다. 형태(모양)나 의미 등을 생각하면서 여러 가지 낱말을 분류해 보는 활동을 통해 주요 품사(명사, 동사, 형용사)를 변별할 수 있도록 한다. 이를 통해 낱말의 기본형을 이해하고 국어사전에서 낱말을 찾는 방법을 지도한다."라고 서술하고 있다.

한편, 중학교 교육과정에서는 사전 활용 관련 성취기준이 없으며, 고등학교 교육과정에서는 선택과목 '실용 국어' 중 '직무 어휘와 어법' 영역에서 사전 활용에 대한 내용을 부분적으로 다루고 있다. "[12실국01-01] 의사소통 맥락에 적합한 어휘를 사용한다."라는 성취기준이 제시되어 있는데, 이와 관련한 교수·학습 방법 및 유의 사항으로 "모둠별로 관심 직무 분야의 주요 어휘 사전을 만들어 보는 프로젝트 학습 등을 통해 어휘에 대한 흥미를 유발하고 사전 활용 방법을 학습자 주도적으로 익히도록 할 수 있다.", "개별 어휘는 사전적으로 여러 의미를 가질 뿐 아니라 맥락에 따라 그 의미나 가치가 달라진다는 점을 인식하도록 지도한다."가 제시되어 있다.

학교급별 지도 내용

중·고등학교 교육과정에서는 사전 활용 관련 내용이 빈약하다. 반면 초등학교 교육과정에는 사전 활용 관련 내용이 포함되어 있긴 하지만 그 시기의 학습자들은 사전의 자모음 배열 순서(특히 중성)에 대한 사전지식(事前知識)이 부족하고, 불규칙 용언의 기본형을 정확히 인지하지 못하는 경우가 많다. 교사들은 이러한 특성들을 잘 인식하고 적극적으로 교육하여야 한다.

1) 초등학교

초등학생 때에는 우선 적절한 수준의 사전을 선택하게 하는 것이 교육의 출발점이다. 뜻풀이, 예문이 학생의 수준에 적합해야 하며 구분이 용이한 기호가 사용된 사전을 선택해야 한다. 안찬원(2012: 172)의 연구에서 학습자들은 국어사전에서 표제어 '갯벌'을 찾아 "바닷물이 드나드는 모래톱"이라고 뜻을 기록하였으나 '모래톱'이 무엇인지 알지 못하였다. 또한 사전에 사용된 '☞, ¶' 등의 기호를 이해하지 못해 예문을 뜻풀이로 오해하기도 하였다. 일반사전에서 '헛-소문', '염기-성'과 같이 형태소 경계를 표시하는 것도 학습자들에게는 오히려 단어 표기 방식에 혼란을 줄 수 있다(김화영, 2001: 60). 둘째, 자모음 배열 순서를 정확히 익히게 해야 한다. 이를 위해 자음자, 모음자가 적힌 카드를 사전 배열 순서에 맞게 붙이기 등의 훈련을 하거나, 경음, 겹받침, 이중모음의 순서를 표(안찬원, 2012: 187)로 만들어 교실에 게시할 수 있다. 셋째, 불규칙 활용형의 기본형을 알게 해야 한다. 이를 위해 각 불규칙 활용의 대표라 할 만한 용언들과 사용 빈도가 높은 어미들을 모아 조합한 '불규칙 용언 활용표(안찬원, 2012: 190)'를 수업 중에 제시하거나 교실에 게시한다.

2) 중학교

중학생 때에는 '사전에 쓰인 기호 및 약호(-, ^, ←, →, ¶, 〈포〉 등)'를 이해하고 사전을 사용하게 한다. 교육과정에 사전 관련 성취기준이 없어 교과서나 부록에 사전 관련 내용이 없을 경우, 어휘의 의미 관계를 익히는 단원에서 동음이의어와 다의어를 사전에서 찾으며 학습하게 한다. 사용 양상의 변화에 맞춰 전자 사전 및 온라인 사전을 활용하는 방법도 지도한다. 예를 들어 유의어를 찾고 싶은 경우, 표준국어대사전에서 검색어를 입력하여 '늑' 뒤의 단어를 확인해도 되고, 포털사이트에서 '유의어 사전'이라는 검색어를 통합 검색한 후 유의어 사전 사이트로 들어갈 수도 있다. 포털사이트에 따라서는 '어학사전'에 들어가 검색어를 입력하면 유의어 등 관련 단어가 자동적으로 제시되기도 한다. 찾고자 하는 정보의 깊이와 종류가 확장되는 시기이므로, 다양한 종류의 사전이 있음을 알게 하고 자신의 목적에 맞게 사용하게 한다.

3) 고등학교

고등학생 때에는 '일러두기'에 제시된 폭넓은 정보를 활용하게 한다. 어원 및 단어를 구성하는 형태소의 의미(조어론적 정보), 품사 표시, 문형 정보, 어원 정보 등까지 확인하여 개별 단어의 특성을 다층적으로 이해하게 한다. 이를 통해 국어 어휘 전체의 체계와 양상을 탐구하고, 나아가 직업 생활에서 단어를 적절하게 사용하는 것까지 나아갈 수 있도록 한다.

1. 사전의 뜻풀이는 다양한 것이 좋을지, 일정한 것이 좋을지 생각해 보자.

	표제어 '오른쪽'에 대한 한·일·영 사전 뜻풀이 사례 (세계일보 2014년 7월 1일 기사)
한국	'북쪽을 향한 때의 동쪽과 같게 된 방향(바른쪽, 올흔쪽)' 한글학회 조선말 큰 사전 1957년
	'오른편쪽의 준말, 사람이 동쪽으로 향하여 남쪽이 되는 곳' 무세영 조선어사 전 1938년
	'북쪽을 향하였을 때의 동쪽과 같은 쪽' 국립국어원 표준국어대사전
일본	'이 사전을 펼쳐 읽을 때 짝수 페이지가 있는 쪽' 이와나미 사전
	'바늘 시계의 문자반을 마주할 때 1시에서 5시가 있는 쪽' 신메이카이 사전
	'대부분 사람이 식사할 때 젓가락을 잡는 쪽' 쇼가쿠칸 사전
영어권	'북쪽을 바라봤을 때 동쪽에 속하는 몸쪽 방향' 옥스퍼드 영어 대사전
	'몸에서 대부분 사람의 심장이 있는 쪽의 반대편, 방향' 메리엄-웹스터 사전

2. "잘난 체하는 꼴이 정말 가관이었다."의 문장을 보고 학생들에게 "가관"의 뜻을 종이사전에서 찾게 하였다. 학생들마다 제각각의 반응을 보였는데, 각 학생들에 대한 적절한 지도 내용은 무엇일까?

	학생의 반응	교사의 지도 내용
(1) 경아	"'가공'까지는 찾았는데 '가관'은 못 찾겠어요."라고 대답함.	
(2) 노아	뜻풀이 칸에 "그의 모습은 참으로 가관이었다."라고 옮겨 적음.	

(3) 민아	"성년식인 관례를 치르며 갓을 처음 쓰는 일."이라고 대답함.	
(4) 연아	"선생님, '꼴불견'이라고 쓰여 있는데 '꼴불견'이 뭐예요?"라고 질문함.	
(5) 정아	"첫 번째 뜻 '남의 언행이나 어떤 상태를 비웃는 뜻으로 이르는 말'과 두 번째 뜻 '경치 따위가 볼 만하다.'는 서로 반대되는 거 아닌가요?"라고 질문함.	

3부

문장·담화와
의미 교육

7장

문장의
의미

1 │ 문장의 동의성

1.1. 문장의 동의성이란 무엇인가

'문장의 동의성'의 정의

문장 중에는 표현 방식은 다르지만 같은 의미를 지닌 것들이 있다.

> (1) ㄱ. 그는 가수이다.
>
>   ㄴ. 그는 노래를 부르는 사람이다.

(1ㄱ)의 '가수'와 (1ㄴ)의 '노래를 부르는 사람'이 동일한 대상을 나타내므로 두 문장의 의미는 같다고 할 수 있다. 이와 같이 언어적으로 표현된 형태는 다르지만 의미가 같은 속성을 동의성(同義性)이라고 한다. 동의성은 어휘적 층위에서뿐만 아니라 문장 층위에서도 나타나는데, '문장의 동의성'은 동의성이 문장 층위에 나타난 것으로 '문장의 표현 형태는 다르지만 같은 의미를 지니고 있는 속성'을 의미한다. 어휘적 층위에서 동의성을 지닌 단어의 쌍을 동의어라고 하듯이, 문장 층위에서 동의성을 지닌 문장의 쌍을 동의문이라고 한다.

동의문의 특성

편의상 '동의문'이라는 표현을 사용하였지만, 동의문이라고 불리는 각 문장의 의미가 완전히 동일하다고 보기는 어렵다. 완전히 의미가 같은 동의어가 존재하기 어렵기 때문에 '유의어'라는 용어가 사용되는 것과 마찬가지로, 언어적 표현 형태가 다름에도 불구하고 모든 의미가 완전히 동일한 문장이 존재하기 어렵기 때문에 '동의문' 대신 '유의문'이라는 용어를 사용하는 경우도 있다.

그러나 '동의문'을 개념적 의미, 명제 의미가 동일한 것으로 규정하면 굳이 '유의문'이라는 용어를 사용하지 않아도 문제될 것이 없기 때문에, 여기에서는 '동의문'이라는 용어를 사용한다. 따라서 동의문은 개념적 의미, 명제 의미가 동일한 문장의 쌍을 가리킨다.[1]

(2) ㄱ. 경찰이 용의자를 쫓는다.

ㄴ. 용의자가 경찰에게 쫓긴다.

(2)의 두 문장은 모두 쫓는 사람은 '경찰'이고 쫓기는 사람은 '용의자'라는 동일한 정보를 담고 있다. 따라서 (2ㄱ)과 (2ㄴ)은 어느 한 쪽이 참이면 다른 한 쪽도 참이 되는 상호함의 관계에 있다. 이처럼 (2ㄱ)과 (2ㄴ)의 진리치가 같으므로 (2ㄱ)과 (2ㄴ)은 개념적 의미가 같은 동의문이다. 그러나 일반적으로 피동문의 경우 주어로 제시된 피동작주에 초점이 놓이기 때문에 능동문과 비교했을 때 동작주의 동작성이 잘 드러나지 않는다. 즉, (2ㄴ)의 경우 피동작주인 '용의자'에 초점이 놓여, 동작주인 '경찰'이 '쫓는' 행위가 부각되지 않는다. 이처럼 동의문이라 할지라도 개념적 의미, 명제 의미가 동일할 뿐 모든 의미가 동일한 것은 아니다.

---

1 김광해 외(1999: 279)에서도 구조상의 차이가 의미의 차이를 반영하기 때문에 형식이 다른 두 개의 문장이 정보나 감정 가치의 모든 국면에서 완전히 일치하는 경우는 드물다고 보고, 문장의 동의성이라고 할 때는 개념적 의미의 동의성이 전제된다고 보았다.

1.2. 문장의 동의성은 무엇으로 인해 발생하는가

문장의 동의성은 문장 구성 과정에서 다른 언어적 형식을 선택했음에도 불구하고 문장의 개념적 의미가 변하지 않을 때 발생한다. 문장의 동의성은 여러 가지 요인으로 인해 나타날 수 있는데, 여기에서는 '어휘 및 어구 차원', '문법소 차원', '문장 구조 차원'으로 나누어 살펴보도록 한다.[2]

'어휘 및 어구'에 의한 문장의 동의성

(3) ㄱ. 그의 목소리가 메아리가 되어 번진다.

ㄴ. 그의 목소리가 산울림이 되어 번진다.

(4) ㄱ. 이분이 제 담임선생님이십니다.

ㄴ. 이분이 저희 반을 맡아 지도해 주시는 선생님이십니다.

(5) ㄱ. 그는 씀씀이가 후하고 크다.

ㄴ. 그는 손이 크다.

(3)에서 '메아리'와 '산울림'이 동의어이므로, (3ㄱ)과 (3ㄴ)은 동의어에 의한 동의문이 된다. (4)에서는 '담임선생님'을 '반을 맡아 지도해 주시는 선생님'으로 풀어서 표현하고 있다. 이와 같이 앞서 한 말을 표현을 달리하여 말하는 것을 '환언(paraphrase)'이라고 하는데, 환언된 후에도 의미의 동일성은 유지되므로 (4ㄱ)과 (4ㄴ)은 환언에 의한 동

---

2 동의문은 학자에 따라 여러 가지 방식으로 분류된다. 원진숙(1991)에서는 동의문을 발생 원인에 따라 '어휘적 동의문', '구조적 동의문', '논리적 동의문', '화용론적 동의문'으로 분류하였다. 임지룡(1992)에서는 '풀이관계', '일상적 표현과 관용적 표현', '문법소', '장단형', '능동과 피동', '어순 교체'에 의한 동의문을 제시하였다. 김광해 외(1999)에서는 '단어나 어구' 차원의 동의문, '일상적 표현과 관용적 표현', '문장의 구조적 차이'에 의한 동의문을 제시하고, '문장의 구조적 차이'에 의한 동의문의 하위 유형으로 '장단형 사동', '능동과 피동', '대칭 구문', '어순 교체'에 의한 동의문을 제시하였다. 윤평현(2013)에서는 '어휘적 동의문', '구조적 동의문'으로 대분류한 후 전자에 '동의어', '단어 의미 재구성', '반의어', '어휘소 선택의 다양성'에 의한 동의문을, 후자에 '태의 변화', '장단형', '문장 성분의 계층 이동', '생략', '어순 변화', '양태 표현'에 의한 동의문을 제시하였다.

의문이 된다. (5)에서 '손이 크다'는 '씀씀이가 후하고 크다'라는 뜻을 가진 관용적 표현이므로 (5ㄱ)과 (5ㄴ)은 일상적 표현과 관용적 표현의 관계에 의한 동의문이 된다.

'문법소'에 의한 문장의 동의성

(6) ㄱ. 그는 물이 나올 때까지 땅을 깊게 팠다.

　　 ㄴ. 그는 물이 나올 때까지 땅을 깊이 팠다.

(7) ㄱ. 강이 깊어서 건너기 어렵다.

　　 ㄴ. 강이 깊으니까 건너기 어렵다.

(6ㄱ)에는 '깊-'에 부사형 어미 '-게'가 결합한 '깊게'가, (6ㄴ)에는 '깊-'에 부사 파생 접사 '-이'가 결합한 '깊이'가 사용되었으나 두 문장의 개념적 의미는 동일하다.[3] (7ㄱ)에는 연결 어미 '-어서'가, (7ㄴ)에는 연결 어미 '-으니까'가 사용되었으나 두 문장의 개념적 의미는 동일하다. '-어서'와 '-으니까'는 모두 앞말이 뒷말의 이유나 원인, 근거가 됨을 나타내기 때문이다. '-어서'와 '-으니까' 역시 미묘한 의미상의 차이를 가지고 있지만 (7)과 같은 경우 그것이 문장의 개념적 의미 차이를 유발하지는 않는다.

---

3 예문 (6)에서는 '깊게'와 '깊이'가 모두 사용 가능하였지만, 그렇지 않은 경우도 존재한다. 예컨대, (6′)에서는 '깊이'만 가능하고 '깊게'는 가능하지 않다.

(6) 그는 물이 나올 때까지 땅을 {깊게, 깊이} 팠다.
(6′) 나는 잘못을 마음 속 {*깊게, 깊이} 뉘우쳤다.

임홍빈(1975)의 논의를 참조하면, (6′)의 경우 마음속 사태에 대해 설명하고 있기 때문에 비가시성, 내면성, 주관성과 관련된 '-이'만 사용이 가능하고, 가시성, 외면성, 객관성과 관련된 '-게'는 사용 가능하지 않다. (6)의 경우 둘 다 사용 가능하지만, '깊게'가 사용되는 경우와 '깊이'가 사용되는 경우 두 문장의 의미가 완전히 동일하지는 않다. (6)은 가시적이고 외면적, 객관적 사태이므로 '-게'를 사용하는 것이 가능한데, '깊이'라는 표현이 추상적 차원에서 지면에서 땅속까지의 거리가 멀다는 것을 나타낼 경우 '-이'를 사용하는 것도 가능하다. '-이'가 갖는 추상성은 임지룡(1992: 302-303)의 논의를 참조할 수 있다.

'문장 구조'에 의한 문장의 동의성

> (8) ㄱ. 개가 사람을 물다.
>
>   ㄴ. 사람이 개에게 물리다.
>
> (9) ㄱ. 어머니가 아이에게 옷을 입혔다.
>
>   ㄴ. 어머니가 아이에게 옷을 입게 했다.
>
> (10) ㄱ. 그는 옷을 안 샀다.
>
>   ㄴ. 그는 옷을 사지 않았다.
>
> (11) ㄱ. 비 오는 날은 좋고도 싫다.
>
>   ㄴ. 비 오는 날은 싫고도 좋다.
>
> (12) ㄱ. 여행지로 아버지는 산을 선택하셨고, 어머니는 바다를 선택하셨다.
>
>   ㄴ. 여행지로 아버지는 산을, 어머니는 바다를 선택하셨다.

(8ㄱ)의 능동문과 (8ㄴ)의 피동문은 동일한 사태를 다른 관점에서 표현한 것으로 두 문장의 명제 의미는 같다. (9)와 (10)은 각각 사동문과 부정문의 장단형에서 나타나는 동의성을 보여 준다. (9ㄱ)은 사동 접사 '-히-'가 사용된 단형 사동문으로 주로 직접 사동의 의미를 갖지만 경우에 따라 간접 사동으로도 해석이 가능하고, (9ㄴ)은 '-게 하-'가 사용된 장형 사동문으로 간접 사동의 의미로만 해석된다. 직접성과 간접성에 차이가 나는 경우 각 문장이 가리키는 사태 자체에 차이가 나게 되므로 (9ㄱ)이 간접 사동의 의미를 지닐 때에만 두 문장의 동의성이 확보된다고 할 수 있다. (10ㄱ)은 단형 부정, (10ㄴ)은 장형 부정으로 두 문장 간의 의미적 차이는 거의 없다고 할 수 있다.[4]

(11)은 '좋다'와 '싫다' 두 요소의 어순이 교체된 것으로 개념적 의미는 동일하지만 초점이 어디에 놓이는지에 차이가 있다. 우리말은 다른 언어에 비해 어순 교체가 비교적 자유로운 편이라 어순 교체를 통해 동의문이 많이 만들어질 수 있다. 물론 어순 교체가

---

4 박형우(2007)는 기존 연구에서 "장형 부정문의 경우에 중의적으로 해석이 가능하고, 그 중의적인 내용 중 일부가 단형 부정문의 의미와 동의를 이룬다는 식의 설명"을 제시하고 있으나 실제 설문 조사를 통해 확인한 결과 "전반적으로 대부분의 경우 단형 부정문과 장형 부정문에서 의미적 차이를 발견하기 어렵다"는 점을 보고하고 있다.

항상 문장의 동의성을 보장해 주는 것은 아니다. (12)는 접속문에서 반복되는 요소가 생략된 경우로, (12ㄴ)에서는 선행절의 서술어를 생략하였지만 (12ㄱ)과 같은 의미를 지닌다. 접속문에서의 생략 이외에도 청자인 주어 생략, 격조사의 생략, 내포절에서의 주어 생략 등 다양한 방식의 생략을 통해 동의문을 만들 수 있다.

1.3. 동의문, 무엇이 같고 무엇이 다른가

문장의 동의성을 검증할 절대적인 기준이 존재한다고 보기는 어렵다. 문장의 동의성은 특정한 하나의 기준에 의해 판가름 나는 것이 아니라, 오히려 여러 기준에 의해 그 정도성(degree)이 평가되는 속성으로 보는 것이 타당하기 때문이다. 이러한 관점에서 볼 때, 문장의 동의성 검증에서 중요한 것은 단순히 동의문 여부만을 확인하는 것이 아니라, 두 문장이 어떤 의미 차원에서 동일하고 또 어떤 의미 차원에서 차이가 나는지를 파악하는 것이라고 할 수 있다. 여기에서는 문장의 동의성을 검증하는 여러 가지 방법을 알아보고, 각 방법을 통해 어떤 차원의 의미 동일성을 확인할 수 있고 또 어떠한 차원의 의미 차이를 확인할 수 있는지 살펴본다.[5]

동의문의 검증 방식으로는 '동일 지시', '상호 함의', '화자 의도의 동일성' 등이 있다.

'동일 지시'는 두 문장이 동일한 대상을 지시하는 경우로, 지시 의미론에서는 이러한 관계에 놓인 문장을 동의문으로 간주한다. '상호함의'는 문장 S_1이 문장 S_2를 함의하고 문장 S_2가 문장 S_1을 함의하여 두 문장 S_1과 S_2가 서로를 함의하는 관계에 놓인 경우로, 논리 의미론에서는 이러한 관계에 놓인 문장을 동의문으로 간주한다.

(13) ㄱ. 이 하얀 컴퓨터는 새 것이다.

ㄴ. 이 새 컴퓨터는 하얀 색이다.

(14) ㄱ. 학생이 유리컵을 깨뜨렸다.

---

5 박영순(1988), 원진숙(1991)에서는 '동의문'을 '정도성'의 문제로 보고 다양한 검증 기준을 적용하여 동의문 유형에 따른 동의성 정도를 구분하고 있어 참고가 된다.

ㄴ. 유리컵이 학생에 의해 깨뜨려졌다.

(13ㄱ)과 (13ㄴ)은 모두 하얀색인 새 컴퓨터를 지시하고 있으므로 '동일 지시'를 기준으로 할 때 동의문에 해당한다. (14)의 경우 (14ㄱ)이 참이면 (14ㄴ)도 참이고 (14ㄴ)이 거짓이면 (14ㄱ)도 거짓이 되므로 두 문장은 '상호함의' 관계에 놓인 동의문으로 볼 수 있다.

'상호 함의'는 문장의 동의성 검증의 유용한 기준이 되기는 하지만, 참, 거짓의 판별이 가능한 평서문에만 적용된다는 한계가 있다. 따라서 참, 거짓의 판별이 어려운 형식의 문장의 경우 동의성 검증을 위한 다른 기준이 필요하다.

'화자 의도의 동일성'은 간접 발화의 경우 직접 발화와 문장 표현은 다르지만 언표 내적 행위(illocutionary act)가 같은 경우로, 화용 의미론의 관점에서는 이를 동의문으로 볼 수 있다.

(15) ㄱ. (부모가 아이에게) 네 방 청소 좀 해라.

　　　ㄴ. (부모가 아이에게) 방이 깨끗하면 기분도 좋겠지?

(15)의 경우 (15ㄱ)은 직접 발화, (15ㄴ)은 간접 발화로 두 문장의 발화 의도가 동일하다면 화용 의미론적 관점에서 동의문으로 볼 수 있다. 그러나 화자의 발화 의도가 무엇인지를 파악하는 것이 쉽지 않고, 발화 의도가 동일하다 할지라도 청자가 이를 다르게 해석할 수 있기 때문에 동의문 여부를 확정하기 어려운 측면이 있다.

동의문 간의 의미 차이를 확인하기 위해서는 초점과 같이 개념적 의미 이외의 다른 층위의 의미 차이를 살펴보는 방법,[6] 부정문을 만들거나 수사를 삽입하는 등 문장을 변형해 보는 방법, 동의성을 유발한 요소의 분포 제약 양상을 살펴 의미기능의 차이를 파악해 보는 방법 등이 사용된다.

---

6 동의문 간의 초점 차이에 대에서는 예문 (2)에 대한 설명 참조.

(16) ㄱ. 학생이 유리컵을 깨뜨리지 않았다.

　　 ㄴ. 유리컵이 학생에 의해 깨뜨려지지 않았다.

(17) ㄱ. 학생 두 명이 유리컵 하나를 깼다.

　　 ㄴ. 유리컵 하나가 학생 두 명에 의해 깨뜨려졌다.

(18) ㄱ. 아파트 단지 내에 길이 {곧게, *곧이} 나 있다.

　　 ㄴ. 내 말을 {*곧게, 곧이} 듣지 않더니, 그것 봐라.

(16)은 (14)를 부정문으로 바꾼 것으로 (14ㄱ)과 (14ㄴ)의 의미가 완전히 동일하다면 부정문으로 바꾸어도 의미의 동일성이 유지되어야 할 것이다. 그러나 (14ㄱ)과 (14ㄴ)을 부정문으로 바꾼 결과인 (16ㄱ)과 (16ㄴ)의 의미 양상은 동일하지 않다. 예컨대, (16ㄴ)의 경우 학생이 떨어지는 유리컵을 받는 등의 행동을 통해 유리컵이 깨지지 않도록 했다는 의미로 해석될 여지가 있으나 (16ㄱ)의 경우 그러한 의미를 갖는다고 보기는 어렵다. 또한, (17)의 경우 (14)에 수사를 삽입한 것인데, (17ㄴ)은 두 학생에 의해 깨진 유리컵이 하나임을 확정할 수 있지만 (17ㄱ)의 경우 학생 두 명이 각각 유리컵 하나씩을 깨뜨린 것으로 해석될 수도 있어 두 문장의 의미 양상이 동일하지 않다.

(18)은 '-이'와 '-게'의 분포 제약을 비교해 봄으로써 두 요소의 의미기능 차이를 밝혀내는 방법이다. 예문 (6)의 경우 '깊이'와 '깊게'가 모두 사용 가능하였지만 (18)의 경우 '-이'와 '-게'의 분포상의 차이가 드러나기 때문에, 분포 제약이 일어나는 문장을 비교해 보면 두 요소 간의 의미기능 차이를 확인할 수 있다.[7]

---

7 '-이'와 '-게'의 의미기능 차이에 대해서는 학자에 따라 여러 주장이 제기되어 왔다. 임홍빈(1975)에서는 '-게' 부사어는 가시성, 외면성, 객관성 등으로 특징지을 수 있어 '-게'는 [+대상성]을 갖고, '-이' 부사어는 비가시성, 내면성, 주관성 등으로 특징지을 수 있어 '-이'는 [-대상성]을 갖는다고 보았다. 임지룡(1992: 302-303)에서는 '-게'와 '-이'는 동의성의 기능을 갖기도 하지만 배타적 의미기능을 띠기도 한다고 보고, '-게'가 상태동사의 고유성과 호응하고 '-이'는 추상성과 호응한다는 점을 배타적 의미기능의 근거로 제시하였다.

1.4. 국어과에서는 문장의 동의성을 어떻게 가르칠 것인가

문장의 동의성이 문법교육의 내용으로 인식된 것은 최근의 일로, 문장의 동의성은 2007 개정 교육과정의 〈문법〉에서 교육과정상 처음으로 다루어졌다.[8] 2007 개정 교육과정에서는 기존에 단어의 의미 관계만을 다루던 데에서 한 발 나아가 선택 교육과정 단계에서 "문장, 발화, 담화의 의미 생성 방식을 설명한다."라는 성취기준을 제시하여 문장 의미도 문법 교육의 내용으로 다루기 시작하였다. '문장의 동의성' 혹은 '동의문' 이라는 용어가 교육과정 문서에 나타나지는 않았지만, 교육과정 해설서에서 '문장 간에도 유의 관계'가 존재할 수 있다고 언급하고 있어 '문장의 동의성'이 교육 내용으로 다루어졌음을 알 수 있다.

이러한 방향은 2009년 개정 고시된 고등학교 선택 교육과정(교육과학기술부 고시 제2009-41호)까지 유지되었다. 이 시기 『독서와 문법 I』에서는 "문장, 담화의 다양한 의미 생성 방식을 탐구한다."와 같은 성취기준을 제시하고, 2007 개정 교육과정과 마찬가지로 문장 간의 유의 관계를 교육 내용으로 언급하였다. 그러나 이후 교육과정에서는 '문장의 동의성'이 문법 교육 내용으로 포함되지 못하였다. 그러므로 여기서는 『독서와 문법 I』교과서 사례를 토대로 문장 동의성의 교육 내용을 살펴본다.

종류	주요 내용
이삼형 외 (2012)	– 유의 관계의 유형: 능동문과 피동문 / 반의 관계에 있는 대립어 사용 – 유의 관계에 있는 문장 간의 관계: 진리값은 같지만 의미 차이가 전혀 없는 것 아님 – 활동: 유의 관계에 있는 문장 만들어 보기 / 유의 관계 성립의 조건 탐색

---

8 2007 개정 교육과정 이전에도 문장의 동의성과 관련된다고 할 만한 내용들이 교과서 차원에서 부분적으로 다루어지기는 하였다. 예컨대, 제7차 고등학교 문법 교과서에서는 사동 표현을 다루면서 '파생적 사동문과 통사적 사동문 사이의 의미 차이를 파악해 보는 탐구 활동'을 제시하기도 하였다. 단형 사동문과 장형 사동문이 부분적인 동의성을 갖는다고 본다면 이러한 활동도 문장의 동의성과 관련된 것으로 볼 수 있다. 그러나 이러한 학습 활동은 사동 표현에 대한 교육 내용의 한 부분으로 다루어진 것이어서, 문장의 동의성 자체가 본격적인 교육 내용으로 인식된 것이라고 보기는 어렵다.

	〈유의 관계 문장〉
윤여탁 외 (2012)	1) 개념 정의 　– 유의 관계: 형식이 다른 둘 이상의 문장이 비슷한 의미로 쓰이는 관계 　– 유의문: 유의 관계에 놓인 문장 　※ '유의문'을 '동의문'이라고 부르기도 하지만 두 문장의 의미가 완전히 일치하지 않 　는다는 점에서 '유의문'이라는 용어 사용 2) 유의문의 유형 　능동문과 피동문 / 대립되는 서술어에 의해 주어와 부사어가 교체된 경우 　→ 두 유형 모두 진리치는 같으나 의미의 초점은 다름 3) 학습 활동 　의미가 비슷한 문장에 대한 탐구('명사+를'과 '명사+에'의 차이) 　→ 문장의 유의 관계에 관한 문제이지만, 의미 차이에 활동의 초점이 놓여 있음

〈표 3-1〉 교과서에 구현된 문장 동의성 교육 내용의 예

『독서와 문법 I』 교과서에 구현된 문장의 동의성 관련 교육 내용을 살펴보면, 대체로 '유의 관계' 혹은 '유의문'의 개념과 유형, 특성을 다룬 후, (가)와 같이 유의 관계의 성립 조건을 탐색하거나 (나)와 같이 유의문 쌍을 탐구하여 의미상의 차이를 파악하는 활동을 제시하고 있음을 알 수 있다. 중요한 것은 학습 활동이 유의 관계에 놓인 문장 간의 의미상 공통점에 대한 인식에 그치지 않고 의미상의 차이에 대한 인식까지 다루고 있다는 점이다.

다음 두 문장을 대상으로 유의 관계에 대해 탐구해 보자.

　• 그 사람이 철수를 때렸어.
　• 철수가 그 사람한테 맞았어.

(1) 두 문장은 유의 관계에 있다고 할 수 있는지 생각해 보자.
(2) "그 사람이 철수를 때렸어."라는 문장 다음에 "그런데 철수가 잽싸게 피했어."라는 문장이 오는 것도 자연스럽다면, 두 문장의 유의 관계 성립이 달라질 수 있는지 생각해 보자.

(가) 유의 관계 관련 학습 활동(이삼형 외, 2012: 304)

다음 자료를 바탕으로 의미가 비슷한 문장에 대해 탐구해 보자.

ⓐ 철수가 버스를 탔다.
ⓑ 철수가 버스에 탔다.

ⓐ 철수가 버스 경로석에 탔다.
ⓑ 철수가 버스 경로석을 탔다.

(1) ㉠의 ⓐ, ⓑ의 의미 차이에 대해 말해보자.
(2) ㉡의 ⓐ는 바른 문장으로 쓰이고, ㉡의 ⓑ는 그렇지 않은 이유에 대해 말해 보자.
(3) '명사+를'과 '명사+에'의 차이에 대해 말해 보자.

(나) 유의 관계 관련 학습 활동(윤여탁 외, 2012: 142)

문장의 동의성은 문장 간의 의미 관계를 따지는 탐구 경험을 제공하는 문법교육 내용 중 하나이다. 그러나 용어 그 자체에 이끌려 두 문장 간의 공통된 의미에만 초점을 두는 것은 바람직하지 않다. 모어 화자를 대상으로 하는 문법교육에서 중요한 것은 오히려 동의문으로 분류되는 문장 간에 어떠한 의미 차이가 있는지, 또 그러한 의미 차이를 유발하는 문법적 장치는 무엇인지를 실제 언어 자료를 탐구함으로써 찾아보는 경험을 제공하는 것이다.

따라서 문장의 동의성 교육의 목표는 동의성 인식에 한정되어서는 안 되고 동의문 간의 의미 차이와 그러한 차이를 유발하는 문법적 장치에 대한 인식으로까지 확장되어야 하며 궁극적으로는 개념적 차원에서 동일한 의미가 다양한 형식의 문장으로 실현되는 이유에 대해 생각해 볼 수 있도록 하는 데에까지 나아가야 한다.

이를 위하여 초등학교에서는 동의어를 매개로 하여 문장의 동의성을 인식할 수 있도록 지도할 필요가 있다. 동의어에 의한 동의문을 적절히 활용하여 동의성이 어휘적 차원에 한정되는 것이 아니라 문장 차원에서도 존재할 수 있다는 점을 자연스럽게 인식하도록 지도한다.

중학교에서는 피동, 사동 등과 관련지어 문장의 동의성 문제를 다룰 수 있다. 능동과 피동, 단형 사동과 장형 사동을 다루면서 문장의 동의성이 실현되는 다양한 방식을 이해하도록 하고, 나아가 동의문 간의 의미 차이에 대해서도 인식할 수 있도록 지도한다. 문장의 동의성을 피동, 사동 등과 관련지어 다룰 경우 동의문 간의 의미 차이를 유발한 문법적 장치를 명시적으로 인식할 수 있게 지도할 수 있다는 장점이 있다. 그러나 문장의 동의성이 명시적으로 다루어지지 않고 관련 문법 요소의 하위 교육 내용으로만 다루어질 경우 학습자가 문장의 동의성 개념을 파편적으로 이해하게 될 우려가 있으므로 유의해야 한다. 즉, 중학교 단계에서는 문장의 동의성을 피동, 사동 등과 관련지어 다루되, 문장의 동의성 개념을 명시적으로 인식할 수 있도록 지도해야 한다.

고등학교에서는 다양한 유형의 동의문을 대상으로 문장의 동의성에 대해 본격적으로 탐구해 볼 수 있도록 지도한다. 학습자가 특정한 문장 쌍을 동의문으로 볼 수 있을지에 대해 다양한 방법을 동원하여 판단해 볼 수 있도록 한다. 또한 동의문 간의 의미 차이를 파악하고 그러한 차이를 유발하는 문법적 장치를 찾아보도록 하여 궁극적으로는 동일한 명제 의미가 다른 형식의 문장으로 사용되는 이유에 대한 탐구로 이어질 수 있도록 해야 할 것이다.

〈보기〉에 제시된 학생의 질문에 대해 어떻게 답변하면 될지 생각해 보자. 만일, 동의문 여부를 판단하기 어렵다면 그 이유가 무엇인지 설명해 보자.

> **보기**
>
> 학생의 질문 1: 선생님, 저희 할머니께서 아기를 보시면서 "그 놈 참 밉상이네."라고 말씀하시는 것을 들었습니다. 무슨 뜻인지 몰라 어머니께 여쭤 보았더니, 아기가 잘 생겼다는 뜻으로 말씀하신 거라고 하셨습니다.
> 그럼, "그 놈 참 밉상이네."와 "그 놈 참 잘 생겼네."는 동의문이라고 할 수 있을까요?
>
> 학생의 질문 2: 선생님, "창문 좀 닫아 주세요."와 "창가에서 찬바람이 많이 들어오네요."라는 말은 표현은 다르지만 결국 창문을 닫아 달라는 요청으로 볼 수 있으니 동의문이라고 할 수 있을까요?

2.1. 문장의 중의성이란 무엇인가

하나의 문장이 여러 가지 의미로 해석되는 현상을 문장의 중의성(ambiguity)이라고 한다. 중의문은 둘 이상의 심층 구조가 하나의 표면 구조로 표현된 문장이라는 점에서 둘 이상의 표현이 하나의 의미와 결합된 동의문과는 차별화된다(〈그림 3-1〉 참조).

중의문은 문장의 다양한 해석이 의미가 불분명하거나 의미의 경계가 불명료하여 야기되는 것이 아니라는 점에서 모호문과도 다른 개념으로 설명된다. 그런데 일부 학자들은 중의성과 모호성(vagueness)을 별개의 개념으로 구분하여

〈그림 3-1〉 중의문의 생성(윤평현, 2013: 240)

논의하는 것이 불필요하다고 보거나 이 두 가지를 애매성으로 통칭하기도 한다(김흥곤, 1975, 임지룡, 1992 등). 중의성과 모호성 모두 하나의 언어 표현이 여러 가지 의미로 해석된다는 공통점에 주목하여 이 두 용어를 변별해서 사용할 필요가 없다고 보는 입장이다. 예컨대, 임지룡(1992)은 중의성을 청자가 해석하는 데 곤란을 느끼는 복합적 의미

관계라고 정의하고 이를 애매성(모호성)과 구분하는 것은 무의미하다고 본다.

　이와 달리 중의성과 모호성을 구별하는 입장은, 중의성이 하나의 기호로 여러 사물이나 범주를 나타내는 언어적 속성을 가리키면서도 그것이 각각 분명한 해석을 지닌다는 사실에 주목한다. 모호성을 지닌 표현은 그것이 지시하는 바가 분명하지 않거나 정확하지 않아 그것을 해석하는 데 곤란함이 야기된다는 점에서 중의성과는 차이점이 있다고 설명한다.

　　(1) 차를 준비해 주십시오.

　　　ㄱ. 마시는 차(茶)

　　　ㄴ. 탈 것으로서의 차(車)

　　(2) 어제 엄마 사진을 찾았습니다.

　　　ㄱ. 엄마가 찍은 사진

　　　ㄴ. 엄마를 찍은 사진

　　　ㄷ. 엄마가 소유하고 있는 사진

　　　ㄹ. 엄마에게 전해 줄 사진

　(1)은 중의문으로서 두 가지 분명한 해석이 가능한 반면, (2)는 모호문으로서 그것이 의미하는 바가 확정적이지 않다. 즉, (1)의 '차'는 '마시는 차(茶)'와 '탈 것으로서의 차(車)'라는 두 가지 분명한 해석이 도출된다. 그러나 (2)의 '엄마 사진'은 '엄마가 찍은 사진', '엄마를 찍은 사진', '엄마가 소유하고 있는 사진', '엄마에게 전해 줄 사진' 등으로 해석되어 의미를 결정하기 어렵다는 점에서 모호성을 지닌다.[9]

---

9 그럼에도 불구하고 현실적으로는 중의성과 모호성을 구별하는 데에 상당한 어려움이 따른다. 이 때문에 중의성과 모호성을 구별할 수 있는 장치로서 중의성 검사[켐프슨(Kempson), 1977]를 고안하여 실행하기도 한다. 하지만 이것 또한 중의성과 모호성을 구별할 수 있는 완벽한 방법이라고 보기는 어렵다.

2.2. 중의성은 어떻게 유형화할 수 있는가

중의성은 그것을 발생시키는 요인에 따라 몇 가지 유형으로 나누어 볼 수 있다. 먼저, 문장 내 어휘 의미가 중의성을 갖는 경우, 문장 내 성분들 사이의 구조적 관계에 따라 중의성이 유발되는 경우, 문장이 발화되는 맥락 요인에 의해 중의성을 갖는 경우로 하위 구분할 수 있다.

어휘적 중의성

어휘적 중의성은 문장 내 어휘 의미가 다기(多岐)하여 두 가지 이상의 의미로 해석되는 경우를 가리킨다. 하나의 어휘 형태가 여러 가지 의미를 갖는 것이므로, 다의어와 동음이의어에 의한 중의성으로 세분하여 살펴볼 수 있다.

1) 다의어에 의한 중의성

다의어는 하나의 단어가 둘 이상의 연관된 의미를 갖는 단어를 뜻한다. 기본적 의미 또는 중심적 의미에서 파생적 의미 또는 주변적 의미로 확장됨에 따라 하나의 단어가 여러 가지 의미를 지니게 되는 경우이다. 따라서 다의어는 여러 의미들 간에 관련성이 포착된다. 가령, '손'이라는 단어는 '사람의 팔목 끝에 달린 부분'이라는 가장 기본적이고 중심적인 의미부터 '일손', '어떤 일을 하는 데 드는 사람의 힘이나 노력, 기술', '어떤 사람의 영향력이나 권한이 미치는 범위' 등을 뜻하는 확장적 의미까지 다기한 의미를 갖는다. 다음 문장은 이처럼 '손'이 나타내는 다양한 의미에 따라 중의적 해석이 가능하다.

(3) 영희는 손이 무척 크다.

ㄱ. 영희는 손(팔목 끝에 달린 부분)의 크기가 매우 크다.

ㄴ. 영희는 씀씀이가 매우 크다.

2) 동음이의어에 의한 중의성

동음이의어는 단어의 형태는 동일하나 그 의미가 각기 다른 경우를 가리킨다. 앞서 살핀 다의어와 달리, 형태는 공유하되 의미들 간에 직접적인 관련성은 없다는 특징을 보인다. 예컨대, '배'는 신체의 일부로서 '배', 운송 수단으로서의 '배', 배나무의 열매로서의 '배'와 같이 형태는 같으나 의미가 다른 동음이의어적 특성을 보여 준다. 다음 예문에서는 '배'가 지닌 이러한 동음이의적 속성으로 인해 문장의 중의성이 야기되고 있다.

(4) 그림 속에 배가 없습니다.
　　ㄱ. 사람이나 동물의 몸에서 위장, 창자, 콩팥 따위의 내장이 들어 있는 곳으로 가슴과
　　　　엉덩이 사이의 부위.
　　ㄴ. 사람이나 짐 따위를 싣고 물 위로 떠다니도록 나무나 쇠 따위로 만든 물건.
　　ㄷ. 배나무의 열매.

위 문장에서 '배'는 ㄱ, ㄴ, ㄷ 의 의미를 갖는 동음이의어로서 중의적 해석을 야기하는 요인이 된다.

구조적 중의성

구조적 중의성은 문장을 구성하는 성분 간의 통사적 관계에 의해서 야기되는 중의성이다. 즉, 문장 내 성분들 사이의 통사적 구조에 의해 문장 의미가 중의적으로 해석되는 경우이다.

문장 내 수식관계에 의한 중의성, 서술어와 호응하는 논항 범위에 의한 중의성, 대용어에 의한 중의성, 부정, 수량사 등의 영향 범위에 따른 중의성으로 하위 구분하여 살펴볼 수 있다.

1) 수식관계에 의한 중의성

수식관계에 의한 중의성은 수식어의 범위가 중의적으로 해석되는 경우를 가리킨다. 즉, 수식을 받는 피수식어가 두 개 이상으로 나타나 중의성이 발생하는 경우로 두 가지 이상의 통사구조로 나타낼 수 있다.

(5) 어제 내가 좋아하는 작가의 작품을 읽었다.

(6) 나는 이야기를 들으면서 착한 언니와 동생의 이야기라고 생각했다.

문장 (5)는 '내가 좋아하는'의 수식 범위가 '작가'일 수도 있고 '작가의 작품'일 수도 있다. 즉, 관형절 '내가 좋아하는'의 피수식어가 '작가'와 '작가의 작품' 두 가지로 가능하다는 점에서 그 해석이 중의적이다. 문장 (6)도 '착한'이 수식하는 피수식어가 '언니' 또는 '언니와 동생'일 수 있고 '언니와 동생의 이야기'일 수도 있다. 이처럼 수식어와 피수식어의 관계가 두 가지 이상으로 나타나 중의성이 발생하는 경우를 수식관계에 의한 중의성으로 본다.

2) 서술어와 호응하는 논항의 범위에 따른 중의성

서술어 동작의 주체 또는 동작의 대상이 두 가지 이상으로 해석됨에 따라 문장의 중의성이 생기는 경우를 서술어와 호응하는 논항의 범위에 따른 중의성이라 한다.

(7) 민수는 친구보다 테니스를 더 좋아한다.

　　ㄱ. 민수는 친구와 테니스 중에서 테니스를 더 좋아한다.

　　ㄴ. 민수와 친구는 테니스를 좋아하는데, 친구보다 민수가 테니스를 더 좋아한다.

(8) 교장 선생님이 선생님과 학생을 실험실로 안내했다.

　　ㄱ. {교장 선생님이} 선생님과 학생을 실험실로 안내했다.

　　ㄴ. {교장 선생님이 선생님과} 학생을 실험실로 안내했다.

(7)은 서술어 '좋아한다'의 주체를 누구로 볼 것이냐의 문제가 발생하는데, ㄱ, ㄴ과 같이 두 가지 경우로 해석할 수 있다. (8)의 경우도 ㄱ, ㄴ과 같이 동작의 주체를 '교장 선생님'이나 '교장 선생님과 선생님'으로 보는 것이 가능하여 중의성이 발생한다.

3) 대용어에 의한 중의성

대용어 '이, 그, 저'와 그 계열이 지시하는 바가 두 가지 이상일 경우 야기되는 중의성을 대용어에 의한 중의성이라고 한다.

(9) 영남이는 준호를 그의 집에 보내 물건을 갖고 오게 하였다.

　　ㄱ. 영남이는 준호를 그(=영남)의 집에 보내 물건을 갖고 오게 하였다.

　　ㄴ. 영남이는 준호를 그(=준호)의 집에 보내 물건을 갖고 오게 하였다.

　　ㄷ. 영남이는 준호를 그(=제3자)의 집에 보내 물건을 갖고 오게 하였다.

(9)에서 대용어 '그'는 앞서 제시된 '영남'이나 '준호'를 가리킬 수 있으나, 그 둘 모두가 아닌 '제3의 인물'을 가리킬 수도 있다. 이처럼 대용어가 지시하는 바가 두 가지 이상일 때도 문장의 중의성이 나타난다.

4) 영향 범위에 의한 중의성

문장 내에서 사물의 수나 양을 나타내는 수량사, 부정의 의미가 미치는 범위에 따라서도 중의성은 발생한다.

(10) 열 명의 학생이 두 권의 책을 샀다.

　　ㄱ. 열 명의 학생이 각자 두 권씩의 책을 샀다.

　　ㄴ. 열 명의 학생이 총 두 권의 책을 샀다.

(10)은 '열 명', '두 권'과 같은 수량 표현이 미치는 영향 범위에 따라 중의적 해석이 가능함을 보여준다. 다시 말해, 열 명의 학생이 각자 두 권씩의 책을 사서 총 20권의 책을 샀다는 해석과, 열 명의 학생이 총 2권의 책을 샀다는 해석 모두가 가능하다는 견지에서 위 예문은 중의적이다.

(11) 행사장에 갔는데 손님이 모두 오지 않았다.

　　ㄱ. 행사장에 온 손님이 한 명도 없었다.

　　ㄴ. 행사장에 오지 않은 손님이 몇 명 있었다.

(11)은 '않았다'가 미치는 범위가 어디까지냐에 따라 중의적 해석이 가능한 경우이다. 먼저, 행사장에 온 손님이 아무도 없었다는 전체('모두')를 부정하는 해석이 가능하

다. 또는 오기로 하거나 와야 할 손님 모두가 온 것은 아니라는, 즉 일부의 손님이 오지 않았다는 해석이 가능하다.[10]

화용적 중의성

어떠한 표현이 맥락 요인에 의해 중의적 해석이 발생하는 경우가 있는데 이를 화용적 중의성이라고 한다.

(12) 별일 없으세요?

(12)는 흔히 '안녕하세요?'와 같이 인사 또는 안부를 묻는 질문으로 해석될 수 있다. 그러나 화자와 청자의 관계, 발화의 맥락 요인에 따라 '특별히 다른 일'이나 '이상한 일'이 없는지를 묻는 질문으로도 해석될 수 있다. 이처럼 중의성은 어휘 차원이나 구조적 차원에서 야기되는 경우 외에 맥락 변인에 따라서도 야기될 수 있다.

2.3. 중의성은 어떻게 해소할 수 있는가

중의적 표현은 일상의 의사소통 상황에서 흔히 접하게 된다. 그럼에도 불구하고 표현의 중의성은 공기(共起) 관계, 맥락 요소, 초분절 요소, 첨언 등을 통해서 해소될 수 있다. 이들 각각의 유형별 해소 방안을 살펴보면 다음과 같다.

첫째, 공기 관계에 의한 중의성 해소
예를 들어, '눈'은 '눈[雪]', '눈[目]'의 의미를 가지는 동음이의어라는 점에서 중의성을 갖는다. 그러나 그 각각이 공기하는 서술어를 달리함으로써 문장의 중의성이 쉽게 해소될 수 있다.

---

10 단형 부정형과 장형 부정형의 의미 해석과 중의성에 관해서는 박철우(2013) 등을 참고할 수 있다.

(13) 하늘에서 눈이 펑펑 내리는데 그것을 보는 도중에 갑자기 눈이 아팠다.

'눈이 내리다', '눈이 아프다'에서 '눈'은 그것이 공기하는 서술어에 따라 전자의 경우는 '눈[雪]'의 의미로 해석되고, 후자의 경우는 '눈[目]'으로 해석될 수 있다.

둘째, 맥락 요소에 의한 중의성 해소
앞서 2절 예문 (1)에서 '차' 역시 '차(茶)'나 '차(車)'로 해석될 수 있다는 견지에서 중의성을 갖는 단어로 설명한 바 있다. 그러나 다음과 같은 맥락 하에서는 이 같은 중의성이 상당 부분 해소된다

(14) ㄱ. (음식점에서) 이제 손님들이 모두 오셔서 자리에 앉으셨습니다. 차를 준비해 주십시오.
ㄴ. (회사에서) 지금 바로 주차장으로 나가려고 합니다. 차를 준비해 주십시오.

(14)의 경우라도 중의성이 완벽하게 제거되었다고 보기는 어렵다. 그러나 대부분의 언중들이 가지고 있는 스키마, 즉 배경 지식에 의하면, 음식점에 막 도착한 상황에서 '차(車)'를 요구하거나, 나가려는 상황에서 갑자기 '차(茶)'를 요구하는 상황 맥락은 상정하기 어렵다는 점에서 (14) 문장의 중의성은 쉽게 해소될 수 있을 것으로 본다.

셋째, 억양, 강세, 쉼과 같은 초분절적 요소에 의한 중의성 해소
억양, 강세, 쉼과 같은 초분절적 요소를 동원할 때 문장의 중의성은 쉽게 해소될 수 있다.

(15) 어디 가세요?
ㄱ. (판정 의문문일 경우) 네.
ㄴ. (의문사 의문문일 경우) 은행에 좀 다녀오려고요.

(15)는 '네/아니요'로 대답할 수 있는 판정 의문문과 의문사에 대한 답을 요구하는 의문사 의문문의 두 가지 해석이 가능하다. 그러나 ㄱ과 같이 판정 의문문일 경우에는 끝

을 올리고, ㄴ과 같이 의문사 의문문으로 사용할 때는 끝을 올리지 않는 강세 변화로 의미 변별을 가능하게 한다. 후자의 경우에는 '어디'라는 의문사에 강세를 둠으로써 '어디'에 대한 대답을 요구하는 질문이라는 사실을 좀 더 분명히 나타낼 수 있다.

(8′) 교장 선생님이 선생님과 학생을 실험실로 안내했다.

　　ㄱ. 교장 선생님이 / 선생님과 학생을 실험실로 안내했다.

　　ㄴ. 교장 선생님이 선생님과 / 학생을 실험실로 안내했다.

앞서 제시한 (8)은 문장 구조상 중의성이 야기되는데, 위 ㄱ과 같이 '교장 선생님이' 다음에 쉼을 두거나 ㄴ과 같이 '교장 선생님이 선생님과' 다음에 쉼을 둠으로써 두 가지 의미를 변별시킬 수 있다.

넷째, 첨언에 의한 중의성 해소

부정사가 미치는 영향의 범위에 따라 중의성이 발생한 경우에는 보조사 '는'을 첨가함으로써 중의성을 해소할 수 있다.

(11′) 행사장에 갔는데 손님이 모두 오지 않았다.

　　ㄱ. 행사장에 갔는데 손님이 모두는 오지 않았다.

　　ㄴ. 행사장에 갔는데 손님이 모두 오지는 않았다.

앞서 제시한 바 있는 (11)은 위 (11′) ㄱ, ㄴ과 같이 '모두' 또는 '오지' 다음에 보조사 '는'을 첨가함으로써 '손님 중 일부는 오고 일부는 오지 않았다'는 단일 의미로 해석하는 것이 가능해진다.

2.4. 국어과에서는 문장의 중의성을 어떻게 가르칠 것인가

중의성을 가르치기 위해서는, 한 가지 언어 표현이 여러 가지 의미로 해석될 수 있다는 사실 자체를 인식시키는 것이 중요하다. 하나의 문장은 문법 규칙을 위반하지 않고 발화자가 의도하지 않았음에도 불구하고 복수의 의미로 해석될 수 있는 여지가 있기 때문이다. 표현 의도와 상관없이 하나의 표현이 다양한 의미로 해석되는 경우는 의사소통 중에 오해나 혼선을 초래할 수 있다는 점에서 문제적이다. 그러나 표현의 경제성, 효율성 등의 효과를 고려하여 중의적 해석을 의도하는 경우 중의성은 문제를 야기하지 않으며 오히려 장려할 필요성이 있다. 다시 말해, 언어 표현이 갖는 중의성은 그 의미가 다기하게 해석된다는 연유만으로 언어의 오용으로 규정되어서는 안 된다. 따라서 의사소통의 목적과 표현 효과에 비추어, 필요에 따라 중의성을 제거하거나 이를 효과적으로 사용할 수 있도록 교육할 수 있는 식견과 태도가 필요하다.

그런데 그간의 교육과정에서 중의성은 주로 다양한 구조의 문장을 생성할 때 문장 의미의 정확성을 기하기 위하여 피하거나 제거해야 할 언어 사용 양상으로 다뤄져 왔다.[11]

(7) 문장의 구조를 탐구하고 자신의 생각을 다양한 구조의 문장으로 표현할 수 있다.

문장 구조에 대한 이해는 자신의 생각을 효과적으로 표현하도록 돕는다. 5–6학년군에서 배운 기본 문장 성분의 이해를 부속 성분에까지 확대하고 문장의 확대를 다루도록 한다. 평서문, 의문문, 명령문, 청유문, 감탄문과 같은 종결 방식의 표현 효과를 탐구하고, 국어의 문장은 둘 이상의 문장이 연결되거나 하나의 문장이 다른 문장 안에 안기는 방식으로 확대됨을 이해한다. 다양한 구조의 문장들을 표현 의도와 연관 지어 분석하고, 중의문처럼 의미가 명확하지 않은 문장을 찾아 그 이유를 탐구하는 활동을 함으로써 정확하고 효과적이며 자연스러운 문장을 구성하는 능력을 기르도록 지도한다. (2009 개정 교육과정, 중1~3학년군)

상기한 바와 같이, 표현 의도와 관계없이 야기될 수 있는 중의성은 배제하도록 가르쳐야 하지만, 표현 효과를 배가할 수 있는 중의성은 효과적으로 활용할 수 있도록 지도해야 할 것이다.

또한 중의성은 문장의 구조 외에 단어 의미, 화용적 요소 등의 다양한 요인에 따라 야기될 수 있다는 견지에서 이들 요인별 유형을 잘 이해시켜야 한다. 이때 실제 사용된 언

---

11 그러나 2015 개정 교육과정에서는 문장의 중의성 관련 내용이 삭제되었다.

어 자료를 관찰하게 함으로써 중의성이 발생하는 요인과 요인별 양상을 실증적으로 이해할 수 있도록 해야 한다.

초등학교에서는 하나의 낱말이 의사소통 상황에 따라 달리 사용되는 실제 사례를 보여줌으로써 그 의미가 불변의 고정적인 것이 아님을 이해시키는 것이 우선적으로 필요하다. 핵심 의미에서 주변 의미로 확대되어 다기한 의미를 갖는 다의어, 동일한 언어 형식을 공유하되 의미가 다양한 동음이의어를 대상으로 상황 맥락에 따라 의미가 결정되는 양상과 이 과정 중에 의도치 않게, 또는 의도적으로 중의성이 발생할 수 있음을 보여 주어야 할 것이다.

중학교에서는 자신의 생각을 효과적으로 표현하기 위해 다양한 구조의 문장을 생성하되 자신의 표현 의도를 중의적이지 않게, 정확히 전달하는 법을 가르치는 데 초점을 두어야 한다. 문장은 수식 관계, 호응 및 영향 범위 등에 따라 의도치 않게 중의적 해석을 허용하여 의미 해석 시 혼동을 초래할 수 있다. 따라서 문장 의미가 구조적 측면에서 어떻게 복수의 의미로 해석될 수 있는지, 또 이를 방지하기 위해서는 어떻게 표현을 명료화할 수 있는지를 배울 수 있는 다양한 활동을 마련하여 제공하는 것이 좋다.

또한 언어의 구체적인 의미가 물리적인 상황 맥락 외에 사회·문화적 맥락에 따라서도 결정될 수 있음을 가르쳐야 한다. 이때 사회·문화적 맥락을 형성하는 지역, 세대, 성별, 다문화 요인에 따른 언어 변이 현상을 실제 의사소통 장면을 통해 경험할 수 있도록 지도할 필요가 있다. 이를 위해서는 기존의 언어 표현을 발화 의도, 의사소통 맥락 등과 관련지어 분석, 평가해 보고, 필요한 경우 부적절한 표현을 수정해 보는 연습을 하도록 한다. 이어 자신의 언어 사용 경험을 반성적으로 고찰해 보고 올바르게 표현하는 법을 익힐 수 있도록 가르친다.

고등학교에서는 단순한 물리적 상황 외에 다양한 사회·문화적 맥락 요인에 따라 단어, 문장 의미가 결정된다는 사실을 좀 더 깊이 있게 인지할 수 있도록 지도한다. 발화자가 의도적으로 다의어, 동음이의어 등의 단어를 사용하거나 문장 구조를 활용하여 표현의 중의성을 만들어 낼 때 어떠한 표현 효과가 나타나는지를 문학 작품, 광고, 비평 등의 다양한 담화 자료를 통해 확인할 수 있도록 탐구 활동을 고안할 수 있을 것이다. 발화자의 의도와 다르게 상황, 특히 사회·문화적 맥락 요인에 따라 복수의 의미 해석이 야기되는 경우 의사소통의 오류나 오해가 빚어진 원인, 양상을 탐구할 수 있는 실제 언어 사용 사례도 활용할 수 있다. 이들 언어 용례를 통해 정확한 의사소통의 중요성과 함께 그 어려움을 인식하고 표현의 정확성을 기를 수 있도록 한다.

1. 다음은 음료 광고에 나온 표현의 일부분이다. 전체 맥락을 고려하여 밑줄 친 부분을 중심으로 이 표현이 의미하는 바를 생각해 보자.

> 날은 더워 죽겠는데 남친은 차가 없네
>
> 목마를 땐 ○○○○

① 위 문장의 해석 가능한 의미를 모두 이야기하여 보자.
② 위 문장이 중의적으로 해석되는 까닭을 생각하여 보자.
③ 위 문장은 사회의 남성상을 오도한다는 견지에서 논란을 야기하고 비판을 받은 바 있다. 그 이유가 무엇인지를 표현의 중의성과 관련하여 논의하여 보자.

2. 다음은 전기 포트 광고에 나온 표현의 일부분이다. 전체 맥락을 고려하여 밑줄 친 부분을 중심으로 이 표현이 의미하는 바를 생각해 보자.

> 라면만 끓이지 않는다!!
>
> 물, 보리차, 우유, 약 데우기는 기본
>
> 편리하고 간편하게 생활을 바꾼다!

① 위 문장의 해석 가능한 의미를 모두 이야기하여 보자.
② 위 문장이 중의적으로 해석되는 까닭을 생각하여 보자.
③ 위 문장이 중의적으로 해석되는 것이 제품의 광고 효과에 어떠한 영향을 미치는지 이야기하여 보자.
④ 위 문장이 중의적으로 해석되지 않도록 하려면 어떻게 고치는 것이 좋을지 생각하여 보자.

3. 앞의 두 가지 활동을 재료로 하여, 중학교 학습자들로 하여금 귀납적으로 문장의 중의성 발생 원인과 그 유형을 정리할 수 있도록 유도하는 탐구 학습지를 제작하고자 한다. 어떤 틀과 내용으로 탐구 학습지를 구성해야 할 것인지 그 개요를 설명하시오.

3 문장의 잉여성

3.1. 잉여성이란 무엇인가

잉여성의 정의

'잉여(剩餘)'란 '쓰고 난 후 남은 것'을 뜻하는 말로서, '언어의 잉여성'이란 '이미 충분한 의미를 담고 있음에도 불구하고 이에 더해 중복적으로 표현하는 현상'을 일컫는다.[12] 우리의 언어생활에서는 이와 같은 잉여성을 지닌 표현을 쉽게 발견할 수 있다. "역전(驛前)에서 보자."라고 말하면 충분한 것을 "역전앞에서 보자."라고 한다든가, "국화(菊華)가 피었어."라고 말해도 되는 것을 "국화꽃이 피었어."라고 말하는 모습들에서 의미의 과잉 현상을 엿볼 수 있다.

이러한 현상은 한국어만의 현상은 아니다. 딜런(Dillon, 1977)에서는 (1)과 같은 사례를 통해 영어에서 나타나는 잉여성을 보여 주고 있으며, 엄태현(2010)에서는 (2)와 같은 사례를 통해 루마니아어에서 자주 쓰이는 잉여적 표현을 보여 주고 있다.

---

12 '잉여성(redundancy)'이란 말은 언어학에서만 사용되는 용어는 아니다. 이는 정보이론과 같은 여타의 분야에서도 사용된다. 본서에는 이러한 넓은 의미에서 '잉여성'을 정의하고 이러한 잉여성이 드러난 언어 표현을 '잉여적 표현'이라 칭한다.

(1) intentionally murderer(의도적 살해범), male uncle(남자 삼촌)

(2) a aplauda din palme(손바닥으로 박수치다[13]), baba bătrână(늙은 노파)

(1)의 'intentionally murderer'에는 [+의도성]의 의미성분이 중복되고 있고, 'male uncle'에는 [+남성]의 의미성분이 중복되고 있다. (2)의 루마니아어도 마찬가지이다. 루마니아어의 동사 'a aplauda'는 '박수치다'의 의미로 이미 [+손]의 의미성분을 포함하고 있는데 '손바닥으로'를 의미하는 'din palme'를 다시 씀으로써 잉여성을 발생시키고 있으며, 'baba bătrână'에서는 '늙은 여자'를 뜻하는 'baba'와 '늙은'을 뜻하는 'bătrână'을 함께 씀으로써 [+늙다]의 의미성분이 중복되는 현상을 보여 주고 있다.

이러한 현상은 '잉여성' 외에도 '의미 중복' 또는 '동의(同意) 중복', '겹말', '용어법(冗語法)' 등의 용어로 지칭된다. '잉여성'이 '정보를 전달할 때 한 부분을 떼어낸다 해도 본질적인 정보 전달에는 아무 지장이 없는 부분(이정민·배영남, 1982: 641)'이라는 뜻을 지녀 다소 부정적인 어감을 주는 반면, '의미 중복'이나 '동의 중복'은 다소 중립적인 어감을 지닌다. '겹말'은 '같은 뜻이 겹쳐서 된 말(이동석, 2011: 226)'로서 의미 중복이나 동의 중복이 일어난 '말'에 초점을 맞추는 용어이다. 다른 말로 '동의반복어, 동의중복어, 동의중첩어, 동의첩어, 의미중복어'라고도 한다. '용어법(冗語法)'은 'pleonasm'의 번역어로서[14] '강조나 수사적 효과를 높이기 위하여 논리적으로는 불필요한 말을 덧붙이는 표현 방법'의 의미를 지닌다. 'redundancy'가 잉여나 중복이 발생된 현상에 초점을 맞춘 것이라면, 'pleonasm'은 그러한 현상을 하나의 표현 방법으로 초점화한 것이라 볼 수 있다.[15]

---

13 우리말의 '박수(拍手)'에는 이미 '치다'라는 의미가 포함되어 있으므로 '박수치다'라는 표현 역시 잉여성을 지닌 표현이라 할 수 있다. 이에 대해 임지룡(1983: 7)에서는 '박수(를) 치다'의 경우 언중들이 의미 중복을 의식하지 않고 관용성을 부여하여 오히려 '박수하다'를 더 어색하게 느끼고 있다고 기술하고 있다.

14 노명희(2006)에서는 'pleonasm'의 번역어인 '용어법(冗語法)'은 거의 안 쓰이는 한자로 구성되어 지나치게 어렵다는 단점이 있으므로 '과잉어법'이나 '군말 현상'이 보다 적절하다고 주장하고 있다. 다만 이렇게 번역어가 달라지면 그에 따라 초점화하는 내용은 달라진다.

잉여성 발생의 양상

잉여성이 발생하는 양상은 다양한 방식에서 분석할 수 있다. 잉여성이 발생하는 양상을 분석하는 관점은 잉여성이 발생하는 원인에 대한 관점과도 상통한다.

1) 어종별 양상

    (3) 고유어+한자어: 처가(妻家)집[16], 면도(面刀)칼, 역전(驛前)앞, 철로(鐵路)길, 모래사장(沙場)

복합어의 어종별 분류에서 잉여성이 발생하는 가장 흔한 경우는 고유어와 한자어가 결합하는 경우이다. 다만, (3)의 예에서 '역전앞'과 '철로길'은 '역전/역앞', '철로/철길'이 모두 가능하지만, '처가집'과 '면도칼'은 '처가/*처집', '면도/*면칼'의 양립이 불가능하다는 면에서 차이를 지닌다. 고유어와 한자어가 결합하는 경우에는 주로 한자어에서 중심을 이루는 의미가 다시 고유어의 형태로 결합하여 의미가 중복되는 경향을 보인다.

    (4) 외래어+한자어: 깡(←can)통(筒), 믹서(mixer)기(機), 풀(pool)장(場)
    (5) 외래어+고유어: 모찌(←〈일〉mochi)떡, 몸뻬(←〈일〉monpe)바지

(4)는 외래어와 한자어가 결합한 예이고, (5)는 외래어와 고유어가 결합한 예이다. 이

---

15 '잉여성(잉여 표현, 잉여 현상)'이라 칭한 연구에는 박순봉(1978), 임지룡(1992), 원영희(2004), 나찬연(1998, 2004), 신희삼(1998), '동의 중복, 의미 중복'이라 칭한 연구에는 임지룡(1983), 노명희(2006, 2009), 엄태현(2010), '겹말(의미중복어)'이라 칭한 연구에는 박영원(1985), 이동석(2011, 2012), 보다 넓은 의미의 '중복 표현'이라 칭한 연구에는 조준학(1993), 최재희(2000), '용어법'이라 칭한 연구에는 김규선(1974) 등이 있다. 이 중 임지룡(1983, 1992)에서는 비슷한 관점에서 내용을 전개하면서 각각 '의미 중복'과 '잉여성'으로 달리 명명하고 있어 흥미롭다. 차이점이 있다면 후자는 전자에 비해 '문장의 의미'에 초점을 맞추고 있다.
16 규범에 따르면 '처가집'은 '처갓집'으로 표기하는 것이 올바르다. 이 장에서는 의미 중복을 중심으로 논의를 전개하기 때문에, 제시하는 예시 중에는 현재 맞춤법에 맞지 않는 것이 있을 수 있다.

중 '모찌'는 일본어로 '떡'을 의미하는데 한국어에서 '떡'과 결합하며 '찹쌀떡'이라는 한정적 의미를 지니게 되었다. '몸뻬바지'의 '몸뻬' 역시 '여자들이 일할 때 입는 바지'를 의미하는데 '바지'와 결합하여 잉여성을 지니면서 특정 형태의 바지를 지칭하는 한정적 의미를 지닌다. 외래어가 한자어나 고유어와 결합하는 이러한 사례는 새로운 외래어가 유입될 때 발생한다.

(6) 한자어+한자어: 양친(兩親)부모(父母), 학제(學際)간(間), 외가(外家)댁(宅)

한자어와 한자어가 결합하여 잉여성이 발생하는 경우는 흔치 않다. (6)은 '양친(兩親)+부모(父母)', '학제(學際)+간(間)', '외가(外家)+댁(宅)'의 형태로 결합하여 한자어와 한자어가 결합할 때 발생하는 잉여성의 양상을 보여 준다. '양친부모'는 유의 관계에 있는 두 단어가 결합한 예이고, '학제간'이나 '외가댁'은 선행어의 한 요소와 후행어가 중복되는 예이다. 특히 '외가댁'은 한자어와 고유어가 결합한 '외갓집'과 대응되며 '외가를 높여 부르는 말'이라는 부가적 의미를 지니게 되었다.

2) 구성별 양상
앞서 살펴본 어종별 양상은 주로 복합어를 대상으로 한다. 여기서는 복합어를 제외한 예들을 구성별로 살펴본다.

(7) 구 구성
ㄱ. 명사 수식: 가까운 측근(側近), 남은 여생(餘生), 넓은 광장(廣場), 떨어지는 낙엽(落葉), 빈 공간(空間), 큰 대문(大門), 늙은 노인(老人), 어린 소년(少年)
ㄴ. 부사−서술어: 미리 예습(豫習)하다, 자리에 착석(着席)하다, 짧게 약술(略述)하다, 다시 재론(再論)하다 / 포로(捕虜)로 잡히다, 면학(勉學)에 힘쓰다, 계속(繼續) 이어지다
ㄷ. 목적어−서술어: 결실(結實)을 맺다, 유언(遺言)을 남기다, 시범(示範)을 보이다, 수확(收穫)을 거두다, 피해(被害)를 입다, 전력(全力)을 다하다

구 구성에서는 명사 수식이나 부사-서술어, 목적어-서술어 관계에서 잉여성이 흔히 발생한다. (7ㄱ)은 명사 수식 구성의 예인데, 한자어인 피수식어의 첫음절의 의미와 수식어의 의미가 중복되는 양상을 보이고 있다. (7ㄴ)의 '미리 예습하다 ~ 다시 재론하다'는 한자어인 서술어 첫음절의 의미와 부사의 의미가 중복되는 양상을 보여 준다. '포로로 잡히다 ~ 계속 이어지다'는 부사어를 구성하는 명사의 의미 안에 서술어의 의미가 포괄되어 잉여성이 발생하는 사례이다. 이러한 예는 주로 한자어와 고유어의 관계에서 발생한다. (7ㄷ)의 목적어-서술어 구성에서 발생하는 잉여성도 주로 한자어와 고유어의 관계에서 발생한다. (7ㄷ)의 사례들은 목적어를 구성하는 명사의 의미와 서술어의 의미가 중복되는 양상을 보여 준다.

(8) 문장 구성

    ㄱ. 조사-부사: 나만 혼자 남았다, 나도 역시 기쁘다, 내가 너보다 더 크다.

    ㄴ. 부사-어미: 만일 쉴 수 있다면 좋겠다, 비록 경기에 질지라도 정당하게 싸워야 한다.

(8ㄱ)은 조사와 부사의 의미가 중복되어 잉여성이 발생하는 양상을 보여 준다. 이들 중 '나만 혼자 남았다'와 '나도 역시 기쁘다'는 '나만 남았다/나 혼자 남았다', '나도 기쁘다/나 역시 기쁘다'로 구성할 수 있어, 조사와 부사의 선택에서 수의적 양상을 보인다. 반면 '내가 너보다 더 크다'는 '내가 너보다 크다'만 가능하여 부사 선택에서만 수의적 양상을 보인다. (8ㄴ)은 부사 '만일'과 어미 '-다면', 부사 '비록'과 어미 '-ㄹ지라도' 사이에서 발생하는 잉여성의 양상을 보여 준다. 이 사례에서는 부사는 생략 가능하지만 어미는 생략 불가능하다.[17]

---

17 임지룡(1983: 42-43)에서는 조사와 부사, 부사와 어미 간에 나타나는 이러한 잉여성을 어휘소와 문법소의 상호보완성의 관점에서 살펴보고 있다.

3.2. 잉여성은 왜 발생하는가

중복된 표현이 정말 '잉여적'이라면 왜 우리는 이러한 잉여적 표현을 만들어 내는가. 일반적으로 잉여성은 두 가지 원인에서 발생한다. 첫째는 특정 의미가 약화되었을 경우에 이를 상쇄하기 위해서 잉여성이 발생하는 경우이고, 둘째는 약화된 의미가 없는 경우에 오히려 의미를 부가적으로 강화하기 위해 잉여성이 발생하는 경우이다.

의미 약화

공시적이든 통시적이든 의사소통상의 의미는 변화하며,[18] 이에 따라 언중들이 메시지에 담긴 의미를 출처 그대로 파악하지 못하는 경우가 발생할 수 있다.[19] 이 경우 언중들은 약화된 의미를 복원하기 위해 의미를 덧붙이게 된다.

(9) ㄱ. 손수건, 모래사장

ㄴ. 면도칼, 송이버섯

(9ㄱ)은 복합어의 후행 요소의 의미가 약화된 예이고, (9ㄴ)은 복합어의 선행 요소의 의미가 약화된 예이다. 먼저 '수건(手巾)'에서는 '손[手]'의 의미가 약화되었기에 '손을 닦는 수건'의 의미를 전달하기 위해서는 '손'을 덧붙여야 한다. '모래사장(沙場)'의 '沙' 역시 의미가 약화되어 '모래'를 제거하면 의미가 잘 통하지 않는다. (9ㄴ)의 '면도(面刀)칼'도 '刀'의 의미가 약화되어 언중들에게 '칼'의 의미가 잘 인식되지 않는 예이다. '송이(松栮)버섯'의 '栮' 역시 의미가 약화되어 있다.

이와 같은 의미 약화는 '의미 투명성(transparency)'과 관련하여 살펴볼 수 있다. 의미 투명성은 복합어의 형성 과정에서 그 구성요소의 본래적인 의미가 복합어 형성 후에도 유지되는 정도를 뜻한다(김정남, 2007: 2). 복합어에 한자어나 외래어가 포함되어 있는 경우, 이들의 의미가 불투명하여 이를 보완하기 위해 비슷하거나 같은 의미의 말을 중

---

18 발신자를 중심으로 하는 정보 전달의 관점에서는 '의미가 변형되었다'고 볼 수도 있다.

19 이석주(2007)에서는 이러한 의미 약화의 이유를 한자어의 의미를 모르는 경우, 고유어의 의미를 잊어버린 경우, 외래 언어의 의미를 모르는 경우로 나누고 있다.

복하여 표현하는 것이다. 이러한 현상은 최근의 신어 형성에서도 살펴볼 수 있다. 예를 들어 휴대 전화가 유입된 초기에는 이것이 '모바일휴대폰'으로 불리기도 했는데, 이는 '모바일(mobile)'의 의미 불투명성에서 비롯된 것이라 할 수 있다.

의미 강화

의미 강화는 의미 약화에서 비롯된 것이지만, 이에 더해 의미를 강조하려는 언중의 의도가 반영된 것이라고도 볼 수 있다.

> (10) ㄱ. 양친부모, 속내의, 치기집
>
> ㄴ. 늙은 노인, 미리 예습하다, 가장 최근

(10ㄱ)의 '양친(養親)부모(父母)'의 '양친'과 '부모'는 모두 한자어로서 동일한 의미를 지니지만 서로의 의미를 강조하면서 중복적으로 결합되어 있다. '속내의, 처가집'은 한자어와 고유어의 결합에서 비롯된 것으로서, '내의(內衣)'의 '속'의 의미, '처가(妻家)'의 '집'의 의미가 비교적 투명하지만 동일한 의미의 말을 덧붙임으로써 의미를 보다 강조하는 효과를 거두고 있다.

구 구성인 (10ㄴ)도 마찬가지이다. '노인(老人), 예습(豫習), 최근(最近)'에 각각 '늙다, 미리, 가장'의 의미가 포함되어 있고 언중이 이를 인식하는 데에 큰 어려움이 없지만, 수식 구조에서 수식어를 덧붙임으로써 피수식어의 의미를 강조하고 있다. 이러한 표현은 일종의 관용 표현처럼 쓰이기도 한다.

3.3. 잉여적 표현은 부정적인가, 긍정적인가

잉여적 표현의 기능에 대해서는 '오류'로 봐야 한다는 부정적 입장과 화자의 의도 측면에서 긍정적 기능을 수행한다는 입장이 대립한다.

먼저 부정적 입장에서는 잉여적 표현이 언어 경제성에 위배되어 결과적으로 의사소통의 효율성을 침해한다는 관점을 취한다. 같은 양의 내용을 전달하는 데 더 많은 시간

이 걸리거나 반복이나 중복이 많을수록 의사소통의 효율성은 그만큼 낮아진다는 것이
다[기봉(Givón), 1979: 31]. 때문에 이러한 관점에서는 잉여적 표현을 오류로 간주한다.
이들은 관용적으로 일반화된 말은 오류가 화석화된 것으로 보고 정확한 언어 표현이 중
요함을 주장한다.

반면, 잉여적 표현의 긍정적 기능을 살펴보는 관점에서는 라이언스(Lyons,1977: 43)
의 관점에 따라 의사소통에서 어느 정도의 잉여성은 불가피한 것이라 본다. 라이언스
(Lyons)는 의사소통을 아래와 같은 모형으로 제시하였는데, 여기서 X는 정보원(source)
이고 Y는 목적지(destination)이다. 발신기는 X에서 발생한 전언(message)을 신호로 부호
화(encode)하고, 신호는 다시 수신기의 해호화(decode)를 통해 Y에게 전언으로 전달된
다.[20] 그런데 이 과정에는 필연적으로 잡음 요소가 개입되며, 이로 인해 발신 신호에서
의 정보량과 수신 신호에서의 정보량은 같지 않다. 이를 상쇄시키기 위해서는 어느 정
도의 잉여적 정보가 필요하기 때문에, 잉여적 표현은 의사소통상의 의미 손실을 상쇄
하기 위한 하나의 방편이 된다.

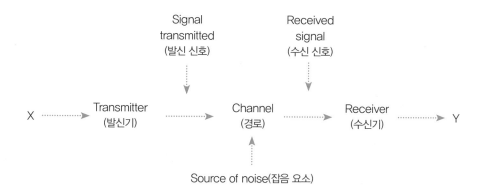

〈그림 3-2〉 의사소통 모형[라이언스(Lyons), 1977: 36]

20 라이언스(Lyons)의 의사소통 모형과 관련하여 다음 두 가지 설명을 덧붙인다.
첫째, 한 사람이 X와 발신기, 또는 Y와 수신기의 역할을 동시에 수행할 수 있다. 예컨대, 강범모
(2011: 57)의 역주에 따르면, 어떤 사람 A가 다른 사람 B에게 입으로 말을 함으로써 어떤 생각을
전달할 때, A는 정보원이자 발신기이고, B는 수신기이자 목적지가 될 수 있다.
둘째, 정보(information)는 신호(signal)와 전언(message)의 두 측면에서 접근할 수 있다. 신호는 확
인(identify)하는 것이고 전언은 해석(interpret)하는 것이다. 이런 면에서 라이언스를 전자를 신호
정보(signal-information)라 칭하고, 후자를 의미정보(semantic information)라 부른다.

이러한 관점에서는 잉여적 표현을 오류라 보지 않고 그 생성 원인에 대해 다층적으로 접근한다. 잉여적 표현의 기능을 두 가지로 나누어 부정적 기능을 지닌 잉여적 표현을 '군더더기 표현'이라 칭하고 긍정적 기능을 지닌 잉여적 표현을 '뚜렷이 표현'이라 칭하는 경우도 있다(나찬연, 1998).

3.4. 국어과에서는 문장의 잉여성을 어떻게 가르칠 것인가

잉여성과 관련된 교육 내용은 주로 '의사소통 능력의 향상'이라는 목표와 관련하여 살펴볼 수 있다. 잉여성은 의사소통 상황에서의 의미 약화나 의미 강화와 관련되므로, 잉여성 교육에서는 어떤 의사소통 상황에서 잉여성이 발생하는지, 잉여적 표현이 정말 잉여적인지, 아니면 의미적으로 필요한 것인지 학습자가 인식할 수 있도록 해야 한다.

그런데 이제까지의 국어과 교육에서 잉여성 교육은 주로 '정확성'에 초점을 두고 이루어져 왔다. 잉여적 표현은 말 그대로 '잉여적'이고 '중복적'이기 때문에, 이러한 잉여적 표현을 구별해 내고 이를 올바른 표현으로 바꾸는 것이 주요 교육 내용이 되어 왔던 것이다. 이는 잉여적 표현이 처음 〈문법〉 교과서에 등장했던 제5차 교육과정에서부터 2009 개정 교육과정에 이르기까지 동일한 현상이다.[21]

(11) 그 안건은 <u>과반수 이상</u>의 찬성표를 얻었다.
  – 제6차 〈문법〉, 7. 바른 언어 생활, 3. 단어, (3) 자연스러운 표현
(12) 요즘 같은 때에는 <u>공기</u>를 자주 <u>환기해야</u> 감기에 안 걸리는 거야.
  – 제7차 〈국어 (상)〉, 5. 바른 말 좋은 글
(13) 기상청에서는 곧 장마가 끝날 것으로 <u>미리 예상했다</u>.

---

21 국어과 교육에서 잉여성은 교육과정 층위에서는 제시되지 않고 교과서 층위에서 제시되어 왔는데, 제5차 〈문법〉 교과서에서 처음 그 등장을 확인할 수 있다. 제5차 〈문법〉 교과서에는 '의미'가 하나의 대단원으로 독자적으로 구성되어 있는데, 이 중 '5. 의미의 사용'에서 '중의적 표현, 간접적 표현, 관용적 표현'에 이어 '잉여적 표현'을 다루고 있다. 이때 잉여적 표현은 '어느 한 단어, 어절 또는 문장의 앞이나 뒤에 붙어 있는 의미상 불필요한 말'로서 정의되며, "의미상 불필요한 표현이므로, 쓰지 않는 것이 좋다."라고 기술되어 있다.

- 2009 개정, 〈독서와 문법 2(미래엔)〉, II. 정확한 문장과 효과적인 담화 구성,

1. 정확한 문장 표현

위 사례는 '정확한 의사소통'을 목표로 하여 제시된 것들이다. 관련 교육 내용에서는 이들을 불필요한 성분이 중복된 '오류'라 보고, 각각의 밑줄 친 부분에서 어떤 부분이 중복됐는지, 정확한 표현이 되기 위해서는 어떻게 고쳐야 하는지에 집중하고 있다.

물론 잉여적 표현 중에는 정말 불필요한 관습적인 표현이 존재하므로, 이러한 잘못된 관습적 표현을 알려주어 정확한 의사소통을 할 수 있도록 인도하는 교육 내용이 필요하다. 그러나 '철로길'과 '면도칼'의 예와 같이 잉여적 표현에서 잉여성의 정도는 같지 않으며, 잉여적 표현이 언제나 부정적 기능만을 하는 것도 아니다. 따라서 잉여성 교육에서는 의사소통 능력의 '정확성' 측면뿐만 아니라 '적절성'의 측면까지 고려하여, 부정적 기능과 긍정적 기능을 하는 잉여적 표현을 구분하여 가르쳐야 한다.

이를 위해서는 먼저 잉여성의 '정도'에 대한 인식이 필요하다. (14ㄱ)의 '국화꽃'과 (14ㄴ)의 '국화꽃', (15ㄱ)의 '가장 최근'과 (15ㄴ)의 '가장 최근'이 지니는 잉여성은 같지 않다. (14ㄱ)의 '국화꽃'은 '국화'로 바꿀 수 있지만 (14ㄴ)은 그럴 수 없고, (15ㄴ)의 '가장 최근'은 '최근'의 의미역을 이루는 여러 날들 중에서 한 날을 지시하는 기능을 하고 있다.

(14) ㄱ. 국화꽃이 피었다.

　　　ㄴ. 국화꽃과 국화잎으로 차를 담글 수 있다.

(15) ㄱ. 베트남은 가장 최근에 갔던 곳이다.

　　　ㄴ. 5월 2일, 8일, 17일에는 회의가 있었다. 이 중 가장 최근의 회의는 3시간 동안 진행되었다.

따라서 잉여성 교육에서는 '잉여적 표현'과 '사용 맥락'의 두 가지 측면에서 위계화된 내용을 제시할 수 있다. 먼저 '잉여적 표현'은 단위에 따라 '단어 단위'에서 '문장 단위'로, 잉여성의 정도에 따라 '의미가 투명한 표현'에서 '의미가 불투명한 표현'으로 위계적으로 제시할 수 있다. 또 사용 맥락에 따라 '불필요한 중복 표현'에서 '사용 의도에 따

른 의미 강화 표현'으로 위계적으로 제시할 수 있다. 특히 사용 맥락을 고려할 때는 해당 맥락을 인식하는 것에서부터 시작하여 해당 맥락이 왜 그러한 표현을 요구하는지 탐구하는 것까지 나아가야 한다.

이를 학교급별로 고려하면, 먼저 초등학교 단계에서는 단어 단위의 중복 표현을 중심으로 오류의 관점에서 교육 내용을 제공하는 것이 적절하다. 이때 제시할 수 있는 사례로는 '철로길, 역전앞' 등의 단어와 '다시 복습하다, 자리에 착석하다' 등의 구 구성이 있다. 이들은 전형적으로 사용되는 중복 표현으로서, 학습자로 하여금 '이들이 왜 중복 표현인지', '왜 이러한 표현을 사용하면 안 되는지' 인식할 수 있도록 해야 한다. 제시한 사례를 단어 구성에 따라 분석해 보는 활동, 주변에서 이러한 중복 표현을 함께 찾아보는 활동 등을 제시할 수 있다. 특히 이 단계에서는 한자어에 대한 인식이 함께 고려되어야 한다. 관습적으로 사용되는 잉여적 표현의 대다수는 고유어와 한자어의 중복에서 잉여성이 발생한다. 따라서 이 단계의 교육 내용은 한자어의 인식이나 단어 형성과 관련하여 제시할 때 보다 효과적으로 목표를 성취할 수 있다.

중학교 단계에서는 문장 단위의 잉여적 표현의 부정적 기능과 긍정적 기능을 함께 다루는 것이 좋다. 이 단계에서는 다음과 같은 사례를 제시함으로써 잉여적 표현이 언제나 잉여적인 것은 아니며, 표현 의도나 사용 맥락에 따라 잉여성의 정도가 달라질 수 있음을 학습자 스스로 인식할 수 있도록 해야 한다.

    (16) ㄱ. 아침이 다 되었다.

        ㄴ. 우리 집 대문은 작다.

(16ㄱ)은 '아침밥'의 축소된 표현으로 언어 표현의 경제성, 간결성을 지니지만, '아침이라는 시간이 다 되었다'와 '아침밥이 다 되었다'는 두 가지 의미로 해석될 수 있는 중의성을 지닌다. 이 경우 '아침조반'이라고 쓰면 잉여적 표현이 되지만 중의성은 해소된다. (16ㄴ)의 '대문'은 단어 생성 시에는 '큰 문'이라는 의미를 지녔지만 현재는 장소와 결부되어 '출입문'의 의미를 지니므로, '대문이 작다'라는 말도 올바른 문장으로 기능하고 있다. 이런 사례를 통해, 중학교 단계에서는 '잉여적 표현의 사용에 따른 변화 양상'과 '잉여성의 정도의 차이'를 교육 내용으로 제시해야 하며, 잉여적 표현과 잉여성을

제거한 표현을 비교하는 활동을 통해 학습자 스스로 언어생활에 대한 인식력을 강화할 수 있도록 도와야 한다.

고등학교 단계에서는 의사소통 상황에서 정보가 지니는 잉여성을 스스로 판단할 수 있도록 탐구하는 내용을 제공하는 것이 좋다. 잉여성이 의사소통 상황의 정보 전달 과정에서 발생한다 할 때, 그 정보를 주고받은 대상이 누구인지, 그 시점이 언제인지도 중요한 교육 내용이 된다. 예컨대, '술주정'이라는 말에 대해 한자를 배우지 않은 세대와 한자를 배운 세대가 지니는 의미 투명성은 같지 않으며 이는 잉여성에 대한 다른 인식으로 이어진다. '깡통'은 생성 당시에는 잉여적 표현이었으나 현재에는 그렇지 않다. 따라서 고등학교 단계에서는 '술주정, 깡통, 처가집, 국화꽃' 등의 표현이 잉여적 표현인지 아닌지, 소집단 토의를 통해 탐구할 수 있도록 해야 한다. 다음과 같은 내용이 탐구 주제가 될 수 있다.

(1) 중복 표현에서 잉여성이 발생하는 경우와 그렇지 않은 경우는 언제인가?
(2) 의사소통 상황에서 잉여성이 해소되는 경우는 언제인가?
(3) 같은 말에 대해 잉여성을 판단하는 기준이 다르다면 이는 무엇 때문인가?
(4) 잉여성은 의사소통에서 어떤 역할을 하는가?

이런 면에서 잉여성에 대한 교육은 '태도'의 측면에서도 중요하게 살펴보아야 한다. 무엇이 잉여적 표현인지 모르는 상태에서 해당 표현을 사용하는 것과 잉여적 표현이 될 가능성을 인지하면서 선택적으로 구사하는 것은 같지 않다.

〈보기〉의 학생 A와 B는 잉여적 표현에 대해 다른 견해를 지니고 있다. 잉여적 표현의 교육적 가치를 고려하여 학생 A와 B 각각에 대한 지도 방향을 서술해 보자.

학생 A: 지난여름에 동해바다에 놀러갔는데 모래사장이 참 넓더라고. 올 여름에 꼭 다시 가고 싶어.

학생 B: 나도 가고 싶다. 근데 '동해바다'나 '모래사장'은 잉여적 표현이잖아. 잉여적 표현은 오류니까 '동해'나 '사장'이라고 하는 게 좋지 않을까?

학생 A: 그런가? 근데 난 '동해바다'랑 '모래사장'이 더 자연스러운데? 뭔가 내가 하고 싶은 말을 더 분명히 드러내는 것 같고. 특히 '사장'은 전혀 와 닿지가 않아.

학생 B: 그래도 정확한 국어생활을 위해서는 잉여적 표현은 쓰지 말아야지. 그렇게 마음대로 덧붙이면 우리말이 지저분해질 것 같아.

학생 A: 난 사람들이 실생활에서 사용하는 표현을 존중해야 한다고 생각해. 결국 잉여적인지 아닌지 판단하는 건 우리 자신이잖아.

4 | 문장의 전제와 함의

4.1. 전제란 무엇인가

일상적 용법에서의 전제

우리는 일상생활에서 '전제'라는 단어를 빈번하게 사용한다. '국어교육에서 문장 의미 교육의 비중이 높아져야 한다.'라고 주장하는 사람이 있다면, 이 한 문장으로 우리는 이 사람의 다양한 전제를 파악할 수 있다. 예컨대, 위의 한 문장만으로도 우리는 이 사람이 국어교육에서 문장 의미 교육의 비중이 작다고 생각한다는 것, 그리고 문장 의미 교육은 국어교육에서 비중 있게 다룰 만한 가치가 있다고 생각한다는 것 등을 알 수 있고 이러한 그의 밑바탕 생각들을 우리는 이 사람의 '전제'라고 말한다.

이렇듯 일상생활 속에서 사용하는 '전제'라는 용어는 '대게 어떤 행동이나 표현을 합리적인 것이 되게 하는 배경적인 가정(이정민, 1989: 292)'이나 '사물이나 현상을 이루기 위해 먼저 내세우는 배경 가정(정순자, 1993: 8)'으로 이해된다. 즉, 일반적으로 우리가

---

* 전제와 함의에 대한 논의는 강효경(2010)을 참조하되, 우리 책의 집필 방향에 맞추어 수정한 것이다.

일상생활 속에서 사용하는 '전제'의 의미는 '어떤 것이 성립하기에 앞서 성립해야 하는 것'이다.

일상 속에서는 포괄적인 개념으로 파악되는 '전제'는 언어학과 논리학에서 이와는 다소 다른 면모로 정리된다. 일상적 용법에서 전제는 문장과 세상과의 관련성 아래 파악되는 논리적 양상으로서 이해되는 반면, 언어학에서는 문장의 진리치 여부와의 관련성 아래, 그리고 논리학에서는 결론이 도출되기 위해 필요한 단계로서 타당한 근거라는 개념 아래 전제를 정의한다.

언어학적 개념으로서의 전제

언어학에서 전제는 어떠한 관점에서 정의하느냐에 따라 그 개념과 범위가 다르다. 한 문장이 발화되었을 때 부수적으로 전해지는 의미가 의미론적 속성 혹은 명제 내용, 논리 형태에 기인하여 일어나는 것이면 이를 의미론적 전제라 하고, 그 부수적으로 전해지는 의미가 맥락적 고려나 화자의 배경 지식 등에 연유되어 일어나는 것이면 이를 화용론적 전제라 한다(이익환, 1991 : 204).

(1) 프랑스 왕은 대머리다.

(2) ㄱ. 프랑스에는 왕이 있다.

ㄴ. 청자는 프랑스에 왕이 있다고 믿는다.

문장 (1)이 발화되었을 때 이에 대한 의미론적 전제는 (2ㄱ)으로 이는 진리치와 관련되어 있다. (2ㄱ)의 진리치가 '참'일 때 문장 (1)이 문장으로서 성립하며, (1)의 문장이 부정되더라도 (2ㄱ)의 진리치는 '참'으로 그대로 보존되며, 만약 (2ㄱ)이 거짓일 경우에 문장 (1)은 참이나 거짓을 논할 수 없는 문장이 된다. 이런 진리조건에 부합되는 (2ㄱ)을 문장 (1)의 전제라고 한다. 이렇게 의미론적 전제는 진리조건 의미론의 범위 내에서 문장 간의 의미 관계를 바탕으로 정의되는 반면, '화자가 갖는 믿음[셀러스(Sellars), 1954]'의 개념으로 전제를 정의하는 것이 화용론적 전제이다. 이는 화자가 문장 (1)을 발화하면 그 화자는 (2ㄱ)과 (2ㄴ)을 동시에 믿는다는 것으로, 화용론적 전제는 문장을 적정히 사용되게 하는 맥락의 측면에서 전제를 파악한다.[22]

4.2. 전제는 어디에서 발생하는가

전제는 상황 맥락에 의한 화맥적 추론만으로 이해되는 것이 아니라 기본적으로 문장의 실제적 언어 구조를 바탕으로 파악된다는 점에서 여타의 화용론적 추론들과 구별된다. 전제를 유발하는 통사·어휘적 측면을 '전제 유발 장치(presupposition trigger)'라고 명명하여 분류하는데, 이들을 통사적 측면과 어휘적 측면으로 나누어 간략히 살펴보면 다음과 같다.

전제 유발 층위	세부 내용
통사	– 한정 명사구 장원이가 웃는 소리가 옆방까지 들렸다. ≫[23] 장원이가 소리를 내서 웃었다.
	– 조사 신주아는 신정호만큼 훌륭한 학자이다. ≫ 신정호는 훌륭한 학자이다.
어휘	– 고유 명사 이수아는 연갈색의 매력적인 머리카락을 가졌다. ≫ 이수아가 존재한다.
	– 일부 부사어 최창연 선생님은 삼국지를 다시 읽었다. ≫ 최창연 선생님은 이전에 삼국지를 읽은 적이 있다.
	– 어휘 성분 재순 씨는 사랑스러운 아내다. ≫ 재순 씨는 여자다. / 재순 씨는 결혼을 했다.

〈표 3-2〉 전제 유발 장치(강효경, 2010: 16)

---

22 의미론적 전제는 문장 간의 관계로, 화용론적 전제는 문장과 세계 간의 관계로 파악하는 것이 보통이다. 심재기 외(1984)에서는 문장들 사이의 관계로서 진리치 부과에 참여하는 진리 조건의 측면에서 전제를 보는 경우를 의미론적 전제라고 하고, 문장을 적정히 사용되게 하는 맥락과 관계 짓는 적정 조건의 측면에서 의미를 고려했을 때의 전제를 화용론적 전제라고 규정하고 있다. 즉, 의미론적 전제는 명제 간의 관계이며, 화용론적 전제는 말하는 이가 문장 속에 전제된 명제를 사실로 인정하고 청자 또한 그것을 안다는 가정을 갖는, 화·청자가 관여하는 관계이다.

이렇듯 전제는 화-청자가 지닌 배경 지식과 문화적 배경, 화맥을 통해서도 유발되나 이와 함께 여러 통사·어휘적 기제에 의해 발생하는 부수적인 의미이다.

4.3. 함의란 무엇인가

어떤 문장 p가 참이면 q도 참이 되며, q가 거짓이면 p도 거짓, p가 거짓이면 q는 참인지 거짓인지 알 수 없는 관계의 문장 p와 q가 있다고 한다면 이때 '문장 p는 q를 함의한다.'라고 한다. 전제와 함의는 둘 다 직접 드러나게 말해지지 않고도 소통되는 의미라는 점에서 동일하지만, 모문이 부정될 때 전제는 살아남는 의미인 반면 함의는 살아남지 못한다는 점에서 차이가 있다. 진리치로 모문과 함의, 전제의 관계를 정리하면 아래와 같다.

함 의		전 제	
P(모문)	Q(함의된 문장)	P(모문)	Q(전제된 문장)
T ⟶ T		T ⟶ T	
F ⟵ F		~(T ∨ F) ⟵ F	
F ⟶ T ∨ F		F ⟶ T	

〈표 3-3〉 함의와 전제의 진리치(심재기·이기용·이정민, 1984: 171)

문장 (3)과 (4)를 비교해 볼 때, 문장 (3ㄱ)은 문장 (3ㄴ)을 함의하고, 문장 (4ㄱ)은 문장 (4ㄴ)을 전제한다. (3ㄷ)과 (4ㄷ)과 같이 각각 부정으로써 원래의 모문을 거짓으로 만들어 보면, 함의와 전제의 차이를 분명히 알 수 있다. (3ㄱ)을 부정한 (3ㄷ)이 참일 때 (3

---

23 형식논리학에서 어떠한 문장이 전제되었다는 표시를 할 때는 이와 같은 기호를 사용한다. (즉, 상위문 ≫ 전제된 문장)

ㄴ)은 그것이 참인지 거짓인지 진리치 여부를 알 수 없지만, (4ㄱ)을 부정한 (4ㄷ)이 참일 때 (4ㄴ)은 여전히 참으로 살아남는다.

(3) ㄱ. 하랑이는 아기에게 옷을 입혔다.
　　 ㄴ. 아기는 옷을 입었다.
　　 ㄷ. 하랑이는 아기에게 옷을 입히지 않았다.
(4) ㄱ. 예진이는 국어교육을 전공한 것을 기쁘게 생각한다.
　　 ㄴ. 예진이는 국어교육을 전공했다.
　　 ㄷ. 예진이는 국어교육을 전공한 것을 기쁘게 생각하지 않는다.

4.4. 국어과에서는 문장의 전제와 함의를 어떻게 가르칠 것인가

　전제와 함의의 구분은 명제 간의 의미 관계를 분명히 한다는 점에서 명제 단위의 절이나 문장 간의 논리적 연결 및 관계를 파악하기 위해 필수적으로 따져 살펴보아야 하는 문장 의미 중 하나이다. 또한 전제와 함의를 파악한다는 것은 해당 문장이 담고 있는 부수적 의미를 면밀히 분석하는 과정으로서, 이러한 경험은 문장이 담고 있는 의미에 대한 정확한 이해와 비판적 이해를 도모할 수 있다.

　문장이 단언하는 의미가 참이 되기 위해서 그 이전에 성립해야 하는 의미로서의 성격을 지닌 전제와 함의를 점검하는 것은, 해당 문장이 타당한지 파악하는 하나의 중요한 과정으로, 전제와 함의를 이해하고 파악하는 교육 내용은 문장의 타당성을 판단함으로써 비판적 이해를 돕는 교육 내용 중 하나이다. 2007 개정 교육과정에서는 10학년 읽기 영역의 성취기준 중 하나로 전제를 이해하고 파악함으로써 글의 타당성을 평가하는 내용이 다루어졌었다. 이는 글의 타당성을 평가하는 과정에서 파악해야 할 의미 내용 중 하나로 전제와 가정을 중요하게 든 것이다. 이후 교육과정에서는 전제나 함의라는 용어가 교육과정상에 제시되지는 않았지만, 비판적 이해나 반성적 표현을 목표로 하는 교육 내용 안에는 전제와 함의의 이해가 유의미한 과정으로 이해될 수 있다.

　또한 전제는 언어적 요인에서부터 맥락적 요인, 화-청자가 가지는 배경 지식, 문화적 요인 등 다양한 요인에 의해서 발생한다. 이 요인들은 문장의 의미를 이루는 제 국면을 모두 포괄하는 것으로, 전제를 살핀다는 것은 이러한 다양한 요인들을 점검해 본다는 것이 되며 이는 다시 말해 문장의 의미를 형성하는 제 국면을 두루 살핀다는 것을 의미한다. 즉, 전제 탐구는 한 문장의 의미를 면밀히 분석하여 살핌으로써 해당 문장이 갖는 부수적 의미를 탐구하는 경험을 제공해 줌과 동시에, 이러한 경험은 해당 문장의 의미를 밝히기 위해 문장을 구성하는 어휘와 문법 요소, 문장 구조와 맥락이 부여하는 의미에 대한 탐구 경험을 포괄적으로 제공해 줄 수 있다.

이러한 전제와 함의 교육을 위해서는 먼저, 각 개념이 정확히 무엇인지에 대한 이해와 함께 문장의 의미 구성에 참여하는 여러 요인들에 대한 이해를 도모하는 교육 내용이 선행되어야 할 것이다. 이를 바탕으로 학습자들이 문장의 의미 구성에 참여하는 여러 요인들을 고려하면서 전제와 함의를 파악하고 점검함으로써 문장을 논리적·비판적·반성적으로 이해하도록 해야 할 것이다. 이 과정에서 그동안 배운 문법 지식을 적용하여 의미를 세세하게 분석해 보는 경험을 제공함으로써 언어에 대한 인식과 의미에 대한 이해를 깊이 하며, 언어의 의미를 풍성하게 접할 수 있는 교육 내용으로 다루어야 할 것이다.

'전제'는 일상적 용법과 언어학적 개념 외에도 논리학에서도 다루어지는 개념이다. 논리학에서는 진리조건에 의한 의미론적 전제(presupposition)와 논증과 관련된 개념으로서의 전제(premise)가 존재한다. 영어로는 서로 다른 용어이지만, 국어에서는 두 개념 모두를 '전제'라는 용어로 번역한다. 국어과 교육과정과 교과서에서 다루고 있는 전제는 위의 두 가지 측면 중 어떠한 '전제'와 관련되어 있는지 살펴보자. 그리고 또한 이 두 가지 서로 다른 내용의 '전제'를 하나의 용어로 사용하는 것이 타당한지 그 개념과 성격, 용법 등을 고려해 판단해 보자.

8장

발화 · 담화 의미

1 맥락과 장면

1.1. 맥락이란 무엇인가

인간은 항상 어떤 구체적인 시공간 속의 상황 가운데 언어를 표현하고, 수용한다. 이에 단어나 문장의 의미는 그 자체로 분석·기술할 수 있지만, 언어가 실제로 의사소통되는 상황 곧 맥락과 장면에 의존하지 않고는 그 의미를 온전히 파악하기 어렵다. 단어나 문장의 의미는 구체적인 맥락과 장면을 가진 담화 안에서 구성되고 전달되기 때문이다. 의사소통의 단위를 단어나 문장 차원에서가 아닌, 담화 차원으로 볼 때 '맥락'은 의사소통에서 중요하게 기능한다.[1]

표준국어대사전에서 '맥락'의 사전적 의미는 "사물 따위가 서로 이어져 있는 관계나 연관"으로 매우 포괄적이다. 아래 예에서도 볼 수 있듯이 실제 의사소통의 상황에서 '맥락'은 언어적, 상황적, 심리적, 문화적인 성격을 띠며 다층적인 의미를 가진다.

---

[1] 단어, 문장은 구조주의, 형식주의를 바탕으로 정의된 개념으로 추상적인 실재인데 비하여 담화는 맥락 의존적이며 구체적인 실재에 해당하는 것으로 기능주의를 바탕으로 정의된 개념이라는 면에서 엄격히 구분된다(이병규, 2014).

(1) ㄱ. 문장은 단어들의 의미를 추론할 수 있는 맥락을 제공한다.

ㄴ. 후보자의 강연 내용을 비판 보도한 KBS 보도를 전체 맥락을 보지 않고 중간 중간 발언을 잘라 보도한 '악의적 왜곡'으로 비판하였다.

ㄷ. 코칭 커뮤니케이션은 '맥락'이 중요하다. 그것은 말하고 있는 그 사람과 왜 말하고 있는가에 집중하는 것이다.

ㄹ. 통일은 우리에게 가장 시급하고 중요한 과제이다. 이런 맥락에서, 대통령이 광복절 연설에서 폐쇄적인 북한의 공산 정권이 겪고 있는 어려움을 언급한 것은 매우 중요한 의미를 지닌다.

(1ㄱ)에서의 맥락은 '문장' 전체의 의미적, 통사적 관계를, (1ㄴ)은 강연 내용의 단락 간의 의미관계를, (1ㄷ)에서는 말하는 사람과 발화의 목적을, (1ㄹ)에서는 통일이 중요한 과제가 되는 사회문화적 상황을 지칭하는 것임을 알 수 있다. (1ㄱ)에서 맥락이 단어의 의미를 추론하기 위한 근거가 된다면, (1ㄴ~ㄹ)은 발화, 강연 담화, 연설 담화와 같이 단어나 문장 이상의 단위의 언어표현의 의미를 추론하는 근거로서 기능한다.

일반적으로 맥락은 언어내적 맥락과 언어외적 맥락으로 구분된다. 언어내적 맥락은 곧 문맥으로 언어적 표현들 사이의 관계를 말하며, 언어외적 맥락은 화맥으로 언어 표현과 발화 상황 사이의 관계를 말하는 것으로 구분된다. 위 예 (1ㄱ)과 (1ㄴ)에서 '맥락'은 언어내적 맥락을, (1ㄷ), (1ㄹ)에서 '맥락'은 언어외적 맥락으로 볼 수 있지만, 실제 의사소통 상황에서 두 맥락은 동시에 의미 실현에 기여하고, 그 경계 또한 모호하다.

김태자(1993)에서는 맥락의 종류를 언어적 맥락, 상황적 맥락, 사회관계적 맥락으로 구분하여 제시하고 있다. 언어적 맥락은 언어 형태, 연결성, 정보, 화제를 포함하고, 상황적 맥락은 상황, 의도, 배경을 포함하며, 사회관계적 맥락은 위치 관계, 나이 관계를 포함하는 참여자 간의 관계를 의미한다. 이때 언어적 맥락은 언어내적인 것, 즉 문맥에 해당하며, 상황적 맥락과 사회관계적 맥락이 언어외적인 것, 즉 화맥에 해당한다고 할 수 있다.[2]

김혜령(2015)은 이러한 논의를 바탕으로 '어휘적 의미'의 실현조건에 초점을 두고, 맥락을 문맥적인 것과 화맥적인 것으로 구분하고 있다. 문맥적 의미 실현 조건은 특정 의미를 실현시키는 조건이 언어적으로 드러나는 것으로 크게 공기 관계와 결속 관계로 구분된다. 공기 관계는 분석 대상인 어휘의 언어 사용에서 공기하는 선후행 요소를 밝히는 것으로 정리될 수 있다. 결속 관계는 어휘가 사용된 문장 단위를 벗어나, 그 문장의 전후 문장이나 단락 사이의 맥락을 통해 드러난다. 화맥적 의미 특성으로는 논의된 참여자 간의 관계와 참여자의 태도, 장면과 사회문화적 배경을 포함한 상황정보로 구분된다. 문맥적 의미 실현 조건의 경우 어떤 것이 어휘의 의미이며 어떤 것이 의미의 실현 환경으로서 맥락인지를 분명하게 변별할 수 있는 반면, 화맥적 실현 조건의 경우에는 명확한 분류 기준을 잡기는 어렵다.

어휘 의미론자들에게는 문맥이 좀 더 분명하게 인지될 수 있는 맥락으로 이해되기에, 여전히 딘이의 문맥적 의미가 주 관심사가 되어 왔다. 그러나 언어를 사회적 행위로 이해하는 화용론자들에게는 화맥이 의미를 실현하는 더 본질적인 맥락으로 간주된다. 거시화용론자로 알려져 있는 메이(Mey, 1993)는 맥락(context)은 정체된 개념이 아니라 역동적인 개념이며 그것은 의사소통 과정에 있는 대화 참여자들이 상호작용을 하게 하고, 언어 표현을 이해 가능하게 해주는 주변 상황이라고 말하고, 맥락을 구체적인 상황으로 간주한다. 그러면서 우리가 문장이나 발화의 언어내적 맥락으로서 co-text로부터 context, 즉 언어 산출을 둘러싼 모든 언어외적 상황, 언어 사용의 '사회적 맥락'으로 시

---

2 권영문(1996)에서는 문맥과 화맥을 좀 더 구체화하여 각 맥락의 성격을 규명하고 있다. 이를 표로 제시하면 다음과 같다.

언어적 맥락	상황적 맥락
조응적 지시 (순행 조응, 역행 조응)	비조응적 지시 (화시적, 전제적 화맥)
형식적 맥락	비형식적 맥락
문맥	화맥
언어내적, 다른 단어들과의 관계	언어외적, 인간과 세상사와의 관계
문장 의미 (문법적, 사전적 자질)	발화 의미 (언어 외적, 연상된 은유 자질)
외연	내포
지시적 의미 개념적 의미 어휘적 의미 사전적 의미 표면적 의미	화자 의미 맥락적 의미 정서적 의미 평가적 의미 상황적 의미
상보적	

〈표 3-4〉 언어적 맥락과 상황적 맥락의 비교(권영문, 1996: 17)

각을 확장해야 한다고 강조한다[메이(Mey), 1993/이성범 역, 1996 : 188].

언어활동의 맥락을 중시하는 2007 개정 교육과정에서부터는 학습자가 정확하고 유창한 언어활동을 영위할 뿐 아니라 자신의 언어 행위의 정확성, 적절성, 윤리성 등을 다양한 맥락에서 성찰하는 능력과 태도를 갖추어야 한다는 관점에서 '맥락'의 개념을 좀 더 넓게 규정한다. 이에 '맥락'의 개념에 상황 맥락과 사회·문화적 맥락을 포함한다. 상황 맥락은 담화와 글의 수용, 생산 활동에 직접적으로 개입하는 맥락으로 언어 행위 주체(화자·필자, 청자·독자), 주제, 목적 등을 포함하고, 사회·문화적 맥락은 담화와 글의 수용, 생산 활동에 간접적으로 작용하는 맥락으로 역사적·사회적 상황, 이데올로기, 공동체의 가치·신념 등을 포함한다.[3]

1.2. 담화의 의미는 무엇으로 실현되는가

국어교육 내의 논의에서 담화는 일반적으로 장면, 참여자, 메시지로 구성된다고 본다. 즉 메시지를 제외한 의사소통에 포함되는 '참여자'와 '장면'을 담화를 실현하는 주요 언어외적 맥락으로 보는 것이다.[4]

담화의 맥락으로서 '참여자 간의 관계'나 '참여자의 태도'는 의미 실현에 중요하게 작용한다. 참여자 간의 관계는 화자와 청자의 나이, 사회적 지위의 상하관계 또는 친소관

---

3 이러한 개념 규정에는 맥락이라는 개념이 원천적으로 갖고 있는 언어적 맥락을 논외로 하였다. 게다가 독자의 이해를 돕기 위해 교육과정에서 맥락은 '상황'이나 '장면' 등과 같은 용어로 바꾸어 기술되기도 하였다. 대략 '맥락'은 '문화 맥락'을, '상황'은 '언어활동이 이루어지는 구체적인 시공간'을, '장면'은 '언어활동이 이루어지고 있는 시공간의 상황이나 사건의 일시적 이미지'를 가리키는 경향성은 드러난다(신명선, 2013ㄴ : 80). 이러한 문제의식은 국어교육 전체에서 '맥락' 개념의 혼란에 대한 따른 것이므로, 의미론 교육을 논하는 이 장에서는 더 자세히 다루지는 않겠다.

4 담화는 '텍스트'와 혼용되는데 둘 모두 문장 이상의 단위로, 학자 간에 개념적 정의에서 차이가 있지만 실제 언어 사용의 측면에서 주로 정의된다는 면에서 서로 배타적이지 않다. 보그랑드(Beaugrande, 1997)는 텍스트와 담화를 구분하면서 텍스트를 이론 지향적인 형식적인 실체로 보는 반면, 담화는 자료 지향적인 기능적인 실체로 보고 있다. 메이(Mey, 1993)도 텍스트를 문장의 연속으로 이루어진 것으로 언어내적 맥락에 따른 것으로 보는 반면, 담화가 더 큰 맥락을 포함하고 있는 것으로 보고 있다. 국어과 교육과정에서 '담화'의 구성요소로 참여자와 장면을 강조하는 것은 의미를 실현하는 언어외적 맥락에 주목하기 때문이다.

계의 의해 주로 드러난다. 이러한 사회적 관계에 따른 의미의 실현은 호칭어나 지칭어에서 두드러지게 나타난다.[5] 가령 '형님'은 단순히 '연장자'를 가리킬 수도 있고, '아내의 오빠'나 '동서관계에 있는 손윗사람'을 향한 지칭이나 호칭이 될 수 있다. 또 '아가'는 '태어난 지 얼마 되지 않은 젖먹이 아이'를 가리킬 수도 있고, 시부모가 '며느리'를 친근하게 부르는 말이 될 수 있다. 오늘날 아이를 돌보아 주는 보모나 식당 여종업원을 친근하게 '이모'라 부르는 것 또한 한국의 특수한 사회 문화적 배경에서 이루어진 사회적 관계에서 어머니의 여자형제를 의미하는 '이모'의 의미가 확대되어 쓰이는 예이다.

그런데 식당이라는 공간에서 '이모'라 불렀던 여종업원을, 식당 밖의 어떤 상황에서 '이모'리 지칭히거나 호칭히는 일은 거의 일어나지 않는다. 만약 식당에서 본 안면이 있어, 그 종업원을 길거리에서 '이모'라 부른다면 그는 자신을 호칭하는 것임을 알지 못하거나 당황해 할 것이다. 이는 '이모'의 의미를 실현시키는 맥락에서 참여자 간의 관계가 기본적으로 식당이라는 공간에 한정되어 형성되고 있기 때문이다. 공간을 포함한 '장면'은 의미를 실현시키는 중요한 맥락이 되는 것이다.

장면이란 화자, 청자 둘 사이에 주고받는 정보 등과 함께 담화를 구성하는 요소로서, 언어 행위를 둘러싼 세계를 말한다. 언어 행위가 이루어지는 모든 시간적, 공간적 위치 및 거기에 존재하는 사물과 사건, 이것들의 진행과 상태, 분위기가 여기에 해당한다. 따라서 같은 형식의 단어나 문장이더라도 누가, 누구에게, 어떤 장면에서 어떤 매체로 발화하느냐에 따라 그 의미는 달라질 수 있다.

(2) ㄱ. (불길이 막 치솟는 건물에서 뛰어나오며) <u>불</u>이다.

　　ㄴ. (스님이 불교의 교리를 전파하며) 세상은 타고 있는 <u>불</u>이다.

　　ㄷ. (선생님이 한글 읽기를 가르치며) 이것은 물이고 저것은 <u>불</u>이다.

명사나 대명사 뒤에 붙는 '-이다'는 일반적으로 상태나 속성을 나타내는 서술적인 구

---

5 김혜령(2015: 158-162)에서는 의미를 실현하는 맥락으로서 '참여자' 정보를 구성하는 것으로 참여자 관계와 화자의 태도, 즉 해당 어휘가 지칭하는 대상에 대해 화자가 보이는 감정적 평가를 언급하고 있다. 그러나 참여자의 태도는 의미 실현 조건으로서 다른 조건과 배타적 분포를 갖거나 의미 실현 조건으로서 일반화될 수 있는 여지가 별로 없음을 지적하고 있다.

실을 한다. 따라서 '(무엇이) 불이다'라는 문장은 지시되고 있는 '무엇'이 불의 상태나 속성임을 단순히 서술하게 된다. 그런데 실제 다양한 장면에서 '불이다'의 담화상의 의미나 기능은 이와 다르다. (2ㄱ)에서 화자가 불을 막 지각한 이로 이를 지각하지 못한 청자를 향해 "불이다."를 발화한다고 할 때, '불이다'는 물질로서 '불'이 갖는 기본적인 의미 외에, [위험함] 등의 부정적인 의미를 내포하고, 청자에게 주의하고 대피하기를 경고하는 기능을 하게 된다. (2ㄴ)에서 '불'은 추상적인 '세상'의 상태나 속성을 구체화하는 비유적 의미를 갖는다. (2ㄴ)에서 '불'이 비유적 의미를 갖는다는 것은 문장 내적인 주어 서술어의 대응관계 속에서 추론할 수 있다. 그런데 구체적으로 어떤 비유적 의미를 갖는지는 발화된 장면을 고려했을 때만 할 수 있다. (2ㄴ)이 불교 교리를 전파하는 장면에서 발화된 것이기에, '불'이 [부정적인 현실], [벗어나야 할 집착] 등의 비유적 의미를 함축함을 추론할 수 있다. (2ㄷ)은 한글의 글자를 보며 그 소리를 추론하는 장면이기에, 청자에게 '불'은 사전적 의미를 수반하지 못한 채 소리에 대한 정보로서만 전달된다.

이와 같이 의사소통이 이루어지는 장면과 참여자를 고려했을 때 모든 단어의 의미는 어휘적 차원에서 개념적 의미, 중심 의미, 사전적 의미 외에 담화적 의미를 동시에 갖게 되거나, 경우에 따라 "이것은 물이고 저것은 불이다."에서와 같이 단어 고유의 어휘적 의미는 메시지를 구성하는 의미로서의 기능이 매우 약화되기도 한다. 반대로 어휘적 의미를 갖지 못하는 비언어적, 반언어적 기표가 담화 차원에서는 의미를 갖게 되기도 한다. 손가락을 까딱거리는 행동을 혼자 책상에서 하는 것이라면 어떤 운동적 행위에 불과하겠지만, 담화 참여자인 누군가를 향해서 하는 것이라면 장면에 따라 '부름', '부정(不正)' 등의 담화적 의미를 실현하게 되기도 한다.

1.3. 맥락은 의사소통에 어떻게 작용하는가

우리가 단어나 문장 차원의 의미론에서 해결되지 않는 의미의 문제가 '맥락'을 고려하는 담화 차원에서는 크게 문제가 되지 않을 때가 많다. 그래서 기능주의적인 관점, 또는 사용 지향적인 관점에서 볼 때, 의미는 본질적으로 맥락 의존적으로 존재한다고 볼 수 있다.

많은 경우 중의적인 의미를 가진다는 단어나 문장의 대부분은 맥락을 고려했을 때 단일한 의미를 갖게 된다.

   (3) ㄱ. 철수는 <u>다리</u>를 잘 놓지.
        ㄴ. 학생들이 총장의 <u>식사</u> 도중에 구호를 외쳤다.

   (1)에서 (3ㄱ)과 (3ㄴ)의 단어와 문장은 모두 중의적인 의미를 가진다. (3ㄱ)의 '다리'는 다의적 의미를 가지는 단어로, (3ㄱ)의 의미가 철수가 사람과 사람을 잘 연결시켜 준다는 의미인지, 토목기사로서 다리를 놓는 기술이 뛰어나다는 의미인지 불명료하다. 그런데 이 경우 대부분 '강 위에', 또는 '남녀 사이에'와 같은 추가되는 문맥에 의해서 그 중의성은 해소된다. (3ㄴ)은 뉴스의 한 토막인데, 이 때 '식사'는 동음이의어로서 '기념사'인지 '음식을 먹음'을 의미하는지 애매하다. 이 경우 뉴스의 명료성을 위해 '식사를 말하는'과 같이 맥락을 명료히 하는 표현을 씀으로써 중의성은 해소된다. 실제로 수많은 동음어나 다의어가 의미적으로 변별되는 데는 문맥의 도움이 절대적이다(임지룡, 1992/2009: 242).

   의사소통 상황에서 의미는 이러한 사전적 다의성을 넘어서 다양한 맥락에서 맥락에 매우 의존적으로 생성되기도 한다. 이는 '비유적 표현'의 의미 실현 과정에서도 확인할 수 있다.

   (4) ㄱ. 이번 법안에 대한 두 당의 온도차가 크다.
        ㄴ. 우리 팀은 후지산을 넘고 마침내 만리장성까지 넘을 수 있었다.

   (4ㄱ)과 (4ㄴ)에서 '당'과 '팀'이라는 행위 주체가 선행됨으로써, '온도차', '후지산 또는 만리장성'은 사전적 의미가 아닌 비유적 의미를 갖게 된다. 그런데 '온도차'와 '후지산 또는 만리장성'의 기본 개념적 의미와 (4ㄱ)과 (4ㄴ)에서의 비유적 의미인 '긍정적/부정적 태도'와 '일본팀' 또는 '중국팀'과는 의미적 거리가 매우 멀다. 이 문장에서 단어가 갖는 비유적 의미는 단어의 개념적 의미보다는 단어가 관습적으로 사용된 사회문화적 맥락에서 부여된 것으로 볼 수 있다. 따라서 이러한 비유적 표현은 의사소통 상황에

서 화자가 사회문화적 맥락에 기반하여 어휘를 선택하게 됨을 보여준다.

한편 의사소통을 의미의 전달과 수용의 과정, 화자와 청자 간의 사회적 행위로서 볼 때, 맥락적 의미를 구성하는 주체에 대해서는 이견이 있다. 먼저 화자와 청자의 관계에서 화자의 의도가 곧 문장의 의미가 된다고 보는 관점을 살펴보자. 이러한 관점에서는 단어나 문장의 의미가 맥락에 의존적으로 구성되고, 발화층위에서 이미 의도된 의미가 있다고 본다.

(5) ㄱ. 너 지금 <u>스스로</u> 죽으려고 하는 거야?

ㄴ. 너 지금 죽으려고 하는 거야?

ㄷ. *너 지금 <u>스스로</u> 죽을래?

ㄹ. 너 지금 <u>스스로</u> 할래?

ㅁ. 너 지금 (나한테) 죽을래?

(5ㄱ)과 (5ㄴ)의 의문문은 평서문의 명제 내용의 사실성 여부를 확인하는 질문으로 볼 수 있다. 그런데 (5ㄱ)과 동일한 명제내용을 포함하고 있는 (5ㄷ)은 매우 어색하게 느껴진다. 이는 (5ㄹ)에서 알 수 있듯이 '-을래'는 청자에게 명령, 부탁, 청유, 제안의 의도가 있을 때만 쓰일 수 있기 때문이다(허경행, 2011). 그런데 '자살'이라는 극단적인 상황은 '명령'이나 '제안'의 대상이 되기 어렵다. (5ㅁ)은 '명령' 또는 '제안'의 의미를 가진 '-을래'가 상대의 '죽음'이라는 명제 내용과 결합하여 상대를 협박하는 의도를 갖게 되는 것은 화자의 의도에 의해 종결어미가 선택되고, 그것에 따라 맥락에서 전달되는 의미가 결정됨을 잘 보여준다.

이는 화자가 사태에 대한 거리감을 만들면서 청자에게 자신의 겸양을 드러내기 위해 피동 표현과 사동 표현을 의도적으로 선택하는 문장에서도 확인할 수 있다.

(6) ㄱ. 참, 이번 일은 정말 <u>죄송하게 됐습니다</u>.

ㄴ. 마감일에 늦지 않게 <u>제출하도록 하겠습니다</u>.

동일한 사태에 대하여 피동 표현을 쓰게 되면 화자가 행위의 주체가 되지 않기 때문에 서술어가 표시하는 사태에 직접적으로 연관되지 않고 거리감을 만들 수 있다. 또한 사동 표현인 '-도록 하다'는 화자가 사동주로서 자신의 행위를 표현할 때는 실질적인 사동의 의미는 발생하지 않고 자신의 행위를 한 단계 거쳐 행한다는 간접적 진술의 효과가 생겨난다(유혜령, 2010: 397-398). 따라서 위에서 화자가 "죄송합니다"나 "제출하겠습니다"가 아닌 "죄송하게 됐습니다", "제출하도록 하겠습니다"를 선택한 것은 '사과'를 해야 하는 상황, 상사에게 공손하게 일처리에 대해 확신을 주어야 하는 상황맥락을 의식한 화자가 자신의 행위를 좀 더 객관화시키면서 예의를 갖추고자 한 의도가 있었기 때문이다.

화자의 의도보다는 청자의 메시지 수용, 발화 의도의 달성에 주목하는 스퍼버와 윌슨(Sperber & Wilson, 1986/김태옥·이현호 역, 1993)에서는 인지적 관점에서 맥락이란 일종의 '심리적 개념'이며 청자가 이 세상에 관하여 갖고 있는 일련의 가정이라고 간주한다. 즉 맥락은 주어지는 총체성으로서의 맥락이 아니라 담화의 주체에 의해 구성되는 일관성으로서의 맥락이다. 그리고 맥락이 상황에서 주어지는 것이 아니라, 의미의 적합성을 획득하기 위해 상호작용의 상황에서 선택되는 것으로 본다. 이러한 관점에서의 맥락이란 주변의 물리적 환경, 직전 발화에 관한 정보에 국한된 것이 아니고 미래에 대한 기대, 화자의 심리상태, 일화상의 기억 및 문화적인 가정이 포함된다(김익환, 2003: 7-8).

한편 리치(Leech, 1981: 320/임지룡, 2009: 333에서 재인용)는 발화층위의 의미는 메시지 그 자체로부터 어떤 의미를 전달하기 위한 화자의 의도가 이미 포함되었다고 보았다. 동시에 이러한 발화층위의 의미는 정지된 상태로 존재하는 것이라기보다는 청자의 추론적 해석에 의해서 수행되는 것이다. 이에 의사소통은 이렇게 화자가 청자에게 어떤 효력을 일으키는 '작용'과 화자-청자의 상호 지식에 근거한 타협을 포함한다.

의사소통의 의미를 보는 관점에 따라 맥락의 의미와 역할에 대한 이해는 달라질 수 있다. 분명한 것은 청자와 화자의 의사소통이 메시지를 단순히 기호화 하고 그것을 해독한다고 해서 달성되지는 않는다는 것이다. 문장의 표면적 의미와 발화에 의해서 실제로 소통되는 메시지 사이의 간격을 채워주는 것이 맥락의 역할이고, 화자와 청자는 그 맥락을 선택하고 구성하여 의미를 실현하고 의사소통을 수행하는 것이다.

1.4. 국어과에서는 맥락과 장면을 어떻게 가르칠 것인가

의미 교육에서 '맥락'에 대한 지도는 담화 차원에서 의미를 실현시키는 맥락에 대한 개념적 이해에서 출발해야 한다. 그런데 '맥락'이라는 개념 자체가 국어과의 각 영역에서 일관되게 설명되지 않고 있다.[6] 이는 담화를 구성하는 언어 형식의 단위(형태소, 단어, 문장, 텍스트 등) 특성에 따라 고려될 수 있는 맥락의 성격이 다소 이질적일 수 있기 때문이다. 이에 의미 교육의 차원에서 '맥락'에 대해 지도할 때는 '맥락'의 개념을 명제적 지식으로 익히게 하기보다, 담화적 상황에서 다양한 언어 단위의 맥락적 의미를 탐구하는 활동을 통해 학습자 스스로 '맥락'의 개념을 다층적으로 쌓아갈 수 있게 해야 한다. 저학년에서는 언어내적 맥락이나 '참여자'의 관계와 같이 의미 실현에 관여하는 맥락이 명료한 예를, 고학년으로 갈수록 거시적인 사회문화적 맥락이나 화자와 청자 간의 맥락 구성이 달라짐으로 인해 의사소통상의 제약이 일어날 수 있는 예와 같이 담화구성에 관여하는 맥락이 다층적이고 복잡한 예를 제시하는 것이 바람직하다.

그런데 어휘나 문법적 층위에서 맥락적 의미를 파악하며 '맥락'의 개념을 구체화해 나가더라도 그것이 실제 언어 사용 능력의 향상으로 바로 이어지기는 어렵다. 왜냐하면 실제 언어 수행의 과정에서는 화자/필자나 청자/독자가 자신에게 주어진 맥락이 무엇인지 명료하게 파악하기는 어렵고, 단어로부터 문장의 의미를 합성하고 담화적, 맥락적 의미를 추론 또는 부여하는 과정은 무의식적으로 진행되는 경우가 많기 때문이다. 따라서 학습자의 실제 언어생활 경험을 바탕으로 맥락을 가르치고, 맥락을 고려한 표현과 이해 활동을 하는 연습이 필요하다.

그런데 모국어 화자가 맥락을 고려해 적절하게 의미를 이해하거나 표현하는 활동은 매우 추상적인 과정이다. "맥락의 고려"란 화석화된 지식 또는 선언으로만 존재할 수 있다.[7] 맥락을 고려한 자신의 이해나 표현이 적절한지는 어느 정도 직관적으로 판단할 수 있지만, 그러한 판단에서 자신의 사고 과정이 올바르게 이루어졌는지를 스스로 평

---

6 국어과 교육과정 내에서 '맥락'의 성격이 불분명하고 이질적임을 지적한 논의로는 정혜승 (2007), 신명선(2008ㄱ), 김슬옹(2010) 등이 있다.
7 신명선(2013ㄴ)에서는 비슷한 관점에서 문법 교육에서 맥락이 "타자화된 지식, 암기해야 할 대상"이 되어 왔음을 문제시하고 있다.

가하기란 쉽지 않기 때문이다. 그렇기에 '맥락'을 고려한 사고 과정을 명시적으로 인지하고 성찰하는 과정이 맥락에 대한 교육 내용에 포함되어야 한다. 우리는 언어적으로 표현하지는 않지만, 이해와 표현의 과정에서 항상 맥락을 '파악'하고, 효과적인 의사소통을 위해 파악된 맥락을 조절하며 자신의 언어활동에 반영하며 소통을 수행하기 때문이다. 이를 위해 맥락을 잘못 고려하여 의사소통의 목적을 이루지 못한 경우 또는 고려가 미흡하여 효과적이지 못한 사례를 적극적으로 활용하여 타인의 소통 과정에 대한 분석과 평가의 경험을 제공하는 것이 필요하다. 이를 바탕으로 자신의 소통의 과정에서 맥락을 적절히 인지하고 조절했는지를 성찰하고 평가하는 단계로 나아가야 할 것이다.

이러한 과정을 어휘 교육, 문법 교육, 담화 차원의 이해와 표현 교육의 과정에서 반복적으로 수행하게 된다면 학습자는 맥락을 적절하게 고려한 언어 수행 능력을 향상시키게 될 뿐만 아니라 자아와 타자/사회에 대한 성찰적, 비판적 인식이 깊어질 수 있다. 맥락에 대한 이해는 곧 인간의 심리와 인간관계, 나아가 역사적·사회적 상황, 공동체의 가치·신념에 대한 이해가 되기 때문이다. 즉 주어진 맥락을 인지한다는 것은 타자와 사회에 대한 보다 깊은 이해를 유도하고, 맥락을 조절하며 이해와 표현 활동을 수행한다는 것은 이해와 표현의 주체로서 자아를 객관적으로 바라보게 함으로써 자신에 대한 성찰의 경험 또한 수반하게 할 것이다.

1. 연결어미 '-는데'는 앞 뒤의 문장을 연결하며 '(상황)설명' 또는 '대립'의 문법적 의미를 갖는 것으로 알려져 있다. 문장 차원이 아닌 담화 차원에서는 '그러하는데'의 준말 '그런데' 또는 그 준말인 '근데'는 화제 도입, 화제 전환, 대립, 부연/첨가 등의 맥락적 의미를 가진다. 다음 담화에서 구어적 준말인 '근데'의 담화상의 의미를, 맥락을 고려하여 추론해 보자. 그러한 추론을 할 때 청자로서 자신이 구성한 맥락을 문맥과 화맥으로 구분하여 구체적으로 서술해 보고, 그 적절성을 평가해 보자.

ㄱ. 물건 받고 방금 테스트 주행을 마치고 온 제 소감은 아주 좋다는 거예요.
  참, <u>근데</u>요. 서비스로 보내 주신 공기충전기 내부가 부서져 왔네요.

ㄴ. 철수: 우빈이가 키가 크기는 하지?
  영수: <u>근데</u> 뭐?
  철수: 뭐 그렇다구.

ㄷ. 수진: 우리 집 잘 살아.
  희진: <u>근데</u> 뭐 어쩌라구.
  수진: 우리 집은 잘 살아. <u>근데</u> 난 돈 헤프게 안 쓰거든.

2. 〈보기〉의 수업에 활용할 수 있는 언어 자료를 바탕으로 교수·학습 내용을 설정해 보자.

> 보기
>
> 학습 목표: 구체적인 장면에서 심리적 태도를 드러내는 다양한 표현 방식을 이해한다.

주요 수업 내용

1) '장면'과 '심리적 태도'의 개념 소개하기

  – 장면: 의사소통이 이루어지는 시·공간

  – 심리적 태도: 화자가 사태를 파악하는 방식, 심리적 거리와 관련됨

2) 구체적인 장면에서 심리적 태도를 드러내는 표현 방식 탐구하기

	언어 자료	교수·학습 내용
①	(영철이 약속에 나타나지 않음.) • 민석: 영철이는 못 왔어. • 경석: 안 온 거겠지!	
②	(애인끼리 영화관 앞에서) • 희진: 우리 같이 본 영화잖아! • 민석: 같이 봤다고? (잠시 침묵) 아, 그러셨군요. 그 친구에게나 가시죠.	
③	(집에서 친하게 지내는 옆집 아저씨 를 맞으며) • 아저씨: (반기며) 요 녀석 집에 있었구나! • 민석: 아버지 오셨어요?	

2 담화와 텍스트

2.1. 담화와 텍스트란 무엇인가

담화와 텍스트의 개념

이 장에서는 의미의 문제를 담화와 텍스트 차원에서 논의하고자 한다. 이를 위해서 먼저 담화와 텍스트의 개념을 살펴볼 필요가 있다. 표준국어대사전에서는 담화와 텍스트를 일상어와 전문어 두 측면에서 정의하고 있다.

> 담화03(談話)「명사」「1」 서로 이야기를 주고받음. 「2」 한 단체나 공적인 자리에 있는 사람이 어떤 문제에 대한 견해나 태도를 밝히는 말. 「3」『언어』둘 이상의 문장이 연속되어 이루어지는 말의 단위.
>
> 텍스트(text)「명사」「1」 주석, 번역, 서문 및 부록 따위에 대한 본문이나 원문. '원전04(原典)'으로 순화. 「2」『언어』문장보다 더 큰 문법 단위. 문장이 모여서 이루어진 한 덩어리의 글을 이른다.

이 장에서 논의하고자 하는 담화와 텍스트의 개념은 '언어학' 전문어로 진술된 밑줄 친 부분과 관련되어 있다. '둘 이상의 문장이 연속'된 말의 단위로서의 담화, '문장보다 더 큰 문법 단위'로서의 텍스트라는 규정은 '담화'와 '텍스트'라는 두 개념이 문장을 최대 단위로 간주했던 형식주의 언어학의 기술 범위를 넘어선 것임을 시사한다.

위 정의에서는 담화는 말을, 텍스트는 글을 지시하는 것으로 보았다. 그러나 담화와 텍스트를 각각 구어(口語)인 말과 문어(文語)인 글에 대응시키는 것은 두 용어의 의미를 지나치게 단순화한 것이다. 관련 학문에서는 담화가 텍스트를 포괄하는 용어로 쓰이기도 하고 텍스트가 담화를 포괄하는 용어로 쓰이기도 한다. 두 용어는 담화분석, 텍스트 언어학 등에서 전문 용어로서 그 위상을 가지고 있기 때문에 담화와 텍스트의 의미를 논의하기 위해서는 그 이원부디 이론에 따라 그 의미가 어떻게 다르게 사용되는지 살펴볼 필요가 있다.

전문 용어로서 담화는 영어 'discourse'의 번역어로서 학문 분야나 관점에 따라서는 '담론'으로 번역되기도 한다. 옥스포드 영어 사전에 따르면 discourse는 중세 영어에서 '추론의 과정(the process of reasoning)'을 의미하였다. 이는 '이리저리 달리다(running to and fro)'라는 의미의 라틴어 *discursus*(중세 라틴어로 '논증')에 기원을 둔 고(古) 프랑스어 discours에서 왔다. 이 용어를 철학에서 처음 사용한 사람은 토마스 아퀴나스(Thomas Aquinas, 1222 또는 1227-1274)로서 지적 추론 같은 것을 의미했다고 하며, 이후 서유럽에서 이 용어의 일반적 의미는 '심층논의(learnd discussion)'를 나타내고, 그다음에 '대화'를 나타내는 것으로 발전되었다고 한다[티셔 외(Titscher, et al.), 1998/남상백 역, 2015: 48].

텍스트는 원래 '짜다', '엮다'를 뜻하는 라틴어 동사 *textere*에서 유래한 라틴어 명사 *textus*에 기원을 둔 단어로서 '직물', '조직'을 가리키는 말이었다. 이것이 점차 글이나 작품, 일상의 의사소통, 기호 등을 가리키는 말로 확장하여 쓰이게 되었다. 단순히 글이나 책을 가리키는 경우를 제외하면 가령 교통 표지판이나 음악의 악보를 텍스트라고 할 수 있는지 명확하지 않다. 영화 텍스트니 요리 텍스트니 광고 텍스트니 하는 말에 이르면 텍스트가 무엇인지 더 혼란스럽다. 텍스트의 정의를 내릴 수 있는 명확한 기준을 제시하기가 매우 어렵다는 뜻이다.

그래서 보그랑드와 드레슬러(Beaugrande & Dressler, 1981/김태옥·이현호 역, 1991) 같은 이는 텍스트의 정의를 텍스트다운 텍스트를 규정하는 조건 즉 텍스트성(textuality)의 관점에서 접근한다. 이러한 관점에 따르면 담화와 텍스트를 경계 짓는 것은 무의미한 일이다. 그래서 연구자에 따라서는 담화는 의사소통의 과정을, 텍스트는 의사소통의 결과를 나타내는 것으로 구분하여 사용하기도 한다.[8] 아래에서는 텍스트성 개념을 중심으로 담화와 텍스트의 특성을 살펴보기로 하겠다.

담화와 텍스트의 특성

보그랑드와 드레슬러(Beaugrande & Dressler, 1981/1991)에 따르면 텍스트란 텍스트성의 일곱 가지 기준을 충족시켜야 하는 의사소통 사건(communicative occurrences)이다. 일곱 가지 기준이란 응결성(cohesion), 응집성(coherence), 의도성(intentionality), 용인성(acceptability), 정보성(informativity), 상황성(situationality), 상호텍스트성(intertextualtity)이다. 응결성과 응집성이 주로 텍스트 중심적 특성이라면 의도성, 용인성, 정보성, 상황성, 상호텍스트성은 사용자 중심적 특성이다. 담화와 텍스트의 특성을 의사소통의 결과물로서만이 아니라 그 과정의 측면에서도 함께 규명해야 한다는 전제가 반영되어 있음을 알 수 있다.

1) 텍스트 중심 특성

① 응결성(cohesion)[9]

텍스트성의 첫 번째 기준은 응결성인데, 이는 텍스트 표면에서 구성 요소들 간에 존재하는 문법적인 의존관계를 가리킨다. 텍스트 표면의 요소들은 문법적인 형식과 규칙을 따르는데 여기에서 벗어날 경우 텍스트로서 기능하기 어렵다는 것이다. 문장 단위 이하에서는 문법적인 장치들이 응결성을 유지해 준다. 예를 들어 (1ㄱ)과 같은 교통 표

---

8 이 글에서는 담화와 텍스트의 개념을 맥락에 따라 적절히 구분하여 사용하되, 의미 기술이라는 관점에서 접근하고자 한다. 즉 담화와 텍스트의 의미가 어떻게 실현되는가에 초점을 두고, 언어를 매개로 한 의사소통의 과정과 결과라는 측면에서 담화와 텍스트를 다루되 의사소통에 영향을 미치는 맥락의 요소를 고려하기로 하겠다. 이러한 관점은 하이네만과 피베거(Heinemann & Viehweger, 1991/백설자 역, 2001)를 참조한 것으로, 이들은 텍스트의 개념을 "언어로 된 의사소통 신호의 산출과 수용에 국한"(19)하여 논의하면서 텍스트 언어학의 연구 대상을 "텍스트 구조와 텍스트 표현방식 연구에 국한하되, 이를 각각 의사소통적 맥락 및 일반 사회학적, 심리학적 맥락과 연관시켜야 한다."(21)고 보았다.

9 2009년 개정 국어과 교육과정에서는 'cohesion'을 '응집성', 'coherence'를 '통일성'이라는 용어로 명명한 바 있으나, 여기에서는 텍스트 언어학계에서 통용되는 용어법을 따랐다.

지판을 (1ㄴ)과 같이 배열하지는 않을 것이다.

(1) ㄱ. 학교 앞 천천히

ㄴ. 앞 천천히 학교

(1ㄴ)과 같은 단어 배열은 통사적으로 자연스럽지 않기 때문에 (1ㄱ)의 의미를 정확하게 전달하기 어렵다. 이와 같이 문장 단위 이하에서의 응결성은 대체로 형태와 통사 측면의 문법적인 장치들에 의존한다.

그런데 둘 이상의 문장으로 이루어진 텍스트 층위에서의 응결성은 이미 사용된 표현이나 패턴을 다시 사용함으로써 확보되는 경우가 많다. 이러한 현상을 나타내는 용어로 '재수용, 반복 출현, 대체, 대용, 공지시, 대명사화, 지시, 조응' 등이 있다.

(2) ㄱ. 옛날에 한 나무꾼이 살았습니다. 그는 홀어머니를 모시고 살았습니다.

ㄴ. 영희는 늘 밝은 미소를 짓는다. 나는 그런 사람이 좋다.

(2ㄱ)에서 '한 나무꾼'은 '그'라는 대명사 또는 대용 표현으로 재수용됨으로써 문장 간의 응결성을 확보하고 있다. 여기에서 '한 나무꾼'을 재수용하는 방식은 '그' 외에도 '그 나무꾼'과 같이 같은 어휘를 반복하여 사용할 수도 있고, 아예 대체어를 사용하지 않을 수도 있다. (2ㄴ)에서 '그런 사람'은 '영희'를 지시하는 것이 아니라 영희의 특징, 즉 '늘 밝은 미소를 짓는' 사람이다. 앞 문장의 주어와 술어가 뒷문장에 나타나는 대체어와 관련되어 있음을 알 수 있다.

이러한 재수용 현상은 대체어가 나오는 위치에 따라 순행조응(anaphora)과 역행조응(cataphora)으로 나눌 수 있다. 순행조응은 선행어 뒤에 대체어가 나오는 형태이고, 역행조응은 대체어가 먼저 나온 후 피대체어가 나오는 형태이다.

(3) ㄱ. 입사 면접 때 할 만한 인상적인 말 없을까? 그런 거 있으면 좀 알려 줘.

ㄴ. 이렇게 한번 말해 봐. "이 회사에서 꼭 일하고 싶습니다."

(3ㄱ)은 선행어 뒤에 대체어가 사용되는 순행조응 형태이고, (3ㄴ)은 대체어가 먼저 나오고 이어 피대체어가 나오는 역행조응의 형태이다.

재수용 현상 외에도 담화와 텍스트의 응결성을 높이는 장치로는 접속 표현을 들 수 있다. 접속 표현은 문장과 문장을 연결하는 기능을 한다.

(4) ㄱ. 철수는 무릎이 아팠다. 돌부리에 걸려 넘어졌다.

　　ㄴ. 철수는 무릎이 아팠다. <u>왜냐하면</u> 돌부리에 걸려 넘어졌기 <u>때문이다</u>.

　　ㄷ. 철수는 돌부리에 걸려 넘어졌다. 무릎이 아팠다.

　　ㄹ. 철수는 돌부리에 걸려 넘어졌다. <u>그래서</u> 무릎이 아팠다.

(4ㄴ)과 (4ㄹ)은 밑줄 친 접속 표현을 사용함으로써 두 문장의 의미 관계가 인과적으로 연결되어 있음을 보여준다. 물론 (4ㄱ), (4ㄷ)과 같이 접속 표현을 사용하지 않아도 의미가 통하거나 더 자연스러운 경우도 있지만 접속 표현을 사용하지 않을 경우 문장 간의 의미 관계를 정확하게 파악하기 어려운 경우도 있다. (4ㄱ)과 (4ㄷ)만 보면 철수가 무릎이 아파서 넘어졌는지, 넘어져서 무릎이 아팠는지 정확한 의미를 파악하기 어렵다.

② 응집성(coherence)

응집성이란 표층 텍스트 기저에 있는 개념이나 명제들이 의미적으로 결합하는 방식과 관련된다. 이는 텍스트성의 일곱 가지 특성 중에서도 가장 핵심적인 특성이다. 텍스트의 기본 기능이 의미를 소통하는 데 있기 때문이다. 응집성은 텍스트 내적 자질로서 다양한 의미 관계를 통하여 실현되는데, 의미 관계의 기본이 되는 것은 개념이다. 텍스트 기저에서 개념을 기반으로 하여 형성되는 의미 관계 유형으로 대표적인 것은 인과 관계(causality)와 시간적 인접 관계(temporal proximity)이다.

인과 관계에 포함되는 관계는 하나의 상황이나 사건이 다른 상황이나 사건의 조건에 영향을 미치는 방식으로 의미를 형성하는데, 여기에도 여러 가지 유형이 있을 수 있다.

(5) ㄱ. <u>비가 많이 와서</u> 언덕이 무너져 내렸다. (원인)

　　ㄴ. 영희는 <u>교통사고가 날까 봐</u> 운전을 하지 않는다. (이유)

ㄷ. 철수는 길고양이에게 먹이를 주려고 집 밖으로 나갔다. (목적)

(5ㄱ)에서 명제 간의 의미 관계는 '비가 많이 온' 사건이 '언덕이 무너져 내리는' 사건의 원인이 되는 관계이다. 전자가 후자를 유발하는 발생적 원인으로 작용하는 관계로 인과 관계의 강도가 강한 편이다. 이에 비해 (5ㄴ)은 영희가 교통사고를 염려하는 것이 운전을 하지 않는 원인이라기보다는 타당화의 근거가 된다. 영희가 교통사고를 두려워하는 것이 운전을 하지 않는 데 대한 자연스러운 설명이 되지만, 교통사고가 두렵다는 것이 운전을 하지 않는 필요조건이라고 보기는 어려울 것이다. (5ㄷ)은 철수가 길고양이에게 먹이를 주려는 행위가 철수를 집 밖으로 나가는 일을 가능하게 했지만, 전자에는 철수의 계획, 의도, 목적이 포함되어 있다. 이에 비해 (5ㄱ)과 (5ㄴ)의 밑줄 친 부분은 (5ㄷ)과 같은 계획, 의도, 목적으로 해석되지 않는다.

시간적 인접 관계는 사건이나 상황을 보는 또 다른 관점을 반영한다. 인과 관계를 이루는 명제들 간에도 시간적 선후 관계는 존재하지만, 시간적 인접 관계는 선후 관계로 간단하게 설명하기 어려운 매우 복잡한 측면들이 있다.

(6) 내가 철수네 집에 갔을 때, 철수는 집에 없었다.

'철수네 집에 간' 행위는 '철수네 집에 가는' 행위보다 나중에 일어나지만, '철수가 집에 없었던' 일과는 같은 시간대에 일어난 일이다. 그리고 '철수가 집을 나간' 사건이 언제 일어났는지는 확인할 수 없다. 이러한 복잡한 시간적 인접 관계를 개념화하거나 표현하는 방식은 언어에 따라 다를 수 있다.

이 외에도 텍스트의 응집성을 갖추는 데 기여하는 다양한 의미 관계가 존재한다. 보그랑드와 드레슬러(Beaugrande & Dressler, 1981/1991: 92-93)에서는 다양한 의미 관계를 형성할 수 있는 개념의 유형을 대상, 상황, 사건, 행위와 같은 1차 개념과 그 이외의 다양한 2차 개념으로 구분하여 제시하고 있다. 김봉순(2002)에서도 명제 간의 의미 관계 유형을 포함 관계와 비포함 관계로 나누고, 포함 관계 유형으로는 '핵술 관계(핵심-상술)'를, 비포함 관계 유형으로는 '대응 관계(대응점-대응점), 인과 관계(원인-결과), 문해 관계(문제-해결)'로 나누어 제시한 바 있다.

어떤 텍스트가 응집성이 있느냐의 문제는 텍스트 내에서만 결정되는 것은 아니다. 어떤 상황에서 어떤 의도로 표현한 것인지, 수용자가 어떤 지식과 경험을 가지고 있는지에 따라서 다르게 평가될 수 있다는 점을 고려하여야 한다.

2) 사용자 중심 특성
① 의도성(intentionality)

의도성이란 지식을 전파하거나 어떤 계획하고 있는 목적을 달성하기 위해 응결성(cohesion)과 응집성(coherence)을 갖춘 텍스트를 만들고자 하는 텍스트 생산자의 태도를 말한다. 넓은 의미에서 의도성은 "텍스트 생산자가 의도하는 바를 추구하고 달성하기 위해서 텍스트를 사용하는 모든 방식"을 가리킨다[보그랑드와 드레슬러(Beaugrande & Dressler), 1981/1991: 111]. 만일 텍스트 생산자가 일부러 응결성(cohesion)과 응집성(coherence)이 갖추어지지 않은 텍스트를 생산한다면 생산자와 수용자 간의 의미의 소통은 매우 어려워질 것이다. 그러면 (7)과 같은 텍스트의 경우는 어떠한가?

(7) 냅킨 좀 줄… 키친타월 어디 두었어?

위와 같이 응결성(cohesion)이 결여된 문장도 수용자에 의해 받아들여질 수는 있는데, 이는 일상생활에서 텍스트 생산자가 항상 응결성(cohesion)과 응집성(coherence)을 잘 갖추어진 텍스트를 생산하는 것은 아니라는 점을 고려하기 때문이다.

② 용인성(acceptability)

용인성은 의도성과 짝을 이루는 특성으로, 텍스트 수용자가 지식을 얻거나 어떤 계획에 도움을 얻는 등 자신에게 유용하고도 적합하게 응결성(cohesion)과 응집성(coherence)을 갖춘 텍스트를 기대하는 태도이다. 이러한 태도에 기반해서 텍스트 수용자는 텍스트에 명시적으로 표현되지 않은 의미를 추론하기도 한다. 예를 들어 다음 대화에서 (8ㄴ)의 발화는 (8ㄱ)의 발화와의 관계에서 보면 응집성(coherence)에 문제가 있다.

(8) ㄱ. 여행 잘 다녀왔어?

ㄴ. 저녁은 먹었어?

그럼에도 불구하고 (8ㄱ)은 (8ㄴ)이 용인성에 대한 (8ㄱ)의 기대를 저버린 데는 이유가 있을 것이라고 생각하면서 (8ㄴ)의 의도를 추론할 수 있게 된다는 것이다. 수용자가 가지는 용인성이 전제되지 않는다면 (8ㄱ)과 (8ㄴ)의 대화는 텍스트로 보기 어렵다는 뜻이다.

③ 정보성(informativity)

정보성은 제시된 자료가 얼마나 새로운 것인지 또는 예측하지 못한 것인지와 관련되는 특성이다. 모든 텍스트는 최소한의 정보성이 있게 마련이지만, 정보성이 너무 부족하거나 과다할 경우 수용성이 떨어질 수 있다. 예컨대 (9)와 같은 문장은 정보성이 부족하여 수용자로부터 외면될 수 있다.

(9) 말이 말다워야 말이다.

그런데 텍스트의 정보성은 표현의 언어적 의미에 그치지 않고 암시되거나 추론될 수도 있다. 이 문장을 사용자나 수용자의 측면에서 보면 말이 이치에 맞지 않게 사용되고 있는 상황이 전제된 것으로 볼 수 있고, 말을 이치에 맞게 사용하라는 충고나 조언의 의미를 표현하고자 한 것일 수 있다. 이처럼 텍스트의 정보성은 텍스트의 정보성에 대한 사용자의 의도나 수용자의 기대, 그리고 텍스트를 소통하는 상황과 밀접하게 관련되어 있다.

④ 상황성(situationality)

상황성은 텍스트를 발화의 상황에 적합한 것으로 만드는 요인들과 관련된다. 예를 들어 다음과 같은 문장은 어떤 발화 상황에서 쓰이느냐에 따라 그 의미가 달라질 수 있다.

(10) ㄱ. 환경을 생각합니다.

ㄴ. 대부분 조림으로 산림 인증을 받은 곳에서 생산된 펄프를 사용하며 염소 없는

ECF/TCF 공정을 거친 친환경 원료를 사용합니다. ○○을 생산하는 △△는 40여 년간 경주, 순천, 포항, 여주 등지에 여의도 면적의 18배에 달하는 숲을 가꾸어 푸르름을 지켜온 기업입니다.

(10ㄱ)은 누군가가 지금 생각하고 있는 대상이 환경이라는 의미로 쓰일 수도 있지만, (10ㄱ)이 복사 용지에 대한 광고 문구라는 점을 고려할 때 그 의미가 명확해진다. 발화 상황에 따라서 의미가 결정되는 것이다. 이러한 표제의 의미는 (10ㄴ)과 같이 길게 이어지는 텍스트의 내용으로 확인된다. 그러나 이러한 세부 내용을 확인하지 않더라도 우리는 (10ㄱ)이 복사 용지의 포장지에 사용되었다는 점을 통해 그 의미를 추정할 수 있고, (10ㄴ)과 같이 장황한 설명만을 제시하는 것에 비해 (10ㄱ)과 같은 표제의 의미 전달 효과가 더 크다는 것을 알 수 있다.

⑤ 상호텍스트성(intertextualtity)
상호텍스트성은 텍스트와 텍스트 간의 관계를 이르는 것으로, 텍스트를 생산하거나 수용할 때 하나 이상의 텍스트에 대한 지식이나 경험에 의존하도록 만드는 요인과 관련된다.

(11) 주민등록부상의 동거인을 기입할 것.

(11)이 텍스트로서 작동하기 위해서는 주민등록부라는 텍스트에 대한 사용자와 수신자의 이해가 전제되어야 한다. 하나의 텍스트가 그 자체로 존재할 수 없고 다른 텍스트에 대한 지식을 전제로 하고 있다는 것이다. (11)과 같이 직접적인 지시 관계가 아니라 하더라도 (12)와 같이 간접적으로 다른 텍스트에 대한 이해를 전제하는 경우도 있다.

(12) 저는 흙수저입니다.

여기에서 '흙수저'는 '금수저'와 대비하여 가난하게 태어난 사람 또는 집안이 가난한 사람을 의미하는데, 최근 한국 사회에서 사회적 계층이 고착화되어 가는 세태를 풍자

하여 쓰는 말이다. 이 말은 관련된 사회적 담론을 전제로 한 것이기도 하지만, 서양 속담 'be born with a silver spoon in one's mouth'에서 파생한 것으로 볼 수 있다. (12) 자체가 서양 속담과 상호 텍스트적 관계를 형성하고 있는 것이다. 사회적 담론이나 속담에 대한 지식이 전제되지 않는다면 (12)의 의미를 명확하게 이해하기는 어려울 것이다.

담화와 텍스트를 언어 그 자체에 국한하지 않고 언어 사용자와 그 배경까지를 관련지어 이해하게 되면 그 의미를 기술하는 일이 매우 어려워진다. 담화와 텍스트의 의미를 기술할 때 고려해야 할 요소가 그만큼 많아지기 때문이다. 예를 들어 의사소통 참여자가 누구인지, 언제·어디에서 일어난 일인지에 따라 표현된 말이나 글의 의미가 다르게 해석될 수 있다는 것이다. 따라서 담화와 텍스트의 의미에 대해 논의하기 위해서는 담화와 텍스트를 일정한 기준에 따라 유형화하여 이해하는 것이 불가피해진다.

2.2. 담화와 텍스트의 의미를 어떻게 기술할 것인가

담화와 텍스트의 의미 특성

담화와 텍스트를 보는 관점은 담화와 텍스트를 어떻게 정의하고 어떤 측면에 주목하여 보느냐에 따라 달라질 수 있다. 1절에서 살펴본 바에 따르면 담화와 텍스트는 일종의 '의사소통적 사건'이라고 할 수 있는데, 이러한 관점에서 담화와 텍스트의 의미를 논의하는 것은 매우 어려운 일이다. 우리가 어떤 사건의 의미가 무엇이냐는 질문을 던진다고 할 때의 대답은 가령 '사과'라는 단어의 의미가 무엇이냐고 묻는 것과는 차원이 다르다. 단어의 의미는 언어 형식과 의미가 일대일로 대응하거나 다의어의 경우 일대다로 대응하면서 자의적이기는 하지만 연합 관계를 형성하고 있기 때문에, 그러한 의미를 기술하는 것이 어렵지 않다. 사전적 의미를 넘어서 문맥적으로 다양한 의미역을 가진다 하더라고 적어도 그 단어가 쓰이는 문맥에서 해당 단어의 의미를 기술하는 것이 가능하다. 물론 단어의 경우에도 그 단어를 누가 쓰느냐, 어떤 상황에서 쓰느냐, 어떤 사회 문화적 배경에서 쓰느냐에 따라 의미가 달라질 수도 있을 것이다. 이러한 점을 고려한다 하더라도 더 큰 단위의 의미를 기술하는 일의 지난함에 비하면 단어 단위의 의미 기술은 상대적으로 덜 복잡한 일이다. 단어를 넘어선 문장 단위나 담화와 텍스트 단위에서 의미를 기술하는 것은 단어의 의미를 기술하는 것에 비해 훨씬 어려울 것이다. 그만큼 고려해야 할 요소가 많아지기 때문이다.

'의미'의 관점에서 담화와 텍스트에 접근한다는 것은 무엇을 의미하는 것일까? 이는 어떤 담화와 텍스트가 어떤 의미를 가지고 있느냐 또는 담겨 있는 의미가 무엇이냐에 대한 관심을 가지고 그것에 접근한다는 것을 의미할 것이다. 의미론에서 '의미'에 대한 논의는 단어 의미론, 문장 의미론, 발화 의미론으로 구분할 수 있는데, 이러한 관점에서 보면 담화 및 텍스트의 의미는 단어, 문장, 발화의 차원을 모두 포함하는 것이라 할 수 있다. 그런데 일찍이 모리스(Morris, 1938)가 기호학을 '통사론, 의미론, 화용론'으로 분류한 바에 따르면, 전통적인 의미론은 기호와 기호가 지시하는 대상 간의 관계에 대한 연구로 그 범위가 한정된다. 기호와 기호 사이의 형식에 관한 연구인 통사론과 구별되며, 기호와 해석자 사이의 관계에 대한 연구인 '화용론'과도 구별되는 영역을 의미론의 연구 대상으로 간주했다는 것이다. 이런 측면에서 보면 담화와 텍스트의 '의미'는 전통적인 '의미론'의 관점이나 '화용론'의 관점만으로는 접근하기 어렵다. 담화와 텍스트는 이미 그 정의에서부터 통사, 의미, 화용의 제 측면을 모두 포괄하고 있기 때문이다. 담화와 텍스트가 단어와 단어, 문장과 문장 간의 관계를 넘어선 언어 단위를 다룬다는 점에서 그러하고, 담화와 텍스트를 하나의 기호로 간주한다 하더라도 그것이 지시하는 대상 또는 현실과의 관계가 설정될 수 있다는 점에서 그러하며, 담화와 텍스트가 생산자와 수용자 간에 의도의 전달과 해석이라는 관계 속에서 존재한다는 점에서 그러하다. 따라서 담화와 텍스트의 의미에 대한 논의는 담화와 텍스트를 어떤 관점에서 접근하느냐에 따라 달라질 수밖에 없다. 그런 의미에서 우리는 담화와 텍스트 연구의 주요 패러다임에 대해 검토해 볼 필요가 있다.

담화와 텍스트의 기술 모형

담화와 텍스트를 기술하기 위한 이론적인 모형은 하이네만과 피베거(Heinemann & Viewheger, 1991/2001 : 23-108)를 참고한다면[10] 문법 지향, 의미 지향, 화용 지향, 과정 지

---

10 이 글 2, 3절의 주요 내용은 하이네만과 피베거(Heinemann & Viehweger, 1991/2001)를 참고하여 작성한 것으로, 이 책에서 인용한 참고 문헌의 일부는 재인용된 것임을 밝혀 둠.

향, 상호작용 지향의 다섯 가지 패러다임으로 나누어 볼 수 있다.[11]

1) 문법 지향 모형

이 모형에서는 텍스트를 문장과 동일시하는데 문장 언어학과 다른 점은 텍스트를 문장 경계를 넘어 문장과 문장의 연쇄로 이루어져 있다고 본다는 점이다. 따라서 주된 관심은 문장과 문장이 접속하는 데 적용되는 규칙에 있다. 하르베크(Harweg, 1968: 148)는 텍스트를 "중단 없는 대명사의 사슬에 의해 구성된 언어단위의 연속체"로 정의하였고, 다네시(Daneš, 1976: 34)는 텍스트를 주제부의 연속체라고 설명한다. 이들의 관점에서 보면 문장의 연쇄를 가능하게 하는 대명사의 사슬이나 문장의 정보를 묶어 주는 주제부의 연속이 텍스트의 의미를 결속하는 주요한 규칙이 된다. 이 규칙에 따라 텍스트의 의미가 전달되므로, 텍스트의 의미란 이러한 규칙을 통하여 일관되게 전달하고자 하는 개별 문장의 의미 결합체로 간주될 것이다.

2) 의미 지향 모형

이 모형에서는 텍스트의 표층 구조보다 기저에 있는 의미 구조에 더 관심을 기울인다. 문법 지향 모형이 텍스트의 의미를 표층 구조에서 온전히 도출할 수 있다고 보는 데 비해, 의미 지향 모형에서는 텍스트의 의미 총체가 표층 구조에 모두 반영되는 것은 아니라는 점을 지적한다. 그래서 할리데이와 하산(Halliday & Hassan, 1976)은 텍스트를 형

---

11 이러한 패러다임이 정립되기 이전에도 고대 수사학과 19세기의 문체론에서는 낱낱의 발화나 문장이 아닌 전체로서의 담화와 텍스트에 관심을 가지고 있었다. 수사학과 문체론에서는 화자나 필자의 의도를 청중이나 독자에게 효과적으로 설득하기 위한 표현 수단이 중요한 탐구의 대상이었다. 그런 점에서 보면 수사학과 문체론에서는 말이나 글에 담겨 있는 화자나 청자의 의도가 바로 담화와 텍스트의 의미라고 간주된다. 담화와 텍스트에 대한 이러한 총체적인 관점은 구조주의 언어학에 의해서 분절적인 관점으로 전환되는데 이는 구조주의 언어학이 언어를 언어 그 자체로 기술하기 위하여 언어를 탈맥락화하고 언어를 문장 단위에서 이루어진 기호의 구조와 체계로 기술하고자 했기 때문이다. 이러한 한계를 극복하기 위한 노력으로 나타난 것이 전통적인 문장 언어학을 문장 초월적 언어학으로 확대해야 한다는 요구[해리스(Harris), 1952]와 언어 기술에서 언어 외적인 화용적, 의사소통적 맥락을 고려해야 한다는 화용론적 요구[하르트만(Hartmann), 1964/1972]였다. 이들의 관점에서 담화와 텍스트의 의미는 하나의 문장을 넘어선 문장의 연쇄와 결부되어 있거나, 담화와 텍스트의 맥락을 고려해서 의사소통 참여자가 재구성해야 하는 어떤 것이었다.

식 단위가 아니라 의미 단위로 보아야 함을 지적하였다. 여기에서 텍스트의 의미 구조
는 어휘 사슬, 심층구조, 명제 복합체, 거시 구조, 텍스트 주제 위계와 같은 개념으로 설
명된다. 이러한 관점에서 담화와 텍스트의 의미란 '텍스트 의미론적 기저 구조'라 할 수
있다. 이러한 의미 중심 모형의 패러다임을 적용할 경우 우리는 좁은 의미에서 담화와
텍스트의 의미를 기술할 수 있게 된다. 좁은 의미라는 것은 담화와 텍스트의 의미 기술
에 화용론적 요인을 본격적으로 고려하지 않는다는 점에서 그러하다.

3) 화용 지향 모형

이 모형에서는 상황적, 문맥적 요소를 텍스트 기술에 체계적으로 반영하고자 한다.
여기에는 텍스트 기술에 화용적 요소를 고려하거나 텍스트를 의사소통의 도구로 보는
두 가지 방식이 포함된다. 하이네만과 피베거(Heinemann & Viehweger, 1991/2001 : 64)에
서는 전자를 '문맥 모형', 후자를 '좁은 의미의 의사소통적 텍스트모형'으로 명명하고
있다. 문맥 모형의 관점을 대표하는 이젠베르크(Isenberg, 1976)는 텍스트의 화용적 특
징이 텍스트 구조에 환원될 수 없는 것임을 강조하였다. 하이네만과 피베거는 좁은 의
미의 의사소통적 텍스트 모형을 다시 '화행 이론'에 기반을 둔 모형과 '활동 이론'에 기
반을 둔 모형으로 구분한다. 화행 이론 기반의 모형은 영국의 일상언어철학자 오스틴
(Austin)과 설(Searle)의 화행론에 기반을 둔 것이다. 이들의 이론을 텍스트 연구에 적용
하는 기본 관점은 텍스트가 의사소통의 도구로서 언어행위의 연속체라는 것이다. 발화
에서 의도를 재구성하는 것이 문제인데 모치와 피베거(Motsch & Viehweger, 1981)는 '화
용적 연결관계'를 고려하여 발화수반력을 설명하고자 하였다. 활동 이론 기반의 모형
은 소련의 언어심리학자 비고츠키(Vygotsky)를 계승한 레온티예프(Leont'ev, 1975)의 활
동 이론을 텍스트 이해에 적용한 것이다. 이들은 언어행위를 사회적 활동 속에 존재하
는 행위의 하나로 본다. 이러한 관점에서 텍스트는 사회적 관계 속에서 이루어지는 포
괄적 의사소통 활동의 한 부분이다.

4) 과정 지향 모형

이 모형에 따르면 텍스트는 심리에 기반을 둔 현상 즉 정신과정의 산출물로 간주된
다. 과정 지향의 패러다임은 텍스트를 처리하는 인지적 과정에 관심을 가지고 있다. 의

사소통 참여자가 자신과 상대의 지식 체계를 고려하면서 어떻게 텍스트를 구성하고 이해하느냐 하는 것이다. 인간이 가지고 있는 지식 체계는 '백과사전적 지식, 언어지식, 상호작용에 관한 지식, 총괄적 텍스트원형에 관한 지식'[하이네만과 피베거(Heinemann & Viehweger), 1991/2001: 88]으로 나눌 수 있다. 이러한 지식 체계를 설명하기 위하여 인지심리학에서는 '스키마(schema), 틀(frame), 대본(script), 정신 모형(mental model), 시나리오(scenario)'와 같은 개념을 제안하기도 하였다. 과정 지향의 패러다임을 보여준 대표적인 연구는 보그랑드와 드레슬러(Beaugrande & Dressler, 1981/1991)라고 할 수 있다. 이들은 '계획, 착상, 전개, 표현, 문법적 종합'의 단계를 거쳐 텍스트가 구성되며 이해 과정은 그 반대의 방향으로 이루어지는 것으로 보았다. 이러한 텍스트 처리가 화자와 청자 사이에 이루어지기 위해서는 모든 텍스트가 충족해야 할 일곱 가지 기준이 있다고 보았다(1, 2절 참고). 이 기준은 텍스트로 이루어지는 의사소통을 규정하는 행동 양식으로 간주된다.

5) 상호작용 지향 모형

이 모형은 의미가 특정 텍스트나 발화에 있는 것이 아니라 대화 참여자 간의 상호작용에 의해서 형성된다고 본다. 따라서 상호작용 지향의 패러다임은 민족방법론과 사회활동 이론의 영향을 받은 회화분석(conversational analysis) 또는 대화분석(dialogue analysis) 연구가 주된 흐름을 형성하고 있다. 민족방법론의 영향을 받은 회화분석에서는 주로 대화 진행의 형식구조를 분석하는 데 치중하였으며, 말하기의 민족학에서 영향을 받은 대화분석에서는 언어에 반영된 사회문화적 맥락을 분석하는 데 중점을 두었다. 그리고 인지사회학적 관점에서는 대화의 생산과 해석 과정에서 작용하는 의미 구성의 문제에 관심을 기울였다. 비고츠키(Vygotsky)와 레온티예프(Leont'ev), 바흐친(Bachtin, 1979/1986) 등의 영향을 받아 대화를 인간의 사회활동 차원에서 분석하고자 하는 대화분석의 흐름도 있다. 이러한 관점들은 기본적으로 담화와 텍스트의 의미가 정태적이지 않고 역동성을 가지고 있음을 시사한다. 담화와 텍스트의 의미가 그 자체에 내재하거나 한 개인의 머릿속에 존재하는 것이 아니라 사회적 상호작용 속에서 형성된다는 점에 주목한다는 것이다. 대화에서 구성되는 의미의 역동성은 그것이 문자로 표현된 텍스트와 달리 상호작용 참여자 사이에서 끊임없이 수정되어 간다는 점만으로도 명확하게 확인할 수 있다.

패러다임의 선택과 의미 기술 제약

위에서 살펴본 바에 따르면 담화와 텍스트의 의미를 특정한 관점에서만 접근할 수는 없다는 점이 분명하다. 담화와 텍스트의 '의미'를 논의한다고 하여 '의미 지향 모형'만을 선택할 수는 없는 일이다. 담화와 텍스트의 의미를 의미 지향 모형의 패러다임에서 보는 바와 같이 담화와 텍스트의 기저에 존재하는 정태적인 것만으로 한정할 수는 없다. 담화와 텍스트의 의미가 어휘 의미나 명제 관계의 총체 또는 거시 구조로 표상할 수 있는 어떤 것이라고만 한정하기에는 매우 역동적인 특성을 가지고 있기 때문이다. 담화와 텍스트가 사용되는 맥락을 고려하지 않고 의미를 논의한다면 그것은 좁은 의미에서의 의미일 뿐이다.

따라서 담화와 텍스트의 의미를 기술할 때에는 먼저 의미 기술의 목적이 무엇인지를 고려할 필요가 있다. 이는 담화와 텍스트가 정태적인 측면과 함께 동태적인 측면을 가지고 있기 때문이다. 즉 담화와 텍스트는 의사소통 행위의 산출물이면서 동시에 일정한 맥락 속에서 이루어지는 의미의 생산과 수용의 과정이기 때문이다. 누군가 어떤 담화나 텍스트의 의미가 무엇이냐 하는 질문을 던질 때 우리는 그 질문이 의미하는 바가 무엇인지를 먼저 묻지 않을 수 없다. 그것은 대체로 담화와 텍스트 자체에 반영된 의미이거나, 생산자가 의도하거나 수용자가 해석한 의미이거나, 그러한 의도나 해석을 가능하게 하는 조건에 대한 물음일 가능성이 크다.

이러한 측면에서 보면, 문법 지향 모형이나 의미 지향 모형은 담화와 텍스트를 의사소통의 결과로 보면서 그 자체에 반영된 의미를 찾고자 할 때 적합한 패러다임이 될 것이다. 이에 비해 생산자의 의도나 수용자의 해석 또는 그러한 해석의 조건을 고려할 때에는 화용 지향 모형, 과정 지향 모형, 상호작용 지향 모형이 더 적합한 패러다임이 될 것이다. 특정한 모형을 선택할 경우 그 모형에 따른 일관된 의미 기술이 가능할 수는 있으나 해당 모형이 고려하지 못한 다른 차원의 의미는 기술하기 어렵다는 점도 명확하다. 물론 특정 패러다임의 관점에서 다른 패러다임의 관점을 포괄적으로 수용하는 입장을 취할 수도 있을 것이다. 예컨대 의미 지향 모형을 선택하되 문법적 측면 및 화용적 측면, 그리고 의미의 산출 및 수용 과정과 의사소통 참여자 간의 의미 협상 측면을 두루 고려하는 것이다. 그러나 이러한 접근은 담화와 텍스트의 의미 기술에서 실제성을 높여줄 수는 있겠으나 기술상의 어려움이 따르게 될 것이다. 따라서 현실적으로 담화와 텍스트의 의미를 기술하기 위해서는 의미 기술의 목적이나 의도를 점검하고 특정 패러다임의 관점에서 일관된 의미 기술을 시도할 필요가 있다.

2.3. 담화와 텍스트의 의미는 어떻게 구성되는가

담화와 텍스트의 의미 생산

1) 담화와 텍스트의 산출과 지식 체계

담화와 텍스트는 언어활동의 과정이자 결과이다. 언어활동이 사회 상황과 그 상황 속에 있는 개인들의 사회적 관계를 중심으로 하고 있는 상호작용적이고 협력적인 활동 [레온티예프(Leont'ev), 1984a, 1984b]이라는 점에서 보면, 담화와 텍스트의 의미는 그러한 사회적 활동의 과정 속에서 생산된다고 할 수 있다. 이러한 사회적 상호작용성은 모든 언어활동의 기본 특성이기 때문에 구어와 문어 또는 담화와 텍스트의 기계적인 구분은 의미가 없어지게 된다.

사회적 존재로서의 개인이 언어활동에 참여하는 것은 기본적으로 어떤 의도나 목적이 있기 때문이다. 이러한 의도나 목적에 따라 의사소통의 상황이나 조건을 고려한 계획이 세워지고 그에 따른 행위가 이루어지는데, 이러한 행위의 과정이 곧 담화와 텍스트로 실현된다고 할 수 있다. 담화와 텍스트의 산출은 외적 행위로 나타나지만 그러한 행위의 이면에는 매우 복잡한 심리적인 과정이 전제가 되는데 그에 대한 연구는 충분히 되어 있지 못하다. 담화와 텍스트의 처리 과정에 대해서는 언어학, 심리학, 인지과학 등의 도움을 받아 제한된 증거에 기반을 두고 가설적인 모형을 제기할 수 있을 뿐이다.

하이네만과 피베거(Heinemann & Viehweger, 1991/2001 : 146)에 따르면 텍스트의 산출은 "화자가 어떤 상호작용 맥락에서 자신의 행위목적에 맞춰 행위맥락 및 행위참여자에 대한 인지적 평가를 토대로 하여, 자신이 습득하여 기억에 저장시켜 둔 지식 가운데 텍스트 산출에 필요하다고 여기는 부분을 활성화"함으로써 이루어진다. 이들은 활성화할 지식이 다음과 같은 세 가지 체계로 구성되어 있다고 본다.

- 언어지식
- 전문분야 지식 또는 백과사전적 지식
- 상호작용 지식

텍스트 산출을 위해서는 언어지식, 즉 음운, 형태, 통사, 의미 차원의 언어규칙과 목록이 전제되어야 할 것이다. 물론 표정이나 몸짓과 같은 비언어적인 요소에 대한 지식도 전제되어야 한다. 레펠트(Levelt, 1989/김지홍 역, 2008)에 따르면 구어의 산출은 '개념 형성기, 언어 형식 주조기, 조음 기관'을 거쳐 이루어진다. 개념이 먼저 형성되고, 이것이 통사·의미 정보값에 해당하는 레마(lemma)와 더불어 추상적 언어 형식으로 표상되고, 조음 기관을 거쳐 말소리로 나타남으로써 말하기가 이루어진다는 것이다. 담화와 텍스트 산출의 복잡한 국면 중에서 언어적 산출에만 초점을 맞춘 설명이다.

담화와 텍스트의 산출에는 언어지식 외에도 백과사전적 지식이 요구된다. 언어지식 그 중에서도 의미지식과 백과사전적 지식을 명확하게 구별하는 것은 어려울 것이다. 그러나 공유된 언어지식이 언어 공동체 구성원 간의 의사소통을 가능하게 하는 것은 분명하지만 그러한 도구적 언어지식을 사용하여 의사소통하는 내용이 온갖 세상사에 대한 경험과 지식이라는 점에서 두 가지 지식 체계의 구별이 가능할 것이다.

세 번째 유형의 지식은 상호작용 지식인데, 여기에는 발화수반행위에 대한 지식, 의사소통 규범에 대한 지식, 메타 의사소통 지식, 총괄적 텍스트 구조 및 텍스트 종류에 대한 지식이 포함된다. 발화수반행위에 대한 지식은 발화가 일정한 목적과 조건하에서 실행되며 그에 따른 사회적 결과를 만들어낸다는 사실에 대한 지식이다. 복합적인 발화 연속체인 담화와 텍스트에는 다양한 발화수반행위가 위계적인 구조를 이루고 있다. 의사소통 규범에 대한 지식은 텍스트 산출자가 텍스트 수용자와 함께 상호작용하기 위해 가지고 있어야 할 공동의 준거가 되는 규범에 대한 지식이다. 그라이스(Grice, 1968)의 협력의 원리 같은 것이 예가 될 수 있다. 메타 의사소통 지식이란 수용자가 텍스트를 이해하는 것을 도와주기 위하여 사용하는 언어 행위로서 반복하기, 바꿔쓰기, 요약하기, 수정하기 같은 언어 행위에 대한 지식을 말한다. 마지막으로 총괄적 텍스트 구조 및 텍스트 종류에 대한 지식이란 담화와 텍스트를 산출할 때 담화와 텍스트가 실현되는 형태를 의미한다. 판 데이크(Van Dijk, 1980)는 이러한 총괄구조 특성을 '초구조(Superstruktur)' 또는 '상위구조(Hyperstruktur)'라고 명명한 바 있다. 이러한 총괄적 구조는 텍스트의 특징을 규정하는 일종의 형태 구조로서 서사구조나 논증구조와 같이 텍스트를 유형화하는 기반이 되기도 한다. 이러한 총괄적 텍스트 구조에 대한 지식이 텍스트의 산출에 작용할 수 있다는 것이다.

2) 담화와 텍스트 의미의 산출 전략

이러한 지식 체계가 필자의 의도와 계획, 조건, 결과에 대한 판단과 더불어 상호작용하면서 구체적인 담화와 텍스트로 나타나는 과정을 개별화하여 기술하는 것은 사실상 불가능한 일이다. 너무나 많은 조합이 가능하고 그 과정도 일일이 검증하고 기술할 수 없을 만큼 복잡하기 때문이다. 우리는 여기에서 전형적이고 유형화된 텍스트 산출 과정을 개관하는 것으로 만족할 수밖에 없다. 하이네만과 피베거(Heinemann & Viehweger, 1991/2001: 192-230)는 텍스트 산출의 절차에 따라 텍스트 종류를 유형화하는 과정을 설명하고 있는데, 텍스트 산출자의 목적이나 의도가 구체적인 텍스트 유형으로 산출되는 과정을 이해하는 데 도움이 된다. 각 단계는 다음과 같다.

① 기능 유형
② 상황 유형
③ 방법 유형
④ 텍스트 구조화 유형
⑤ 전형적 표현 방식 유형

위 다섯 범주는 담화와 텍스트 유형화의 관점에서 보면 각각 독립적이면서도 상호의존적이며, 담화와 텍스트 산출의 관점에서 보면 순차적이면서도 회귀적인 특성을 가진다. 독립적이라는 것은 각각의 범주가 특정한 담화와 텍스트 유형을 명시하는 원리가 된다는 의미이며 상호의존적이라는 것은 다섯 가지 범주가 통합적으로 적용되면서 구체적인 담화와 텍스트의 유형이 결정될 수 있다는 의미이다. 순차적이라는 것은 기능 유형부터 전형적 표현 방식 유형까지 담화와 텍스트의 산출에 이르는 과정이 순차적으로 적용될 수 있다는 것이고 회귀적이라는 것은 특정한 단계의 적용이 다른 단계를 지속적으로 조회하면서 담화와 텍스트의 산출이 일어난다는 의미이다.

기능이란 상호작용에 대한 텍스트의 기여 또는 역할을 의미한다. 텍스트의 기본적인 기능은 정보 전달, 설득, 친교, 정서 표현과 같이 국어과 교육과정에서 텍스트 분류의 1차 조직자로 주로 활용했던 의사소통의 목적과도 관련이 깊다. 이러한 목적은 주로 현실 세계를 대상으로 하는 담화와 텍스트에 주로 적용되는데, 문학 작품과 같이 허구 세계를 대상으로 하는 담화와 텍스트에서도 심미적 기능의 수행이라는 전제 위에 위와 같은 기능을 수행할 수도 있다. 이러한 기능 항목들은 담화와 텍스트를 유형화하는 기제가 되기도 하지만 그 자체로 담화와 텍스트 산출자의 의도를 반영하기도 한다.

상황 유형을 텍스트 산출 단계의 관점에서 보면 텍스트 산출자가 의도를 담화와 텍스트로 표현하기 위해 고려해야 할 조건 중 하나가 된다. 의사소통이 이루어지는 모든 상황을 고려하거나 유형화하는 것은 사실상 불가능한 일이지만 하르퉁 외(Hartung, et al., 1974)에서와 같이 일정한 기준에 의한 개략적인 유형화도 가능하다. 여기에는 상호작용적 활동의 성격, 활동의 사회적 조직, 의사소통 참여자 수, 상호작용자의 사회적 역할, 환경 상황 등이 포함된다. 예를 들어 한 시민이 공적 편지를 쓰는 상황은 수용자가 사물을 다루는 실제 활동을 목표로 하는, 제도적 의사소통이며, 두 사람 사이의 의사소통이고, 비대등적이며, 기록 의사소통에 속한다. 담화와 텍스트 산출자의 관점에서 보면 이러한 상황적 요소는 실제 담화와 텍스트를 산출하는 데 고려해야 할 중요한 조건이다[하이네만과 피베거(Heinemann & Viehweger), 1991/2001 : 205-206].

방법 유형이란 담화와 텍스트 생산자가 구사하는 전략적 구상과 관련된다. 여기에는 주제를 어떤 방식으로 전개할 것인지, 단순한 방법을 쓸 것인지 복잡한 방법을 쓸 것인지, 이 방법을 어떻게 더 구체화할 것인지 등이 포함된다. 예를 들어, 첫 번째 단계에서는 주제를 뒷받침하는 근거를 제시하고, 다음으로 이를 복잡하게 구성하기로 하고 지시적·논증적 방법을 사용하며, 마지막으로 좀 더 구체적으로는 상대방을 높이 평가하는 방법으로 구체화하는 식이다.

텍스트의 구조화는 전체적인 구성과 부분적인 구성을 어떻게 할 것인지와 관련된다. 예를 들어 핵심 내용을 구성하기 위해 도입부와 종결부를 둘 것인지 말 것인지, 그리고 핵심 내용을 어떤 순서로 배치할지 등이 텍스트 구조화와 관련되는 문제이다. 무언가를 요청하는 글에서 주장과 근거가 핵심 내용이라면 그러한 내용을 전달하기 위해 주장을 먼저 밝히고 근거를 제시할 것인지, 근거를 먼저 제시한 후 주장을 밝힐 것인지, 그리고 여러 가지 근거들을 어떤 방법으로 조직할 것인지 등의 문제가 텍스트의 구조화와 관련되어 있다. 전형적인 구조화 유형으로 '서사, 기술, 논증'과 같은 형태가 주로 논의되어 왔다.

마지막으로 표현 방식의 문제는 텍스트 유형에 따른 고유한 의사소통 격률을 준수하는 문제와 그러한 제한 내에서 담화와 텍스트 산출자가 활용할 수 있는 언어 자원의 선택과 관련되어 있다. 예를 들어 행정 기관에 제출할 건의문을 써야 하는 상황이라면 기본적으로 공적 의사소통에 적합한 문어투, 건의하는 내용을 적절한 이유를 뒷받침하여 제시해야 하는 논증성, 정확성과 간결성, 공손성 등의 특징을 필요로 할 것이다. 이러한 제약 속에서 생산자가 선택할 수 있는 언어 자원의 범위는 해당 담화와 텍스트에 사용되는 전형적인 어휘, 언어(collocation), 판박이표현, 분절신호 등을 들 수 있다.

담화와 텍스트의 의미 수용

1) 담화와 텍스트의 이해와 지식의 활성화

텍스트의 해석 또는 이해 문제에 대한 일반화된 견해는 텍스트에서부터 의미를 구성하는 상향식 이해 과정과 독자의 지식으로부터 텍스트의 의미를 구성해 나가는 하향식 이해 과정의 두 가지가 가능하다는 것과 실제적인 이해의 과정은 이 두 가지 접근이 상호보완적으로 작용한다는 것이다. 이러한 이해는 주로 독자와 텍스트 간의 인지적 상호작용을 중심으로 한 것이지만, 최근에는 독자의 정서나 독서 맥락, 사회·문화적 요인에 주목하는 경향도 있다. 예컨대 러델과 언라우(Ruddel & Unrau, 1994)의 모형에서는 독자의 의미 구성에 개입하는 요인을 독자의 인지적 조건과 정의적 조건, 글과 교실 맥락을 구성하는 학습 환경, 그리고 이러한 조건에 반영된 사회·문화적 요소 등으로 확장하여 설명하고 있다(이순영 외, 2015: 155-158).

그러나 어떤 요인에 주목하든 담화와 텍스트의 의미를 처리하는 데 있어 최종적인 몫은 독자에게 있다. 텍스트 표면에서 텍스트 기반을 만들어 내고 이를 상황 모형으로 통합해 가는 과정 자체가 심리적 과정이고 이 과정에서 동원되는 배경 지식을 운영하는 주체 또한 독자이기 때문이다. 다만 독자의 인지적·정의적 조건이나 학습 환경, 사회·문화적 요소들은 독자가 의미를 구성해 가는 과정에 직접적인 영향 요인으로 작용하면서 동시에 독자가 처리할 수 있는 심리적 자원으로 작용할 수 있다는 점을 고려할 필요가 있다. 예를 들어 담화와 텍스트에 대한 이해 활동이 정서적으로 지지받고 안정된 학습 환경에서 이루어지며 사회·문화적으로 지지받는 일이라면 이는 이해의 과정을 촉진하고 효율을 제고할 가능성을 높여줄 것이다. 그리고 나아가 그러한 결과는 수용자의 장기 기억의 구조를 변화시킬 뿐만 아니라 단기 기억의 처리 방식까지도 변화시킴으로써 결과적으로 담화와 텍스트를 처리하기 위한 심리적 자원으로 활용될 수 있다는 것이다.

판 데이크와 킨치(Van Dijk & Kintsch, 1983)에서는 텍스트 이해에서 지식이 독자의 이해 전략에 따라 도구화된다는 견해를 제시하였다. 이들은 텍스트 처리가 명제 층위, 국지적 응집성 층위, 거시 구조 층위, 초구조 층위와 같은 국지적 층위와 총괄적 층위에서 다층적으로 이루어진다고 본다. 텍스트의 전체 의미 구조를 구성해 주는 중심 단위로 '명제'를 제안하고 있는데 학자들에 따라서는 스키마[러멀하트(Rumelhart), 1977]나 스크립트[섕크와 아벨슨(Shank & Abelson), 1977]를 중심 단위로 설정하기도 한다. 그리고 이러한 명제 간의 연결 관계는 '응집성(coherence)'이 있는 단위로 해석되는데 이는 수용자에 따라서 다르게 해석될 수밖에 없다. 하이네만과 피베거(Heinemann & Viehweger, 1991/2001:160)에 따르면 이러한 과정은 "언제나 핵심적이고 구조형성적 힘으로 작용하는 '주된 사고', '주제', '핵심 생각', '상호작용 맥락' 같은 것을 따른다." 명제들은 수평적, 수직적으로 통합됨으로써 텍스트의 의미를 재구성해 나가게 된다.

앞서 담화와 텍스트의 산출에서 발화수반행위가 어떻게 구조화되는가를 살피는 과정을 되짚어서 어떤 담화와 텍스트로부터 그 안에 담지된 담화와 텍스트의 의미, 즉 담화와 텍스트의 기능 또는 발화수반행위를 어떻게 재구성해 낼 것인가의 문제에 대한 비교적 일관성 있는 설명 모형은 킨치(Kintsch, 1998/김지홍 외 역, 2010)에서 찾아볼 수 있다. 그에 따르면 이해는 구성(construction)과 통합(integration)이라는 두 과정으로 이루어진다. 구성은 상향식 정보 처리의 과정에, 통합은 하향식 정보 처리 과정에 견줄 수 있는데, 그는 이 두 과정이 분리되지 않는다고 보았다. 이들 과정이 일어나는 층위는 '텍스트 표면 층위, 텍스트 기반 층위, 세계 상황 모형'의 셋으로 나눌 수 있다. 이해 과정이란 텍스트 표면에서 텍스트 기반을 구축하고 이를 다시 상황 모형으로 재구성하는 과정이다. 이 과정에서 배경 지식의 능동적 활용이 강조된다. 세계 상황 모형의 구성은 이러한 텍스트 기반을 바탕으로 이해 주체의 배경 지식이 확장되는 역동적인 재구성의 과정이다[킨치(Kintsch), 1998/2010]. 이러한 재구성의 과정에서 강조되는 것은 의미 구성을 위한 이해 주체의 역할일 것이다.

2) 담화와 텍스트 의미의 수용 전략

담화와 텍스트의 의미를 이해한다는 것이 담화와 텍스트 산출자의 의도와 목적을 파악하는 것을 의미하지는 않는다. 오히려 담화와 텍스트의 의미는 산출자보다는 수용자의 심리 가운데 있다고 보는 것이 더 정확할 것이다. "이제 우리는 글쓰기에 그 미래를 되돌려 주기 위해 글쓰기의 신화를 전복시켜야 한다는 것을 안다. 독자의 탄생은 저자의 죽음이라는 대가를 치러야 한다."라는 바르트(Barthes, 1973/김희영 역, 1997: 35)의 견해와 같이, 담화와 텍스트의 의미를 구성하는 일은 독자의 읽기 행위가 어떤 방식으로 초점화되느냐에 달려 있다. "이해되어야 하는 것은 담화의 최초 상황이 아니라, 하나의 가능 세계이다."[리쾨르(Ricoeur), 1986/박병수 외 역, 2002: 262]와 같은 언급도 텍스트의 이해와 해석에서 독자의 역할을 강조하고 있다.

하이네만과 피베거(Heinemann & Viehweger, 1991/2001: 350-362)는 텍스트를 대하는 독자의 초점에 따라 '과제 중심, 관심 중심, 행위 지향, 파트너 중심' 텍스트 이해의 네 가지 텍스트 이해 전략을 제시한다.

과제 중심적 텍스트 이해는 독자가 과제 해결을 목적으로 관련 있는 정보를 텍스트에서 찾아나가면서 텍스트를 이해하는 것이다. 이러한 과제 중심적 텍스트 이해는 텍스트로부터 수용한 정보가 '기능적 관여성'을 지니기 때문에 잘 기억되는 경향이 있다. 과제 중심적 텍스트 이해에서 텍스트의 의미는 기능적으로는 과제 해결에 기여하는 정보로서의 의미를 갖지만, 과제의 성격에 따라서 해당 텍스트의 기능과 역할은 달라질 것이다. 그러나 텍스트 이해의 목적이 과제 해결에 있다 하더라도 원 텍스트와 해석 텍스트 간의 관계는 상존하기 때문에 이러한 상호텍스트적 관계 속에서 텍스트의 의미가 존재한다는 점을 고려하여야 한다.

관심 중심적 텍스트 이해는 '관심'이 텍스트 수용 과정의 일차적인 자극이 되는 경우를 말한다. 신문이나 광고 같은 대중 매체를 이해할 때 관심에 따라 표제만 살펴보고 피상적으로 수용하거나 아예 주의를 기울이지 않는 경우가 있다. 텍스트의 생산자가 수용자의 관심을 끌기 위해 텍스트의 형식적·구조적 장치를 활용하기도 하고, 텍스트의 수용자가 자신의 관심에 따라 정보들을 조합하여 의미 구조를 만들어 갈 수도 있다. 시사·교양적 주제에 관심을 기울이는 수용자가 있는 반면 연예·오락 관련 주제에 관심을 기울이는 수용자도 있을 수 있다. 이러한 관심은 습관화된 것일 수도 있고 상황에 따라 촉발된 것일 수도 있을 것이다.

행위 지향적 텍스트 이해는 텍스트 생산자가 텍스트 수용자에게 기대하는 행위가 무엇인지에 초점을 두고 텍스트를 수용하는 전략이다. 이러한 행위 지향성은 안내 표지판이나 법률 텍스트, 또는 책임자의 결정을 요구하는 각종 문서를 수용할 때 나타나는 수용자의 전략이다. 텍스트의 수용자는 텍스트에서 자신의 의사결정에 필요한 주요 정보를 선택하고 관련 지식과 경험을 활용하여 주어진 문제에 대한 자신의 행위를 결정하게 된다.

마지막으로 파트너 중심적 텍스트 이해는 수신자가 특정되어 있는 텍스트를 이해하기 위한 수용자 전략이다. 개인적 편지, 엽서 같은 텍스트를 수용할 때에는 이러한 전략이 강조된다. 이러한 텍스트는 서로에 대한 알음을 전제로 하기 때문에 상대에 대해 가지고 있는 배경 지식이 텍스트 이해의 중요한 토대가 된다.

2.4. 국어과에서는 담화와 텍스트 의미를 어떻게 가르칠 것인가

담화와 텍스트에 대한 교육은 넓은 의미에서 보면 국어 교육의 전 범위를 망라한다고 해도 과언이 아니다. 국어의 실제가 바로 담화와 텍스트이기 때문에, 국어 능력이 있다는 것은 곧 담화와 텍스트의 생산과 수용 능력을 갖추고 있음을 의미한다. 따라서 담화와 텍스트 교육이 곧 국어 교육과 다르지 않다는 것이다. 그런데 이 장에서 우리가 주로 초점을 맞춘 것은 언어 단위로서 담화와 텍스트의 의미이다. 담화와 텍스트에서 의미만을 구별하여 가르치는 것이 가능한 일은 아니지만 논의의 범위를 제한할 필요는 있을 것이다. 그렇다면 담화와 텍스트 차원에서 의미 교육을 어떻게 할 것인가?

그동안 국어 교육에서 담화와 텍스트에 대한 교육은 내용 영역에 따라 다른 접근을 취해 왔다. 듣기·말하기, 읽기, 쓰기와 같은 기능 영역에서는 실용적 목적의 담화와 글을, 문법 영역에서는 주로 음운, 어휘, 문장, 담화와 같은 언어 단위에 따른 국어 자료를, 그리고 문학 영역에서는 심미적 목적의 작품을 대상으로 교육 내용을 선정해 왔다. 이 장에서는 문법 과목에서 다루어 온 담화 관련 교육 내용을 검토하고 담화와 텍스트 의미 교육의 방향을 논의하고자 한다.

'담화'를 문법 과목에서 교육 내용으로 다루기 시작한 것은 제7차 교육과정부터이다. 여기에서 '담화'는 '발화들이 모여서 이루어진 통일체'[12]로서 구어뿐만 아니라 문어나 매체 언어 모두에 두루 적용되는 개념이다. 담화와 직접 관련되는 교육 내용을 열거해 보면 다음과 같다.

① 담화의 개념과 특성(2011 개정, 2015 개정)

② 담화의 종류에 따른 특성(2007 개정)

③ 담화에서 지시, 대용, 접속 표현의 기능과 효과(2011 개정)

④ 담화의 문법적 특성과 표현 효과(2009 개정)

⑤ 담화의 구조(제7차, 2009 개정)

⑥ 담화의 의미 생성 방식(2007 개정, 2009 개정)

⑦ 담화의 표현 원리(2009 개정)

⑧ 담화의 효과적 구성(2009 개정)

⑨ 담화의 표현 및 이해에 작용하는 요소(제7차)

①-②는 담화의 본질과, ③-⑤는 담화의 정태적 특성과, ⑥-⑨는 담화의 동태적 특성과 관련되어 있다. 이중에서 2015년 개정 교육과정에 제시되어 있는 내용은 '담화의 개념과 특성'이다. 학습량 경감 차원에서 교육과정의 내용 항목을 지속적으로 감축해 오는 과정에서 ①번만 남게 된 셈이다. 해당 성취기준과 그에 대한 해설은 다음과 같다.

• [12언매02-07] 담화의 개념과 특성을 탐구하고 적절하고 효과적인 국어생활을 한다.

---

12 서울대학교 국어교육연구소에서 펴낸 고등학교 '문법' 교과서(p.220)에 제시된 담화의 정의이다. 여기에서는 교육과정에 제시된 '담화'라는 용어 대신 '이야기'라는 용어를 사용하였다.

이 성취기준은 담화의 특성에 대한 이전 학년의 성취기준을 심화한 것으로, 이전 학년에서 배운 담화의 개념과 특성에 대한 이해를 바탕으로 담화의 생산과 수용에 효과적으로 참여하는 태도를 기르기 위해 설정하였다. 담화의 개념, 담화의 구성 요소, 담화의 맥락을 이해하고 담화 생산 및 수용에 활용하는 데 중점을 둔다. (밑줄은 필자)

이 성취기준의 내용 요소는 밑줄 친 부분과 같다. 담화의 개념은 단어나 문장과의 대비 속에서 파악될 수 있다. 단어와 문장의 개념이 형식주의 언어학의 기술 대상이라고 한다면 담화는 확대 요구와 화용론적 요구를 반영하여 문장 경계를 초월하고 맥락을 고려하는 텍스트언어학적·화용론적 기술 대상이다. 여기에서 담화의 의미는 의미론적으로뿐만 아니라 화용론적으로, 그리고 인지·사회적 관점으로 확장된다. 2절 담화와 텍스트의 기술 모형에서 이러한 가능성을 살핀 바 있다.

담화의 구성 요소는 내적·외적 구성 요소로 나누어 볼 수 있다. 내적 구성 요소는 형식과 내용으로 구분 가능한데, 형식은 다시 구조와 언어 표현 같은 요소로 구분할 수 있을 것이다. 그리고 담화 외적인 요소로는 담화에 참여하는 화자(필자)와 청자(독자), 담화가 이루어지는 장면이나 배경을 들 수 있다. 이러한 담화의 구성 요소는 담화의 유형에 따라 달라질 수 있다는 점에 유의할 필요가 있다. 다양한 담화 유형에서 담화의 구성 요소를 점검해 봄으로써 담화의 특성을 좀 더 잘 이해할 수 있을 것이다.

담화의 맥락은 언어적 맥락과 비언어적 맥락으로 나누고 비언어적 맥락은 다시 상황맥락과 사회·문화적 맥락으로 나눌 수 있다. 맥락에 대한 정확한 이해 없이는 특정한 발화나 담화의 의미를 파악하기 어렵다. 특히 맥락에 민감한 사회나 의사소통 장면에서는 언어의 의미가 맥락에 의존하여 해석되는 정도가 높아지므로 맥락에 대한 이해가 더욱 중요해진다. 이러한 의사소통 상황에서 맥락에 대한 민감도가 낮은 사람은 의사소통에 성공적으로 참여하기 어려워질 수 있다.

이러한 내용 요소들은 담화의 개념과 특성에 대한 기본적인 이해를 통하여 담화의 생산과 수용에 효과적으로 참여하는 데 도움이 되는 것들이다. 그러나 위에 제시된 하나의 성취기준만으로는 특정한 담화를 의사소통에 적합하게 만드는 기준, 특히 응결성(cohesion)이나 응집성(coherence)과 같은 개념이나 담화에서 응결성을 높여주는 '지시, 접속, 대용' 표현 등을 다 다루기는 어려울 것이다. 이와 같은 내용을 포함한다 하더라도 담화의 정태적 속성에만 주로 치우친 것이어서 담화에 대한 총체적 이해를 꾀하기에는 부족하다.

담화에 대한 총괄적 이해를 위해서는 담화의 동태적 측면에 대한 학습도 포함되어야 한다. 여기에는 담화의 생산과 수용 과정, 그리고 그 과정에서 적용되는 생산자와 수용자의 전략이 포함될 수 있다. 특히 의미 교육에 초점을 맞춘다면 담화의 생산자가 담화에 의미를 어떻게 구현하는가, 그리고 담화의 이해자는 담화에 구성된 의미를 어떻게 파악하고 해석하는가에 대한 학습도 함께 이루어져 한다는 것이다. 그리고 그러한 역동성이 다양한 담화 유형에 따라서 어떻게 다르게 적용되는지, 표현과 이해의 효율성이 어떻게 확보될 수 있는지 등에 대해서도 함께 다루어질 필요가 있다.

물론 이는 듣기·말하기, 읽기, 쓰기 영역에서 다루어야 할 내용이기도 하다. 그러나 문법이 그 내용 범위에 담화를 포함하고자 한다면 담화의 동태적 속성에 관심을 가져야 하는 것은 더 말할 나위가 없다. 확장된 의미에서의 문법은 담화 차원에서 적용되는 언어 사용의 기제를 기능적으로 기술할 수 있어야 할 것이다. 이를 기반으로 하여 기능 영역에서는 다양한 유형의 담화를 실제로 생산하고 수용하는 활동을 통하여 실질적인 국어 능력을 기를 수 있도록 내용 체계를 구성하여야 할 것이다.

다음 기사를 읽고 아래 질문에 답하여 보자.

'포켓몬 고' 속초로 GO

스마트폰 증강현실 게임… "강원 고성–양양서도 가능" SNS 인증샷… 게이머 몰려

세계적으로 불어닥친 '포켓몬 고' 열풍이 한국에도 상륙했다. 국내에서는 이용 불가능한 것으로 알려졌지만 강원 속초시 등 일부 지역에서 게임이 가능하다는 사실이 알려지면서 속초 등으로 떠나는 게임 팬이 늘고 있다.

'포켓몬 고'는 인기 애니메이션 '포켓몬스터'를 주제로 한 스마트폰용 증강현실(AR) 게임. 구글 자회사인 나이앤틱과 일본 게임회사인 닌텐도가 합작해 만들었다. 6일 미국 호주 뉴질랜드 등 3개국에서 정식 출시됐다. 이 국가들은 물론이고 다른 나라에서도 우회적으로 이 게임을 즐기는 이용자가 폭발적으로 늘고 있다.

현재 '포켓몬 고'는 국내에 아직 출시되지 않았지만 해외 계정으로 우회하고, 설치파일을 내려받으면 게임도 내려받을 수 있다. 국내에는 한 가지 난관이 더 있다. 바로 게임에 필요한 구글의 위성위치확인시스템(GPS)이 국내에선 서비스되지 않는 것.

그런데 '포켓몬 고'가 속초시, 고성군, 양양군 등 강원 일부 지역에서 실행된다는 사실이 13일 알려지면서 인터넷과 소셜네트워크서비스(SNS)가 후끈 달아올랐다.

'포켓몬 고' 관련 웹사이트 등은 속초 일대 상황을 수시로 올리면서 휴대전화를 들고 포켓몬 캐릭터를 찾아다니는 사람들의 모습을 쉽게 볼 수 있다고 전했다. 프로그래머 이두희, 가수 정준영, 아이돌 그룹 엑소의 찬열 등 연예인들도 속초행을 인증하거나 관심을 나타내기도 했다.

속초도 때 아닌 홍보 효과를 누리고 있다. 이병선 속초시장은 이날 본보와의 통화에서 "대단히 환영할 일이다. 무료 와이파이존과 스마트폰 충전시설 등을 더욱 확충해 게임 팬을 맞이하겠다"고 말했다.

'포켓몬 고'를 속초 일대에서만 즐길 수 있는 이유는 아직 밝혀지지 않았지만 일부선 구글 GPS상에서 속초 등이 한국이 아닌 지역으로 인식되면서 가능해졌다고 추정하고 있다.

'포켓몬 고'는 스마트폰 카메라로 현실의 특정 장소를 비추면 그 장소에 가상으로 숨겨져 있는 포켓몬 캐릭터가 등장한다. 게임은 이 포켓몬 캐릭터를 잡는 방식으로 진행된다. 위치정보 시스템과 증강현실을 결합한 기술로, 도시에서 실제로 사냥을 하는 듯한 현실감이 인기 요인이다.

－『동아일보』, 2016.7.14.

1. 이 기사가 텍스트성의 일곱 가지 기준을 충족하고 있는지 평가하여 보자.

2. 이 기사를 2절에서 제시한 텍스트 기술 모형 다섯 가지 중 하나를 선택하여 모둠별로 분석하여 보자. 그리고 분석 결과를 모둠의 다른 구성원들과 비교하여 보자.

3. 위 텍스트의 처리 과정을 산출자의 관점과 수용자의 관점에서 설명하여 보자. 그리고 자신이 어떤 산출 또는 수용 전략을 사용하여 텍스트의 의미를 구성하였는지 말하여 보자.

지시, 대용, 접속, 생략 표현

3.1. 지시 표현이란 무엇인가

지시 표현의 정의

지시(指示)란 '가리켜 보임'이라는 의미이다. 이러한 가리킴의 기능을 하는 것이 지시 표현이다.[13] 즉, 지시 표현이란 구체적인 맥락 내에 존재하는 대상을 가리키는 언어 표현이다. 지시 표현은 (1)에서 '그것'이 '영화'를 가리키는 것처럼 특정 어휘를 대상으로 할 수도 있고, (2)에서처럼 더 큰 의미 단위인 문장이나 문단을 가리킬 수도 있다. (2)에서 '그'는 '머지않아 통일이 이루어질 거야.'라는 문장을 가리키고 있다.

(1) 영수: 어제 뭐 했어?

서연: 영화 봤지.

영수: 그것 재미있어?

---

13 '직시(deixis)'라는 용어를 사용하기도 하지만 국어과 교육과정에 제시된 '지시 표현'이라는 용어를 그대로 따랐다. 지시 표현을 '지시어' 또는 '가리킴말'이라고도 한다.

서연: 별로야.

(2) 준서: 머지않아 통일이 이루어질 거야.

희연: 절대 그 신념을 포기하지 마.

위의 예와 같이 지시 표현 자체는 특정한 의미를 갖고 있지 않으며 철저하게 맥락에 의해 의미가 결정된다. 화자와 청자는 시간과 공간적 장면 내에서 앞뒤 맥락 정보를 공유해야만 지시 표현이 가리키는 대상을 정확하게 파악할 수 있다. (3)의 경우 창수와 아버지는 맥락 정보를 공유하지 않고 있기 때문에 아버지가 말하는 '그것'이 가리키는 대상을 파악하지 못하여 의사소통에 장애가 발생하고 있다.

(3) 아버지: 창수야 안방에서 그것 좀 가져 오너라.

창수: 어떤 거요?

아버지: 아휴, 손톱깎이.

지시 표현의 기능

맥락 정보에 대한 공유를 전제로 하여 지시 표현을 사용하면 동일한 말을 반복하여 표현하지 않아도 되므로 표현의 경제성을 높이는 데 도움이 된다. (4)의 예를 보면 서연의 '그것'은 '아파트 재개발 관련 법률'을 가리키며 영수의 '그렇게'는 '그게 쉽게 바꾸기 힘들 거야'라는 서연의 말 전체를 가리키고 있다. 이렇듯 동일한 말을 지시 표현을 사용하여 간결하게 바꾸어 효율적인 의사소통을 할 수 있다.

(4) 영수: 이번에 아파트 재개발 관련 법률이 개정된다며?

서연: 그게 쉽게 바뀌기 힘들 거야.

영수: 나도 그렇게 생각해.

지시 표현의 또 다른 중요한 기능은 앞뒤 말을 긴밀하게 연결하여 준다는 것이다. 위의 (4)의 예에서도 '그것'과 '그렇게'가 앞의 말을 자연스럽게 받아 연결함으로써 담화의 내적 구조를 견고하게 하고 있다.

지시 표현의 유형

우리말의 지시 표현은 화자와 청자로부터의 물리적 거리에 따라 '이', '그', '저' 세 가지로 분류된다.[14]

- '이' 부류: 가리키는 대상이 화자에게 가까운 경우
- '그' 부류: 가리키는 대상이 청자에게 가까운 경우
- '저' 부류: 가리키는 대상이 화자와 청자 모두에게서 멀리 떨어져 있는 경우

이를 문장 속에서의 기능으로 다시 분류하면 다음과 같다.

- 지시 대명사: 이것, 그것, 저것, 여기, 거기, 저기 등
- 지시 관형사: 이, 그, 저, 이런, 그런, 저런
- 지시 부사: 이리, 그리, 저리, 이렇게, 그렇게, 저렇게
- 지시 형용사: 이러하다(이렇다), 그러하다(그렇다), 저러하다(저렇다)
- 지시 동사: 이리하다(이렇게 하다), 그리하다(그렇게 하다), 저리하다(저렇게 하다)

3.2. 대용 표현이란 무엇인가

대용 표현의 정의

'대용(代用)'이란 '종이 상자를 서류함 대용으로 쓰다.'에서와 같이 무엇인가를 대신하여 다른 것을 쓴다는 의미이다. 그러므로 대용 표현이란 이미 앞에서 언급한 내용의 반복을 피하기 위해 다른 말로 대체하여 나타낸 표현을 의미한다. 대용 표현에는 지시

---

14 여기에서 다루는 '이, 그, 저' 부류의 지시 표현은 지시 대상을 구체적으로 가리키고 있다. 지시 표현 중에는 '누구, 아무/무엇, 어디, 아무데' 등과 같이 특정한 대상을 지시하지 않고 막연히 지시하는 표현들이 있는데 이를 부정칭(不定稱)이라고 한다.

표현에 사용되는 대명사 가운데 주로 '이'와 '그' 부류가 사용되기 때문에 형식상으로 잘 구별되지 않는다. 하지만 대용 표현은 다음과 같은 특성이 있다.

첫째, 대용 표현은 반드시 대화 참여자의 말에서 선행하여 언급된 것을 가리킬 때 쓰인다. 그러므로 지시 표현은 구체적인 맥락이 분명하게 주어져야 하지만 대용 표현의 경우에는 상황 맥락 없이 언어 내적 맥락만 주어져도 그 의미를 확인할 수 있다. (5)에서 '새로 산 컴퓨터를 보며 마냥 좋아하고 있는 거야.'를 대체하는 '그 꿈'이라는 대용 표현을 사용하여 문장을 자연스럽게 연결하고 있다. 선행 발화를 대체한 '그 꿈'의 내용이 무엇인지 분명하게 확인할 수 있다.

(5) 어제 매우 피곤한 상태로 잠이 들었는데, 새로 산 컴퓨터를 보며 마냥 좋아하고 있는 거야. 그 꿈이 지금도 생생하네.

둘째, 대용 표현은 선행 발화의 내용과 동일한 실체를 의미해야 한다. 즉, 의미적 등가성을 가져야 한다. (6)에서 수지가 말한 '훈민정음'은 앞의 발화에서 '세종대왕이 만든 한국의 글자'와 동일한 실체이다. 하지만 (7)의 경우에는 '세종대왕이 만든 한국의 글자'의 의미가 아니라 단순한 표기 대상을 의미한다.

(6) David: 세종대왕이 만든 한국의 글자 있잖아요?
　　　수지: 네, 훈민정음이요.

(7) 수지: 너 훈민정음이 뭔지 아니?
　　　영호: 근데 그것 한자로 어떻게 쓰지?

대용 표현의 기능

대용 표현은 지시 표현과 마찬가지로 잉여적인 정보를 없애고 내용을 반복하지 않게 하여 경제적인 표현을 통해 의사소통의 효율성을 높인다. 또한 의미가 동일한 대상을 두 표현으로 묶어 담화의 구조를 탄탄하게 한다.

(8) 영호: 나는 수학보다 과학이 더 좋아.

수진: 나도 <u>그래</u>.

(9) 일반적으로 도구는 강력하면 할수록 더 위험할 수 있습니다. 기계톱을 사용하면 손으로 켜는 톱보다 훨씬 더 많은 일을 할 수 있지만, 기계톱을 다룰 때는 반드시 조심해야 합니다. <u>그</u>와 마찬가지로 인터넷도 매우 강력하고 유용하긴 하지만 심각한 위험성을 내포하고 있기 때문에 인터넷을 사용할 경우 반드시 조심해야 합니다.

(8)의 경우 수진은 영호가 한 '나는 수학보다 과학이 더 좋아'라는 말을 반복하지 않고 간단하게 '그래'라는 말로 표현하여 의사소통의 효율성을 높였다. (9)의 경우 앞의 기계톱 사용과 관련된 문장과 뒤의 인터넷 사용과 관련된 문장은 각각 다른 도구의 사용에 대한 내용이다. 하지만 두 문장을 '그'로 자연스럽게 연결하여 담화의 구조를 견고하게 하고 내용의 일관성을 확보하고 있다.

대용 표현의 유형

우리말의 대용 표현은 화자와 청자로부터의 물리적 거리에 의해 '이, 그, 저'로 분류되는 지시 표현과는 달리 '저' 부류는 사용되지 않고 '이' 부류와 '그' 부류가 있다. 대용 표현은 하나의 단어뿐 아니라 문장의 일부, 문장 전체, 문단, 앞 내용 전체를 대신하기도 한다.

3.3. 접속 표현이란 무엇인가

접속 표현의 정의

'접속(接續)'이란 '서로 맞대어 이음'이란 뜻이다. 접속 표현은 문장과 문장을 연결해 하나의 의미 덩어리로 만들어 주는 표현이다. 예를 들면 (10)에서 '그래서'는 앞의 문장이 뒤의 문장의 원인임을 의미적으로 분명하게 하면서 둘을 접속하고 있다.

(10) 어제 정전이 되었다. 그래서 우리는 일을 못 마쳤지만 퇴근하였다.

접속 표현의 기능

접속 표현도 지시 표현과 대용 표현처럼 문장과 문장, 문단과 문단의 연결을 견고하게 하여 담화의 통일성(coherence)과 응집성(cohesion)을 높인다. 접속 표현에 의해 형식적으로 결속된 두 내용은 그 관계가 분명하게 드러나 화자의 의도를 쉽게 파악하는 데 도움을 준다.

접속 표현은 대화 장면에서 화자가 말하고자 하는 의도를 드러내는 중요한 단서이다. '졸업 후 2년 만에 동기생의 결혼식을 축하한 후 조촐한 모임을 갖고 있다. 모임이 시작되고 1시간이 지난 후에야 찬수가 도착했다. 이때 명선이는 가방을 챙기더니 자리를 떠났다.'와 같은 장면을 본 영호는 다음과 같이 표현하였다.

(11) ㄱ. 찬수가 도착했다. 그래서 명선이는 떠났다.
　　 ㄴ. 찬수가 도착했다. 그리고 명선이는 떠났다.
　　 ㄷ. 찬수가 도착했다. 그러나 명선이는 떠났다.

(11ㄱ)의 경우 '그래서'는 원인과 결과의 논리 관계를 나타낸다. 명선이가 떠난 이유에 찬수의 도착이 어느 정도 영향을 미쳤음을 알 수 있다. (11ㄴ)의 경우 '그리고'는 사건의 단순한 나열을 의미한다. 하나의 사건이 다른 사건에 직접적인 영향을 미치지 않았을 가능성이 높다. 찬수는 개인적인 사정으로 늦었을 뿐이고 마침 공교롭게 명선이가 먼저 일어나야 할 시간과 일치했을 가능성이 높다. (11ㄷ)의 경우 '그러나'는 역접 관계로 두 문장을 잇고 있다. 명선이가 찬수를 만나고자 기다렸거나 모임에 찬수가 꼭 와야만 하야 하는 경우를 생각해 볼 수 있다. 그렇지만 찬수의 도착에도 불구하고 명선이는 무슨 사정인지 그 자리를 떠나는 경우를 나타내고 있다. 이렇듯 접속 표현은 두 문장의 형식적 연결뿐 아니라 대화 장면에서 미묘한 의미의 차이를 전달하고자 하는 화자의 의도를 드러내는 역할도 한다.

또한 접속 표현은 해당 발화가 담화 내에서 수행하고자 하는 기능을 명시적으로 드러내어 청자가 전체 담화의 내용을 파악하는 데 도움을 준다. 예를 들어 '다시 말해'라는 접속 표현을 사용하여 앞 문단과 뒤 문단을 연결하면, 지금부터 뒤에 나오는 내용은 앞의 내용을 재차 설명할 것이라는 화자의 의도를 분명하게 전달할 수 있다.

접속 표현의 유형

국어에서 접속 표현은 주로 접속 부사[15]가 사용된다. 접속 표현을 분류하는 방식은 다양한데, 우선 접속 부사 중 앞뒤 내용의 논리적 의미 관계를 밝혀 연결하는 부류는 다음과 같은 것들이 있다.

- 나열 관계: 그리고
- 첨가 관계: 게다가, 더욱이, 또한 등
- 대립 관계: 그러나, 하지만, 그렇지만 등
- 인과 관계: 따라서, 그래서, 그러므로 등
- 전환 관계: 그런데, 한편 등

이와 더불어 사건 간의 시간적 순서를 드러내는 접속 표현에는 '먼저', '그리고 나서', '다음에는', '마지막으로', '첫째', '둘째' 등이 있다. 또한 후행 발화의 내용을 예고하거나 선행 발화를 요약하는 등 특정한 기능을 하는 접속 표현에는 '요약하면', '결론적으로', '한마디로' 등이 있다.

3.4. 생략 표현이란 무엇인가

생략 표현의 정의

생략(省略, ellipsis)이란 '전체에서 일부를 줄이거나 뺌'이라는 뜻이다. 생략 표현이란

---

15 접속어(接續語): 단어와 단어, 구절과 구절, 문장과 문장을 이어 주는 구실을 하는 문장 성분. 국어에서는 주로 접속 부사가 이 역할을 한다.
접속 부사(接續副詞): 앞의 체언이나 문장의 뜻을 뒤의 체언이나 문장에 이어 주면서 뒤의 말을 꾸며 주는 부사. '그러나', '그런데', '그리고', '하지만' 따위가 있다.

문장에서 단어나 문장의 일부를 누락한 표현이다. 맥락에 따라 문장에서 어떤 성분이든 생략될 수 있는데 이러한 생략 현상이 빈번하므로 이를 정확하게 이해하지 못하면 의사소통 장애를 겪게 된다. 생략해서는 안 되는 성분을 생략하거나 생략된 성분이 무엇인지 알아내지 못하면 의사소통 장애가 생긴다.

(12) 찬수: 너, 어제 선생님 뵈었어?

준영: 출장 가셔서 안 계시던데.

(12)에서 준영은 "선생님은 출장 가셔서 안 계시던데."라고 말하지 않았다. 준영은 현재 대화 장면에서 참여자 둘이 공유하고 있는 정보인 '선생님'이라는 성분을 생략하고 말하고 있다. 이러한 언어 현상을 생략이라고 하는데, 특히 문어로 소통하는 장면보다 구어로 소통하는 장면에서 빈번하며 문장 성분 중에서는 주어가 생략되는 경향이 있다. 왜냐하면 주어란 성분의 특성상 한 번 대화에 도입되면 그 후에는 생략해도 맥락에 의해 충분히 복원이 되기 때문이다.

이렇게 생략된 성분은 대화의 전후 맥락을 참조하면 언제든지 복원할 수 있다. 이때 어떤 성분을 생략하고 표현할지, 또한 생략된 성분을 어떻게 복원할 수 있는지는 철저히 대화 맥락을 기준으로 결정된다. 생략하고 복원하는 성분은 동일한 대상이어야 한다. 이러한 복원 가능성으로 인해 역설적이지만 생략을 통해 문장과 문장이 더욱 결속되는 효과가 생기기도 한다. 예를 들면 "어제 시청역에서 우연히 동아리 후배를 만났다. (후배는) 무척 바쁜지 계속 통화를 하고 있었다."라고 할 경우 생략으로 인해 오히려 담화를 결속시키는 효과가 발생하였다.

생략 표현의 기능

생략 표현을 사용하게 되면 맥락으로 자연스럽게 이해할 수 있는 말들을 과감하게 생략하여 대화에 투입하는 노력을 줄여 경제성을 높일 수 있다. 일반적인 대화의 경우 (13)처럼 말하기보다는 (14)처럼 의미를 공유하는 문장 성분을 생략하여 의사소통의 효율성을 높이는 대화를 한다.

(13) 찬수: 어제 누구 만났니?

　　　준영: 나는 어제 재석이를 만났어.

(14) 찬수: 어제 누구 만났니?

　　　준영: 재석이.

　이러한 생략 표현으로 인해 단순히 경제적 효과뿐 아니라 불필요한 정보는 생략하고 필요한 정보는 남겨두어 화자가 강조하고자 하는 바를 부각하여 전달할 수 있다. 또한 충분히 생략할 수 있는 말을 그대로 살려 의도적으로 그 정보를 강조하는 기능을 하기도 한다. 즉, 복원 가능하여 생략할 수 있어도 중요한 정보를 담고 있는 말을 선택하여 의도적으로 생략하지 않음으로써 오히려 내용을 강조할 수 있다.

　(15) 교사와 학생은 교실이라는 공간에서 소통한다. 교실이라는 공간은 교사와 학생, 학생과
　　　학생이 교감하며 지식을 구성하고 꿈을 키우는 곳이다.

　(15)의 경우 '교실이라는 공간'은 굳이 반복하지 않고 생략하거나, '그곳은' 정도로 간략하게 대체할 수 있다. 하지만 '교실이라는 공간'이라는 표현을 선택하여 생략하지 않고 그대로 반복함으로써 화자가 이 내용을 강조하여 전달하고자 하는 의도를 더욱 선명하게 하는 역할을 하고 있다.

3.5. 국어과에서는 지시, 대용, 접속, 생략 표현을 어떻게 가르칠 것인가

　국어교육에서는 지시, 대용, 접속, 생략 표현의 개념과 유형에 대한 개별적 이해보다 이들 표현이 담화의 통일성(coherence)과 응집성(cohesion)을 높이는 데 기여하는 방식에 대한 이해를 바탕으로 효과적인 담화를 생산하고 수용하는 능력을 기르는 데 교육의 목표를 두고 있다.

2009 개정 국어과 교육과정에서는 담화 표현을 다루면서 지시, 대용, 접속 표현을 교육 내용으로 선정하였다. 고등학교 '국어 II'의 문법 성취기준에서 다음과 같이 지시, 대용, 접속 표현을 이해하여 효과적인 담화 표현에 대해 탐구하도록 하였다. 2015 개정 국어과 교육과정에서는 '지시, 대용, 접속, 생략 표현'을 교육과정의 성취기준으로 명시적으로 다루고 있지는 않다.

〈고등학교 국어 II〉(10) 올바른 문장 표현과 효과적인 담화 표현의 양상을 탐구한다.
　　담화의 효과적인 표현은 어떤 것인지 탐구하도록 한다. 담화의 효과와 관련하여서는 지시, 대용, 접속 표현 등의 효과를 알아보고 속담과 같은 관용 표현이 주는 효과를 알아볼 수도 있다. 아울러 교양 있는 국어 생활을 위하여 올바른 문장 표현과 효과적인 담화 표현이 지녀야 하는 요소들을 생각해 볼 수도 있다.

선택 과목인 '독서와 문법'에도 다음과 같이 지시, 대용, 접속 표현의 기능과 효과를 이해하도록 하였다. 특히 이러한 표현들이 담화의 응집성과 통일성에 어떻게 기여하는지 이해하고 구체적인 담화 자료에 나타난 이 표현들의 효과를 탐구하도록 하고 있다.

〈고등학교 독서와 문법〉(14) 담화에서 지시·대용·접속 표현의 기능과 효과를 이해한다.
　　지시 표현, 대용 표현, 접속 표현은 담화의 응집성과 통일성을 높이는 데 기여한다. 특히 독서와 관련지어 구체적인 담화 자료를 바탕으로 지시 표현, 대용 표현, 접속 표현을 분석하고 그 효과를 탐구함으로써 이들 표현이 하나의 담화에서 갖는 기능을 이해하고 담화의 특성을 이해할 수 있도록 지도한다.

생략 표현은 제7차 국어과 교육과정에는 제시되었으나 2009 개정 교육과정에는 나오지 않는다. 7차 문법 교과서에 생략 표현과 관련하여서는 다음과 같은 내용을 주된 교육 내용으로 다루고 있다.

대화 장면에서 생략 현상이 매우 빈번하게 일어나므로 생략 현상을 제대로 이해하지 못하면 의사소통을 하기 어렵다. 따라서 구체적인 의사소통 상황에 맞게 생략 표현을 구사하고 생략된 표현을 복원하여 이해하는 능력을 기를 필요가 있다.

이렇듯 국어과에서는 이러한 표현들이 담화에 미치는 효과에 중점을 두고 있으므로 독립된 문장 차원보다는 담화 전체를 제시하여 학습자가 대화 장면의 맥락을 충분히 인식한 상태에서 해당 표현들의 기능과 효과를 파악할 수 있도록 지도해야 한다. 이러한 표현들이 잘못 사용되었을 때 초래되는 의사소통의 문제점에 대해 구체적인 대화 사례를 통해 생각해 보도록 하고, 적절한 표현으로 고쳐보는 활동을 통해 지시, 대용, 접속, 생략 표현을 효과적으로 사용하는 실제 능력을 신장하도록 한다.

예를 들어 접속 표현을 학습하는 경우에는 다음과 같은 실제 뉴스 보도에서 기자가 사용한 접속 표현의 양상을 탐구해 보는 학습 활동을 할 수 있다. 학습자는 기자들의 앞뒤 발화가 접속 표현에 의해 유기적으로 연결되어 있는지를 탐구해야 한다.

- 오 기자: 문제는 다시 먹을 수도 있는 음식들이 쓰레기로 버려져서 쓰레기 아닌 쓰레기를 양산하고 있다는 점입니다. 그래도 하루 배출되는 음식물 쓰레기는 지난해 만 3천여 톤이던 것이 달마다 줄었지만 여전히 만 천 톤을 넘고 감소세도 크게 줄었습니다.

이 경우에는 뒤 문장의 '여전히 넘다'라는 내용으로 보아 '그래도'를 사용하는 것은 옳지 않다.

- 김 기자: 상주들은 보통 예상치 못한 죽음 때문에 당황하기 마련입니다. 그러다 보니 장례식장을 이용하면서 계약서와 약관 조항을 제대로 다 읽어 보지 못하는 경우가 많습니다.
- 상주(인터뷰): 갑자기 어머니가 돌아가셔서 이것저것 물어보지 못했어요.
- 김 기자: 하지만 일부 장례식장들은 이런 점을 악용해 소비자에게 일방적으로 불리한 약관을 사용하고 있습니다.

이 경우에는 문장 간의 관계가 역접의 내용이 아니므로 '하지만'은 불필요하다. 실제 기자들의 보도 발화에 빈번하게 출현하는 언어 표현 양상이다.

- 박 기자: 어제에 이어 오늘 낮에도 생후 닷새 된 신생아 한 명이 같은 증세로 입원했습니

다. 두 명 모두 증세가 악화돼 병원 측은 이들의 상태를 면밀하게 관찰하고 있습니다. 또 숨진 신생아의 쌍둥이 동생으로 지난달 24일부터 입원 중인 신생아 1명은 병세가 호전되고 있습니다.

이 경우에는 앞 문장은 '아직도 마음을 놓을 수는 없는 상황', 뒤의 문장은 '다소 희망적인 상황'을 나타내는데, 이 두 문장이 '또'와 같이 '부가, 첨가'를 나타내는 접속어로 연결되는 것은 논리적으로 문제가 있다. 전체 맥락을 고려할 때 '한편' 등으로 바꾸거나 차라리 접속 표현을 사용하지 않는 편이 자연스럽다.

담화에 미치는 기능과 효과에 대한 이해와 더불어 이러한 표현에서 발견할 수 있는 한국어의 특성에 대한 인식도 교육의 목표로 함께 다룰 필요가 있다. 예를 들면 국어의 지시 표현은 '이, 그, 저' 삼원 체계이고, 영어의 지시 표현은 화자와 가까운 것을 가리키는 'here'와 멀리 떨어진 곳을 가리키는 'there'의 이원 체계인데 학습자로 하여금 두 언어의 차이점을 탐구해 보도록 할 수 있다. 또한 지시 표현과 관련된 다른 언어의 사례도 조사하여 발표하는 모둠 활동을 한다면 개별적인 표현의 이해에 그치는 것이 아니라 다양한 언어에 대한 인식을 기를 수 있을 것이다.

다음 ( ) 안에 적당한 지시 표현을 선택해 보고, 그러한 지시 표현을 선택한 이유를 말해 보자.

(1) 호영: 학교에서 민수 보았니?

　　수아: 없던데.

　　호영: {이 / 그 / 저} 녀석을 그럼 어디서 찾지?

(2) 호영: 우리 야구 팀이 결승에 진출했대.

　　수아: {이것 / 그것 / 저것} 참 신나는 일이네.

(3) 호영: 이분이 우리 감독님이셔.

　　수아: (감독님이 가신 뒤) 아까 {이분 / 그분 / 저분}이 누구시라고?

　　호영: {이분 / 그분 / 저분}이 앞으로 우리를 지도하실 감독님이시라고.

4 발화 행위와 대화 함축

4.1. 발화 행위와 대화 함축이란 무엇인가

발화 행위

발화 행위란 '화자가 자신의 의도를 담은 말을 표현하면 청자가 그 표현에 드러나거나 혹은 드러나지 않은 의미를 파악하여 그에 알맞게 수행하는 행동이나 행위'라고 정의될 수 있다.

행위로써 실현된다는 발화의 속성은 문장과 발화를 구분 짓는 가장 정석적인 기준이 된다. 문장(sentence)이란 문법 이론 내에 규정된 추상적 개체 또는 구성물이며, 문장 의미(sentence meaning)는 실현과 무관한 문장에 속하는 의미의 양상을 가리킨다. 반면 발화(utterance)는 특정 화자에 의해 특정 상황에서 실현되는 대상으로서의 문장을 가리킨다[황(Huang), 2007/이해윤 역, 2009 : 13-14].

발화를 '행위'의 측면에서 보고 이를 체계화하고자 하는 이론을 발화 행위 이론, 줄여서 화행론이라고 한다. 발화 행위는 의미를 지닌 문장을 발화하는 언표 행위(locutionary act)[16], 언표 행위와 함께 수행되는 행위인 언표 내적 행위(illocutionary act), 발화의 결과로 일어나는 행위인 언표 효과 행위(perlocutionary act)로 나누어 볼 수 있다. 이론의 창시

자인 오스틴(Austin)은 특히 언표 내적 행위에 주목했는데, 문장의 형태와 그 언표 내적 행위가 일치하는 경우를 직접 발화 행위가 일어난 것, 문장의 형태와 언표 내적 행위가 일치하지 않는 경우를 간접 발화 행위가 일어난 것으로 보았다.

종류	정의
언표 행위(locutionary act)	의미를 지닌 문장을 발화하는 행위
언표 내적 행위(illocutionary act)	언표 행위와 함께 수행되는 행위
언표 효과 행위(perlocutionary act)	발화의 결과로 일어나는 행위

〈표 3-5〉 '발화 행위'의 종류와 정의

발화 행위를 일으키는 핵심 요소는 수행 동사(행위유발동사)이다. 즉, 언표 내적 효과가 발휘되기 위해서는 해당 문장의 동사에 행위를 유발할 수 있는 성질이 포함되어 있어야 한다. 예를 들면, '명령하다, 충고하다, 권유하다, 약속하다, 강요하다, 주의를 주다' 등의 동사를 사용하여 문장을 만드는 것이다.

대화 함축

함축(implicature)이란 추론에 의해 얻어진 의미로, '주어진 말의 표면에 나타나지 않았어도 청자가 미루어 짐작할 수 있는 내포된 의미'(박영순, 2007: 246), 또는 말하고자 하는 바를 화자가 문장으로 실제 발화한 것은 아니지만 발화 속에 암시되어 있는 명제(윤평현, 2008: 391, 393)를 뜻한다. 화자는 발화 문장의 명시적인 의미 이상의 다른 의미를 그 발화 속에 넣어서 말하기도 하는데, 이때 직접적으로 전달된 것 이상으로 추가된 의미가 바로 함축이다. 대화 함축(conversational implicature)은 그라이스(Grice)에 의해 창

---

16 윤평현(2013)은 각 개론서에서 사용하고 있는 용어를 다음과 같이 정리하였다.

locutionary act	언표 행위	발화 행위	언표적 행위	표현 행위	언어적 행위
illocutionnary act	언표 내적 행위	발화 수반 행위	언표 내적 행위	표현 내적 행위	수행적 행위
perlocutionnary act	언표 효과 행위	발화 효과 행위	언향적 행위	표현 달성 행위	언향적 행위

〈표 3-6〉 '발화 행위' 관련 번역 용어 모음

안된 개념으로, '발화 상황에서 화자가 드러내지 않았으나 청자가 화자가 대화에 협력하고 있다는 것을 가정하면서 추론하는 의미'를 뜻한다. 일반적으로 협력의 원리가 준수되지 않을 때는 의사소통이 원활히 이루어지지 않는다. 그런데 화자가 의도적으로 협력의 원리를 깨뜨림으로써 청자가 함축된 의미를 추론하도록 이끄는 경우를 대화 함축이라고 한다. 이 경우 청자는 화자의 발화에 협력의 원리가 준수되고 있다는 믿음이 전제되어야 하며, 화자 역시 청자가 그러한 고의성을 추론해 낼 것으로 기대하고 있다(임지룡, 2010: 353).

그라이스(Grice)의 대화 함축 이론의 대전제는 대화는 대화 참여자들이 서로 협조하면서 주어진 규칙을 준수한다는 협력 원리(cooperative principle)이다. 협력 원리는 다음과 같이 원만한 대화를 위한 일반 원리와 그를 보다 구체적으로 제시한 대화 격률로 정리된다.

일반 원리	
대화가 진행되는 각 단계에서 대화의 목적이나 방향에 따라 요구되는 만큼 대화에 이바지하게 하라.	
대화 격률	
양의 격률	• 대화의 목적에서 현재 필요한 만큼의 정보를 제공하라. • 필요 이상의 정보를 제공하지 말라.
질의 격률	• 당신이 제공하는 정보가 참된 것이 되도록 하라. 　– 거짓이라고 믿는 것은 말하지 말라. 　– 적절한 증거가 없는 것은 말하지 말라.
관계의 격률	• 관련성이 있게 하라.
태도의 격률	• 명료하고 정확하게 하라. 　– 불명료한 표현을 피하라. 　– 중의성을 피하라. 　– 간결하게 하라. 　– 순서에 맞게 하라.

〈표 3-7〉 그라이스(Grice)의 협력 원리

대화는 협력 원리에 따라 진행되기 때문에, 화자가 대화 격률을 준수하거나 역으로 준수하지 않을 때 함축이 생성될 수 있는데, 특히 대화 격률을 준수하는 경우를 표준 함축이라 한다. 이러한 함축 생성의 기제는 대화에 참여한 화자와 청자가 모두 발화에 충실하게 참가하고 있음을 전제하기 때문에 과잉되거나 부족한 정보에 대해 이를 수용하여 발화 의미를 추론하고자 하는 노력에 있다고 할 수 있다.

1) 함축의 생성

함축을 생성하는 방법으로는 대화 격률을 준수함으로써 생성하는 방법[17], 대화 격률을 위배함으로써 생성하는 방법으로 구분된다. 대화의 격률을 위배함으로써 생기는 함축을 '의도적 격률 위배'라고 한다. 대화 참여자는 당연히 대화 격률을 지킬 것이라고 가정하는 상황에서 의도적으로 격률에 어긋나게 하는 발화를 함으로써 특별한 의미를 추론하게 한다. '의도적 격률 위배'에는 '양의 격률 위배', '질의 격률 위배', '관계의 격률 위배', '태도의 격률 위배'가 있다.

'양의 격률 위배'는 화자의 물음에 너무나 넓은 답을 함으로써 제대로 된 정보를 제공하지 않는 경우이다. 특히 동일어구 중복으로 무의미해 보이는 발화도 의도적으로 양의 격률을 위배함으로써 많은 의미를 전달하려는 경우로 이에 해당한다. 예를 들어 성철 스님이 하신 유명한 말씀 중에 '산은 산이요, 물은 물이로다'는 동일 어구의 반복으로 생기는 의도적 격률 위배라 할 수 있다. '질의 격률 위배'는 거짓을 의도적으로 말함으로써 상대방의 말이 잘못된 진술임을 간접적으로 드러내려는 것이다. 특히 은유는 질의 격률을 의도적으로 위배함으로써 표현 효과를 살리는 수사법이라 하겠다. '관계의 격률 위배'는 상대방이 말한 내용과 관계없는 내용을 의도적으로 말하는 것으로 화제 전환을 시도하여 자신의 약점을 드러내지 않으려 한다거나 대화를 들어서는 안 되는 사람에게 들키지 않게 하려는 등 특정한 의미를 추론할 수 있다. '태도의 격률 위배'는 일부러 명료하게 대답하지 않음으로써 듣는 사람의 기분을 상하게 하지 않으려는 의도

---

17 아들: 엄마, 용돈이 다 떨어졌어요.
　　엄마: 그럼 설거지부터 해라.

위 대화는 표면적으로 보기에 상관이 없는 대화처럼 보인다. 그러나 '집안일을 하면 용돈을 준다.'는 가족 간의 암묵적인 약속이 있을 때 위의 대화는 관련성 있는 대화가 된다. 화·청자가 대화를 협력하고 있다고 가정할 수 있으며 대화 함축이 내포되어 있다.

가 있다. 병에 대한 예후를 있는 그대로 말하지 않는다거나 상대방의 외모에 대한 평가를 노골적으로 말하지 않고 불분명하게 말하는 예가 있다.

2) 격률 울타리

화자가 대화 격률을 준수하는 정보에 관하여 언급하는 한정적 표현을 격률 울타리(maxim hedge)라고 한다. 자신이 전달하는 정보의 양이 제한적일 수 있음을 조심스럽게 알리기 위한 표현이라고 하겠다. 예를 들어 '거두절미하고(양의 격률 울타리)', '내가 잘못 보았는지 모르겠는데(질의 격률 울타리)', '직접 관련이 있는지는 잘 모르겠지만(관계의 격률 울타리)', '너무 말이 길어지는지 모르겠지만(태도의 격률 울타리)'과 같은 표현이 있다. 이 표현을 통해서 화자는 자신이 협조적인 대화 상대임을 청자가 인정해 주기를 기대한다.

3) 대화 함축의 종류

직접적으로 문장 내에 드러난 것 이상으로 추가되어 있는 의미를 '함축'이라고 한다. 물론 격률을 적절히 지키는 상황에서도 함축이 일어날 수 있으며, 이러한 함축을 '준수된 대화 함축'이라고 한다. 그런데 대화의 상황에서 화자는 종종 자신이 전하고자 하는 바를 우회적으로 돌려 표현하기도 한다. 대화 격률을 지키지 않는다고 해서 의사소통의 의사가 없음을 나타내는 것은 아니다(강미경, 2000: 7). 대화의 협력 원리를 의도적으로 어겨서 결과적으로 자신의 전하고자 하는 의도를 보다 효과적으로 전달하는 것이다. 이렇게 발생하는 함축을 '무시된 대화 함축'이라고 한다. 대화 함축이 효과적으로 기능하기 위해서는 화자와 청자가 서로 대화에 협력한다는 가정 속에서 청자의 추론이 이루어져야 한다.

대화의 함축은 대화 격률과 같이 화용론적 원리에 의해서 추론되는 함축과 대화에 사용된 특정 어휘의 자질에 의해서 일어나는 함축으로 구분한다. 전자를 '대화 함축(conversation implicature)'이라 하고 후자를 '고정 함축(conventional implicature)'이라고 한다. 대화 함축에는 '일반 대화 함축'과 '특정 대화 함축'이 있는데 특별한 맥락이나 배경 지식을 통하여 추론하는 것을 '특정 대화 함축'이라고 한다. '고정 함축'은 협력 원리나 격률에 대해서 고려할 필요가 없이 특정 단어와 관련되어 그 단어가 사용될 때에 또 다른 의미를 만들어 내는 함축[18]이다.

함축의 또 다른 종류에는 '등급 함축'과 '절 함축'이 있다. 화자가 등급(scale)을 표현하는 단어를 사용함으로써 발생하는 함축을 '등급 함축(scale implicature)'이라고 한다. 등급 함축의 수량을 나타내는 등급의 어떤 값이 선택되면 이 값이 갖는 의미는 이 값보다 상위에 있는 값을 부정한다. 예를 들어 '이 물은 미지근하다'라는 말에는 '이 물은 뜨뜻하다'라는 상위 값을 부정하는 함축이 내포되어 있는 것이다. '절 함축(clausal implicature)'은 복합문 속의 내포문, 즉 절의 명제 내용에 대한 함축이다. '나는 그녀가 나와 결혼할 것이라는 것을 믿는다.'와 '나는 그녀가 나와 결혼할 것이라는 것을 안다.'에서 '믿는다'는 명제를 사용하였을 때에는 '안다'에서와는 달리 약한 표현을 사용해 강한 판단을 할 만한 근거가 없음을 함축한다.[19]

그라이스(Grice, 1975)에서는 대화 함축의 특성을 '취소 가능성', '비분리성', '계산 가능성', '비고정성', '비확정성'의 다섯 가지로 들고 있다.

특성	내용
취소 가능성(cancellability)	대화 함축은 화자가 전달된 함축을 취소할 수 있다.
비분리성(non-detachability)	대화 함축은 맥락과 불가분리의 관계에 있다.
계산 가능성(calculability)	대화 함축은 함축의 발생과 해석이 논리적으로 예측될 수 있다.
비고정성 (non-conventionality)	발화 문장, 맥락과 대화 격률에 의해 비정기적으로 발생한다.
비확정성(indeterminacy)	화자의 발화 의도가 청자에게 명시적으로 전달되지 않을 수 있다.

〈표 3-8〉 대화 함축의 특성[그라이스(Grice), 1975]

18 예를 들어 '내가 이 문제를 풀어도 풀 수 없다'와 '내가 이 문제를 풀어도 풀 수 있다'에서 전자의 나는 웬만한 문제를 풀어내는 능력자이고, 후자의 나는 웬만한 문제는 풀 수 없는 무능력자임을 함축한다. 연결어미 '-어도'가 극성의 의미를 함축하기 때문이다.
19 영어의 'believe'와 'know'의 어감도 차이에 기인한 설명이다.

4.2. 발화 행위와 대화 함축은 어떻게 연구되었는가

발화 행위의 측면에서 언어를 연구하는 화행 의미론은 철학에서 태동한 연구 분야이다. 1930년대에는 어떤 문장이 참인가 거짓인가를 따지는 논리 실증주의적 경향이 극단으로 발전했다. 이때 영국 옥스퍼드 철학자 오스틴(Austin)이 이러한 논리 실증주의적 맹점을 비판하면서 생긴 것이 화행 의미론이다. 1960년대 오스틴(Austin)은 『How To Do Things with Words』(1962)라는 강연록을 통해서 모든 발화는 행위를 수반한다는 주장과 함께 언어의 수행적 측면을 강조하여, 그동안 단어와 문장의 의미에 국한되었던 의미론의 연구 대상을 발화에까지 확장하였다. 오스틴(Austin)은 문장은 진술문뿐만 아니라 질문, 명령, 요청, 감탄의 여러 의미를 가지고 있고, 문장의 형태가 평서문이라 해도 진술로만 쓰이는 것이 아니라 약속, 명령, 경고, 요청 등으로 사용된다고 보았다. 오스틴(Austin)은 무언가를 기술하기 위해서 또는 어떤 상태를 진술하기 위해서 문장이 사용되는 것이 아니라, 무엇인가를 능동적으로 행하기 위해서 사용된다고 보았다. 발화를 함으로써 실제로 그 행위를 실행하는 것이라고 본 것이다. 이후 오스틴(Austin)의 발화 행위 이론을 뒷받침하여 설(Searle)은 『Speech Acts』(1969)에서 발화 행위가 성립하기 위한 요건으로 적정조건을 체계화하였고, 그라이스(Grice)는 『Logic and conversation』(1975)에서 협력 원리로 대화 함축을 설명하였다(윤평현, 2008 : 33).

설(Searle)의 화행론이 언어학에 수용되면서 언어학은 체계언어학에서 화용 언어학으로 전환이 된다. 화행론(speech act theory)은 언어학에 화용론(pragmatics)이 도입되는 데 큰 영향을 끼쳤다.

4.3. 국어과에서는 발화 행위, 대화 함축을 어떻게 가르칠 것인가

국어과에서는 발화 행위와 대화 함축의 원리와 과정을 체계적으로 제시함으로써 학생들의 대화 능력, 나아가 다양한 의사소통 상황에서 적절히 대처할 수 있는 능력을 신장시키는 것에 초점을 맞춰야 한다.

1) 직접 발화 행위와 간접 발화 행위 이론에 대한 교육적 적용

직접 발화 행위와 간접 발화 행위 중 명령이나 요청에 해당하는 의미를 전달할 때 어떤 표현이 더 청자에게 부담을 덜 주는 표현인지에 대한 학습이 필요하다. 명령의 의미를 전달하기 위해 다양한 방식으로 전달하는 학습자 개인의 발화 형태에 대한 점검을 하면 학습자의 의사소통 방식을 스스로 알게 되는 계기가 될 것이다. 또한 문화권별로 명령이나 요청 화행을 수행할 때 어떤 방식을 주로 사용하는지, 그리고 문화권마다 다른 이유가 무엇인지 스스로 찾아보게 하는 학습을 하면 좀 더 흥미있게 직접 발화 행위와 간접 발화 행위를 공부할 수 있을 것이다.

2) 격률 울타리 이론에 대한 교육적 적용

격률 울타리는 자신의 발화가 상대방에게 어떤 영향을 미칠지를 조절하고 가장 적당한 정도를 알리기 위한 기능을 한다. 이런 표현을 사용으로써 협조적인 대화 상대임을 나타낸다. 이는 대화에서 '협력의 원리'를 지키기 위한 의사소통 방법임을 가르친다. 격률 울타리가 사용된 예시를 제시하고 사용하지 않았을 경우와 비교하면서 격률 울타리가 협력적인 대화에 어떤 영향을 주는지 학습하는 것도 좋은 방법이다.

3) 대화 함축 이론에 대한 교육적 적용
① 대화 함축을 통해 인간의 사고 과정에 대한 이해
대화 함축을 분석해 봄으로써 인간의 사고 과정을 이해할 수 있다. 다음 사례를 보자.

A: 오늘 축구할래?
B: 내일 영어시험이야.

위 사례를 보면 A의 질문에 대해 B는 직접적 답변을 하지 않은 것처럼 보인다. 그러나 B의 답변은 '내일 영어 시험이라 공부를 해야 해서 오늘 축구를 할 수 없어.'라는 함축이 담겨 있다. 이와 같이 표현을 분석해 봄으로써 대화 함축을 살펴보는 것은 인간의 사고 과정을 이해하는 데 도움을 준다. 왜 인간은 묻는 질문에 '네/아니요'로 대답하지 않고 함축을 사용하는 걸까? '내일 영어 시험인데 공부를 안 해서……. 오늘 시험공

부 때문에 축구를 할 수 없어'라는 대답을 하면 누가 들어도 정확하게 이해할 텐데 인간은 왜 그 단계를 뛰어넘어 비약적인 말하기를 하는 것인지에 대한 의문을 제기한다. 경제성 때문인지, 함축된 부분은 청자가 쉽게 이해 가능하고 자동화 되기 쉽기 때문인지, '아니요'와 같이 단정적으로 대답하는 것은 거절 화행이라서 상대에게 부담을 주기 때문인지 학습자들과 표현 의도를 탐구해 보는 것도 좋은 학습법이다.

② 대화 함축이 오해를 불러일으킬 때

대화 함축은 말 그대로 함축적인 특성이 있기 때문에 화자의 의도가 명시적으로 드러나지 않아 화자의 의도와는 다른 정보를 청자에게 전달할 수 있다. 이런 비확정성으로 인해 잘못된 관계로 발전할 수도 있다. 어떻게 화자가 자신의 의도를 잘 함축하여 표현할지, 그리고 청자는 어떻게 화자의 함축된 표현을 이해할지에 대한 교육 방법이 필요하다. 대화 상대자를 얼마나 잘 이해하고 있는지에 따라 함축에 대한 오해를 줄일 수 있다. 대화 상대자의 대화 방식, 주변 상황에 대한 이해 없이는 발화에 담겨 있는 비약을 이해할 수 없을 것이다.

🖋 탐구문제

1. 다음 대화를 읽고 B에 나타난 대화 함축을 생각해 보자.

> A: 저녁 모임에 뭘 입고 갈까?
>
> B: 너의 검정색 원피스는 정중해 보여서 좋고, 분홍색 투피스는 밝아서 좋아. 한복도 잘 차려 입으면 우아하고 청바지 차림은 발랄해 보이는데, 너는 어떤 옷을 입어도 잘 어울릴 거야.

2. 밑줄 친 부분은 화자가 대화 과정에서 상대의 생각을 추론하여 발화 의미를 파악한 것이다. 발화 의미를 파악하는 방식이 나머지 넷과 다른 것은?

① 후배: 이번에도 아들을 낳아서 좀 섭섭했어요.

　선배: (이 친구가 이번에는 딸 낳기를 기대했구나.) 아들이면 어떻고 딸이면 어때. 건강하면 돼.

② 시어머니: 어미야, 아범 아직 퇴근 안 했니?

　며느리: (어머님이 저녁 식사를 기다리시는구나.) 어머님, 시장하시죠? 먼저 차려 드릴까요?

③ 손님: 여기 지금 좀 덥지 않아요?

　점원: (더워서 지금 에어컨 켜기를 원하는구나.) 좀 덥죠? 에어컨 켜겠습니다.

④ 아버지: 지금 몇 시니?

　딸: (아버지께서 내가 너무 늦어 화가 나셨구나.) 죄송해요. 일찍 빠져나올 수가 없었어요.

⑤ 어머니: 벌써 일곱 시 지났다.

　아들: (서두르지 않으면 지각하겠구나.) 네, 지금 나가요.

(2013학년도 중등교사 임용시험 문제)

부록

참고문헌
찾아보기

참고문헌

〈자료〉

박영목 외(2014), 고등학교 독서와 문법, 천재교육.

서울대학교 국어교육연구소(2002), 고등학교 문법, 두산.

윤여탁 외(2012), 고등학교 독서와 문법I, 미래엔.

윤여탁 외(2014), 고등학교 독서와 문법, 미래엔.

이관규 외(2013), 중학교 국어3, 비상교과서.

이관규 외(2014), 고등학교 독서와 문법, 비상교육.

이도영 외(2014), 고등학교 독서와 문법, 창비.

이삼형 외(2012), 고등학교 독서와 문법I, 지학사.

이삼형 외(2014), 고등학교 독서와 문법, 지학사.

〈논문 및 저서〉

강길운(2010), 비교언어학적 어원사전, 한국문화사.

강미경(2000), 관련성 원리에 입각한 대화함축과 맥락함축, 언어연구 16(2), 한국현대
　　　언어학회, 5-22.

강범모(2003), 언어, 컴퓨터, 코퍼스 언어학, 고려대학교출판부.

강신항(1991), 현대 국어 어휘 사용의 양상, 태학사.

강헌규(1988), 한국어 어원연구사, 집문당.

강현화(2005), 어휘 교육론, 한국방송통신대학교 평생교육원 편, ‘외국어로서의 한국어
　　　교육학’, 한국방송통신대학교출판부, 69-112.

강효경(2010), 전제 이해를 위한 문법 교육 내용 연구, 서울대학교 석사학위논문.

곽재용(2003), 외래어 생태와 국어교육, 한국초등국어교육 22, 한국초등국어교육학회,
　　　79-122.

구본관(2008), 교육 내용으로서의 어휘사에 대한 연구, 국어교육연구 21, 서울대학교
　　　국어교육연구소, 77-127.

구본관(2005), 어휘의 변화와 현대국어 어휘의 역사성, 국어학 45, 국어학회, 337-372.

구본관(2007), 한국어에 나타나는 언어적 상상력: 중세 한국어를 중심으로, 국어국문학 146, 국어국문학회, 55-91.

구본관(2009), 국어생활사 교육 내용, 문법 교육 10, 한국문법교육학회, 1-48.

구본관(2011), 어휘 교육의 목표와 의의, 국어교육학연구 40, 국어교육학회, 27-59.

구본관, 박재연, 이선웅, 이진호 외(2016), 한국어 문법 총론Ⅱ, 집문당.

구본관, 신명선, 서혁, 이도영, 민병곤 외(2014), 어휘 교육론, 사회평론아카데미.

국립국어연구원 편(1996), 국어의 시대별 변천·실태 연구: 중세국어, 국립국어연구원.

국립국어원(2005), 2005년 신어, 국립국어원.

권덕규(1923), 조선어문경위, 광문사.

권영문(1996), 맥락과 의미에 관한 연구, 계명대학교 석사학위논문.

권혁승·정채관(2012), 코퍼스 언어학 입문, 한국문화사.

김경수(2015), 한국한자어 교육과 어문정책, 어문논집 61, 중앙어문학회, 149-170.

김광해(1982), 자음교체에 의한 어휘분화현상에 대하여, 국어교육 42, 한국국어교육연구회, 137-160.

김광해(1987), 유의어 반의어 사전, 한샘 [→ 비슷한 말 반대말 사전(2000/2009), 낱말].

김광해(1989), 고유어와 한자어의 대응 현상, 탑출판사.

김광해(1993), 국어 어휘론 개설, 집문당.

김광해(1995), 어휘 연구의 실제와 응용, 집문당.

김광해(1997), 국어지식 교육론, 서울대학교출판부.

김광해(1998), 유의어의 의미 비교를 통한 뜻풀이 정교화 방안에 대한 연구, 선청어문 26, 서울대학교 국어교육과, 5-40.

김광해(1999), 형용사 유의어의 뜻풀이 정교화 방안에 대한 연구: '아름답다-추하다' 군을 중심으로, 선청어문 27, 서울대학교 국어교육과, 605-631.

김광해(2003), 등급별 국어교육용 어휘, 박이정.

김광해(2008), 어휘 현상과 교육, 박이정.

김광해, 권재일, 임지룡, 김무림, 임칠성(1999), 국어지식탐구: 국어교육을 위한 국어학개론, 박이정.

김규선(1974), 국어 용어법의 연구, 논문집 10, 대구교육대학교, 141-154.

김대행(2006), 국어생활·국어문화·국어교육, 국어교육 119, 한국어교육학회, 1-30.

김무림(2012), 한국어 어원사전, 지식과교양.

김민수(1973), 국어정책론, 고려대학교출판부.

김민수(1982), 국어의미론, 일조각.

김민수·최호철 · 김무림 공편(1997), 우리말 어원사전, 태학사.

김방한(1990), 어원론, 민음사.

김방한(1992), 언어학의 이해, 민음사.

김봉순(2002), 국어교육과 텍스트구조, 서울대학교출판부.

김선영·전후민(2010), 한국어 학습자를 위한 유의어 사전에서의 화용적 정보 기술 방안, 한국사전학 16, 한국사전학회, 30-68.

김세중(1998), 외래어의 개념과 변천사, 새국어생활 8(2), 국립국어연구원, 5-19.

김슬옹(2010), 국어교육 내용으로서의 '맥락' 연구, 동국대학교 박사학위논문.

김영욱(1998), 국어사 교육은 과연 필요한가?, 선청어문 26, 서울대학교 국어교육과, 85-110.

김윤식(1999), 문학비평용어사전, 일지사.

김윤신(2014), 국어 문법 교육에서의 의미 교육의 한계와 전망, 새국어교육 98, 한국국어교육학회, 357-386.

김은성(2008), 국어 변이어의 교육 내용 연구, 국어교육 126, 한국어교육학회, 221-255.

김익환(2003), 맥락의 특성과 언어사용과의 관계, 영어교육연구 26, 한국영어교육연구학회, 7-34.

김정남(2007), 의미 투명성과 관련한 국어의 제 현상에 대하여, 한국어 의미학 22, 한국어의미학회, 1-23.

김종택(1992), 국어 어휘론, 탑출판사.

김종훈, 박영섭, 김태곤, 김상윤(1985), 은어, 비속어, 직업어, 집문당.

김진해(2000), 연어 연구, 한국문화사.

김창익(1998), 화용론: 함축과 전제를 중심으로, 언어연구 14(1), 한국현대언어학회, 35-49.

김태자(1993), 맥락 분석과 의미 탐색, 한글 219, 한글학회, 79-114.

김혜령(2015), 국어 어휘 의미의 실현 조건 연구, 고려대학교 박사학위논문.

김흥곤(1975), 國語의 몇 가지 曖昧性에 대하여, 어문학 33, 한국어문학회, 147-155.

김화영(2001), 초등 학생용 국어 사전에 관한 비판적 연구, 서울교육대학교 석사학위논문.

나찬연(1998), 학교문법에서의 '잉여적 표현'의 처리에 대하여, 언어연구 2, 경성대학교 인문과학연구소, 31-51.

나찬연(2004), 뜻바탕 되풀이 표현의 설정, 우리말연구 14, 우리말학회, 153-169.

남가영(2009), 문법 지식의 응용화 방향: 신문텍스트에 나타난 '-(다)는 것이다' 구문의 의미기능을 중심으로, 형태론 11(2), 313-334.

남기심·고석주(2003), 국내 사전 편찬의 현황과 과제, 한국사전학 1, 한국사전학회, 9-29.

남성우(1985), 국어의미론, 영신문화사.

남성우(1986), 15세기 국어의 동의어 연구, 탑출판사.

남성우(1997), 어휘 의미의 변화, 국어사연구회 편, 국어사연구, 태학사, 877-919.

노명완(1993), 언어 현상과 국어교육학의 이론화전략, 한국초등국어교육 9, 한국초등국어교육학회, 15-50.

노명희(2006), 국어 한자어와 고유어의 동의중복 현상, 국어학 48, 국어학회, 259-288.

노명희(2008), 한자어의 구성성분과 의미 투명도, 국어학 51, 국어학회, 89-113.

노명희(2009), 국어 동의중복 현상, 국어학 54, 국어학회, 275-302.

노명희(2013), 외래어의 의미전이, 大東文化硏究 82, 성균관대학교 대동문화연구원, 493-524.

도재학(2013), 대립적 의미 관계에 대하여, 국어학 66, 국어학회, 41-77.

리의도(2013), 어문규범 갖추기에 쏟은 조선어학회의 노력, 국제어문 59, 국제어문학회, 137-185.

문금현(1996ㄱ), 국어의 관용 표현 연구, 서울대학교 박사학위논문.

문금현(1996ㄴ), 관용표현의 생성과 소멸, 국어학 28, 국어학회, 301-333.

문금현(1999ㄱ), 국어의 관용표현 연구, 태학사.

문금현(1999ㄴ), 관용표현에 대한 국어교육학적 고찰, 선청어문 27, 서울대학교 국어교육과, 353-391.

문금현(2004), 전제의 유형, 한국어 의미학 14, 한국어의미학회, 223-254.

민경모(2014), 어휘의 계량 단위 재고, 언어과학연구 69, 언어과학회, 195-212.

민현식(1995), 국어 어휘사의 시대 구분에 대하여, 국어학 25, 국어학회, 335-366.

민현식(1997), 외래어의 차용과 변용, 국어사연구회 편, 국어사연구, 태학사, 921-954.

민현식(1998), 국어 외래어에 대한 연구, 한국어 의미학 2, 한국어의미학회, 91-132.

민현식(1999), 국어 정서법 연구, 태학사.

민현식(2000), 국어교육을 위한 응용 국어학 연구, 서울대학교출판부.

박동근(2011), 국어사전의 표제어 늘리기와 '유령어' 범주의 문제, 한국사전학 17, 한국
사전학회, 106-143.

박세진(2010), 한, 일 초등학교 한자교육 비교연구(2): 한국 초등학교 한자 교과서와 일
본 소학교 국어 교과서 분석을 중심으로, 漢文敎育硏究 35, 韓國漢文敎育學會,
63-108.

박순봉(1978), 인간언어의 잉여성, 영어영문학연구 5, 연세대학교 영어영문학과, 85-
94.

박영섭(1995), 국어 한자 어휘론, 박이정.

박영순(1988), 국어 동의문 연구, 선청어문 16·17 합본, 서울대학교 국어교육과, 310-
335.

박영순(1994), 한국어 의미론, 고려대학교출판부.

박영순(2007), 한국어 화용론, 박이정.

박영원(1985), '의미중복어' 고찰, 우리어문연구 1, 우리어문학회, 21-35.

박종갑(1996/2003/2007), 토론식 강의를 위한 국어의미론, 박이정.

박철우(2013), 부정문의 중의성 문제 재고: 작용역과 정보구조의 상호작용, 국어학 68,
국어학회, 135-165.

박형우(2007), 부정문의 중의성과 동의성 양상에 대한 연구, 청람어문교육 35, 청람어
문교육학회, 129-152.

박홍길(1991), 낱말의 겹친 구조 연구: 같은 기능의 형태소가 중복되는 경우, 새얼어문
논집 5, 동의대학교 국어국문학과 새얼어문학회, 121-163.

배주채(2009), 외국인을 위한 한국어사전 개관, 한국사전학 14, 한국사전학회, 7-51.

백문식(2014), 우리말 어원사전, 박이정.

백용학(1993), 화용론과 담화분석, 동아대학교출판부.

서울대학교 국어교육연구소(1999), 국어교육학사전, 대교출판.

서울대학교 국어교육연구소(2014), 한국어교육학사전, 하우.

석용준(1999), 의미장 접근법과 핵심어법이 외국어 기억조성에 미치는 효과, 한국교육
　　　문제연구소 논문집, 14, 중앙대학교 한국교육문제연구소, 165-187.

설성수(2013), 개방형 한국어 지식대사전 분야 분류, 한국사전학 22, 한국사전학회, 72-
　　　103.

송경숙(2003), 담화화용론, 한국문화사.

송민(1988), 국어에 대한 일본어의 간섭, 국어생활 14, 국어연구소, 25-34.

송민(1999), 개화초기 신생한자어 수용, 어문학논총 18, 국민대학교 어문학연구소, 19-
　　　38.

송철의(1998), 외래어의 순화 방안과 수용 대책, 새국어생활 8(2), 국립국어연구원, 21-
　　　40.

신기상(2005), 현대국어 한자어, 북스힐.

신명선(2007), "단어에 대한 앎"의 의미에 기반한 어휘교육의 방향 설정 연구, 국어교
　　　육 124, 한국어교육학회, 349-386.

신명선(2008ㄱ), 개정 국어과 교육과정의 문법 교육 내용에 대한 고찰, 국어교육학연구
　　　31, 국어교육학회, 357-392.

신명선(2008ㄴ), 의미, 텍스트, 교육, 한국문화사.

신명선(2013ㄱ), "언어적 주체" 형성을 위한 문법교육의 방향, 국어교육 143, 한국어교
　　　육학회, 83-120.

신명선(2013ㄴ), 맥락 관련 문법 교육 내용의 인지적 구체화 방향, 국어교육연구 32, 서
　　　울대학교 국어교육연구소, 69-103.

신지연(1994), 전제와 부정: 의미적 전제와 화용적 전제, 텍스트언어학 1, 한국텍스트
　　　언어학회, 201-223.

신현숙(1998), 의미분석의 방법과 실제, 한국문화사.

신현숙(2001), 한국어 현상과 의미 분석(개정판), 경진문화사.

신희삼(1998), 잉여현상의 양상과 해석, 언어학 6(2), 대한언어학회, 203-221.

심재기(1964), 국어 어의변화의 구조적 연구, 국어연구 11, 서울대학교 대학원 국어연구회.

심재기(1971), 국어의 동의중복현상에 대하여, 논문집 3, 서울대학교 교양과정부, 1-16.

심재기(1982/2000), 국어 어휘론, 집문당.

심재기(1989), 한자어 수용에 대한 통시적 연구, 국어학 18, 국어학회, 89-109.

심재기, 이기용, 이정민(1984/1996/2004), 의미론서설, 집문당.

심재기, 조항범, 문금현, 조남호, 노명희(2011), 국어 어휘론 개설, 지식과교양.

심재기, 조항범, 문금현, 조남호, 노명희(2016), 국어 어휘론 개설(개정판), 박이정.

안찬원(2012), 국어사전 활용 수업 분석 연구: 초등학교 문법 교육 현황을 중심으로, 문법교육 17, 한국문법교육학회, 165-196.

엄태현(2010), 의미 중복 표현에 대한 한국어-루마니아어 비교 연구, 동유럽발칸연구 25(1), 한국외국어대학교 동유럽발칸연구소, 77-102.

왕단(2005), 중국어권 학습자를 위한 한국어 형용사 기술과 교육 방안 연구, 서울대학교 박사학위논문.

원영희(2004), 의미의 선명화를 위한 번역담화상 잉여성의 문제, 번역학연구 5(1), 한국번역학회, 113-132.

원진숙(1991), 동의문의 성립 조건, 한국어문교육 5, 고려대학교 한국어문교육연구소, 25-42.

유창돈(1974), 어휘사 연구, 선명문화사.

유혜령(2010), 국어의 형태·통사적 공손 표지에 대한 연구, 청람어문교육 41, 청람어문교육학회, 377-409.

윤석민(2011), 텍스트언어학과 화용론: 그 상호 접점을 찾아서, 한국어 의미학 34, 한국어의미학회, 1-24.

윤평현(2008), 국어의미론, 역락.

윤평현(2013), 국어의미론 강의, 역락.

이관규(2002), 학교 문법론, 월인.

이관희(2010), 문법으로 텍스트 읽기의 가능성 탐색: 신문 텍스트에 쓰인 '-도록 하-' 와 '-게 하-'를 중심으로, 국어교육연구 25, 서울대학교 국어교육연구소, 119-161.

이관희(2012ㄱ), 문법교육에서 텍스트 중심 통합의 방향 탐색, 국어교육 137, 한국어교육학회, 173-211.

이관희(2012ㄴ), 문법으로 텍스트 읽기의 가능성 탐색(2): 신문 텍스트에 쓰인 '-기로 하-' 구문을 중심으로, 문법교육 16, 한국문법교육학회, 203-239.

이광호(2008ㄱ), 어휘의 양상 분류, 언어과학연구 45, 언어과학회, 23-41.

이광호(2008ㄴ), 어휘와 의미, 제이앤씨.

이기문(1991), 국어 어휘사 연구, 동아출판사.

이기문(1998), 국어사개설(신정판), 태학사.

이동석(2011), 겹말의 의미와 생성에 대하여, 우리어문연구 41, 우리어문학회, 225-258.

이동석(2012), 겹말에 대한 통시적 연구, 어문논집 66, 민족어문학회, 213-236.

이동혁(2004), 의미 관계의 저장과 기능에 대하여, 한글 263, 한글학회, 95-124.

이병규(2014), 담화의 개념과 단위, 어문논총 61, 한국문학언어학회. 121-143.

이병근(2004), 어휘사, 태학사.

이상규·조태린 외(2008), 한국어의 규범성과 다양성: 표준어 넘어서기, 태학사.

이석주(2007), 동의 중첩 현상에 대한 연구, 국어교육 122, 한국어교육학회, 385-406.

이성만(2010ㄱ), 텍스트언어학의 계보, 대상 그리고 경향, 언어과학연구 52, 언어과학회, 119-148.

이성만(2010ㄴ), 텍스트에서 담화로: 텍스트언어학의 확장, 텍스트언어학 29, 한국텍스트언어학회, 315-340.

이성범(2001), 추론의 화용론, 한국문화사.

이성범(2002), 영어 화용론, 한국문화사.

이순영, 최숙기, 김주환, 서혁, 박영민(2015), 독서교육론, 사회평론.

이영숙(1998), 국어 오용 사례 유형과 그 대안, 한말연구 4, 한말연구학회, 241-264.

이용주(1972), 의미론개설, 서울대학교출판부.

이을환(1973), 일반의미론, 개문사.

이을환·이용주(1964), 국어의미론, 수도출판사.

이응백(1980), 國語辭典 語彙의 類別構成比로 본 漢字語의 重要度와 敎育問題, 語文
研究 25·26호 합본, 一朝閣, 136-141.

이익섭(1986/1990), 국어학 개설, 학연사.

이익환(1985/1991), 의미론 개론, 한신문화사.

이장희(2003), 안동권 방언 어휘의 분화 양상 고찰, 영남학 4, 경북대학교 영남문화연구
원, 45-81.

이정민(1989), 언어이론과 현대 과학 사상, 서울대학교출판부.

이정민·배영남(1982), 언어학사전, 한신문화사.

이정복(2008), 외래어 순화 정책의 방향: 정부 활동을 중심으로, 어문학 99, 한국어문학
회, 27-66.

이정복(2013), 사회방언과 국어교육, 국어교육 142, 한국어교육학회, 47-78.

이종철(2004), 국어 표현의 화용론적 연구, 역락.

이지은(2007), 고전 이해 능력을 위한 문법 형태 교육 연구, 서울대학교 석사학위논문.

이진영·김헌(2013), 의미의 선명화를 위한 영상언어로서 잉여성 활용, 디자인지식저널
27, 한국디자인지식학회, 217-226.

이찬규(2008), 인지·화용적 관점에서의 의미의 본질과 유형, 어문논집 38, 중앙어문학
회, 95-121.

이창덕, 임칠성, 심영택, 원진숙(2007), 삶과 화법, 박이정.

이충우(1994), 한국어 교육용 어휘 연구, 국학자료원.

이혁화(2003), 언어 분화, 방언학 사전, 태학사.

이현희(1991), 국어 어휘사 연구의 흐름, 고영근 외 편, 국어학연구 백년사(Ⅱ), 일조각,
529-540.

임지룡(1983), 의미중복에 대하여, 배달말 8, 배달말학회, 35-60.

임지룡(1989ㄱ), 국어 분류어휘집의 체제와 상관성, 국어학 19, 국어학회, 395-425.

임지룡(1989ㄴ), 대립어의 의미습득에 대하여, 배달말교육 7, 배달말교육학회, 153-

179.

임지룡(1992/1994/2000/2009), 국어의미론, 탑출판사.

임지룡(1997/2017), 인지의미론, 탑출판사.

임지룡(2008), 의미의 인지언어학적 탐색, 한국문화사.

임지룡(2010), 국어 어휘교육의 과제와 방향, 한국어 의미학 33, 한국어의미학회, 259
　　　-296.

임지룡(2011), 국어 어휘 범주의 기본 어휘 탐색 및 의미 특성 연구, 담화와 인지 18(1),
　　　담화와인지언어학회, 153-182.

임지룡, 이은규, 김종록, 송창선, 황미향 외(2005), 학교문법과 문법교육, 박이정.

임지룡, 임칠성, 심영택, 이문규, 권재일(2010), 문법교육론, 역락.

임칠성(2003), 기초어휘 선정 방법론, 새국어생활 13(3), 국립국어원, 91-118.

임홍빈(1975), 부사화와 대상성, 국어학 4, 국어학회, 39-60.

임홍빈(1997), 외래어의 개념과 그 표기법의 형성과 원리, 이현복, 임홍빈, 김하수, 박
　　　형익, 한글맞춤법 무엇이 문제인가?, 태학사, 197-225.

임홍빈(2002), 한국어 연어의 개념과 그 통사·의미적 성격, 국어학 39, 국어학회, 279
　　　-311.

임홍빈(2008), 외래어의 개념과 범위의 문제, 새국어생활 18(4), 국립국어원, 5-32.

전형주(2012), 국어 어휘사 교육 내용에 관한 연구, 서울대학교 석사학위논문.

정경일, 최경봉, 김무림, 오정란, 시정곤 외(2000), 한국어의 탐구와 이해, 박이정.

정순자(1993), 전제의 의사소통적 기능 연구, 서울대학교 석사학위논문.

정약용(1819), 김종권 역(1976), 아언각비(雅言覺非), 일지사.

정영국(2009), 학습용 이중 언어 사전의 편찬 현황과 과제, 새국어생활 19(4), 국립국어
　　　원, 49-68.

정혜승(2007), 2007년 개정 국어과 교육과정의 비판적 점검, 우리말 교육현장 연구 1,
　　　우리말교육현장연구학회, 163-188.

정호성(2000), 『표준국어대사전』 수록 정보의 통계적 분석, 새국어생활 10(1), 국립국
　　　어연구원, 55-72.

정희원(2004), 외래어의 개념과 범위, 새국어생활 14(2), 국립국어연구원, 5-22.

제민경(2011), 텍스트 중심 문법교육의 방향 탐색: 신문 텍스트의 '전망이다' 구문을 중심으로, 국어교육 134, 한국어교육학회, 155-181.

제민경(2013), 텍스트의 장르성과 시간 표현 교육: 신문 텍스트에서 '-었었-'과 '-ㄴ 바 있-'의 선택을 중심으로, 텍스트언어학 34, 한국텍스트언어학회, 179-206.

조남호(2004), 의미 변화 이론의 수용과 전개, 국어학 43, 국어학회, 461-485.

조남호·윤석민(2012), 언어와 의미, 한국방송통신대학교출판부.

조준학(1993), 영어와 한국어의 중복 표현에 관한 화용론적 고찰, 어학연구 29(1), 서울대학교 어학연구소, 1-20.

조항범(2004), (정말 궁금한) 우리말 100가지, 예담.

조항범(2007), '도루묵'의 어원, 국어국문학 145, 국어국문학회, 145-170.

조항범(2014), 국어 어원론, 충북대학교출판부.

주세형(1999), 의미자질분석법을 활용한 어휘 교수법 연구, 서울대학교 석사학위논문.

주세형(2005), 통합적 문법 교육 내용 설계의 원리와 실제 연구, 서울대학교 박사학위논문.

주세형(2007ㄱ), 쓰기 교육을 위한 대안적 문장 개념, 어문연구 33(4), 한국어문교육연구회, 475-501.

주세형(2007ㄴ), 텍스트 속 문장 쓰기와 문법, 한국초등국어교육 34. 한국초등국어교육학회, 409-443.

주세형(2009), 할리데이 언어 이론의 국어교육학적 의미, 국어교육 130, 한국어교육학회, 173-204.

주세형(2010ㄱ), 작문의 언어학(1): "언어적 지식"에 근거한 첨삭지도 방법론, 작문연구 10, 한국작문학회, 109-136.

주세형(2010ㄴ), 학교 문법 다시 쓰기(3): 인용 표현의 횡적 구조 연구, 새국어교육 85, 한국국어교육학회, 269-289.

주세형(2014), 통합적 문법 교육의 전제와 의의, 국어교육연구 34. 서울대학교 국어교육연구소, 57-86.

주세형·조진수(2014), 독서의 언어학, 청람어문교육 52, 청람어문교육학회, 197-232.

천강우(1991), 대화함축에 관한 연구, 언어와 언어교육 6, 동아대학교 어학연구소, 137-

157.

천시권(1977), 다의어의 의미 분석, 국어교육연구 9, 국어교육학회, 1-9.

천시권·김종택(1971), 국어의미론, 형설출판사.

최경봉(2011), 현대 사회에서 표준어의 기능과 개념, 새국어생활 21(4), 국립국어원, 5-20.

최경봉(2012), 의미교육과 국어교과서: 2011년 개정 교육과정에 따른 중학교 국어교과서를 대상으로, 한국어학 57, 한국어학회, 121-152.

최경봉, 김윤신, 이동석, 주세형(2017), 국어 선생님을 위한 문법교육론, 창비교육.

최미숙, 원진숙, 정혜승, 김봉순, 이경화, 전은주, 정현선, 주세형(2016), 국어교육의 이해(개정3판), 사회평론아카데미.

최운선(2012), 초등 교과서에 나타난 고유어와 한자어 비율에 따른 인식과 의미 분석, 국어교육학연구 44, 국어교육학회, 517-547.

최재희(2000), 국어 중복 표현의 유형과 의미 구조의 특성, 국어학 36, 국어학회, 401-426.

최창렬(1983), 한국어의 의미구조, 한신문화사.

최창렬(1986), 우리말 어원 연구, 일지사.

최창렬(1987), 어원의 오솔길, 한샘.

최창렬, 심재기, 성광수(1986), 국어의미론, 개문사.

최혜원(2011), 표준어 정책의 새로운 방향: 복수 표준어 발표의 경과와 의의, 새국어생활 21(4), 국립국어원, 77-94.

최호철 편(2013), 의미 자질 기반 현대 한국어 낱말밭 연구, 한국문화사.

한국문학평론가협회(2006), 문학비평 용어사전, 새미.

한국방송통신대학교 평생교육원 편(2005), 외국어로서의 한국어학, 한국방송통신대학교출판부.

한국텍스트언어학회(2004), 텍스트언어학의 이해, 박이정.

허경행(2011), '-을게'와 '-을래'의 의미: '수용'과 '거부'의 관점에서, 언어와 문화 7(2) 한국언어문화교육학회, 215-233.

허재영(2013), '사전' 활용 교육의 역사와 문제점: 국어과 교육과정 및 교과서에서 사전 활용 관련 교육의 개선을 목표로, 국어교육연구 53, 국어교육학회, 85-114.

홍사만(2008), 국어 의미 분석론, 한국문화사.

홍윤표(2009), 살아있는 우리말의 역사, 태학사.

홍종선(2000), 국어사전 편찬 그 성과와 과제(3): 올림말(2)-올림말의 선정기준과 범위, 어문논집 48, 민족어문학회, 5-38.

Agricola, E.(1976), Vom Text zum Thema. In F. Daneš, & D. Viehweger(Eds.), Probleme der Textgrammatik(Studia Grammatica), Akademie-Verlag, 13-27.

Aitchison, J.(1987/2003), Words in the Mind: An Introduction to the Mental Lexicon, Basil Blackwell. 임지룡, 윤희수 역(1993), 심리언어학: 머릿속 어휘사전의 신비를 찾아서, 경북대학교출판부.

Austin, J. L.(1962), How to Do Things with Words, Clarendon Press. 김영진 역(1992), 말과 행위, 서광사.

Bakhtin, M. M.(1979), Estetika Slovesnogo Tvorčestva. In V. W. McGree, C. Emerson and M. Holquist(Trans.)(1986), Speech Genres and other Late Essays, University of Texas, 60-102.

Barthes, R.(1973), Le Plaisir du Texte, Seuil. 김희영 역(1997), 텍스트의 즐거움, 동문선.

Bloomfield, L.(1933), Language, Allen and Unwin.

Bolinger, D.(1977), Meaning and Form, Longman.

Brinker, K.(1973), Zum Textbegriff in der Heutigen Linguistik. In H. Sitta, & K. Brinker(Eds.), Studien zur Texttheorie und zur Deutschen Grammatik, Schwann, 9-41.

Brinker, K.(1992), Linguistische Textanalyse: Eine EinfÜhrung in Grundbegriffe und Methoden, E. Schmidt-Verlag. 이성만 역(1994), 텍스트언어학의 이해, 한국문화사.

Carnap, R.(1956), Meaning and Necessity, Chicago University Press.

Carter, R.(1988), Vocabulary: Applied Linguistic Perspectives, Routledge Publishers. 원명옥 역(1998), 어휘론의 이론과 응용, 한국문화사.

Chomsky, N.(1957), Syntactic Structures, Mouton.

Chomsky, N.(1965), *Aspects of the Theory of Syntax*, M.I.T. Press.

Cruse, D. A.(1986), *Lexical Semantics,* Cambridge University Press. 임지룡·윤희수 역 (1989), 어휘의미론, 경북대학교출판부.

Cruse, D. A.(2000), *Meaning in Language: An Introduction to Semantics and Pragmatics*, Oxford University Press. 임지룡·김동환 역(2002), 언어의 의미: 의미·화용론 개론, 태학사.

Daneš, F.(1976), Zur Semantischen und Thematischen Struktur des Kommunikats. In F. Daneš, & D. Viehweger(Eds.), *Probleme der Textgrammatik(Studia Grammatica)*, Akademie-Verlag, 29-40.

de Beaugrande, R. & Dressler, W. U.(1981), *Einführung in die Textlinguistik*, Niemeyer. 김태옥·이현호 역(1991), 담화·텍스트 언어학 입문, 양영각.

de Beaugrande, R.(1997), *New Foundations for a Science of Text and Discourse: Cognition, Communication, and the Freedom of Access to Knowledge and Society*, Ablex Pub. Corp.

de Saussure, F.(1916), *Cours de Linguistique Générale*, Payot.

Dillon, G. L.(1977), *Introduction to Contemporary Linguistic Semantics*, Prentice-Hall.

Evans, V.(2009), *How Words Mean: Lexical Concepts, Cognitive Models, and Meaning Construction*, Oxford University Press. 임지룡 · 김동환 역(2012), 인지언어학적 어휘의미론, 경북대학교출판부.

Firth, J. R.(1957), *Papers in Linguistics 1934-1951*, Oxford University Press.

Givón, T.(1979), *On Understanding Grammar*, Academic Press.

Grice, H. P.(1968), Utterer's Meaning, Sentence-Meaning, and Word-Meaning, *Foundations of language* 4(3), 225-242.

Grice, H. P.(1989), *Studies in the Way of Words*, Harvard University Press.

Groome, T. H.(1980), *Christian Religious Education: Sharing Our Story and Vision*, Harper & Row Publishers. 이기문 역(1983), 기독교적 종교교육, 대한예수교장로회총회출판국.

Halliday, M. A. K. & Hasan, R.(1976), *Cohesion in English*, Longman.

Halliday, M. A. K. & Matthiessen, C.(2004), *An Introduction to Functional Grammar*(3rd Ed.), Hodder Arnold.

Halliday, M. A. K.(1994), *An Introduction to Functional Grammar*, Edward Arnold.

Harris, Z. S.(1952), Discourse Analysis: A Sample Text. *Language* 28(4), 474-494.

Hartmann, P.(1964/1972), Text, Texte, Klassen von Texten. In W. A. Koch(Ed.), *Strukturelle Textanalyse*, Olms, 1-22.

Hartung, W. et al.(1974), *Sprachliche Kommunikation und Gesellschaft*, Akademie-Verlag.

Harweg, R.(1968), *Pronomina und Textkonstitution*. Fink.

Hayakawa, S. I.(1949), *Language in Thought and Action*, Harcourt, Brace & World Inc.

Heinemann, W. & Viehweger, D.(1991), *Textlinguistik: Eine Einführung*, Niemeyer. 백설자 역(2001), 텍스트언어학 입문, 역락.

Hockett, C. F.(1958), *A Course in Modern Linguistics*, Macmillan.

Huang, Y.(2007), *Pragmatics*, Oxford University Press. 이해윤 역(2009), 화용론, 한국외국어대학교출판부.

Isenberg, H.(1976), Einige Grundbegriffe für Eine Linguistiche Texttheorie. In F. Daneš & D. Viehweger(Eds.), *Probleme der Textgrammatik*, Akademie-Verlag, 47-146.

Kempson, R. M.(1977), *Semantic Theory*, Cambridge University Press.

Kintsch. W.(1998), *Comprehension: A Paradigm for Cognition*, Cambridge University Press. 김지홍·문선모 역(2010), 이해: 인지 패러다임 1, 2, 나남.

Knapp, P. & Watkins, M.(2005), *Genre, Text, Grammar*, University of New South Wales. 주세형, 김은성, 남가영 역(2007), 장르, 텍스트, 문법, 박이정.

Lakoff, G. & Johnson, M.(1999), *Metaphors We Live by*, The University of Chicago Press.

Langacker, R. W.(1987), *Foundations of Cognitive Grammar 1*, Stanford University Press.

Leech, G.(1981), *Semantics: The Study of Meaning*(2nd Ed.), Penguin Books.

Leont'ev, A. A.(1975), *Psycholinguistische Einheiten und die Erzeugung Sprachlicher äußerrungen*, Akademie-Verlag.

Leont'ev, A. A.(1984a), Psychologie der Kommunikation. In D. Viehweger(Hrsg.), *Grundfragen einer Theorie der Sprachlichen Tätigkeit*, Akademie-Verlag, 45-198.

Leont'ev, A. A.(1984b), Tätigkeit und Kommunikation. In D. Viehweger(Hrsg.), *Grund-fragen Einer Theorie der Sprachlichen Tätigkeit*, Akademie-Verlag, 199-215.

Levelt, W. J. M.(1989), *Speaking: From Intention to Articulation*, M.I.T. Press. 김지홍 역 (2008), 말하기 1, 2: 그 의도에서 조음까지, 나남.

Lipka, L.(1992), *An outline of English Lexicology: Lexical Structure, Word Semantics, and Word-Formation*, Max Niemeyer.

Löbner, S.(2002), *Understanding Semantics*, The Oxford University Press. 임지룡·김동환 역(2010), 의미론의 이해, 한국문화사.

Lyons, J.(1968), *Introduction to Theoretical Linguistics*, Cambridge University Press.

Lyons, J.(1977), *Semantics 1*, Cambridge University Press. 강범모 역(2011), 의미론 1: 의미연구의 기초, 한국문화사.

Mey, J. L.(1993), *Pragmatics*, Blackwell. 이성범 역(1996), 화용론, 한신문화사.

Montague, R.(1974), *Formal Philosophy*, Yale University Press.

Morris, C. W.(1938), *Foundations of the Theory of Signs*, University of Chicago Press.

Motsch, W. & Viehweger, D.(1981), Sprachhandlung, Satz und Text. In I. Rosen-gren(Hrsg.), *Lunder symposium 1980*, Gleerup, 125 – 154.

Murphy, M. L.(2003), *Semantic Relations and the Lexicon: Antonymy, Synonymy and Other Paradigms*, Cambridge University Press. 임지룡 · 윤희수 역(2008), 의미관계와 어휘사전: 반의관계, 동의관계, 기타 계열들, 박이정.

Nida, E. A.(1975), *Componential Analysis of Meaning: An Introduction to Semantic Struc-tures*, Mouton. 조항범 역(1994), 의미분석론: 성분분석의 이론과 실제, 탑출판사.

Ogden, C. K. & Richards, I. A.(1923), *The Meaning of Meaning*, Harcourt Brace Jova-novich.

Radden, G. & Dirven, R.(2007), *Cognitive English grammar*, John Benjamins Publishing Company. 임지룡·윤희수 역(2009), 인지문법론, 박이정.

Rasinger, S.(2008), *Quantitative Research in Linguistics*, Continuum. 박명관, 김선웅, 김 유희 역(2011), 언어학자를 위한 통계 분석 입문, 한국문화사.

Richard, J. C.(1976), The Role of Vocabulary Teaching, *TESOL Quarterly* 10(1), 77-

89.

Ricoeur, P.(1986), Du Texte à l'action, Seuil. 박병수·남기영 편역(2002), 텍스트에서 행동으로, 아카넷.

Ricoeur, P.(1991), World of the Text, World of the Reader(an interview with paul Ricoeur and Joël Roman). In M. J. Valdés(Ed.), *A Ricoeur Reader: Reflection and Imagination*, University of Toronto Press, 491–497.

Roget, P. M.(1988), *Roget's International Thesaurus*(4th Ed.), Harper & Row Publishers.

Romaine, S.(2000), *Language in Society: An Introduction to Sociolingustics*(2nd Ed.), Oxford University Press. 박용한·김동환 역(2009), 언어와 사회: 사회언어학으로의 초대, 소통.

Ruddell, R. B. & Unrau, N. J.(1994), Reading as a Meaning-Construction Process: The Reader, the Text, and the Teacher. In R. B. Ruddell & H. Singer(Eds.), *Theoretical Models and Processes of Reading*, International Reading Association, 996–1056.

Rumelhart, D. E.(1977), *Introduction to Human Information Processing*, John Wiley & Sons.

Searle, J. R.(1969), *Speech Act*, Cambridge University Press.

Sellars, W.(1954), Presupposing, *The Philosophical Review* 63(2), 197–215.

Shank, R. C. & Abelson, R.(1977), *Scripts, Plans, Goals, and Understanding*, Lawrence Erlbaum Associates.

Singleton, D.(2000), *Language and Lexicon: An Introduction*, Routledge. 배주채 역(2008), 언어의 중심 어휘, 삼경문화사.

Sperber, D. & Wilson, D.(1986), *Relevance: Communication and Cognition*. Blackwell. 김태옥·이현호 역(1993), 인지적 화용론: 적합성 이론과 커뮤니케이션, 한신문화사.

Stern, G.(1931/1965), *Meaning and Change of Meaning*, Indiana University Press.

Tarski, A.(1956), *Logic, Semantic, Metamathematics*, Oxford University Press.

Thornbury, S.(1999), *How to Teach Grammar*, Pearson Education.

Titscher, S., Meyer, M., Wodak, R., & Vetter, E.(1998), *Methoden der Textanalyse: Leit-Faden und Überblick*, Opladen. 남상백 역(2015), 텍스트와 담론 분석 방법, 경진.

Ullmann, S.(1957), *The Principles of Semantics*, Blackwell. 남성우 역(1981), 의미론의 원리(재판), 탑출판사.

Ullmann, S.(1962), *Semantics: An Introduction to the Science of Meaning*, Blackwell. 남성우 역(1987), 의미론: 의미과학입문, 탑출판사.

Ungerer, F & Schmid, H. J.(1996/2006), *An Introduction to Cognitive Linguistics*, Longman. 임지룡·김동환 역(1998/2010), 인지언어학 개론, 태학사.

Urban, W. M.(1939), *Language and Reality: The Philosophy of Language and the Principles of Symbolism*, George Allen.

van Dijk, T. A. & Kintsch, W.(1983), *Strategies of Discourse Comprehension*, Academic Press.

van Dijk, T. A.(1980), *Textwissenschaft*, Niemayer. 정시호 역(1995), 텍스트학, 민음사.

Vygotsky, L. S.(1987), Thinking and Speech. In R. W. Rieber & A. S. Carton(Eds.), *The Collected Works of L. S. Vygotsky, 1. Problems of General Psychology*, N. Minick(Trans.), Plenum(Original Work Published 1934), 39–285.

Wittgenstein, L.(1918), *Tractatus Logico-Philosophicus*, C. K. Ogden(Trans.)(1922), Routledge & Kegan Paul, Ltd.

Wittgenstein, L.(1953), *Philosophical Investigation*, Blackwell.

Yaguello, M.(1981), *Alice au Pays du Language: Pour Comprendre la Linguistique*, Seuil. 김지은 역(2014), 언어학의 이해를 위한 언어나라의 앨리스, 한국문화사.

찾아보기

저자 약력

민현식 閔賢植 Min Hyunsik(1장-1 집필)
서울대학교 국어교육과 교수
국어 정서법 연구(1999), 국어 문법 연구(1999), 개화기 한글본 〈이언(易言)〉 연구(2008) 등

구본관 具本寬 Koo Bonkwan(5장-2 집필)
서울대학교 국어교육과 교수
어휘 교육론(2014), 한국어 문법 총론 Ⅰ, Ⅱ(2015), 개정판 우리말 문법론(2018) 등

민병곤 閔丙坤 Min Byeonggon(8장-2 집필)
서울대학교 국어교육과 교수
화법, 독서, 작문연구의 소통을 위한 커뮤니케이션 연구의 시사(2015), 다문화 시대 이주민의 한국어 의사소통(2016), 논증과 토론: 합리적 의사결정을 위한 비판적 사고(2018) 등

김호정 金祜廷 Kim Hojung(7장-2 집필)
서울대학교 국어교육과 교수
담화 차원의 문법 교육 내용 연구(2006), 〈문법〉 교과서 '의미' 단원의 교육 내용 연구(2008), 한국어 학습자의 문법 지식 측정 도구로서 문법성 판단 테스트 개발의 쟁점과 과제(2018) 등

권순희 權純熙 Kwon Soonhee(8장-4 집필)
이화여자대학교 국어교육과 교수
말이 바뀌면 삶이 바뀐다(2015), 사이버 의사소통과 국어교육(2016), 작문교육론(2018) 등

왕단 王丹 Wang Dan(3장-2 집필)
북경대학교 한국어과 교수

중국어권 학습자를 위한 한국어 형용사 교육 연구(2007), 대학 한국어 문법(2012), 한중 연어사전(2015) 등

박재현 朴宰賢 Park Jaehyun(8장-3 집필)
상명대학교 국어교육과 교수
국어교육을 위한 의사소통 이론(2016), 교육토론의 원리와 실제(2018) 등

조형일 趙衡壹 Zo Hyoungil(6장-1 집필)
인천대학교 국어국문학과 객원교수
외래어와 외국어 표현 3300(2012), 어휘교육론(2014), 한국 어문 규범(2017), 한국어 연구의 새로운 흐름(2018) 등

주세형 周世珩 Joo Sehyung(1장-2 집필)
서강대학교 교육대학원 교수
통합적 문법교육의 내용 설계: "의미를 구성하는 문법지식"을 중심으로(2005), 문법교육론과 국어학적 지식의 지평 확장(2006), 작문의 언어학: "언어지식"에 근거한 첨삭 지도 방법론(2010), 통일성과 응집성 관련 성취기준에 대한 검토(2016) 등

신명선 申明善 Shin Myungsun(2장-1, 2장-2 집필)
인하대학교 국어교육과 교수
의미, 텍스트, 교육(2008), 어휘능력의 개념과 자장(磁場), 그리고 교육의 실제성(2017), 단어의 문맥적 의미 평가 문항의 특성과 자장(2018) 등

김은성 金恩星 Kim Eunsung(4장-3 집필)
이화여자대학교 국어교육과 교수
국어 문법 교육의 태도 교육 내용 연구(2006), 국어 변이어의 교육 내용 연구(2008), 교과 어휘의 기능 분류에 따른 교과 학습 어휘의 개념 설정(2015) 등

강남욱 姜南旭 Kang Namwook(4장-1 집필)

경인교육대학교 국어교육과 교수

몽골어-한국어 학습 소사전(2000), 외국인 유학생을 위한 학술적 글쓰기(2013), 문법
교육의 이론과 응용 2(2016) 등

권은선 權銀仙 Kwon Eunsun(8장-1 집필)

서울대학교 국어교육연구소 연구원

토론 수업에서의 실제성에 대한 질적 탐구: 대안교육 특성화고 국어 수업 사례를 중심
으로(2016), 청소년의 수업대화 참여 요인에 대한 혼합 연구: 개인, 교사, 부모, 또래 요
인을 중심으로(2018), 논증과 토론: 합리적 의사 결정을 위한 비판적 사고(2018) 등

남가영 南嘉瑛 Nam Gayeong(3장-6 집필)

아주대학교 교육대학원 교수

문법 탐구 경험의 교육 내용 연구(2008), 문법 탐구 과정에 대한 어휘계량적 접근: 고등
학교 문법 교과서의 한자 학술어휘를 중심으로(2009), 문법교육용 텍스트의 개념 및 범
주(2011) 등

남지애 南芝愛 Nam Jiae(3장-3 집필)

서울과학고등학교 교사

외래어 교육 구성 방향에 관한 연구(2015), 문법 탐구 공동체의 학습 경험에 관한 연구
(2018) 등

이기연 李綺娟 Yi Kiyoun(3장-1 집필)

국립국어원 학예연구사

국어 어휘 평가 내용 연구(2012), 어휘 교육론(2014), 국어 어휘에 나타난 한국 문화에
대한 연구(2015) 등

이해숙 李海淑 Lee Haesuk(6장-2 집필)

광신중학교 교사

문법 교육을 위한 교사용 교과내용지식 연구(2018), 중학교 국어 음절 교육 연구(2015) 등

강보선 姜保先 Kang Bosun(4장-2 집필)

대구대학교 국어교육과 교수

한글맞춤법 교육 내용 연구(2013), 표준 발음법 교육 방향(2014), 북한 초급중학교의 학교문법 내용 분석(2018) 등

오현아 吳炫娿 Oh Hyeonah(3장-5 집필)

강원대학교 국어교육과 교수

표현 문법 관점의 문장 초점화 교육 내용 연구(2010), 통사 구조 중심의 '서술어의 자릿수' 개념 관련 문법 교육 내용 재구조화 방안 모색(2016), 분단 상황에서 중간자적 언어 교과로서의 조선어 고등 문법 교과서에 나타난 남북한어 문법 영향 관계 분석 연구(2017) 등

이관희 李官熙 Lee Kwanhee(4장-4 집필)

서울교육대학교 국어교육과 교수

'언어의 특성'의 문법교육 내용화 방향(2013), 학습자의 지식 구성 분석을 통한 문법 교육 내용의 조직과 표상 연구(2015), 국어교육 내용으로서의 속담의 비판적 검토(2018) 등

박혜경 朴惠暻 Pak Hyekyung(3장-4 집필)

대전과학고등학교 교사

차별적 언어 표현에 대한 비판적 국어인식 교육 연구(2009)

제민경 諸玟暻 Je Minkyeong(7장-3 집필)

춘천교육대학교 국어교육과 교수

'장르' 개념화를 위한 문법교육적 접근(2014), 장르 문법 교육 내용 연구(2015), 학습자

의 탐구 활동과 문법 지식: 언어 규범에 대한 탐구 활동에서 비계로 작용하는 지식은 무엇인가(2018) 등

조진수 曹珍穗 Jo Jinsu(7장-1 집필)
전남대학교 국어교육과 교수
'타동성'의 문법 교육적 위상 정립을 위한 시론(2016), 문법 오개념에 대한 인식론적 고찰(2017), 학교 문법 용어의 표상 방식 유형화 연구(2017) 등

최소영 崔素榮 Choi Soyoung(5장-1 집필)
정신여자고등학교 교사
연결어미 '-오디'의 역사적 연구(2008), 국어 문화에 대한 교육 내용으로서의 어휘사 교육 연구(2011), 범시적 관점의 문법 교육 탐색(2018) 등

강효경 姜孝暻 Kang Hyokyung(7장-4 집필)
서울대학교 국어교육연구소 연구원
문법 교육에서의 인성 교육 내용 구성 가능성 탐색: -잖아(요), -거든(요)를 중심으로(2015), 언어 민감도 고양을 통한 배려하는 말하기 태도 교육 내용 탐색: 보조 용언 '주다'를 중심으로(2017), 문법 탐구와 과학 탐구의 비교 분석 연구(2018) 등

박혜진 朴惠辰 Park Hyejin(3장-7 집필)
숙명여자대학교 강사
한국어교육학사전(2014, 공저), 새말 만들기 과제 설계에 대한 연구(2017), 단어 형성법 교육 연구의 성과와 과제(2018) 등